暮年忆往

中石题

张静如 著

中共党史出版社

图书在版编目(CIP)数据

暮年忆往/张静如著. —北京:中共党史出版社,2013.1
ISBN 978-7-5098-1892-3

Ⅰ.①暮… Ⅱ.①张… Ⅲ.①回忆录—中国—当代 ②中国共产党—党史 Ⅳ.①I251 ②D23

中国版本图书馆CIP数据核字(2012)第240542号

北京市社会科学理论著作出版基金资助

责任编辑:郭 宏
出版发行:中共党史出版社
社　　址:北京市海淀区芙蓉里南街6号院1号楼
邮　　编:100080
网　　址:www.dscbs.com
经　　销:新华书店
印　　刷:北京君升印刷有限公司
开　　本:170mm×240mm 1/16
字　　数:388千字
印　　张:30　　2面插页
印　　数:1—3000册
版　　次:2013年1月第1版
印　　次:2013年1月第1次印刷

ISBN 978-7-5098-1892-3
定　　价:48.00元

此书如有印制质量问题,请与中共党史出版社出版业务部联系
电话:010—83072533

自 序

回忆写了好几年，总算写完了，不是不好写，而是没时间写。

写完了回头一看，就是个大事记加点小故事，实在没什么意思。因为我不是什么大人物，只是个大学老师，教点书，带点学生，开点会，记下来只能平平淡淡。好在对我一生中经历的人、事、环境做了一些说明或注释，增加了一些趣味性、知识性。比如，写过我小时候见到吴佩孚出殡的场面；写过我小时候常去的隆福寺的历史；写过我上的中学由蔡元培等人创办的过程；写过我的老师陈垣、冯友兰等人的简历和学术贡献，等等。由于我是研究党史的，回忆中有关党史的事，对于学习和研究党史的读者了解已经过去了的党史学界的情况可能有点用，但对一般读者来说就没什么意思了。另外，回忆中碰到一些问题，有的写了几句议论的话，对不对就不敢说了，如有不合适的说法欢迎批评。

由于我不记日记，写回忆只能靠记性，而我的记性又不好，所以很多事、很多时间都想不起来，幸好我还保留了近两千封别人给我的信，还有每次开会的通讯录，这些材料帮了很大的忙，有的地方还能写出具体时间和人名。尽管这样，也还是有许多接触过的人和事漏写。

回忆中涉及到近千人的名字，特别是我的学生的爱人及孩子的名字，好多是在电话里问的，如果写错，希望大家原谅。

为了写这部回忆，我的许多学生帮了很大忙，书中已分别表示感谢之意，这里总的说声谢谢我可爱的学生们。同时，谢谢中石兄为我题了书名。

为了出书，北京市社科联、中共党史出版社给了我很大的支持和帮助，也一并表示感谢。

目 录

第一章

童年纪事

生不逢时

我是1933年（民国二十二年）1月3日在北京出生的，农历则为壬申年腊月初八[①]。按迷信的说法，这个生日是不吉利的。腊八这一天要喝粥，叫腊八粥[②]。显然，生在这一天是个喝粥的命。换成阳历，也不好，且不说都是单数，就说改革开放前发薪的日子偏偏总在四号，三号正好没钱，当然是穷命。也有人说，不对，腊八粥可不是没钱人能喝上的，是富贵粥，那么多米，那么多豆，还有莲子、核桃、花生、枣。喝这种粥的人，是有钱人，不能是穷命。发薪前一天生，很好，

---

① 一般说1933年为癸酉年，但那一年元旦仍为壬申年的腊月初六，所以我不属鸡，而是属猴，叫做猴尾巴。我的生日阴阳历重合，除出生日之外有三次，分别为1943年、1963年、2009年，即11岁、30岁、76岁。看来，这种重合并无规律。

② 腊月初八是释迦牟尼得道成佛的日子，寺庙里的僧人把募来的各种米麦豆谷和干果熬成粥当供品。另外，还有种说法，据说，朱元璋小时放牛，回来时见一鼠洞，想掏点田鼠充饥，不想掏出许多糯米、麦粒、花生、豆类，就煮成了粥，吃得又香又饱。他当了皇帝以后，又想起这种吃法，让众臣品尝，大家都说好吃。这一天恰好是腊月初八，朱元璋就起名叫“腊八粥”。

刚生下来就有钱了，怎么是穷命。不管怎么说，生在哪一天，都不怨我。其实，人生在世，并没有什么命。只有个人努力，才能生存于社会；只有个人努力，才能有好的生活质量。

不说命，只说现实，我出生的日子确实不好，正赶上国家处于危亡之时。自九一八事变后，日本侵略者得寸进尺，咄咄逼人，中国老百姓过着提心吊胆的日子，害怕当亡国奴。我一记事，给我影响最深的有两件事。一个是在院子里挖防空洞，万一日本飞机来轰炸就钻进去。不知道我父亲从什么地方请来的几个叔叔，挖了几天，在地下弄好了一间屋子，上边有个出口。防空洞里只放了桌子和椅子，没有床，大概真躲进去，就只坐坐，不能睡觉。另一个是在挖防空洞之前，全家去六国饭店的楼梯上住过一夜，只能坐着，也没有盖的，真叫受罪。据说日本飞机不炸租界地，所以去六国饭店。当时，我虽然不明白什么亡国之类的事，但在脑子里却很清楚，日本人是坏蛋。在幼小的心灵中，一种单纯的民族情感形成了。于是，在日本侵略者占领北平以后，我和一些小朋友干了许多带有危险性的事。今天看来很幼稚，但当时却自认为有意义，是抗日的行为。做过之后，常常很得意。

最得意的事，是打日本小孩。恨日本人可不敢惹大人，只能欺负小孩。我家的东边一进口路北东四三条五号是个日本的什么株式会社，里边住着家属，有几个小孩。我和几个邻居的小朋友在一起商量，想拿日本小孩出气。一天，我们把两个日本小孩叫出来，让他们向我们服软。日本小孩很硬气，不肯低头。我们人多，而且比日本小孩大一点，当然占优势。不服，甭废话，围起来就打，一顿狠揍，日本小孩脸上都出了血。打完之后，各自回家躲起来，怕日本小孩回去告状。结果，日本小孩很倔，没告状，也没再找人来报复，不了了之。这事想起来，很后怕，万一告了状，他们的大人找来，那还得了。挨自家大人一顿揍不说，指不定惹出什么大事来。那时，真是孩子，虽说无法懂得日本侵略者和日本人民的区别，可以原谅，但以多欺少，以大欺小，总不应该。

也别说，不是完全不敢捉弄大人。记得有这样一些事：一件事是到日本洋行去偷东西。我和小朋友一起，到洋行里假装玩，因为都是小孩，大人们不注意。我们几个人分工很细，有人在那儿玩，有人打掩护，有人行窃，配合巧妙。拿了东西以后，一使眼色，全体迅速撤离。偷东西不是要据为己有，而是为了发泄对日本人的气愤。所以，我们把偷来的东西放在地上用脚踩，然后把它扔到臭水沟里（那时到处是明沟）。干这样事，心里痛快，但也害怕，大概只干过一次就不敢再干了。现在想起来，确实挺危险的。另一件事是在路上捉弄日本兵。日本侵略者占领大半个中国领土后，特别强调他们不是侵略，而是要帮助中国，建立"大东亚共荣圈"。他们印的大东亚共荣十二条传单到处散发，要求每个中国人都会背，尤其是小学生，大概也是从娃娃抓起，进行奴化教育。所以，在胡同里，日本巡逻兵碰上小学生上下学，就拦住让背。小孩记性好，都能背上来。我曾几次被拦住过，当然没有背不上来的时候。我和同学非常厌恶这些日本兵，就想捉弄一下。有时用小石子打，有时大声喊"八格牙路"。我们个子小，跑得快，路也熟，日本兵拿我们没办法。我们打完了、骂完了，心里舒服，像做了什么大事。再有就是在课堂上跟教日语的日本老师捣乱。日本侵略者为奴化中国人，在小学就安排日语课。我们当然不愿意学，老师叫起来回答问题，会也不答，硬说不会，故意捣乱课堂。至于在黑板上乱画、上课不叫起立的事，时时发生，不在话下。不好好学习日语，在我和同学的心中，也是表示对日本侵略者的反抗。其实，挺傻的，学了好几年，什么都不会。那时要好好学习，真能掌握一门外语。有一次，我的好朋友，日本研究中国历史的学者斋藤道彦问我会不会日语，我说会横着背字母。背了一遍，把他唬住了。他说你够厉害的，能横着背字母，说明很熟悉。我说，自己基本功好。什么叫基本功好，就是只会背字母，也认不清字，别的都不会。

北平沦陷八年，我除了干了许多自认为是抗日的幼稚事，也还干过正事，那就是晚上帮我父亲偷听大后方的广播。当时的收音机不像现在这样先进，只是一个木匣子，有四个晶体管，通上电，人们都把它叫"话匣子"。拧开后，要一点一点找，很费劲，有时找不到，找到了，声音也很小。听的时候，怕外边有人知道，就把窗户上挡上黑布。这件事是我的活，登上窗台把布挂好，下来后坐在我父亲边上专心听。一旦听到国军在什么地方打了胜仗，特别高兴，真想跳起来喊两声。我父亲是职员，北平沦陷后继续做事，并无什么抗日行为，但内心里却时刻盼望国民政府赶快打回来，把日本侵略者赶走，大家不再做亡国奴。他的这种民族情结一直影响

2007年，我在东坝一所小学内留影。传说此物为清代遗留

着我幼小的心灵，日夜盼着抗日的胜利，以至于当看到美国的高空飞机冒着白烟在北平上空飞行的时候，并不像以前听说日本飞机要来轰炸那样害怕，反倒想最好把日本侵略者都炸死（其实美国来的都是侦察机，不是轰炸机）。孩子的想法虽然天真，却很真实，代表中国人民的民族情结。

温馨家庭

听我父亲说，明朝时，我们家的祖上（山东移民）居住在北京朝阳门外东坝[①]，是干镖行的[②]。后来，有了些钱，自家开了个小银号。显然，这个家始终没有成为大户，也没留下什么家产。我出生后家里租的房虽然还不错，说明有一定经济实力，但终归不是祖辈留下的。因为祖居北京，我又出生在北京，可以说是地道的老北京人。现在

我的父亲、母亲

① 东坝，东汉时即有，初称安乐城，晋朝称安德乡，元延祐年间称郑村坝，明万历年间改称东坝。明清时期属通州，1925年以后为东郊区，1958年改称朝阳区东坝乡至今。该地（东五环路以东）距朝阳门约十几里。明清时，此地是个大的农业物资聚集和疏散的市场，因从大运河运来的物资均经坝河（人工内河）至此。当时，东坝镇有很大店铺，生意非常兴隆。后来，由于铁路、公路运输发达起来，此地商业逐渐衰落。

② 查有关资料，得知明末清初只有镖客，没有镖局。所以，我祖上可能有人当过镖客。至于到清代有了镖局之后，是否加入镖局则不详。即使加入也应该是到京城里，而不能在东坝，因为清代的镖局均在前门一带，城外不可能有镖局。这种事好在只是一代一代传下来的，也不必较真。

真正的老北京人不多了，因为经过两百多年的变迁，外地来京居住的人越来越多，清末或民国来北京的，他们的后代人就算是老北京了。比起我来还差一些，大概像我这样的老北京人应该算稀有之物。

我父亲名叫张紫垣，1894年（光绪二十年）6月15日生，清朝末年在满蒙学堂读书。1921年，官商合办的北平电车公司成立[①]，招收工人，我父亲报考被录取，此后当过课员、股长、课长（解放前不用"科"）。我父亲虽然没上过大学，但文化程度不低，写一手好字，略懂古玩字画。全家生计由他支撑。我母亲名叫陈蕴清，1907年（光绪三十三年）8月20日生，比我父亲小十三岁，是家庭主妇，不在社会上工作。她是一个典型的贤妻良母，性格温顺、和善、内向，能吃苦耐劳，善于操持家务。我父母生子女四人，我姐姐慧如（1929年8月30日生），弟弟绍如（1935年6月9日生），妹妹敏如（1938年5月5日生）。我家除此六

我和姐姐、弟弟

① 北平电车公司，1921年5月成立筹备处，6月30日开创办大会，朱启钤、王克敏等为官股董事，盐业银行经理岳乾斋等为商股董事。1924年12月18日，有轨电车正式通车。该公司的地址，解放前一直在西总布胡同十一号（这条胡同在元代建城时就存在了，因设有总捕衙署而得名，称总捕胡同，后谐音成总布胡同）。电车公司的营业收入很差，主要原因是无票乘车的人数过多（有时达到一半）。从正式通车到1948年，只有九个年头略有盈余，其他年度均为赤字。我小的时候，听我父亲说，电车公司设有专门查票的人，但上了车碰上有人一摇头就不敢问，不知道什么来头，怕惹麻烦。另外，我也亲眼看到过车厢外边挂着几个人，也都不是买票的。

人外，还有两个奶奶，四爷爷的老伴四奶奶，六爷爷的老伴六奶奶。家里养着的亲戚先有舅姥姥和她女儿两个人，小姨结婚后与舅姥姥一起搬走了，后又来了个三大爷。佣人有个聋厨子（耳背），专管买菜、做饭；有个佟妈，后来又换成阎妈，专管收拾屋子，打扫卫生；弟弟出生后还有个奶妈。另外，有个包月车夫，不在家里住，每天接我父亲上下班。家里装有电话，四局（亦称北局）——六九。挺奇怪，一个电车公司的职员（我父亲当课长好像是20世纪40年代中期以后），能养活这么多人，说不清怎么回事。我父亲当股长、课长确有受贿，但他管的是庶务，比起管票务的

我家堂号——百忍堂张（堂号：某一家族的名号）

2007年，我在新建胡同留影

弄钱差远了，也不过是买东西吃点回扣[①]，养活家人主要还是靠工资[②]，另外还有两处祖上留下的铺面房，每月收些房租。从家庭经济情况分析，应该叫高级职员，属于上层小资产阶级。

我生在西城的新建胡同[③]，因年纪太小，无印象。2007年11月13日，我到这条胡同看了一下。七十多年了，第一次看到生我的地方，颇多奇想，不便言表。出生不久，家就搬到东四三条[④]十一号。这条胡同东西走向，东起朝阳门北小街，西

东四牌楼旧照

① 解放前公司买东西吃回扣完全是公开的。记得我父亲课里的同事到我家里来打牌，在牌桌上几个人就商量买某样东西要多少回扣。

② 查了北平电车公司1946年8月13日职工工资表，课长工资每月从二百一十元到三百六十元。我父亲是老人，估计应该属高档范围。参见燕山出版社1988年3月出版、北京市档案馆编《北京电车公司档案史料》。

③ 位于西长安街地区中部，即西单北大街路东太仆寺街和灵境胡同之间的一条横胡同，南北曲折走向，全长三百米，宽四米。清代称新监胡同、心尖胡同，清末改称新建胡同。胡同内有张学良旧居（1931年4月18日，张到北平主持海陆空军副总司令行营，住在新建胡同14号），今仍保存完好。

④ 东四是东四牌楼的简称。明代在此处的十字街头的路口各建四柱三楼式木结构油漆彩画的牌楼，名曰四牌楼。清康熙三十八年（1699年）被火烧，后又重建。1954年，拆除。东四三条为东四北大街路东的胡同，明朝属思诚坊，称三条胡同，清朝属正白旗，沿用三条胡同，民国后称东四三条。据考证，三条内路北有海王府，现已无存。我记事后，三条内没住过什么太大的名人，可以提到的有周大文（1931年任北平市市长）、光绪的老师（不知是哪一位）。还有个孟小冬是著名京剧演员，功老生，祖居北京，后随长辈去南方，五岁学艺，七岁登台。十八岁来北京演唱，一炮打红。1927年，孟与梅兰芳结婚，1933年离异。1938年，孟拜余叔岩为师。1949年孟定居香港，后与杜月笙结婚。1951年孟移居台北，1977年去世。

止东四北大街，中部往南可通东四二条，往北可通东四四条，全长七百二十二米，宽八米。我家在胡同东口内路北，是个独门独院。房子不大，只有两进，再加两个小跨院和后边夹道，是个典型的小四合院。大街门外两边有上下马石，紧挨着大门两边有门墩。进门是过道，两边有春凳（长方形木制黑漆条凳）。过道对面是个雕花的影壁，前面有鱼缸，两边是盆栽石榴树（取多子之意）。往西拐是个长形院子，南房三间，东边是门房，西边是跨院，有厨房和小屋。外院正中是垂

2007年我在东四三条旧居门口

花门（雕花的二门）[①]，进去后有北、东、西各三间房，二门至北房之间约五十米，院中间是鱼缸，周围摆花。北房和东房之间有个跨院，内有小北屋。北房和西房中间有门，通往后夹道，由南向北拐到北房后墙，顶头为茅房（厕所）。那时没有卫生设备，只能雇人掏粪坑，掏粪人背一个大桶，拿一个大勺子，过几天来一趟。因为要从院子里过，常常会把院子的地上弄脏。2006年5月，我与家人一起去看了一下，早已面目全非。在能够看到原来样子的地方，照了几张相留念。东四头条到九条是文化保护区，所有的胡同已修复。但所谓的修复也只是外观上刷一刷，院子里面也没法修复，而且胡同里做小买卖的铺子很多，两边又放着汽车，已经不是过去安静的胡同了。下面的模型照片，大致可以看出我家的格局。

2006年，我在东四三条旧居院内仅存走廊柱子前

四奶奶（我父亲的养母）住北房。这屋子比较大，外边两间是客厅。一进门，屋顶上挂着宫灯，北边是座不烧火的炕，炕中间放着炕桌儿。客厅墙上挂着名人字画，有王石谷的，也有齐白石的，还有徐悲鸿的，等等。桌上放着古玩，有清代的，也有明代的。家具都是花梱紫檀的，显得古色古香。四奶奶在东

① 封建时代所说未出嫁的女子“大门不出，二门不迈”的“二门”就是指这里。

边屋内活动，一般都坐在南边的炕上。北边有个套间，堆着箱子和被褥。六奶奶（我父亲的生母）住比北屋小的东房里间，外边两间东墙是个佛龛，供着祖先牌。孩子们和父母一起住西屋，家具就没有北屋那么讲究，只是榆木的。西墙上有个小窗户，通往厨房，做好饭就从这儿送过来。其余的人分别住在南屋，或小跨院的屋子里。

整个家庭生活是有序的。每天，我父亲上班。孩子们大的上学，小的在家玩。我母亲和佣人买菜、做饭、打扫卫生。两位奶奶闲着没事，或在家休息，或出外走走。冬天屋里升带烟筒的火炉子取暖，夏天在院子里搭天棚乘凉，同时在木制的冰箱里放一大块冰，（下边有洞漏水），用瓶

2006年仿制的旧居模型照

子装上水，随时享用冰镇凉水。总起来说生活中等水平。但北平沦陷后，社会生活各方面压力都很大。特别是中后期，粮食开始紧张起来，吃饭常以玉米面窝头为主，有时还吃那种拉肚子的混合面。尽管如此，孩子们却不予理会，只是有时不爱吃粗粮，别的很少感受，因为一切有大人顶着。他们仍然无忧无虑地生活着，享受着家庭的温馨。正像当时孩子们唱的歌一样：“我的家庭真可爱，美丽清洁又安详，兄弟姐妹很和气，父亲母亲都健康。虽然没有好花园，月季凤仙常飘香，虽然没有大庭堂，冬天温暖夏天凉。”我就是在这样环境中，度过了童年。

我的小名叫小秃，为什么起这个小名不知道，也许是生出来头发不多的缘故。大名是按我姐姐的名字排下来的，都有个如字。因为我生下来很安静，不爱哭闹，所以叫静如。这个名字给别人带来误会，不认识我的人，总以为是女的。20世纪80年代，还有青年给我写信，猜想我是个和善的老太太。起先觉得别扭，日子长了，也就无所谓。我就是我，

我父亲用折子记下的全家人生年月日

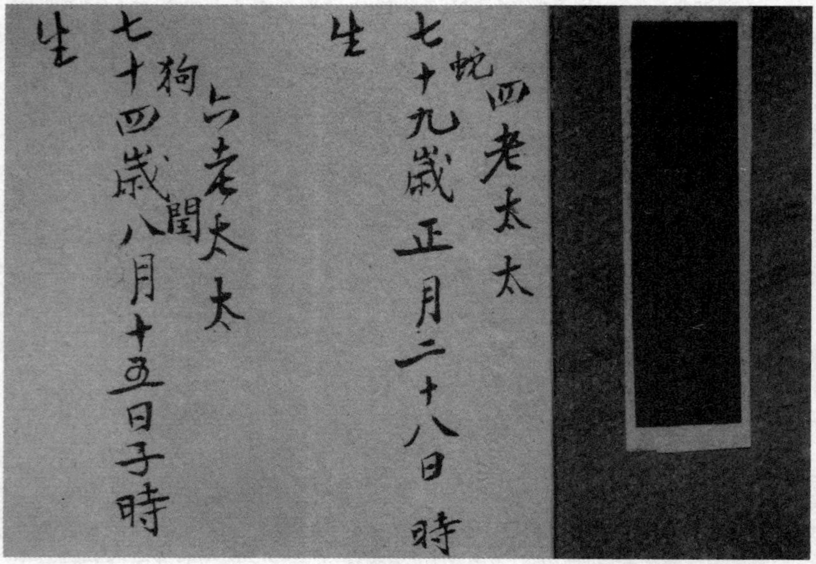

名字不过是个符号，管他是男是女。现在不少人给孩子起名时，特别讲究，甚至不惜花钱让“姓名学专家”去起，纯属迷信一类。其实，起名的标准应该是好写、好记，念着顺口就可以了。我的二女儿生的女儿，因为他父亲姓窦，名字不好起，干脆大名就叫窦豆。这个名字占了便宜，容易记，老师们很快记住，加上她自己努力，成了学校的名人，后边还会专门说到她。我是长子，当然在家里受宠，什么都占先。好在我随和，兄弟姐妹关系从未紧张过，但也还落下烙印，年轻时比较傲，自以为是。傲当然不好，不容易虚心学习别人的长处。但它也有好的一面，自信心比较强。从小，我身体不好，常闹病，全因扁桃体肥大。上学后，也是“三天打鱼，两天晒网”。到九岁，割了扁桃体，就逐渐好起来。给我动手术的大夫姓丁，是当时著名的耳鼻喉科专家，但他没给我割干净。解放后，我每次看咽炎的时候，大夫都说怎么没割干净。他们不理解，解放前的医术就是这个水平，已经不容易了。对什么事，都应该历史地看，不能用现在的眼光、现在的社会发展水平去衡量过去。我割扁桃腺是我们家的一件大事。据我妹妹回忆，当天我母亲、舅姥姥、小姨和我妹妹、弟弟都去了。他们在手术室外非常紧张，尤其是我母亲，完全是一副生离死别的样子。当全麻开始后，我喊一二三就没声了，他们全然惊呆了。手术完后，我母亲不错眼珠地看着没有醒来的我，倒是舅姥姥说赶快去买冰激凌，我母亲才醒过味来。天

小时候用的牙粉盒

下的母亲都是这样，总是为自己孩子担忧。人人都不能缺少父母之爱，尤其是母爱。有些人因不同原因，儿时就失掉了父母之爱，那是很可怜的，往往能影响一生的性格。当然，溺爱也会使孩子受到不好的影响。我小时候是很幸福的。

说起生病，我小时候生了一场大病，差点死了。其实就是细菌性痢疾，拖时间太长，肠子头都出来了，只能躺着。给我看病的中医大夫叫汪逢春[①]，是四大名医之一。吃了他开的很多服药，就是不管用。他告诉我父亲说，这孩子不行了，准备后事吧。我父亲只好请别的医生，叫死马当活马医。随之，请到了另一位中医，也是四大名医，叫萧龙友[②]。他到家里给我把脉，开了一服药，一吃就好了，接着又吃了几服以巩固疗效。汪逢春善用温热药，治风寒感冒拿手，但小孩阳盛，宜用凉药。萧龙友改变了治法，很快见效。我们家总找汪逢春看病，因为他与我母亲家有亲戚关系。我常去汪逢春的诊所看病，记得院子很大，看病的屋也很大，中间摆一张大桌子，弟子们围坐。汪逢春不写方，只诊脉，然后念药味，弟子们帮忙写方，很是神气。萧龙友的医术确实很高明，曾经给孙中山、梁启超、蒋介石、吴佩孚看过病。他既无家传，也无师承，完全是自学成才。他写一手好字，也善于作画。我非常感谢这位老萧大夫，没有他的帮助，也就没有我的今天。有一段时间一些人提出取消中医，说它不科学。这种说法很不好，说明这些人无知。其实，中医理论既是唯物的，又是辩证的。事实上，几千年来，中医在为中国老百姓造福方面是有很大功劳的。西医和中医看病，完全是两种不同的思维路径，强求一致，根本不可能。我主张，两条腿走路，互补不足，共同达到有病治病，无病防病的目的。前些年，有的培养中医的学校，以学西医课程为主，这不对，应该按传统的中医学习方法培养，使学生形成中医的

① 汪逢春，1884年生于江苏吴县，十几岁学医。汪原为法医，1913年辞法医职务自行开业。1941年，汪之弟子们辑录其门诊医案，出版《泊庐医案》。1948年8月，汪逝世。

② 萧龙友，1870年生于四川三台，少时读古代医学名著。1928年萧弃官行医，与孔伯华创办北京国医学院。1954年起历任全国人大第一、二届代表，中医研究院顾问、名誉院长、中国科学院生物地学学部委员等职。1960年10月，萧在北京逝世，著有《息园医隐记》。四大名医为：萧龙友、孔伯华、施今墨、汪逢春。

治病思路。当然也可以学一些西医的知识 但不能喧宾夺主。据我知道，现在许多中医药大学课程设置都有很大改进，有的学校还能较早让学生单独跟随老师在中医门诊接触病人，从实践中学习，这很好。

另外，我小时候还有一种莫名其妙的病，偏头疼。说它怪就怪在疼起来有时有会儿。每年10月底疼一个月，每天早上九点疼到十一点，过去后整天都没事。疼起来头就顶在硬东西上，或者到院子里来回走。为了治病，我父亲带我去找一个治神经痛的专家，说是三叉神经的问题，治了一段也没治好。这样一直持续到我工作之后，大概是1953年，有人告诉我可以去协和医院变态反应科看看。当时，全北京市的医院只有协和医院有这个科（现在很多医院都有了）。去了以后，大夫说做个过敏试验。打了一针，大夫看了说是组织胺过敏。这种东西在人体新陈代谢过程中都会产生，有人过敏，有人不过敏，打针脱敏就会好。针要打十次，当天先打两次，然后再打八天，一天一针。同时，大夫还给了进口的止疼药，怕打针脱敏的过程中还会疼。结果吃的药一点没管事，照样疼，针打到第五天就不疼了。打完之后，大夫说明年再脱一次敏就没事了。进口止疼药片很贵，不管事，脱敏针才花一元钱。第二年，头没疼，我还是去再脱一次。从那以后至今，再没疼过。非常感谢协和医院，治好了我多年的病。

学在“箴宜”

上小学一般都是就近，最好不上大街，免得丢了或被车碰着。离我家最近的学校在东四五条，叫箴宜小学。这所学校建于1902年（清光绪二十八年），名尚毅私塾。1907年（清光绪三十三年），住在班大人胡同[①]的继识一（终身未嫁的老姑娘）舍宅将私塾改称箴仪女学。宣统年间，因避讳“仪”字而改称箴宜女学。据张申府所写回忆中说，他在1906年入

① 班大人胡同因清康熙年间内阁中书、学士，乾隆年间兵部尚书，加封一等诚勇公班第的府邸所在地而得名。班氏家族自1755~1840年间战功赫赫，多人为国捐躯。该胡同一号院内现有两层中式楼，据考证，为班府遗存建筑。

北京后，曾上过"识一学堂"，在朝阳门南小街的一个大胡同里。说是满族老姑娘识一捐资办的学校，故名"识一学堂"。看来，这位女士还不仅办了一所学校。在清末的北京女学中，该校很有名气，影响相当大。民国后，改名私立箴宜小学。解放后，按所在胡同名，改叫班大人胡同小学。1965年，班大人胡同改为育芳胡同，该校又改为育芳小学。育芳胡同是连接东四五条和六条之间的横胡同，南北走向，中间曲折。育芳小学位于该胡同南口往北顶头西拐路北，东邻朝阳门北小街。

1938年9月，当我五岁零八个月（按阴历算已七岁多）的时候，进入了箴宜小学。因为小，不明白为什么一定要上学，很不愿意，但在父母的劝说下，不情愿地答应下来。当时，我提了一个去上学的条件，要求每星期带我去看一次武打戏。上学的第一天，我母亲跟着我一起去。别的学生做早操，我不肯进入队伍，站在一旁看。该去上课了，我仍拽着母亲不撒手。老师好说歹说，终于使我慢慢走进教室，从此就入了笼。

我上小学时

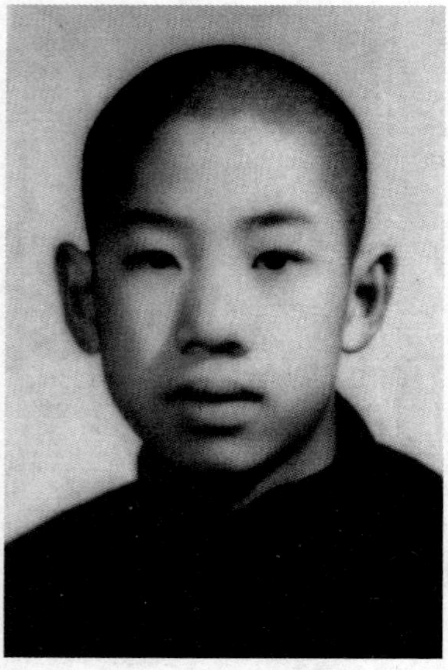

学校创办人继识一在封建社会可谓现代女性，不惜用家产办学，为女性解放作贡献。但她并不完全尊尚西学，对中国传统文化也很重视，要求学生既学现代知识，又读圣贤书。这一做法，为后来的继承者坚持下来。我入学时，校长姓骆，教导主任姓白（两位均为未出嫁的老姑娘），她们培养学生的方法，与继识一基本一样。当时，民国已建立二十八年，社会上从物质到文化的现代性内容越来越多，而她们仍然非常重视对学生灌输中国传统文化。礼堂内的西墙放着孔子的牌位，每周一学生要向孔子牌位行礼。在课堂上，规定学生必须读《三字经》、《千字文》、《弟子规》、《论语》、《孟子》，并要求背熟。所以，"人之初，性本善"，学生随口就能背出。即使长句子，也背得烂熟。像："鱼，我所欲也。熊掌，亦我所欲也。二者不可兼得，舍鱼而取熊掌者也。生，我所欲也。义，亦我所欲也。二者不可兼得，舍生而取义者也。"应该说，中国传统文化之精华对学生后来的人生观、世界观的形成，确实有着

2006年，我在育芳小学东门留影

良好的作用。另外，学习些古文，对提高学生的文字水平和增长知识有很大好处。可惜，我的古文底子并没有打好，至今有些文言文看不懂，给我的研究带来不少困难。现在小学设有写字课，让学生练毛笔字，这当然很好。可是，多年来，这个课形同虚设，常常被语文、算术课占了。近年来，教育部门又强调练字的重要性，希望各小学能坚持下来。现在，都用电脑，不要说写毛笔字，就是写钢笔字也没有机会，真要这样下去，字都不会写了。我的字写得就不好，可我的学生有不少人写的字实在差。所以，中国人一定要练写中国字（毛笔的、钢笔的）。

由于年代久远，对当时老师、同学的事，都记不起来了。能记住的，只是一些片断。记得上一年级时，课本内容很简单，现在还能背出三课：第一课，天亮了；第二课，弟弟妹妹快起来；第三课，姊姊说太阳出来了，快来看太阳。还记得有个学生比较胖，一上课就睡觉。老师见他睡觉就把他叫醒，问他老师讲的什么内容。他当然不知道，说得驴唇不对马嘴，引起同学哈哈大笑。使我难以忘怀的是我上高小时的班主任赵老师，四十多岁，不胖不瘦。他待人诚恳、和善，对学生更是疼爱。他讲课深入浅出，学生容易掌握。给学生印象最深的，是他在讲课中，常常提示学生从小要知道爱国。他每月收入不多，家境贫寒①，却一心放在教学工作上，勤勤恳恳，任劳任怨。因为我功课不好，我父亲请他给我补习。时间一长，我和他的感情越来越深。我常去赵老师家，与他家人都很熟。他对我也很照顾，一次全班同学犯错误，集体罚跪，只有我没跪，大概是有点儿私情。在我小学毕业后的第二年春天，赵老师因病去世了。我得到消息后，大哭一场，因为我太爱他了。他给了我知识，帮我打下了写作的功底；他教我做人，使我懂得了为人的准则。为表心意，我专门去看了师母，并写了篇祭文（用文言文写的），跪在我家院子中间的地上焚烧。

---

① 没有找到20世纪30~40年代北京小学教师的月工资的材料，只看到南京、上海小学教师当时月工资统计表。该表分级别，不同学历工资不一样。赵老师好像是师范学校毕业，大概月工资也就是四十元的样子。这个数目在农村算高的，可在大城市养活几口人就相当紧张了。

文中立志：长大当教师。

前面说过，我小时身体不好，常闹病，请假多，所以功课不算好，但也过得去，能够跟上进度。记忆中，还没有出现过不及格的事。在功课中，比较好的是语文成绩，特别对作文感兴趣，写得很流畅通顺。在班上，我比同学都小一点，个子小，年纪小，很不起眼，倒也没有挨过欺辱，与同学们的关系处得尚好。同学们之间闹矛盾，打架，我都不参与。我虽比较文静，但也很好玩。最爱玩的是抓子儿（chuazir）。这本来是女孩子玩的，一般用玻璃球在平的洋灰地上，或用桃核在土地上抓（把子儿抛至空中，同时拿起地上的子儿，再接住空中的子儿），有很多程序上的变化。男孩子很少玩，但我和几个男同学却专爱玩这个。我们只用桃核玩，程序变化比女同学多。最难的动作叫"牛犄角快蛙蛙"，只有我和另一个同学能够完成。为了玩，我还出了点儿险情。一次下课，到后操场去玩，上课铃响了，不知为什么，同学都跑光了，就我在最后，一着急绊倒了，下巴磕在石头上，弄了个大口子，出很多血。我哭着去找老师，结果老师用个袜子给我勒上，让我赶快回家。到家后，父亲带我去杨绍连[1]诊所，上了药，好了以后，落了个疤，到现在还能看出点儿痕迹。记得刚坐在杨大夫对面，他就用酒精棉给我擦伤口，我站起来就跑，误以为是给我上麻药，因为味道很像是给我割扁桃腺时用的药。杨大夫问我为什么跑，我一说，他就笑了，告诉我是两回事，我才回到椅子上。孩子的想法、动作往往是幼稚的，大人要耐心说服，不要急。

我最好的朋友，是同学三年的魏华聪。我们的关系非常密切，用北京俗话说叫"好得穿一条裤子"。我总上他家去，他也常到我家来，吃喝不分。他比我年纪大，个子也比我高，在一起，是我的"保护伞"。他对我一生影响很大，后边会说到。20世纪60年代，我们曾有过联系，"文化大革命"中就断了。2006年，我又通过公安系统找到他。步入老年后，童年

---

① 杨绍连，当时北京很有名的外科大夫，曾是协和医院的外科主任，后自开诊所。新中国成立后，他到北京大学的校医院工作。我在北大进修时，与他见过面，提起往事，他还有印象，因为他与我父亲是好朋友。

时好友见面，欣喜之余，生出诸多感慨。我们曾努力找过小学同学，但所获不大，只得知王景伏、阎连魁两人的电话。年头太多了，恐怕很难再找到更多的人。2009年，我给魏华聪打电话，他老伴说他走了，我听了很难过。

2006年6月，我让在市教工委工作的学生李强帮助联系育芳小学的领导人，约好时间去了一趟。到学校一看，已完全不是老样子，都变成了楼房。据校长程洪介绍，学校占地三千平方米，现有教学班十三个，学生三百四十七人，多为外来务工子弟，教师三十九人，四十岁以下教师都有专科以上学历，教学质量在东城区处于中间水平。学校开设"中国传统文化学习"课程，在不同年龄阶段安排学生学习《三字经》、《弟子规》、《论语》。看来，学校领导已把箴宜小学的老传统继承下来了，应该说是好事。当然，用封建时代的主流意识形态代替社会主义现代化社会的主流意识形态是不对的。现在确有些人一说到古代，似乎什么都好，我实在不敢恭维这种认识。但是，提倡现代中国人特别是学生有选择地学习一些古代的经典作品还是有必要的。我在育芳小学照了几张相，以作纪念。2009年4月22日，我又去了趟育芳小学，没想到育芳小学已经改成了东四七条小学育芳分校。又见许多工人在干活，一问，原来正在拆迁，完成后，就成为史家胡同小学的分校。这之后，我没有再去，因为再去谁也不认

小时候用的点心罐

识，而且对历史上的事人家也不清楚。以往的事，只能留在记忆中。

吃喝玩乐

生活在温馨家庭的孩子，除了上学念书，就是吃喝玩乐。

先说吃喝。我自小爱吃甜食，尤其偏爱吃甜点心，像萨其玛、蜜供、酥皮白糖馅饼之类。半夜饿醒了，我母亲就给我萨其玛。半夜吃甜食，牙也没坏，奇怪不奇怪。不过，这不是培养孩子的好办法。那时，大人也没有科学知识，以为是疼爱孩子。长大以后，还是爱吃甜点心，总想什么时候有钱，一定吃一顿萨其玛饭。改革开放后，真吃了一顿，并不舒服。有位医生告诉我，不要多吃甜食，容易得糖尿病，有糖尿病的人都是小时候吃糖把胰岛素累着了。不知道这位医生从什么地方学来的理论。其实，吃糖并不能得糖尿病，当然得了糖尿病就不能再吃甜食了。现在卖的点心，原料比过去高级，但我觉得不是味儿。一天，我在附近菜市场的非正规点心铺里买到"大八件"、"小

小时候用的水杯

八件”[①]，还真有点儿过去的味道。什么东西好吃不好吃，因人而异，只要爱吃，就是最好吃的。一切爱好都如此，没有绝对的。人与人相处，不要把自己的爱好强加给别人。这是个重要的道理，为人应该明白。另外，我还爱吃黏食，如炸糕、切糕。我觉得那时这种吃食用黄米面做，比现在用江米面做的要好吃。卖切糕的车子非常讲究，车上的铜饰物擦得锃光瓦亮，切糕上铺着特别干净的白布，看上去很卫生。卖切糕的人是回民，穿戴很精神，动作利落，手艺高超。买主要多少，切下来的糕准是多少，叫做“一刀准”。再有，我还爱喝豆汁。一碗豆汁、两个焦圈、一小盘辣咸菜，吃起来特别美。对这种在农村喂猪的东西，很多人不爱喝，说它又臭又酸，好似泔水。可是，爱喝的人总不喝还想它。到现在，我和老伴时常还要买来喝。我在《深圳特区报》上看到过一篇文章，说豆汁不好喝，像泔水。作者不爱喝豆汁，谁也管不着，但笑话爱喝豆汁的人就不好了，尤其是把某位曲艺演员比作豆汁，就更不好了。吃正饭的时候，我爱吃肉（而且爱吃肥肉，到老了还吃）、烙饼、回头（与馅饼样子不同，因为它的馅以肉为主，所以我爱吃），不爱吃米饭、面条、饺子、青菜。但我不拒绝吃烫饭，特别是用肉和白菜烫的饭，搭上点咸菜，吃起来特别带劲。记得常常在屋子门里边放个小桌，坐个小椅子，堵着屋门吃烫饭。到老了，还爱吃它。小时候爱吃的，老了还爱吃，小时候不爱吃的，老了变成常吃的。比如，面条就常吃。一是省事，二是顺溜，好消化。迷信的说法，叫“报应”。不仅如此，由于我胃不好，做了胃镜，查出有萎缩性胃炎并伴有糜烂、反流性食管糜烂。除用药治疗外，不得不改变生活习惯。从不爱吃蔬菜、水果改成尽量多吃。爱吃肉改成少吃

---

① “大八件”、“小八件”是八种点心的总称。内容有多种说法：“枣花儿酥、点子酥、核桃酥、到口酥、螺丝缸炉、银锭酥、玫瑰饼、状元饼”；“福字饼、禄字饼、寿字饼、喜字饼、枣花酥、太子饼、椒盐饼、萨其玛”；“杏仁饼、状元饼、太师饼、鸡油饼、白皮饼、硬皮饼、囊饼、蛋黄酥”。可能还有别的说法，就不知道了。我想，不同的点心铺有不同的配法，所以记载不一样，反正是八种点心。前几年，北京市工业促进局和北京食品协会经过两年的研究，在原有的基础上推出了新“京八件”，包括玫瑰豆沙、桂花山楂、奶油栗蓉、椒盐芝麻、核桃枣泥、红莲五仁、枸杞豆蓉、杏仁香蓉八种原料制成糕点。这种事，说不定什么时候又改了，只要弄成八种小点心就行了。

肉。爱吃炸食改为尽量少吃。

那时，很多吃食在家门口就能买到。胡同里有挑担子的、推车的、挎肩的，所卖食品多种多样，诸如糖葫芦、雪花儿烙、炒红果、甑儿糕、芸豆饼、糖果、小炸食（十余种小件油炸食品，用草纸包着）、大花生、半空（果实不饱满的花生）、瓜子、水萝卜、烧饼、焦圈、蜜麻花、糖耳朵、熏鱼、熏肉、羊头肉、烤白薯、煮老玉米、豆汁、大麦米粥，等等。也有卖做饭用的东西，像各种蔬菜和油盐酱醋。卖东西的，有的吆喊，有的打小糖锣，有的打冰盏儿。吆喊像唱歌，有韵有调，非常好听。吆喊的内容和声调，我和老伴的记忆有的不一样，也同现在电视里由"叫卖大王"臧鸿（前不久已去世）表演的不完全一样。大概是因为北京东、南、西、北城的习惯不一样，所以人们的记忆或记载就会不一样。也有的吆喊听起来不那么顺耳，如卖硬面饽饽的，都是夜里十二点之后才出来，先喊"硬面"两字，中间停一小会儿，再喊"饽饽"两字。冬天外边刮着大风，听起来很凄惨。食品的叫卖，吸引着孩子们的神经，一听有响动，都往外跑，拽着大人要求买这买那。对这些东西，我不太感兴趣，因为平日除三顿饭外，一般不吃零食。别的孩子们围着买的时候，我只是跟着看热闹。

但有许多食品在胡同里不好买到，必须上大街。从我家出西口，是东四北大街。这条街上卖吃食的很多，牌楼跟底下路西有森春阳南货店，卖金华火腿、南京板鸭、洋点心、冰激凌，往北东边有瑞芳斋饽饽铺，西边有便宜坊烤鸭店。旧时，北京有很多饽饽铺，瑞芳斋就是其中很有名的一家店。饽饽铺子的门脸都很有讲究，门口挂有牌子，写上有特色的糕点品名。铺内可卖的糕点种类很多，同时按照季节变换花样，很受顾客欢迎。当然也有的小铺子的糕点比较硬不好吃。有个笑话挖苦这种糕点很有意思：有一个人到饽饽店里面买了酥皮点心，出了铺子门一不留神摔了一跤，正好来了汽车，从点心上开过去。结果，点心没坏，但被压在坑里。买主使劲挖也没有挖出来，卖主看到了说用江米条能挖出来，果然挖出来了。买主不高兴了，说这是什么点心，这么硬。卖主听了拿起蛋糕就打了买主的头。买主说你怎么打人，卖主说我要是用桃酥打你，就能把你脑袋打破，这算是便宜你了。这个笑话就是讽刺点心硬的。当年东四北大街除卖吃食的之外，还有很多大小店铺，卖茶叶的、卖布的、卖药的、租书的。值得一提的，是永安堂药店。该店建于明永乐年间，至今已有五百八十多年，比同仁堂还早两百多年，当时有"内永安，外同仁"之说。这家药店在20世纪30年代达到鼎盛，生意兴隆，门庭若市。当时，该店可自制一千一百多种中成药，其中紫雪散、羚翘解毒丸等远近驰名。不知什么原因，后来衰落了。改革开放后，1993年秋，改建重修为三层楼房。自1995年组建连锁店以来，已发展为十几家。话说回来，要买更多的吃食，还得进东四北大街路西的胡同，叫隆福寺街。这条街以隆福寺而得名，东西走向，东边比较热闹，店铺较多，西边则冷清一些。东边除书铺外，吃东西的地方有白魁饭馆、灶温饭铺。白魁饭馆以卖烧羊肉出名，肉烂，肥而不腻，瘦而不柴，味道鲜美。夏天，是卖烧羊肉旺季，每天下午三四点钟，烧羊肉出锅时，居民都拿着碗或盆来买肉，多要汤，拿回去浇过水凉面，既开胃，又去暑。我不爱吃面条，可爱吃烧羊肉。灶温饭铺以卖各种面条为主，有烂肉面、炸酱面。后者也叫"小碗干炸"，用肉丁炸，上边漂着一层油，很受吃主欢迎。隆福寺街中间路北的隆福寺庙建于1452年（明景泰三年），是北京唯一的番（喇嘛）、禅（和尚）同住的寺院，到清代才成为完全的喇嘛庙。隆福寺在清代曾是朝廷的香火院，也是京城五大庙会之首。过去是每月一、二、九、十有四天庙会，香火极盛，庙里庙外到处有赶庙会的摊贩。我小时候，除有几座大殿外，已经变成了露天市场，有卖艺的、卖鲜花的、卖杂货的、卖玩具的、卖字画的、卖瓷器的，也有卖吃食的。说到卖艺的，解放前的这个行当也很不容易，挣不了多少钱，费力不小。为了省点力气，采用说多练少的办法。这样就留下了话把儿："天桥把式净说不练。"北京人说话够损的，骂人不带脏字。吃食方面，有豆汁、老豆腐、豆腐脑、扒糕、切糕、炸糕、糖耳朵、蜜麻花、油饼、焦圈、烧饼、水果糖、山里红，等等。卖山里红的很有意思，手臂上套着两挂山里红，个很大，嘴里喊着："还有两挂大山里红。"买主给了钱之后，卖山里红的使一下手法就变成小个的。因为隆福寺离家近，大人常带我去吃点、买点。说起吃炸油饼，到老了反倒有点儿弄不明白。新中国成立前，北京没有炸油条，只有油饼和糖饼。那时，炸出来的油饼，到下午也是立着的，现在炸的油饼，一出锅就是软的，有人说是原料问题，有人说是技术问题，我看是经济问题，舍不得油，不肯多炸一会儿。可现在的吃主，对软皮糖似的油饼都认可，所以卖主也就乐得省点儿油。人类社会就是这样，随着时间推移，很多东西变样，相当多的是变好了，也有一部分是变差了。下一代人认为这东西就应该是这样，再变回去，人们还不认可了。想明白了，也不觉得奇怪。另外，现在很多人怕油炸，又想吃油条、油饼，所以就认可少炸一会儿的软油条或油饼。从报上看到，要把隆福寺重修，这很好。

至于要买高档一点的食品或吃好的饭，就得去离家远一点的东安市场。这个市场初建于1903年（清光绪二十九年），是露天的。民国初年，陆续建立了店铺，上有铁罩棚，下有平整的道路，形成一定规模。1920年6月9日发生大火，随后重建。1933年12月统计，全场共有商户九百二十五家，其中铺户二百六十七家，摊户六百五十八家。这个市场包罗万象，卖什么的都有：中餐馆、西餐馆、纸店、皮鞋店、古玩店、药店、金店、绸布庄、食品店、文具店、书店、茶庄、鲜果店、钟表店、服装店，等等。也有照相馆、球社、戏院，还有许多卖各种东西的摊位。东安市场不可能常去，而是有时有会儿的。去时，大人有大人的目的，对我来说，记忆深的是去东来顺羊肉馆（1903年建）、森隆中西餐馆（1924年建）、五芳斋饭馆（1924年建）吃饭和买各种吃食拿回家。有时，也去吉祥戏院看戏或买刀枪玩具。

再说玩乐。自小，我爱看武打的小人书，爱看武打的京戏。很幸运，我还赶上看过武生行当的宗师杨小楼的戏，至于李少春、李万春、叶盛章的武戏更是常看。有一次，大人带我去看戏，戏名叫“三妇艳”，是文戏，我就不爱看，就想走，有个角色从三张桌子跳下来，我父亲就说这不是有武打的，我说这算什么武打啊。记得小时候看戏，去的戏院很多，如广和楼、广德楼、中和戏院、长安戏院、吉祥戏院、华乐戏院等。因为爱看武打戏，就喜欢拿刀动枪，当武侠。家里有各式各样的木制、竹制的"兵器"，刀枪剑戟，斧钺钩叉，都是在东安市场买的。我经常和弟弟一起，用"兵器"打着玩。有的"兵器"制作工艺非常好，像真的一样。有一天，日本兵查户口，看到墙上挂着一把剑，抽出来闪闪发光，吓他们一跳，仔细看是假的，才作罢。还有一次，我用一把刀，我弟弟用双斧，互相打，一下子把斧头削断了。我和弟弟都说这把刀是宝刀。另外，我和弟弟一起去"探四奶奶"，也是表现一种"武侠"的行为。所谓"探四奶奶"就是偷偷到四奶奶屋北边小套间的箱子上待着。目的也没有，只觉得没被四奶奶发现很好玩。有一次听四奶奶自言自语说，先跟人借点，下月再还。我们以为是跟别人说话，其实没人。大概每月我父亲给她的钱，分成几份，这份不够花的就借那份先用。我们听了觉得很好玩。我不仅和弟弟瞎打，而且还跟邻居一起练功。比我大几岁的邻居陈祖澜有一把铁的剑，我常拿着玩。一次，我练了个姿式，把自己的小腿扎了，但没哭。自认为是英雄，当然不能哭。听人说，在小腿上绑个沙袋练跑，日子长了，取下沙袋，就能蹿上房。可我练了些日子，也没上去。小时候做的这些幼稚的事，留下很深印象，直到今天还常梦见自己会飞，是武侠。

小时候，特别爱玩蟋蟀，北京叫蛐蛐儿。养蟋蟀起于唐代，盛于明清。我玩蛐蛐儿是受我父亲影响，他是个养家，在京津一带小有名气。每到秋天，他要买很多蛐蛐儿，总有四五桌（每桌二十四个）。北京的蛐蛐儿个子小，寿命短，战斗力弱，不受欢迎。据明代的书中记载，北京永定门外胡家村的善斗，受养家欢迎，但民国时并无此说法，也许已退化。所以，蛐蛐儿贩子多到山东去捉。山东的蛐蛐儿个子大，寿命长，战斗力强，买主愿意要。蛐蛐儿贩子多住在崇文门外的大车店里，也有在庙会里卖的。有时是我父亲去大车店买，有时是贩子们送到家里。不管哪种情况，我都在旁边帮助挑选。买完之后，卖蛐蛐儿的叔叔总要单送我两个，自己养着。养蛐蛐儿是个细活，很讲究。蛐蛐儿放在罐子里，比较好的蛐蛐儿罐是清代赵子玉、淡园主人、公信主人制造的。蛐蛐儿罐里放个过笼（蛐蛐儿住的小房子），过笼边上放个小水槽（瓷做的盆，蛐蛐儿喝水用的）和竹子做的小食板，上边放着捣碎的毛豆加水碾成很稠像浆糊似的吃食。每天，要上食上水，打扫卫生，有时还要帮助雄性蛐蛐儿"娶妻"（即把称作"三尾"的雌性蛐蛐儿放入罐内），"生子"（叫"过蛉子"）。斗蛐蛐儿（实际上是雄性蛐蛐儿互相争夺雌性）很有意思，两个蛐蛐儿用牙咬在一起，谁的牙硬谁就能取胜。但也很残酷，有时能把对方大腿咬断，甚至咬死。蛐蛐儿牙的软硬，与先天有关，更与后天调养有关。所以，先要会挑选，买回后要会养。比如直接吃毛豆，就费牙，也不好消化，不利长身体。斗的时候，也要有技巧。双方把蛐蛐儿放入斗罐中，用"探子"（细竹棍或象牙棍的一端缚上几根鼠须）挑动蛐蛐儿的斗性，引领蛐蛐儿占据有利地形，摆好架势，先张牙，再鸣叫，威慑对方。我父亲有个好朋友吕向武（我们称吕三叔），是养蛐蛐儿的高手，既会养，又会斗。每次去蛐蛐儿局①时，都是我跟着他去。有一年打将军，是北京和天津的养家聚在一起，把各自的"强将"带来争斗。吕三叔带我去了，结果我们的蛐蛐儿得了冠军。随后，举行了隆重仪式。院子中间摆个供桌，放上供品，点上蜡烛，冠军蛐蛐儿罐摆在正中。参加者站在供桌前鼓掌，蛐蛐儿贩子跪地磕头。那天，我非常高兴，觉得特别带劲。

我小时候还很喜欢放风筝，常常和弟弟弄个小风筝在院子里房上或街上放。帮我父亲养蛐蛐儿的吕三叔确实是个玩家，自己会做风筝。他常带我们去老段府②前的空场去放风筝。这个空场很大，没有电线，是放风筝的好地方。放一人高的中型风筝比较容易，如瘦沙雁之类，一抖就起来，还可以往上送彩带、响铃。放大型风筝比较难，如大长蜈蚣之类，用小线就不行，必须用老弦。这种风筝放起来劲特别大，小孩是拽不住的。放风筝玩，确实是一大乐趣。我长大后，再没有放过风筝。但有时，学生们送来放在匣

① 有人专门设局，是一种用蛐蛐儿赌博的场所。有人下赌注很大，有人下起码的赌注（记得大概是一元钱）。我父亲是养家，对用蛐蛐儿赌博没兴趣，也从来不去赌场。让朋友去，也不下大注，只下起码注。入冬之前，有一次大的举动，叫"打将军"，就是争夺冠军。

② 段祺瑞在北京的住宅之一。此宅原为清康熙第二十二子的邸宅，其孙永芝于乾隆五十年被废，故称为"空府大院"，位于仓南胡同五号，实际是仓南胡同与仓南北巷之间。1984年被定为东城区文物保护单位。据传段曾在此宅内开过国务会议。

子里的小风筝，也还爱看。

跟着我母亲去参加别人家的婚丧活动（北京话叫“出份子”），也是我最感兴趣的事。当时，结婚多是老式的，用轿子抬新娘，也有少数采新式结婚的，坐用彩带装饰的汽车。结婚的事，吹吹打打很热闹，孩子当然爱看。办丧事虽然与办喜事不同，但也有热闹可看，尤其是那些与去世的人及其家属关系不密切而假哭的人，“哭”完了马上被人引去入席吃饭（办丧事不能吃鸡鸭鱼翅，只能吃炒菜面）。在过去的老相声段子里有形容这类事的，说进门大声嚎，突然没声了，就问在哪儿吃，实在可笑。别人家办婚丧事热闹，自己家办更热闹。我童年时期，两位奶奶相继去世。我四奶奶去世后，是在家里办的事。棺材停放在北屋，院里搭上棚，我们兄弟姐妹跟着父母分别跪在棺材两旁。也不是一天到晚都跪着，一听门口打鼓，知道来人啦，才赶快跪下。念经是办丧事不可少的，和尚、老道、尼姑，轮流念，非常热闹。念经很有意思，像唱歌，听起来十分悦耳。念经到一个阶段，要请本家的祖先灵魂到现场，大家都跪下磕头。棺材前边的供桌上放着供品，还有个罐，到晚上要填罐，大概是怕死人饿送点吃食。这时，值事的就喊，“本家哭两声吧”。停灵第三天的活动叫“接三”、“送三”，要到门外去烧包袱，我是长孙当然要去，磕个头完事。出殡前举行的活动叫“伴宿”，那个夜晚不睡觉，念经，用意是保护灵柩。为此，要安抚孤魂怨鬼，省得捣乱。和尚从经台上往下扔染成红绿色蒸食供品，分给孤魂怨鬼吃。这东西人不能吃，因为不熟。但孩子们却去抢，据说抢到可以保平安，这当然给我们添了乐趣。这期间，大人小孩不许洗澡，男人不许刮胡子。我四奶奶的棺材停了几天，记不清了，好像只有七天。然后是出殡，又热闹一番。抬杠的人数有规矩，都是双数，最少八人，接着是十六人、三十二人、六十四人，最多是一百二十八人。我四奶奶出殡用了六十四人，棺材上放个罩，前边有吹鼓手。我们家的坟地在朝阳门外六里屯的梁家园，按规矩我父亲必须打着幡跟着队伍走，我也走了一小段路，就上了母亲坐的马车。本来是办丧事，可我却觉得很好玩，很开心。孩子的想法，大人无法理解，所以那些日子常挨说，嫌我们不懂事。其实，我四奶奶死时，已过九十岁，这在当时是较少的。那时，五十多岁的人就显得很老，有的人还拿上拐棍，所以我四奶奶去世叫喜丧。她身体很好，去世当天下午，一个人还去了隆福寺，回来后也没事。可到了晚上，我们就听见北屋有声音，我母亲赶快过去看。不一会儿，就不行了。当时，有一件事更让我母亲生气。我四奶奶死后的第二天早晨就派人去她娘家报丧，可人家指责报晚了。我四奶奶娘家是北京有名的"七珍丹"[①]沈家，大概是她的侄媳妇挑了眼，到我家又哭又闹，说什么"打发条狗到家门口汪汪两声也好"之类不讲理的话。我当然不干了，拿了个东西往她身上一扔，又找了几个小哥们儿等她出到门口使劲起哄。当然，为这事，挨了我母亲一顿说。我哭了，心想我支持你，你还说我。看来，这位不讲理的妇女，素质太差。亲戚、邻里、朋友、同事、同学以至上下级之间应该相互宽容、忍让、谅解，才能和谐相处。不过在旧社会，家里死了人，娘家人总要找理由来挑眼，来婆家闹，婆家人赔不是，这种事很多。

在旧社会，我家办丧事算不上什么，真正大办的是那些大人物的家。这种场面我真见过一次，那就是吴佩孚出殡。1926年10月，吴佩孚被北伐军打败之后，逃往四川投靠川陕边防督办刘存厚。1932年1月，吴回到北平，住在东四北大街什锦花园胡同23号。1939年12月4日，吴佩孚病逝[②]。吴家办丧事，老百姓当然进不到院子里，只能在街上看。吴的棺材由十六人抬出家门口，遂换成六十四人抬（什锦花园胡同比较宽，但人太多也摆不开），到胡同口才扣上棺罩，由一百二十八人抬。棺材前边除吴的男性后人外，整个送殡队伍由什锦花园胡同东口排到东四牌楼根底下。队伍中，有纸糊的人、车、马、箱子、柜子之类，有和尚、老道、喇嘛、尼姑，有中式的吹鼓手和西式的乐队，还有挎枪军警。棺材后边，是女眷坐的多驾马车。送葬队伍有二三百人，浩浩荡荡。总之，看起来相当气派。马路右边人行道上摆着许多茶桌，都是沿路商家设的，表示为死人送行，并向送殡家属奉茶。棺材

① 七珍丹是中成药，主治急惊风，痰涎壅盛，停乳停食，大便秘结。

② 吴佩孚的死因有各种说法，有说吴牙疼，被日本医生害死了，也有说就是得心脏病死的，还有说别的原因的。时间长了，恐怕不容易弄清楚。

前边有个打相尺的，就是用响声来协调抬杠人的脚步。另外，还有一个往天空抛纸钱的人。当本家或本家的至亲给抬杠人辛苦钱的时候，他就大声喊出，如“姑奶奶赏钱二百吊”，抬杠的随即齐声说“谢谢”。当时，北京干这事的最有名气的人叫“一撮毛”。那天，我一直在马路东边看热闹，一会儿往前跑，一会儿往后跑，来来回回，高兴至极。抗战胜利后，国民政府认为吴佩孚不为日寇所诱，拒绝出山当傀儡，追赠陆军上将军衔，并于1945年12月举行了公葬，组成以孔祥熙、李宗仁为主任委员的“蓬莱吴上将军营葬委员会”，蒋介石写了祭文，由市长何思源宣读。次日发引，国民政府通令全国下半旗致哀。

平日看电影、逛公园、串大街、赶庙会都是玩，过年过节也是玩，但我的印象并不深。比如看电影，我只爱看武打的（我看过无声电影“火烧红莲寺”，很带劲），可哪儿有那么多武打的呢？倒还记得一部影片叫“魂断蓝桥”，为什么现在还能记得，不是爱看，而是当时觉得名字好玩，叫“混蛋来瞧”。逛公园也觉得没意思，河就是水，山就是土堆加石头。大人一带去，我就闹着回家。记得小时候特别怕下雨，一阴天或掉雨点我就要求赶快回家。那时，去的公园主要是中山公园、北海、中南海[①]，有时去颐和园。去一趟颐和园很不容易，因为交通太不方便。先从家里走出口，坐电车到西直门，再坐骡车，慢慢悠悠走很长时间才到。进去以后到处走，吃顿饭，下午三点多往回走。幸亏我父亲在电车公司工作，所以能够去电车公司北厂（西直门内）坐空车，有座位不用挤车，大概五点多回到家就不错了，又累又没意思，我真不爱去。赶庙会，除前边说的隆福寺之外，小时候还去过白云观、雍和宫、东岳庙、蟠桃宫。每年三月初一、初二、初三蟠桃宫开庙，游人甚多。蟠桃宫是座道家观，明朝时建立，位于东便门内大桥南。庙内供有王母娘娘的塑像，三月初三是她的生日，很多人去求子。记得去一趟很累，没有车，只能走，确实没意思。过节过年除了吃点好的，别的也没什么，因

① 我小时，中南海是开放的，还有游泳馆。因为大，游人虽多，在里边散开来，还是显得有些冷清。

为总是那一套。印象比较深的是过清明节、中秋节和春节。清明表示天清地明的意思，相传大禹治水后，就以“清明”的词庆贺水患已除，天下太平。武王伐纣以后，人们亦称“清明”。随之定二十四节气时，把三月节定位“清明”。秦汉时期逢初十、十五及二十四节气都要祭奠，至唐朝则规定寒食节上祭，而寒食与清明相近，统称为清明节。又有传说，战国时期晋文公为纪念介子推定清明节前一天为寒食，不得生火，随后祭奠。我之所以对清明节印象深，是因为要随大人到朝阳门外六里屯自家的坟地去扫墓。每次去都是坐骡车，一早走，大概十点才能到。在坟地有看坟的人招待，喝棒渣粥，吃玉米面饼子，大葱，黄酱，黄瓜，别有一番风味。吃完了可以到处疯跑一阵，特别高兴。中秋节是祭拜月神的日子，时间是阴历八月十五日。最早把中秋和嫦娥奔月、玉兔捣药结合在一起的是唐代。相传八月十五日，唐玄宗梦游月宫，见到月宫和广寒清虚府，遂定此日拜月。我小时候，到八月十五日家里就在院子中间摆上供桌，点上蜡烛，放上月饼及其他食品，还要放上彩绘泥塑的兔儿爷。我奶奶、妈妈和姐姐都要给月神磕头，但男的不磕，叫“男不拜月，女不祭灶”。当然，对孩子来说，就是忙前忙后，玩得高兴。过春节，人来人往，窜来窜去，比较热闹。“二十三，糖瓜粘；二十四，扫房日；二十五，炸豆腐；二十六，买猪肉；二十七，宰公鸡；二十八，把面发；二十九，蒸馒头；三十晚上熬一宿，大年初一扭一扭”[①]。过春节时总要给祖先上供，主要是做成塔状的蜜供。等过了正月十五，撤下来的蜜供才能给孩子们吃。蜜供落上很多土，很不卫生。到现在，我还经常买来吃。有一次发现蜜供后面被人掏空了，原来是被我弟弟给偷吃了，当然要挨顿说。旧社会一到过年，铺子都关门，没地方买东西。于是，菜要先做出来，馒头要先蒸出来，结果，平日现吃现做，一到过年总得吃剩东西（馒头都硬得很，裂了口）。现在不少人抱怨年味不足，如果这种情况也叫“年味”，不足就不足吧。现在过年时，到处都能买到东西，应该说是好事。至于迷信

① 这种说法也不一样，比如有说“二十五，磨豆腐，二十六，卖猪肉”的，估计可能是农村的说法，因为城里人一般不自己“磨豆腐”，更不可能“卖猪肉”。这种事，一地方一种说法，也不必较真。

的内容，更不应该恢复。当然，家人团聚一下，亲戚朋友趁此机会加强点交往，都是应该的。再有，过年放鞭炮是个大家很乐意做的事，据说可以崩崩邪气。我也放，但不爱放。老了，更怕这种响动。但我还是支持现在的“限放”政策，有段时间不让放，相当一部分人有意见。不让放，是为了安全，完全好意，可那部分人（好像还不少）不领情，偷着放，像搞“地下工作”一样。日子长了，市政府也觉得是个事，于是“禁”改“限”。我看好，何必为这点小事，让那些爱放鞭炮的人对共产党不满呢。出了事，是自己不小心，也赖不上谁。这类事，历史上有过。太平天国在南京建立后，因洪秀全信上帝教，不让老百姓把死人放在棺材里，只用白布裹上埋入土中。这让老百姓很反感，致使公信力下降。所以，执政者千万不要因小失大。“禁”改“限”之后，爱放的人很高兴，但由于不注意，每年受伤的人很不少，而且对空气污染相当厉害。慢慢地，放的人逐渐减少，听其自然吧。

我这个人，从小就没什么情趣，也许是性格所致。别人回忆小时候的事，都很兴奋，我却觉得很多事没意思。到老了还是这样，除了抽点烟，喝点茶，没什么爱好。就这样，也过一辈子，所幸还算慢慢明白点事理，作了一点贡献，没白活。

第二章

迷途知返

“大同花园”

1944年7月，我小学毕业。因为功课不是很好，市立中学考不上，是年9月，进入了位于外交部街①的私立大同中学。

这所学校建于1923年（民国十二年）6月1日，是蔡元培、蒋梦麟、谭熙鸿等与热心教育事业的几位学生一起创办的。最初的校址在东城亮果厂后局大院，后又迁移过两处，首任校长为谭熙鸿②。学制是“三三制”，校训为“敏健、笃实、恕慎、廉明”，1924年5月，改名为“京师私立大同中学

① 外交部街位于东单北大街东侧，呈东西走向。东起朝阳门南小街，西止东单北大街，全长七百二十一米，宽九米。明代属黄华坊，称石大人胡同。清代属镶白旗，沿称石大人胡同。睿王府、迎宾馆、藏经馆、辅国公如嵩府第在胡同北侧。民国时，北洋政府外交部设此，故称外交部街。新中国成立后，外交部也在街内，后迁走。

② 谭熙鸿，1891年生，早年赴美国留学，获农科博士学位，曾任北京大学代理总务长兼生物学教授。1926年，谭南下任浙江大学农学院院长。20世纪30年代后，谭一直在国民政府农业、经济等部门为官。

校”。1926年，由胡贤瑞代理校长。1927年夏，改由吴铸人[①]代理校长。1928年夏，北京市改名北平市，故学校亦更名为“北平市私立大同中学校”。1929年秋，学校向官方借到原清廷睿王府[②]为校舍。1930年，吴铸人离校，由贺翊新任校长。1932年10月30日，董事会[③]临时大会议决多方筹款购买睿王府旧址。来年5月，筹借到款项之后，从华北江淮水灾协赈会手中买下了这座旧王府，使大同中学有了稳定的校址。我入学时，校长是孙芳岑。1945年，贺翊新回来，仍为校长。1946年3月，贺翊新调任河北教育厅长，校长一职由李福双接任。

我上大同中学时，这座旧王府虽已不再是原来的样子，但有些旧房子仍然存在。特别是西边的花园并未完全被破坏，有草亭、土山、荷花池。故当时的大同中学，有“大同花园”之称。较之其他中学，这所学校多一优雅之处，对于学生课余精神调节有很大好处。现在的中小学，有不少因为面积小和经济实力的关系，常常是楼挨着楼，绿地也很少，这对学生身心健康不利，有条件的话应该逐渐改变。至于整个学校的格局，已记不太准，几个老同学凑了一下，也没有弄清楚，只好附一张二十四中现存的大同中学的模型图。

2006年6月和2007年4月，我两次去二十四中（即原来的大同中学），学校的校长、书记出来接待，进行了座谈，参观了校园。当然，早已看不见

① 吴铸人，1902年生，北京大学生物系毕业后赴美国留学，获农业经济硕士学位。后来，吴除在一些学校工作外，多数时间均在政界为官。他是国民党六届中央委员，行宪后任立法院立法委员。1984年5月，吴在台湾逝世。

② 清初摄政睿亲王多尔衮辅佐顺治帝平定天下，有周公之德。身殁未几，被诬削夺，沉冤一百二十余年。乾隆四十三年，为多尔衮平反昭雪。多尔衮无后，曾将豫亲王之子多尔博承继为嗣。复爵后，由多尔博之四世孙淳颖承袭。睿亲王府在原石大人胡同，现为外交部街。

③ 据北平市教育局J4—1—436卷P5《临时大会记录》载：当时董事会的董事有：蔡元培、蒋梦麟、谭熙鸿、丁燮林、颜任光、周炳琳、王宣、童耀华、白雄远、许孝炎、贺翊新、贺培新、程厚之、李辛之、黄国桢、叶清如、罗贡华、王礼锡、吴铸人、陈立夫、商震、李竟容、徐季吾、凌昌炎、张超。

大同中学时的模样。只有在新盖的楼中间院子里保留着大同中学时的几棵古树，我和中学同学杨楚泉、高树森、黄德元一起照了相。现在的二十四中已是一所现代化的中学，有多功能的阶梯教室，不小的一座图书馆，确实很像样子。教学成绩在北京市的中学里虽不是最优的也不是最差的，属于中等偏上水平，这在全市那么多中学存在的情况下，也不容易了。现在二十四中的领导（校长毕国英，书记欧阳伟，副校长白可、王建、何育竹）和教师仍在不断努力，争取更大的进步，我祝母校越办越好。

我入校时校训、校旗、校徽、校歌都没变，仍

大同中学模型照

沿袭过去的形式和内容。校歌至今我还会唱，歌词是这样的："菁莪棫朴[①]为国雄，冥冥行致昭昭功[②]，霹雳飞电兼狂风，淬厉[③]我族方无穷，抚吾长剑，弯吾长弓，澄清揽辔跻大同[④]。"大同思想是中国传统文化的精华，是人们美好愿望的反映。大同中学的校训、校歌立意于此，说明创办者和继承者都立志为培养青年学生走上人生的正确道路而贡献自己的力量。但是，他们并没有预料到政治

2007年，我和中学同学杨楚泉、高树森、黄德元在二十四中

① 菁莪棫朴：菁莪，茂盛的莪蒿；棫朴，白桵和枹木。此处泛指英才辈出。

② 冥冥行致昭昭功：冥冥，精诚专一的样子；昭昭，昭明卓著的样子。意思是不能专心致志，就不能功绩卓著。

③ 淬厉：淬火磨砺。

④ 澄清揽辔跻大同：澄清，平治天下；揽辔，拉住马缰；跻大同，达到大同境地。

对于教育的日益增强的干扰。到了20世纪30年代，国民党为了巩固自己的统治，大力加强对教育领域的控制，特别着眼于对未成年学生的争夺，加上八年的日本侵略者的奴化教育，大同中学创办者的初衷早已被湮没。我入学时，日本侵略者在中国处境越来越糟，顾不上加强对中学的控制，所以，除了要学日语外，在我记忆中，没有什么特殊的感受。不过，据我所知，国民党的地下势力在大同中学还比较强。所以，抗战胜利后，国民党对大同中学的控制很强。国民党东城区委委员李福双当上了校长，国民党员训育主任贺世法具体贯彻上级意图。学生给李福双起外号叫大白薯，因为他长了个大长脸，人又比较胖且高。原来他是总务主任，当了校长显得更严肃了，但学生并不怕他。贺世法则不同，厉害得很，几乎人人都怕他，碰到他时赶快躲开。他专门注意共产党的地下活动，防止进步思想在学生中的传播。同时，学校还通过"三民主义"课向学生灌输被歪曲、篡改了的孙中山倡导的主义，以左右学生的观念。此外，严厉的军训教官，使学生只能规规矩矩，不敢越雷池半步。一到全市有政治活动的时候，大同中学的学生没有一次不参加。到时候，操场通大街的门锁上，学校大门里的栅栏只开一扇，贺世法站在那里，一个一个出，谁也跑不掉。特别是1947年10月蒋介石在太和殿召见群众，更是严上加严，我平时一出校门就设法溜走，这次想溜没有溜成。记得蒋介石穿着一件黑色的披风，站在台子上，很神气地挥手讲演。人很多，我们站在最上边台子上，也听不到他在说什么。半截我向台上边走了几步就被挡住，真的溜不出去，好不容易讲完了，才让我们走。1948年8月19日，国民党对全市大专院校中共产党嫌疑分子实行大逮捕。之后，中学也开始紧张起来。根据地下党的指示，大同中学的党员和进步分子也组织撤退。那两天我发现有些同学不见了，听小道消息说他们是共产党。

虽然国民党对学校控制很严，但学校的多数老师都是很好的，非常敬业，对学生耐心指导、关怀爱护、严格要求，给学生留下良好的印象。现在能够记得教过我的老师的名字有：孙竹潭、卢士林、李炳文、孙梅生、韩焕堂、冯冷光、徐寿彭、高椿、徐楚波。孙竹潭教语文，个子矮，外号小钢炮。他爱打篮球，但跑不动，只站在篮球筐的左边角等着别人传给他，然后投球，还真准。韩、孙两位老师教数学，据说皆列入北京中学四大名数学教师之中。他们上课什么也不拿，只凭嘴说和粉笔写，例题背得特熟，令人佩服。李炳文教语文，长得有点像鲁迅，穿着身不起眼的大褂，很有风度。他讲课深入浅出，易为学生接受。徐寿彭是教体育的老师，而且是体育部的主任。他带我们去外校赛球，自己掏钱给大家买口香糖吃。这些老师都对我有很大帮助，特别是他们上课时没有讲稿，侃侃而谈的风度，对我有很大的影响。他们都已作古，只能心中默念，祝愿他们的后人安宁幸福。

虽然学校的政治环境不好，但年纪小不甚懂事的我并没有过多感受，仍然以玩耍为主，调节着自己的生活。一到这所学校就觉得非常新鲜，范围比小学大得多，又有一座吸引人的花园，确是有用武（玩耍）之地。下课以后，我和同学常去花园做“官兵拿贼”的游戏。一拨人当“官兵”，一拨人当“贼”。“官兵”在土山下，“贼”在土山上，下攻上守，玩得特带劲。有一次，我当“官兵”，攻上土山后，一个“贼”也没有找到，不知从什么地方跑了。同学告诉我，山边有个工友的屋子，是穿堂门，“贼”都从那里跑掉。我问：“什么是公主的屋子”。小学的勤杂工叫“管役”，中学叫“工友”，我不懂，听成了“公主”。同学们大笑，有人说我想念公主，外号就叫“公主”吧。从此，“公主”的外号，一直叫到高中毕业。得了一个“美丽”的外号，也算是“大同花园”对我的“恩赐”。

混中求生

在大同中学的前四年，我没有好好学习过，一直在混日子。我那时的混是现在中学生无法想象到的。现在也有不好好学习的学生，甚至有时会逃学去玩，去上网，而我那时几乎是经常不上课。旷课就要被老师记在点名簿上，老旷课可能被开除。所以，一定要有对付的方法。我的方法一是有同学替答到，一是擦掉旷课。替答到，在小班本来是不太可能的，但有的老师管得不严，点名时低着头，替答到完全可以。也有的老师很严，又都认识，替答到不可能，只好不替，由老师记上。那时老师记旷课都用铅笔，这就给擦旷课创造了条件。所谓擦旷课，就是把我名字下边的“×”擦掉，改成“√”。我擦旷课的办法，一是明擦，一是偷擦。偷擦主要是在图画课或音乐课上，因为教这些课的老师都不严。教音乐课的老师上课时，把点名簿放在讲桌上，自己去弹琴。有时，老师叫单个或几个学生到琴边去唱，我（其实还有别人）趁此机会到讲台上去擦。上图画课时，老师也把点名簿放在讲桌上，自己经常到讲台下边去转，看学生作画。趁此机会，我就到讲台上去擦。明擦则是在体育课上，跟体育老师说我擦个旷课，您把点名簿给我。与体育老师关系“特铁”，当然他不拒绝。总不去上课，功课什么也不会，考试怎么办？我自有高招。一个是考试时抄别的同学的答卷，自己会些的就回头或歪头抄点，自己完全不会的就等人家答完拿过来抄。另一个是自己不去考，求同学帮助答一份卷子。不管怎样做，还都混过去了，好像还没有不及格过。

不爱学习到了极点，我连图画课都不爱上。记得一次老师让画人物，我画不上来，又想画个好的镇一下老师，就故意在那儿瞎画。下课了，老师说没画完的回家去画。到家后，我从画报上找了美人头，放在玻璃上，用纸描下来，加上彩色。到有图画课时，交给了老师。老师一看，说画得真不错，表扬我一番。我偷着笑，觉得老师让我蒙了，很得意。

不念书，就学坏。上初一的时候，跟邻居大点的孩子学会抽烟。那年我是九岁，看到人家抽烟觉得好玩，问人家抽烟什么味，邻居大孩子说你试试。我拿过来抽一口，没什么感觉，邻居大孩子说一定要吸进去才叫抽烟。我一吸，头就晕了，邻居大孩子说再吸就没事。果然，又吸，不晕了，从此就算会抽烟了。这事当然不敢跟大人说，学校里也不让抽，只能偷着抽。没钱买烟也是个事，只好把早点钱省下来买。我上中学时，从家里带中午饭，当然就是窝头、咸菜，另外给点买早点的钱。不买早点买烟，饿了就吃带的窝头。因为那时老吃窝头，到老了还爱吃。从九岁抽到现在，已经快七十年了，也没戒。顺便说一下，国家困难时期，要用烟票买烟，我一想自己是党员，应该为国家着想，一狠心，没要票，戒了一年多。后来，不要票了，又抽上了。有人说抽烟的人都没出息，可不少人都戒了，我大概真是属于没出息的。

不但抽烟，而且打架。倒不是我先打人，而是因为我年纪小、个子矮，同学欺负我。被打急了，当然要反抗。有时占上风，有时挨打。我认识高二的同学叫李平生，请他帮我镇住打我的同学。他到班上说，谁再敢欺负张静如，饶不了他。以后，再没人敢欺负我。我不但在学校里打过架，而且在街上也打过架。好像是刚上初二的时候，一天和小学同学魏华聪一起出去玩，想到另一所中学找小学同学武雪航。走到鼓楼东的一条胡同里，碰上个不认识的骑着车的学生，他拦住我们问为什么要看他。其实我们并没看他，而是故意找事。不容分说，他上来就打我们。魏华聪也不客气，一拳把他鼻子打流血。他不服，弄到警察阁子里，挨了顿说。出来后，他说你们等着。我知道他要去叫人，拽着魏华聪赶紧跑，找到武雪航，叫了几个同学送我们到车站。半路碰上那个学生和几个人，他一看我们人多，只好作罢。我这个人还是比较老实，而且胆子小，否则发展下去，慢慢就变成流氓了。

我不好好念书，并不是逃学到外边玩，而是在学校里玩球。我喜欢玩篮球、排球、垒球，玩起来没够。我们班上体育课时玩球还不过瘾，别的班上体育课时我也去玩。体育老师也不问我为什么不去上课，还让我跟着一起玩。在中学的六年里，我玩球真玩出点小名堂。初中时，我们几个好玩篮球的同学，组织了个篮球队，队名叫“海峰”。队员的名字都不记得了，只想起有个队员的外号叫“扁桃”，球打得很好，不知他现在活得如何。我个矮，打篮球不吃香，但我跑得不慢，所以打前锋。记得有一次好像是与市立二中的球队赛球，我跑到篮筐前罚球线的地方，别人把球传给我，可我却背对篮筐，转身又不行，干脆背身投篮，没想到进去了。显然，纯粹是蒙的。到高中，我先后成为垒球、排球校队队员。垒球我守一垒，排球是二排中（九人排球）。打垒球，我不戴手套，而且是单手接球。1947年，大同中学垒球队还得了北平市垒球赛的亚军。1949年下半年，国家排球队的几个队员到大同中学练球，我还跟着他们一起玩，给他们做球，得到他们的夸奖。那时，我还真想将来靠打球吃饭。上高一的时候，我去小时候常去的租书店，那里有个测字的。写个字（忘记写的什么字），请他测，问能不能进入北平市排球队。

测字先生说，不可能，有人妨碍着，而且不好摆脱。后来，我想明白了，人家一看我个子矮、又瘦，当然不会在这方面有什么大的发展。说是玩球，那是指的随便玩，可当了校队就不是玩了，而要苦练基本功。我是二排中，天天练救球，摔得身上到处是伤，而且非常枯燥，需要很大的毅力。也许这种训练，使我更加坚强，更有耐力，做事、做学问认真，不怕吃苦，不达目的不罢休。

我虽然不爱学习，可自小喜欢看历史方面书的兴趣并没有淡化。大同中学的图书馆书不多，却有一套二十四史。这种书在中学没人借阅，连历史老师也不看。上初三的时候，我发现后就借来看，说是看实际是翻阅，大体上知道二十四史用什么体例写历史，懂得写历史必须掌握大量史料，明白治史者要对历史上的事件、人物做分析和评价。这也许对我后来研究历史，有那么一点点作用。从后来的记忆中推论，可能开头看得仔细一点，所以对《史记》、《汉书》印象深，越看就越没有耐心。不管怎样，十几岁的时候，翻过一遍二十四史，也算是不容易了。从这儿能隐隐约约看出，在混日子的过程中，内心还有那么一点求学欲望。

初中毕业的时候，家里让我考市立中学。我什么也不会，知道绝对考不上，家里让考，不得不去。要考的学校是市立二中，这所学校在当时的中学里很有名气，不少学生希望上。考试的那天，别人都很紧张，我却没事，反正也考不上。发下卷子，一看，几乎没有会的。怎么办？也不能白来一趟，干脆画个小王八，给老师滋补滋补。做这样事，并不是就我一个。最近看到报上有人回忆高考阅卷，说他看到一份卷子什么也没答，画了个鸭蛋，并写上老师阅卷辛苦，送个鸭蛋给老师保养保养。不过，我干这事，要比这位考大学的学生早三十多年。

市立中学考不上，只能接着在大同中学高一继续混。没想到，上课以后分座位，与我初中同学杨楚泉同桌。这个同学跟我很好，初中时常一起上学。我上中学以后，家就由东四三条搬到朝阳门南小街老君堂七十七号。这条胡同是朝阳门内南小街北口路东的第一条胡同，明代即称老君堂，因内有一座老君庙而得名。1956年整顿地名时改称北竹竿胡同，全长六百三十一米，宽六米。胡同路南七十九号原为俞平伯住宅。最近看到《北京晚报》上有一篇文章说俞平伯住宅在路北，不对。作者说他去过俞宅，但他记错了。这条胡同目前已不存在，变成大街上的高楼，但俞的住宅仍保留。搬家的时候，在大门口有个高个子男人，看着搬家的车说："没什么成文的。"这话引起我们注意，当晚我和弟弟，还有一位张大哥（我父亲好朋友的儿子）和魏华聪一起值班，一夜没怎么睡，怕有人偷东西，结果没出事。话说回来，杨楚泉住在新鲜胡同，两个家中间隔两条胡同，离得很近，所以我早晨上学时常常去找他。杨楚泉是个非常用功的学生，念到高二转入通州潞河中学[①]上学，后来成为中国第一代水陆两用坦克总体设计的专家，著有《水陆两栖车辆原理与设计》。他与我同桌，给我带来"麻烦"。上课时，我同他说话，他不理我。用手捅他，他也不理我。弄得我没有办法，只好老老实实坐着听课。现在想，我应该感谢他，是他"逼"着我不自觉地遵守课堂规矩。在高一下学期的一天，魏华聪问我不好好念书将来怎么活着？我说不要紧，我父亲养活我。魏华聪说你爸爸要先死，谁来养活你。我一听，觉得这话很有道理，我爸爸比我大很多，他死了我吃谁？为了以后活着，下决心好好念书。我更应该感谢他，他的一句话，改变了我的一生。

2006年，在二十四中门口留影

① 潞河中学在北京是个非常有名的中学，始建于1867年，至今已有140多年的历史，2000年被评为北京市首批国家示范高中。著名学者黄昆、侯仁之就是潞河中学培养出来的优秀学生中的代表。我的硕士生袁红2004年在北京师范大学毕业后曾在该校任教。

前边说过，我找到了几个小学同学，2006年我又登《北京青年报》找中学同学，结果只找到杨楚泉、杨阔泉、黄德元、高树森。年头多了，都分散到各地，难找了。这里，祝我的中学同学们晚年身体健康，生活幸福。万一有老同学看到这本书，希望能及时联系。另外，我从北京档案馆查到《北平市大同中学校三十六年度各级学生简表》，其中高一乙班（我上的班）学生53名：曹万正、麻起中、文英麟、赵秀倜、顾树勋、恩林生、李项龄、费双龄、张静如、沈北蔷、史震乙、杨阔泉、刘振中、贾复立、孙洪沅、杨楚泉、孙文源、王书侠、魏世益、姜余恩、任铁梅、郭玉印、张德浦、赵富祥、李荣、王万华、张景棠、牛绍文、杜化周、方槐、杨瑞山、胡振钧、顾树德、韩国藩、陈丽青、阎玉峰、董治勤、安启祥、刘仕、张锡惠、潘文钊、柴岭、刘文宽、陈嘉祥、常绍明、孙鉴波、李大智、李宗甫、高文和、刘玉江、李兆瑞、邹宝义、张万盛。

大同中学校徽校旗

另外，还有件与上边说的不太相干的事不得不记。初中二年级下学期，也就是1946年上半年，一天有个不认识的学生进到教室，告诉我到西城一个地方（记不住是什么街名了）去开会。我很奇怪，为什么找我，到底应不应该去。于是，我找到前边说到的高中同学李平生，他说去看看就知道是怎么回事了。我不认识路，他骑车带我。半路还把鞋掉了，他又骑车回去找鞋。到了地方一看，大门上挂着三青团的牌子。门口有个人，见到我们说会不开了。我回去后，再也没有过这种事。到入团、入党时，组织上让交代历史上有过什么问题，我就说了这件事。没头没脑，说也说不清，以至于一段时间内被控制使用。我觉得真有点冤，好在以后组织上也没拿它当回事儿。

回头是岸

浪子回头金不换。我明白了世理之后，一切都在改变。说起来容易，做起来难，但有了决心，困难是能够想办法克服的。

当时，我仔细分析了一下，要想使什么都不会变为什么都拿得起来，必须有个招数。想来想去，来了灵感，决定从最不会的和最不爱学的课程入手，因为如果最不会的会了，最不爱的爱学了，其他课程就好办了。我最不会的和最不爱的课程是英语，必须从这儿切入。于是，在1948年暑假，我向家里要钱补习英文，家里当然同意。托人找了位教英文的老师（记不住姓名了），只记得他住在隆福寺街西头路北，我每天下午到他的家学两个钟头。这个老师很负责，从字母一点一点耐心教，直到我学会再继续前进。一个暑假下来，我把英文拿下来了，而且学得相当不错，真应该感谢这位老师。到高二下学期，我居然写出几万字的英语文法解读，得到英语老师冯冷光的夸奖。可惜，这个稿子没有留下来。更可惜，我上大学后变成学俄语，就把英语全忘光了，只剩下二十六个英文字母和几个单词。不过，那时候的劲也没白费，英文文法和中文文法是相通的，弄懂了前者对后者还是有不小的帮助。

切入点找到了，并且已经走进去，但并不等于一切问题都解决。我的基础太差，要想把理科的各门功课都赶上，很不容易。我又想，从头一门一门补不行，只能采取迎头赶上的办法。具体说来，就是上课认真听讲，回家后把老师在课堂上讲的和课本上写的完全弄清楚，特别是对老师讲的例题和课本上写的例题反复琢磨透。说实在的，我那时虽然已不再玩了，可还是比较懒，不愿意做老师留的作业。所以，第二天老师让交作业，我常常交不上，就被老师叫到黑板前做题。由于我确实弄懂了，换别的题也难不倒我。老师一看我做得挺快、很对，也就不追究作业了。日久天长，数学老师把我看成好学生，从来不叫我，甚至到中学毕业前，以为我一定会考数学系。当时，数学老师的做法是对的，既然证明学生会做题了，就不要再逼着交作业了。题海战术并非好办法，只能浪费时间，使学生不能自由发挥各自的才能。

确实，到了高三，用宋丹丹演小品的台词说，我已经成了班上学习"相当棒"的学生。期末考试时，我和另外两个同学约好，谁也不许复习，否则就是孬种。考试前几天不上课，我们为了不复习，早晨起来聚在一起，到公园去玩，下午再回家，到家也不许复习。结果，考试成绩在班上拔尖。我从什么都不会，经过"迎头赶上"的办法，达到成绩优秀说明了一个问题，就是中小学教育中课程内容重复性太大，混了四年居然能补上，而且拔了尖，可见如果把重复的东西去掉，六年中学减为四年，一样能学好。这种重复性在现在的中小学教育中，不是减少了，而是增多了。

别看赶上了，而且拔了尖，可我还是不喜欢数理化，真正喜欢的是历史、语文，还有解放以后新开的政治课。我不做理科的作业，并不是去玩，而是大量看历史、政治方面的课外书，加上写一点小文。记得有一次语文老师让写作文，题目自选，我就写了一篇《论刘邦》。这篇作文被语文老师在班上表扬，说文字流畅，有自己的看法。可惜，这篇作文也没有留下来，不过，现在我还隐隐约约记得当时的想法。文中在叙述楚汉之争，项羽败死，刘邦创业的历史过程中，认为他所以能取得天下，是因为他善于用将，善于争取百姓同情，开国之后狠抓政治稳定。因为我在初中时《史记》、《汉书》看得细，史料熟，写起来很顺手。我又到图书馆借了书，文内引用了一些《史记·高祖本纪》、《汉书·高帝纪》中的话。这篇作文是我第一篇经过自己研究写出来的文章，为后来研究历史开了个头。写这篇作文的时候，是1949年下半年。这时，我已看过范文澜的《中国通史》、吕振羽的《史前期中国社会研究》、侯外庐的《中国古代思想学说史》、翦伯赞的《关于“亚细亚的生产方式”问题》等专著，看过艾思奇的《大众哲学》、薛暮桥的《政治经济学》等通俗读物，对马克思主义的基本知识，马克思主义史学理论和史学方法有了初步的了解，所以能够分析一些历史问题。

这样，我的思想也慢慢进步起来。解放前，只是对国民党的统治不满意，而对共产党却没有任何了解，特别受国民党的宣传影响，说什么共产党杀人放火，心里还真有点怕，加上在别人看来我是个整天混日子的人，地下党组织和进步同学也不把我当作工作的对象。所以不可能有什么进步的表现。1948年底，北京四周都已解放，人民解放军直逼城下。这种形势下，学校提前放寒假，我躲在家里不敢出来。国民党部队的一个连住在我家附近，连长带着卫兵住在我家的外院。有一天连长到我家北屋闲坐，我拿着连长的枪玩，觉得很有意思。我问他，打仗为什么军队都躲到城里。他说总指挥傅作义的理论是要打人有力量，就先把拳头缩回来，然后再打出去。我明知躲在城里是没办法的事，但仍觉得他说的有道理。这时的想法，还是希望国民党打胜。当时像我这样想法的人其实很多，有钱有势的人都跑了，老百姓既不满国民党，又怕共产党，是一种矛盾的心理。写这段历史时，一些书中总说广大人民都盼着共产党来，然后举几个例子证明，恐怕实际情况不是这样，大多数老百姓的心理是矛盾的。也许这样描述更符合历史实际。围城的时候，工资也不发了，人们又提心吊胆，日子很不好过。记得我母亲半夜里偷放在我家院里国民党部队炊事班的油缸里的油，以维持生活。不久，北平和平解放，解放军进城，威武雄壮、纪律严明，不扰民，给老百姓留下深刻印象，大家的心都踏实下来了。1949年4月，学校开始上课，对我来说，一切正常。使我感到新鲜的事，是学生会竞选。记得高三的学生站在院子的桌子上发表讲演，后来与我在北师大一起工作的程树礼①的演说很精彩。5月4日，中共和青年团在校内贴出通告，宣告组织的存在和成员名单，随后有很多学生申请入团。也是这一天，我参加了到天安门的游行。那天，风很大，有五六级，大家顶着风走，劲都很足，我也由此产生努力进步的想法。7月18日，我去先农坛体育场听彭真、叶剑英讲话，对共产党领导人留下深刻印象，更决心走向进步。但我与别的同学不太一样，想从道理上弄明白什么叫马克思主义，共产党和新民主主义青年团的奋斗目标是什么。所以，我非常重视新开设的政治课的学习，并且找到前边说到的一些书来看。是年9月，我参加了学校组织的为迎接开国大典清理东单广场和开辟天安门广场的义务劳动。也许是因为我的表现，团组织找到我谈话，希望我努力争取入团。1950年2月，我成为新民主主义青年团的团员。

因为要研究历史，我觉得必须随时了解过去的和现在的社会。刚解放那会儿，我就跟着父亲的朋友家的大哥走街串巷，“打鼓”收买旧货。当时，许多家为了维持生活，有的家还怕共产党把家里存的古玩字画收走，所以收旧货很有赚头。我跟着去，就为了解社会情况。同时，也还跟着这位大哥到东西牌楼根底下的倒卖银元的市场。去那里的人都在手里拿着几块银元，嘴里说“买两块，卖两块”。这些情况书本中是学不到的，只有在实际生活中才会捕捉到社会状况，特别是人们的心理。

① 程树礼，北京师范大学经济学院教授，已离休。他口才好，讲课非常受欢迎。他讲《资本论》通俗易懂，无论是干部、教师，还是学生都爱听。他爱唱京戏，胡琴拉得特别好，在京戏票友界很有名气。他身体不错，人不胖，看起来很结实。

高三毕业前，决定考辅仁大学历史系，因为我特别向往当著名历史学家陈垣[①]的学生。我佩服他在学术上的成就，更佩服他的为人。他不仅在北平沦陷时期拒不为官，而且北京解放前夕，拒绝胡适邀他南下。当时，报考大学填五个志愿，我都填了辅仁大学。我想。不能姓“碰”，而要姓“想”，考不上，就去工作。我要当陈垣的学生，我要成为历史学家，当历史教授，这就是我那时的决心。有幸，我以二百五十分的及格分数考上了辅仁大学。

① 陈垣，历史学家，广东新会人，生于1880年。他自幼好学，无师承，靠自学，在宗教史、元史、考据学、校勘学等方面成就卓著，受到国内外学者推崇。他著有《元也里可温考》、《火祆教入中国考》、《摩尼教入中国考》、《回回教入中国考》、《元西域人华化考》、《中西回史日历》等书。1952年9月辅仁大学与北京师范大学合并后，担任北京师范大学校长。此外，1949年前，他担任过京师图书馆馆长、故宫博物院图书馆馆长、辅仁大学校长；1949年后，任中国科学院历史研究所所长，第一届至第三届全国人大常委。1971年6月，陈垣逝世。

第三章

走自主路

“旷课大王”

从我上大学到开始工作再到北大哲学系进修两年半，正值新中国成立后由新民主主义社会向社会主义社会的过渡期。前三年主要是完成新民主主义革命的遗留任务和恢复国民经济，后四年则开始向社会主义过渡，到1956年基本上完成生产资料私有制的社会主义改造，建立起社会主义社会制度，为开展大规模的社会主义建设奠定了基础。这七年，中国社会发生了巨大变化，经历了多次政治运动和重大社会制度变革，主要大事有：第一，1950年6月6日，召开中共七届三中全会，毛泽东作《为争取国家财政经济状况的基本好转而斗争》的书面报告和《不要四面出击》的讲话。第二，1950年10月19日，中国人民志愿军入朝作战，全国掀起大规模的抗美援朝运动。第三，1951年10月12日，《毛泽东选集》第一卷出版。第四，1951年12月至1952年1月，“三反”、“五反”运动在全国展开。第五，1953年6月15日，中共中央政治局召开扩大会议，确定对资本主义工商业实行利用、限制和改造的方针。毛泽东在会上第一次比较完整地阐述了党在过渡时期的总路线和总任务的基本内容。第六，1953年12月16日，中共中央通过《关于发展农业生产合作社的决议》，农业生产合作社进入发展阶段。第七，1954年9月15日至28日，第一届全国人民代表大会第一次会议举行，通过第一部《中华人民共和国宪法》，选举毛泽东为中华人民共和国主席，朱德为副主席，刘少奇为全国人民代表大会常务委员会委员长，宋庆龄等为副委员长，决定周恩来为国务院总理。第八，1955年3月21日至31日，中国共产党全国代表会议在北京举行，通过有关发展国民经济第一个五年计划及关于高岗、饶漱石问题等决议。

对于夺取全国政权之后何时向社会主义过渡的问题，毛泽东和中共中央其他领导人的估计是很慎重的。他们多次讲过，至少十年，多则十五年或二十年，才能搞社会主义。但国民经济恢复之后，毛泽东的想法开始发生变化，随后不久就较为完整地提出过渡时期总路线，开始向社会主义过渡。关于向社会主义过渡到底是早了还是合适，学术界有不同意见，当然可以讨论。但历史已经这样走过来，如果多做点准备，那可能会有一定的好处，话又说回来了，即使多准备几年，是不是就能避免社会主义制度建立后所犯的错误呢？恐怕也很难说。

正是在这个过程中，年轻的我逐渐成长，并确定了今后前进的方向。我能够上大学，很不容易，因为解放以后家庭经济状况发生了变化。前文说到，我父亲在北平电车公司当总务课长，解放后，根据城市政策本来应该继续留用，只有处长以上才进离职的政治训练班受训，但因为他是管总务的，要跟处长一样待遇。于是，全家要靠我父亲每月发的生活费过活。当然不够，只能变卖家里的字画、家具之类的东西度日，有时还要向亲戚朋友借钱。大概学习了几个月，到1950年托千家驹安排在国务院财经委员会下属的工商行政管理局工作（当时千家驹是这个局的局长），工资每月只有二十七元。所以，那一年我考大学时，说是可以申请助学金才去考，但学费还要交。我姐姐把结婚戒指卖了，我才上了学。上学后，所谓助学金也很少，只有四十斤小米。我没钱交住宿费，只能买张电车月票走读。有时不买，走路上学，只为了省下点钱买烟抽或在半路吃两块炸年糕。我小时候就爱吃炸年糕，长大了还爱吃，到老了也想吃，可惜现在只有豆馅炸糕，没有卖炸年糕的了。

不管怎样对付着生活，大学算是上成了，而且是一心想上的由陈垣当校长的辅仁大学①。这所大学的前身是1913年由英敛之在北京香山静宜园创设的辅仁社②。此后，英敛之努力促进公教大学的筹办。1925年公教大学成立，由天主教美国教区司铎奥图尔任校长。校址选定李广桥西街十号原涛贝勒府，以十六万美金永租。大学内设国学专修科，作为升入大学的预科，取名为北京公教大学附属辅仁社，英敛之为社长。1926年1月，英敛之病逝后，陈垣接任社长，并兼公教大学副校长。1927年6月，北京公教大学改名为私立北京辅仁大学，奥图尔和陈垣继续分别担任校长、副校长职务。1929年6月，陈垣就任校长。1931年，辅仁大学在南京中央政府教育部正式立案。1950年10月，由中央人民政府接办。1952年9月，与北京师范大学合并。辅仁大学前后共存在二十七年，为中国培养了大量本科生和研究生。

记得9月初入学后不久，在大礼堂开迎新会，陈垣参加并致欢迎辞。10月12日，当时的教育部长马叙伦在记者招待会上宣布：由政府接办辅仁大学。10月25日，陈垣在《新观察》发表《辅仁大学反帝斗争的经过——是争取教育主权，不关宗教信仰》。次日，香港《大公报》转载了这篇文章。这样，我上的辅仁大学就不再是私立学校了。

我所上的历史系，教师队伍很整齐，亦不乏名师。1951年上半年，我上一年级的下学期时，有幸听了已经70岁的陈垣的"史学名著选读"课。那一

① 辅仁大学在定阜大街路北，这条街东西走向，东起龙头井街，西至德胜门内大街。全长四百七十五米，宽十米。明代称定府大街，永乐初年，徐达之子徐增寿被追封为定国公，其子景昌袭定国公后，府第在此，故名。清代称定府楼街。1911年改称定阜大街，1965年更名为定阜街。

② "辅仁"取《论语·颜渊》篇中"以文会友，以友辅仁"意。

年，本来陈垣已决定不教本科生的课，但由于准备讲这门课的老师刘乃和有其他事不能上，遂请陈垣代讲。给我上过课的老师，除陈垣外，还有赵光贤、刘启戈、李雅书、吴世俄、朱庆永、杨曾威、尹敬坊、陈桂英、荣孟源。1950年9月，我们班同学刚来时人数不少，后来陆续减少，现在能记得的有：张奎元、张达生、赵健生、陈日新、贾乃谦、黄绮文、黄心平、韩荣宝、郝惠庄、李巨芳、徐亦孺、林振华、商洋、杜文铎、梁希孔、李延龄、梁建章，以上为男生。女生有：艾思超、陈世兰、朱莱英、乔明清、何无忌、高远平、蔡泓培、王绍先。其中，我和朱莱英、李巨芳、郝惠庄、何无忌、王绍先为团员，支部书记是朱莱英。当时，班上没有党员，所以团员很顶事，要完成很多任务。我记下同学的名字，是对同窗的想念。有的已辞世，大部分还健在，希望他们过得好，晚年幸福。

2009年，在前门大街有轨电车前留影

我虽是团员，但比起许多不是团员却很守规矩的同学差得很远。在一年级的时候，我常常不去上课。不上课的原因，一是因为有的课不爱上，二是因为家里经济条件不好，不住宿，天天坐有轨电车上学，路远赶不上上课时间。我坐电车不愿坐着，总站在司机旁边看外边，也是一种享受。2009年初，前门大街恢复一段有轨电车后向市民开放，2月12日我和家人一起坐了两趟，重温了旧日的情景。当时学校规定，每个学生旷课次数一学期不能超过十九节。如果超过十九节，就不能参加考试，要等待补考。我就算计着怎样不超过十九节，以免不让考试。班上每个学生都有固定座位，老师上课不点名，由教务处专职老师在窗户外边看，谁的位上空着，谁就被划上旷课的记号，所以根本甭想被漏掉。不上课，是不去上不喜欢又觉得没用的课，喜欢上的课每次都去。比如陈老的课，我从来没有不上的，因为特别喜欢听他的课，觉得是一种享受。陈老上课给我留下深刻印象，他既严肃又和蔼可亲，七十岁的老人，精神非常饱满。他讲课深入浅出，学生容易明白，而且点到为止，留给学生思考的余地。与有的老师上课喋喋不休，整个"满堂灌"的做法完全不同。我特别欣赏陈老的板书，整齐、潇洒、刚劲、匀

20世纪80年代初，与大学同学朱莱英、郝惠庄、李巨芳

称，从不潦草。我教书以后，觉得板书很不好写，一般写出来的字不耐看。我常对自己学生说，陈老的板书好看，别人写出来是趴着，陈老写出来是立在黑板上。陈老对学习不好的同学很耐心，不发脾气，不训斥，但你要糊弄他可不行。有一位同学考试时，一点都不会，趁陈老下讲台转的时候，赶快把试卷放在讲桌上，出门就跑。陈老一回头，立即追到门外，把这个同学叫回，批评一顿。我看陈老这回真生气了，他是恨铁不成钢。后来，这个同学也在大学当了教授。陈老的课使我受益匪浅，从中学到很多做学问的态度、道理和方法。当时，我不仅听他的课，还看他的书。如他的《校勘学释例》所提出的"对校、本校、他校、理校"的方法，对我后来研究中共历史进行辨伪、校勘有很大帮助。因为他的课每次都认真听，所以陈老对我很熟悉，在院子里碰上，我给他鞠躬，他总要叫一声我的名字。因为他是广东人，对"如"字念不清，所以总是叫我张静"yu"（鱼）。

不上的课当然没笔记，就是上的课我也不记笔记。我主要是听老师讲，从讲的内容中吸取精彩的东西。每个老师讲课时，都有熟悉的和不熟悉的内容，都有研究较深和不深之处，仔细听会听出来。凡是有研究之处，必然很熟悉，而且会流露得意的神情。这时，应赶紧捕捉，或记于脑中，或记于纸上，下课后再琢磨，会有很大收获，我名之曰吸百家之长。不记笔记，考试怎么办？尤其是有的老师，只注意考笔记上的，不注意考教材上的。这就比较麻烦，必须向别人借笔记。当然是跟女同学借，一是因为女同学都是有闻必录的，一是因为女同学心眼好。前面提到有个女同学叫"艾思超"，我们就给她取个外号叫"爱死抄"，言其没有不记的。有的同学说，女同学的笔记本上出现个"0"，想半天不知道什么意思，最后还是想出来，原来是老师放了个屁，这当然是开玩笑。借了女同学的笔记赶紧背，把考试应付过去。

即使这样，有的考试还是没混过去。不及格就得补考，补考不是好事，但却使我长了个经验，原来补考的题目比正式考试的题目容易。因为老师都是"慈善家"，他们一想要补考的学生，一种是身体不好，另一种是学习较差，不能太为难，所以出的题目就比较容易。再说，考过的题目不能再出，准备时可以少背点。这样，我就找到一个窍门，干脆旷课超过十九节，等着补考。一年级的第二学期，我就是这样过来的。不过，这学期末的考试，出现了点麻烦。政治课"新民主主义论"我没考及格。这个课不补考。到二年级上学期，我又比别的同学多上了一门"辩证唯物主义与历史唯物论"课。"新民主主义论"[①]课不及格，引来了非议，有人说他还是团员呢，连政治课都不及格。谁也没想到，不及格的课，却是我一辈子搞的专业。由此想到，考试这种衡量学生学习好坏的办法不是个事，我从小就讨厌它。考试的核心就是死记硬背，"博闻强记"本是搞学问必做的功夫，可那是说的有用的要强记，没用的记它干什么，背完勉强记住，考完全还给老师，劳而无功。我主张文科的考核（理工科我不懂），最好就是让学生写东西，即使当堂考也要考不用背的内容。其实，有许多老师上课，也就是念一念讲稿，说明他们也没有背下来。多上了一年哲学课，很有好处，奠定了我后来研究历史的理论基础。

一年级第二学期暑假，学校组织我们去天津，参观华北物资展览会。这是我有生以来第一次坐火车，虽然坐的时间不长，但很高兴。到了天津住在一所学校的教室里，然后去参观。参观过程中，觉得一切都很新鲜。每看完一处，就要到门口盖个章，算是留个纪念。在天津，有钱的同学上街买点东西带回去，我没钱，只好忍着。一天，我们几个同学一起去劝业场，想坐上电梯到处看看，到了四楼想再上五楼，有人在电梯门站着，不让我们上，说学生不能上五楼，上边是舞厅，我们只好下去。

到了二年级上学期，我由走读改为住宿，这就不能总不去上课。上就上，可以人上心不上。上课不爱听，更不爱记，就闭眼休息，或带本想看的书看，或思考自己研究的问题，一节课50分钟，也好混。上课不积极，吃饭却很积极。一下课，拿起笔记本就往食堂跑，争取排在第一个。等食堂门一开，就往里冲。食堂里，每天放一桶汤，汤里什么也没有，只有点葱花和油，

① 大学的政治理论课，多年来变化极大。新中国成立初期开的"新民主主义论"课，到1953年下半年就改为"中国革命史"课。1959年后，变为"中共党史"课，1984年，又变为"中国革命史"课。20世纪90年代后期，这个课不开设了。近年来，增设了"中国近现代史纲要"课。

但都漂在汤的表面，先进食堂可以撇出放到自己碗里。这样做，别人也说不上什么来，可别出事。一出事，别人就有词说了。上三年级时的一天，上完教育课，就往外跑。我排第一个，懒得手里拿着笔记本，放在地上，门一开往里冲，忘了拿，吃完饭也忘了。过了一天想起来，也没去找，因为那是个上课做样子的白本。这件事自己不说谁也不知道，可嘴上没有把门的，随口告诉同学，当时就哈哈一笑，过后却记在别的同学脑子里。到1952年下半年讨论我入党时，有人就把这件事搬出来，说我不重视学习，丢了笔记本也不找，而且笔记本上什么都没有。"屁股要坐在椅子上"是当时形容好好学习的一种说法，而我屁股没有坐在椅子上，心不在课堂学习上。有人背地里说我：学习不努力，吃饭挺积极，还想入党？说我吃饭积极倒是真的，说我学习不努力实在太冤。下一节里我会说学习方面的情况。

需要交代一下，上文说道，辅仁大学与北京师范大学合并是1952年9月。当时，叫做院系调整。它是根据1951年10月1日公布的《关于改革学制的决定》，对高等教育制度、教学组织所采取改革的步骤。在北京，原北京大学、清华大学、燕京大学、师范大学、辅仁大学，经过调整合并为北京大学（综合大学）、清华大学（工业大学）、北京师范大学。对院系调整一事，当时就有不同看法，有些人还因此受到批判。今天，又有一些研究者有不同看法。这种事，可以不断研究，慢慢到达共识。当时院系调整是学苏联，其实不仅教育领域，其他领域也以苏联为榜样。对此，不能仅从后果去分析，更重要的是从历史条件去分析，从中总结经验教训。新中国成立后，中共只有局部地区执政的经验，不晓得应该怎样管理这样一个大的国家，而中共的目标是建立社会主义社会，自然只能向第一个建立社会主义社会的苏联学习。问题不在于向谁学习，关键是不能照抄照搬，别国的经验一定要与中国实际结合，否则难免走错了路。为了使辅仁和师大两个学校的同学合并前先接触一下，1952年暑假，两个学校一起到门头沟区潭柘寺①

① 潭柘寺是一座千年古刹，人称"先有潭柘寺，后有北京城"。这里四面环山，九峰拥立，古树参天，佛塔林立，面积一百二十一公里。寺内泉水终年潺潺，山门外南山坡的上下塔院共留存了七十五座僧塔。

野营。我们坐火车半路下来，背着行李爬山。背着行李走山路是很累的事，尤其是女同学更受不了。除了半路休息一下之外，很多男同学帮助女同学拿东西，而且不断有人唱快板鼓励大家努力前进。走了很久才到宿营地，那是潭柘寺内的一块大空地，支起许多帐篷。在那儿住了大约十天的样子，主要是联络感情，相互熟悉。中间请人作报告，游山玩水。辅仁大学的学生还惹了一次祸。传说寺内佛像是真身，外边用泥塑成。年轻人好奇，非想看个究竟，就把佛像的泥弄下来，外边是泥，里边还是泥。为这件事，全校开会，大批一顿。年轻人有好奇心并不是坏事，可以发现问题，但要有个度。对传说，多思考一下，以免做蠢事。另外，有一天夜里下大雨，虽然支帐篷时挖了排水沟，但很浅，所以帐篷里全进了水，大家一起战斗，忙了一大阵，对青年学生也是一次锻炼。暑假以后，我就从辅仁大学史学系二年级的学生变成了北京师范大学历史系三年级的学生。由于我在合并后只上了几个月的学就被调出工作了，所以对原北京师范大学历史系合并一起的同学实在记不太清楚了。不管是辅仁的同学，还是师大的同学，对我都很好。他们的学习精神，他们的上进心，都给我留下了深刻的印象。比如，与我要好的同学韩荣宝，是个学习非常努力，善于钻研问题的人。我们俩人常常一起讨论问题，对我帮助很大。又如，朱莱英是团支部书记，入党早，要求自己严格，各方面起模范作用，对我在思想进步方面很有影响。有件小事也应该说一下，当时我没钱又想买烟抽，就向朱莱英借（实际是要，因为从来没还过）。小朱总是有求必应，但还要说一句："又去买烟，给你。"前面说女同学心眼好，确实如此。总之，我要感谢我的同学们，感谢他们对我的帮助。两校合并之后，历史系在原北师大的校址，在一出和平门路西，院子不是很大。一进校门南边靠墙是放自行车的；北边靠墙有两座楼，一为女生宿舍，一为男生宿舍。进校门往里走南边是图书馆，对面是什么记不清了。再往里走有教室、礼堂、饭厅、操场。有一座教室楼叫晓庄楼，它与另外一个楼中间悬空有一走道，站在那里是师大八景之一叫晓庄望月。师大位置离厂甸很近，但对我这个穷学生来说没有意义，虽然我对旧书店很有兴趣，但身无分文，只好不去。那时家里每月只给我四角钱，只够买洗漱用具，所以想抽烟只能找女同学要钱买。现在北师大旧址已面目全非，只剩下一个大门，里边都拆掉改成别的楼，院里单位很多。本想再去看看，照个相，又一想都变了样，照了相也没意思。

问路研究

进入大学后的有计划旷课，与中学旷课有本质不同。中学不上课，为了去玩，大学不上课，因为没工夫。不上课，干什么去了呢？去图书馆，去书店，看书，研究问题。

前边说到过，上大学不能姓"碰"，而要先确定未来（一辈子）干什么，然后再下决心考什么学校、什么专业。上了大学以后，不能盲目跟着上课、听讲、复习、考试。这样下去，毕业后，什么也抓不住，显不出特色，缺乏前进方向，更成不了专家。所上的系，只确定是什么学科，而任何一门学科都很大，所以必须在这个学科中确定小方向，并且要以一个课题为起点逐步扩大研究领域。我认为，这件事要在大学一年级定下来，最迟不能超过二年级。当然，一年级的时候，可能需要摸索。先试一下，不行（主客观条件不具备）再改。学的过程，研究的过程，一定要以自学为主，一定要以独立研究为主，绝不盲从。老师说的，书上写的，应该参照，但要思考，自认为对的吸收，自认为不对的先放在一边，不定什么时候又有用。总之，要走自主之路。

进入大学后，我一看，辅仁大学的图书馆比大同中学的图书馆大多了（现在看辅仁大学当时的图书馆也是很小的），藏书丰富，真高兴。每天到学校不去教室上课，直奔图书馆，借来线装书就看，一头扎进去。有时，干脆不去学校，而去新华书店看新出来的书，因为图书馆进新书不及时。在图书馆，每周要用一天时间看各种期刊，以便了解多种学科的前沿。虽然学历史，但一定要关注相关学科的发展，只有具备多学科的知识，才能搞好本学科。

大学一年级，学中国通史时，我就考虑是不是可以把研究甲骨文当作方向。想来想去，决定试一试。研究甲骨文不是一件容易的事，因为它与现代文不一样，难以认清。比如，（禾）、（人）、（土）、（田）、（日）、（月）、（盂）、（祀）、（即），等等。甲骨文是用青铜刀在龟甲和兽骨上刻，因为材料坚硬，字形多是方块形和长方形，这显然对现代文字有影响。我搞了一阵，很有兴趣，天天在纸上划，并努力对尚未被认识和隶定的单字进行破解。但多次努力都没有成果，这使我逐渐发生怀疑干下去的前景究竟如何。经过思考，我决定改方向。第一次问路失败了，我并不灰心。因为一切努力没有白干，不仅搞的过程中看了很多书，对后来的研究有用，更重要的是积累了研究问题的经验。失败使我更加慎重选择方向。我分析了主客观条件：外语不行不能搞外国历史，古文不行不能搞中国古代史，而且外国史与中国古代史离现实较远，有点与现时的政治环境不甚相符，遂决定研究中国近代史。我对鸦片战争、太平天国运动、戊戌变法、辛亥革命进行了问路式的研究，并写了一篇《鸦片战争以来中国社会各阶级的变化》，得到当时教中国近代史的老师荣孟源的夸奖。说到这位老师跟我关系很好，他当时是中国科学院近代史研究所的研究员，在辅仁大学历史系兼课。他是范文澜的得力助手，在中国近代史方面有很深的造诣。特别是在史料学的研究上成果甚丰，主持编辑了多部资料书，如《中国国民党历次代表大会及中央全会资料》等。他对我帮助很大，当时我经常去他办公室请他帮我借书。1957年，他被打成右派。我不知道，仍去找他。到传达室说找荣孟源，传达室的人问我与他是什么关系，我说是他学生。传达室的人说你走吧，别去惹麻烦，他出了问题。后来我从旁打听，只是因为他口不严，说了些人家不爱听的话，就成了右派，真是倒霉。“文化大革命”后，我与他接触就少了，只是有时开会碰到。我尊重他的学识，也尊重他的为人。他去世后，我仍很想念他，并常向青年学者说到他对中国近代史研究的贡献。经过思考，我把研究太平天国运动作为研究中国近代史的切入点。随后，我收集到当时能够看到的有关太平天国运动的原始材料，以及谢兴尧等研究太平天国史专家的著作，仔细阅读，深入研究。我研究过洪秀全，也研究过洪仁玕。当时，我非常欣赏《资政新篇》，认为它揭示了发展资本主义的意向，是符合时代潮流的纲领。可惜，

由于多种因素的牵制，洪仁玕的理想未能实现。另外，我还研究过太平天国时期对中国传统习俗的冲击。由于我整天都看有关太平天国的书，同学戏称为"太平天国专家"。这一段的研究，对于我后来从事中共历史研究有很大的好处。因为中国共产党所进行的改造中国社会的奋斗是直接继承了鸦片战争以来前辈们拯救中国的事业，因为中国近代史是研究中国共产党历史的大背景。

为了研究问题，我除了在辅仁大学图书馆看书和向老师借书之外，还常去北京图书馆。我当时手里没有坐车的钱，只能走着去，虽然很累，但却不在乎，来回劲头十足。去一趟不容易，要待就一天，中午也没钱买饭，只能吃个烧饼之类的东西，晚饭多吃点也行了。我当然没钱买书，借来的书，自认为重要的原始材料用手抄下来，而且字体工整，不潦草，确实很费劲，但每抄完一个材料，像完成一件大事，心里美滋滋的。

在问路研究的过程中，我体会出进行历史研究必备的两个条件：一是要掌握大量的原始材料。就是说，一定要从大量原始材料中分析出结论，不能靠二手材料做文章。对于以往研究者的成果，可以而且应该参考，但不要被其左右。二是要有坚实的理论基础。不管研究者用什么理论为指导，这是个人的选择，但没有理论指导不行。当然，在当代中国的人文社会科学工作者应该以马克思主义为指导，这就需要对马克思主义的基本理论和方法比较熟悉，能够比较灵活地运用基本理论和方法分析历史问题。另外，在研究过程中，还必须有坚强的毅力、韧劲、耐力，必须特别有兴趣。兴趣、爱好很重要，因为如果对一件事没兴趣，不愿意做，即使做了，也钻不进去，不千方百计去想办法，当然不会做好。毅力和兴趣，是搞好任何科学研究的基础。

正当我兴致勃勃地研究太平天国运动的时候，1952年年底，组织上找我谈话，问我愿不愿意到学校新成立的马列主义教研室的中国革命史资料组当资料员。此前，也就是1952年下半年，组织上曾经希望我去北京地质学院当中国革命史教员，我不愿意去，或者说也有点不敢去。这回说去当资料员却正合我意，因为正想能有机会接触更多的史料。至于从搞近代史转成搞革命史，倒觉得还可以，一方面两者是相连接的，另一方面搞太平天国运动尚未有什么成果。当时别人很不爱当资料员，认为资料员是教学辅助人员，被人看不起，可我却没有这样想法。这样，在我大学三年级上完第一学期以后，即1953年2月，也就是我刚刚二十岁的时候，开始在北京师范大学马列主义教研组中国革命史资料组做资料工作。

奠定基础

从当学生一下变成工作，心里特别高兴，因为我太烦上学了。听课，考试，分数不够要补考，特别是入了团以后考不好还挨批评，真不自由。工作了，这些事都没了（想不到后来受管的事更多），得好好庆祝一下。发工资（四十六元）那天，骑着车回家送钱，不敢多花，一狠心买了盒前门烟（当时相当好的烟），算是庆祝。边骑边抽，那个自在劲就甭提了。

上边说过，我很愿意当资料员，所以，一通知我，就高高兴兴上班。为什么要调我去工作，也没人告诉我。当然调历史系的学生去当资料员是个原因，可与一起调出的沙福志并不是历史系的，而是教育系的。也许是因为我是团支部委员，又要求入党，也许是因为知道我研究近代史，懂得怎样收集资料。由于没人告诉我，只能瞎猜。我所属的马列主义教研室是1952年下半年成立的，主任是副校长何锡麟[①]兼。教研室下设政治经济学教研组、中国革命史教研组，分别负责全校的政治经济学和中国革命史教学。中国革命史教研组组长由教研室秘书纵瑞堂[②]兼任，教研组的成员有：朱纯

① 何锡麟，是1952年调到北师大的，1961年又调到南开大学，不久转到中国科学院世界经济研究所，后离休。20世纪30年代，他到延安，先后在马列研究院、中央政治研究室、中宣部工作。1938年5月，在张闻天的领导下，他与成仿吾、吴亮平等一起从事马列丛书的翻译工作。1939年在延安出版了由何锡麟翻译的恩格斯著《资本论提纲》，是马恩丛书十种的一本。同年，张闻天起名的《政治经济学论丛》，是马恩有关经济学的论述，也由何锡麟翻译出来。后来，何锡麟又翻译了二十卷本的《列宁选集》中的五本。

② 纵瑞堂，1946年入辅仁大学西语系，1948年参加中共。新中国成立后，纵瑞堂一直从事政治理论课教学工作和组织领导工作，为宣传马克思主义作出了很大贡献。“文化大革命”后曾任北京师范大学副校长、出版社社长、编审。他早已离休，晚年有痴呆症，不认人，很可怜。

治、潘宗禄、何之莉、贾维本、任重、贺允清、郭忠骥、高羽。我和沙福志[①]是这个教研组的资料员。中国革命史教研组在1953年9月成立政治教育系[②]之后，改称中国革命史教研室，主任由王真[③]担任，又增加了从中国人民大学学习回来的王承璞[④]。资料组除我和沙福志外，朱纯治[⑤]负责领导。

建立个资料室，光有人不行，还必须有房子、书架，更重要的是书。我们的资料室设在原辅仁大学的二院，有两间非常高大的屋子，外屋是办公地点，里屋放着多个顶天立地的大书架。然后，把北师大和辅仁两所学校馆藏新中国成立前的旧书、旧杂志以及新中国成立后刚出来的有关新书搬来，如《新青年》、《少年中国》、《新潮》、《国民》、《东方杂志》、《国闻周报》，等等，相当丰富。在当时，几个大的大学中，虽然有的图书馆馆藏比北师大、辅仁图书馆合起来还要多，如北大，但并没有集中，没有我们资料室那么大气势。为了搞好资料室工作，我们一起去中国人民大学马列主义基础教研室的资料室参观。他们的资料员翻着报纸查找资料，一条都不丢，仔细搜索。他们有时把一年的报纸翻完，也没找到一条想要找的资料，这本身就是很大收获，因为它证明这一年的某种报纸上没有这方面的材料。

---

① 沙福志，北京师范大学政治学与国际关系学院研究馆员。他对中国革命史、中共历史资料非常熟悉，专讲“中共历史文献学”，很受研究生欢迎。他述而不作，自己却用文言文写文章，特别是研究北京的胡同，同时还写一手好看的毛笔字。2008年因病去世。

② 北京师范大学政治教育系（简称政教系）从成立到取消，共存在二十六年，历届主任先后为张刚、浦安修、王文枢、刘文汉、陶秉福。1979年，政教系一分为三，即哲学系、经济系、马列所。这个世纪初，又分别改为经济学院、政治学与国际关系学院、哲学与社会学院。2008年下半年，政治学与国际关系学院又加了一块牌子叫马克思主义学院，白暴力任院长。2010年暑假前，白暴力辞职，由王炳林兼任院长。2011年暑假后，由王树荫任院长。

③ 王真，原在中共中央宣传部工作，1953年调入北京师范大学政教系，是研究中共历史的专家，特别对五四运动前后的中国工人运动有深入的研究。他与刘立凯合写的有关1912年到1927年中国工人运动的文章，在当时是高校讲授革命史的重要参考材料。他早已去世。

④ 王承璞，北京师范大学政治学与国际关系学院教授，已退休。他的历史知识丰富，并喜好京戏，颇有研究。他是南京人，亲眼见到过南京大屠杀的部分惨景。

⑤ 朱纯治，“文化大革命”后调到中共中央党史研究室。他知识丰富，讲课非常受学生欢迎。他喜好运动，年轻时是辅仁大学足球队的主力队员。他好喝酒，每天必须喝点，特别是退休后自斟自饮，胜似神仙。几年前他去世了。

他们的做法和说法，给我们很大启发。

我分工管书，包括整理书、借书、买书。买书主要指的是去旧书店（东安市场、西单商场、隆福寺等地）买解放前的书籍和报刊。由于北师大和辅仁图书馆革命书籍和报刊所藏比较少，所以重点是采购这方面的书籍和报刊。当时，有一些书商专门去南方，如广东、湖南、湖北一带，收集散落在民间的革命书籍和报刊。《新青年》这个重要的刊物，我们只有一至九卷，没有季刊和不定期刊。《向导》、《共产党》、《先驱》等，我们一本也没有。怎么办？只好到旧书店、旧书摊去淘宝。我三天两头去，跟许多书商很熟。他们这些人虽然文化程度不高，但对革命书籍和期刊的名称、版本、期数相当了解，我从他们那里学到很多知识。当时，除了我之外，碰到最多的是中央党校、中国革命博物馆的人。碰上了，书商就想办法把我们分开招待。比如我先在楼上，书商就不让别人上楼。我去的晚时，别的单位的人已在楼上，我只能在楼下坐一下就走。单位来挑书的人，对书商来说，就是上帝，分外殷勤，泡茶上烟不在话下，有时提出请吃饭、请看戏。抽棵烟，喝点茶，无所谓，吃饭、听戏只好拒绝。书商们特别注意单位购书人的行踪，有的你不认识他，他却认识你。有一次，我从旧书摊前走过，突然听人叫我张同志，一看，是个卖书的，不认识。此人很神秘地给我拿出一本书，叫《湖南自治运动史》，是1920年出版的，内有毛泽东在《大公报》发表的几篇

《新青年》不定期刊

文章。这本书却是很稀有的，当然不能错过，我马上决定让卖书人送到北师大图书馆。可惜，这本书被中宣部知道了，硬从我们这里调走了。经过十几个月的努力，我把许多革命期刊都凑齐了。这些书籍和报刊应该还在北师大图书馆存着，不过后来影印本多了，原件也就不再让使用了，因为怕弄坏了。

在中国革命史资料室做资料员的一年中，我打下了非常坚实的史料基础。除了出外购书和在室内整理书之外，有足够的时间看书。我和朱纯治、沙福志住在会贤堂后院的小楼上。会贤堂是清光绪末年建的大饭庄，坐落在什刹海西北侧，面对什刹海，环境幽雅，院子很大，房间很多，均为木结构小楼，并有一座大戏台。据说小楼上有狐仙，可我们住了半年的样子，也没能有幸见到，显然是迷信的说法。半年以后，我们搬到前面的院子里。这时，在资料室内安了一张床，我常常睡在那里，以便看到更多的书。比如，《新青年》月刊一卷至九卷、四期季刊，五本不定期刊，我全部看完。所谓全部看完，包括论文、小说、诗歌、译文、通讯、广告，一字不丢。下这样工夫的人在党史界不多，可惜年头多了，很多内容已记不得了。可能有人不明白为什么要看广告，其实看广告可以知道很多事，比如看杂志广告，就能够知道那种杂志上有什么人发表了什么文章，也可以得到多种社会信息。《新青年》这个刊物对研究中国共产党创立时期和大革命时期的历史有重要的作用。研究中共历史一定要掌握第一手史料，这需要花很大力气。但是，一部中共历史的史料浩如烟海，不能一下子都掌握，而《新青年》则是掌握一手史料的入手之处。读完它，可以知道中共历史的一手史料是什么样子，可以知道怎样去掌握一手史料，可以引起掌握一手史料的兴趣。要想深入研究中共历史，必须通读《新青年》。一年的工夫没白下，民主革命时期的主要史料，有的精读过，有的粗读过，有的知道目录。这些积累对后来我的研究，起了非常重要的作用。

1954年2月，组织上调我到北京大学哲学系进修。那年月，跟苏联专家学习是个非常时髦的事，最早有苏联专家上课的要算中国人民大学，随后北京大学，北京师范大学也相继有了苏联专家。组织上调我去北京大学进修是因为来了个教哲学的苏联专家，叫萨波什尼柯夫。说心里话，当时我不愿意去，因为喜欢搞历史，不爱搞哲学，何况好不容易工作了，又去学习，真烦。能去全国有名的北京大学，跟苏联专家学习，在许多人眼里是天大好事，在我却是迫不得已，无可奈何之事。组织上让去，我是共产党员，当然要服从，但不领情。不过当时我又想到，研究历史必须掌握理论，借此机会学习点理论也是好事，学完了还可以想办法转回搞中国革命史。

就是带着上述矛盾心情，我来到了北京大学哲学系进修。北京大学哲学系在全国大学和研究单位中是很有名气的，云集了许多著名的哲学家，比如，冯友兰①、金岳霖②、郑昕③、任华④、张岱年⑤等。虽然我不想去学习，但我非常敬佩这些名家。这几位老先生已先后去世。

这次跟随苏联专家学习的共有三十二人，除我之外，还有谢龙、侯鸿勋、黄荣钊、沈英杰、沈联灌（已故）、李昌登（已故）、胡文耕（已故）、曹景元、华海峰、梁存秀、朱德生、高宝均、陆毓麟、李良鹏（已故）、杨敏才，以上是从当时北大哲学系三、四年级学生中抽出来的；蒋捷夫（已故）、朱天顺（已故）、彭楚石、李祖荫、卢育三（已故）、蒋继良（已故）、朱传棨、谭臻、谢翔宝、刘美一、张启恽（已故）、辛景文（已故）、刘波、李育源、丁国

① 冯友兰，1895年生，河南唐河人。1918年，冯毕业于北京大学文科中国哲学门，1919年赴美国留学，三年后回国，历任中州大学、广东大学、燕京大学、清华大学、西南联合大学、美国薛文尼大学、美国夏威夷大学、北京大学教授，是中国科学院哲学社会科学学部委员。著有《中国哲学史》、《新理学》、《新世训》、《新原人》、《新原道》、《新知言》、《中国哲学史新编》等。

② 金岳霖，1895年生，湖南长沙人。1915年，金赴美留学。1925年，金回国先后在中国大学、清华大学、西南联合大学、北京大学任教授，是中国科学院哲学社会科学学部委员。1955年6月，金调入中国科学院哲学研究所任副所长，1956年加入中国共产党。著有《逻辑》、《逻辑通俗读本》等。

③ 郑昕，1905年生，安徽庐江人。1927年，郑在南开大学毕业后赴德留学。1932年，郑回国后在北京大学任教，1937年升为教授。新中国成立后，郑任北京大学哲学系主任。著有《康德学述》、《康德哲学批判》等。

④ 任华，1917年生，贵州安顺人。1935年，任毕业于清华大学，两年后赴美留学。1946年回国后，在清华大学、北京大学任副教授，教授。著有《哲学史简编》等。

⑤ 张岱年，1909年生于北京，原籍为河北献县。1928年张入北平师范大学读书，毕业后在清华大学哲学系任教。1946年为副教授，1952年为教授，著有《中国唯物主义思想简史》、《中国元学之基本倾向》、《中国古典哲学概念范畴要论》、《玄儒评林》等。

伦、杨遵仁，以上是从北大以外学校来的。其中，蒋捷夫似为双重身份，既是进修教师，又算班上的一员，也不与我们一起住。我的这些同学后来都从事哲学方面的教学与研究，其中在大学或研究机关工作的都是教授或研究员，在学术上的成就显著。比如，谢龙一直在北大哲学系教书，也做过行政工作，现已退休。他主要从事马克思主义哲学以及与西方哲学比较方面的研究，著述甚多，是哲学研究领域中的活跃分子。又如，朱传棨在北大毕业后分到武汉大学，得到校长李达的重视，对武大哲学系的教学工作有很大贡献。他现在虽已退休，仍活跃在马克思主义哲学研究领域，著书立说。2006年10月由湖北人民出版社出

1955年，与北大同学合影

版的《面向新世纪的马克思主义哲学》，就是他多年研究马克思主义哲学的成果。再如，侯鸿勋长期在中国社科院哲学所从事西方哲学研究，出版过研究黑格尔、孟德斯鸠的多部专著。在学习过程中，我的这些同学学习都非常努力，而且在"课堂讨论"中争论激烈，这种气氛对我起着很大的激励作用。

当时，与我关系最密切的是蒋捷夫。他是1938年参加革命的，来前在山东大学历史系工作，已是副教授，一度是华岗①的助手。在北大虽然不与我们住在一起，但几乎天天到我们宿舍闲聊。他用几天的时间，跟我说他的革命故事。他说在部队是搞文工团工作的，喜欢京剧，会自拉自唱。有一天，领导与他谈话，让他到县城去开辟地下通讯。当时，县城里只有一个积极分子，领导让蒋捷夫带着电台去找他。蒋装扮成个商人，找到那个积极分子，了解到一些情况。经过商议，决定先设法接近当地的特务头子，站住脚跟。这个特务头子总在一个旅店里占据一间屋玩乐，蒋就在他旁边租了一间房住。因为知道这个特务头子喜欢京剧，蒋在自己屋里自拉自唱以吸引他人的注意。果然，这个特务头子听了两天感兴趣了，就让茶房（服务员）去请蒋。二人见面后，可谓一见如故，特务头子表示非常欣赏蒋在京剧方面的造诣。一天，特务头子说找妓女来玩玩，蒋只好说自己怕老婆，不敢涉及，也就作罢。本来交往很密切，靠他站住脚已无问题，但突然有一天找不到那个积极分子了，蒋感觉不对，立即决定先出城再说，就在他赶往长途车站的过程中，敌人已经开始盘查。蒋巧妙混上车，逃出城外，后来得知那个积极分子不敢干了，但并未出卖蒋。这个真实故事还有许多细节，我已记不清了。当时，听蒋捷夫说了他的历险记后，非常佩服他的勇敢、机智。蒋捷夫管我叫小朋友，常带我去听戏、吃饭。我没钱，都是他请我。他从北大回山东后，继续在山东大学历史系教书，"文化大革命"后调到山东省社

① 华岗，1903年生，浙江龙游县人。1924年，华岗在中学时加入社会主义青年团，次年加入中国共产党。1929年以前，华岗一直做共青团工作，后改做中共宣传工作。新中国成立后，华岗做过山东大学校长。1972年，华岗逝世，著有《五四运动史》、《1925—1927中国大革命》等。

会科学院，先当副院长，后当院长。我到济南开会时特意去找他叙旧，还托他帮助我的学生安排工作。他离休后，我还去看过他，不想过几年去世了。蒋捷夫是我在北大进修期间最要好的大朋友，十分怀念他。

在北大进修期间，主要是听萨波什尼柯夫讲课。此人十分敬业，也坚信马克思主义，但比较教条，而且水平不高。我实在不爱听他的课，因为他照本宣读，很没意思（后来得知，他的讲稿是一本别人的没有翻译成中文的教材）。但又不敢不去听，只能上课养神或思考自己研究的问题。他的特点是解答问题时，如果他不会，就先要说你提问题的角度不对，然后说他想说的话，有时与你要问的问题毫无关系。我对他的低水平印象最深的一次，是在我确定论文选题的时候。最初我是想研究梁启超，所以就拟定了“梁启超改良主义研究”的题目。讲了我的想法之后，他大发脾气，说你是共产党员，怎么能研究改良主义？我真没有想到，他能说出这样的话。照他的逻辑，研究秦始皇就成了封建专制主义者，研究资本主义就想当资本家。他是专家，没商量，只好自己去改题目。我改成研究李大钊之后，他伸出大拇指，连声说“好”，那个样子确实也挺可爱的。我应该感

1956年，在北大我住的十九楼门前

谢他，由于他的反对而使我改了题目，以后一辈子研究李大钊。多亏他，歪打正着，否则，也许一事无成。

除了听萨坡什尼柯夫的课之外，冯友兰、张岱年、任华等都给我们讲过课，收获还是很大的。听这些课还要考试，对我就费了点劲。因为我不记笔记，课下也不复习，一考试就比较麻烦。既来进修，如果考不及格，也没法交待。考中国哲学史课之前，我借了同学的笔记，又找了本中国哲学史的书，做了一些准备。考试是采用口试的方式，先抽题目，做点准备，再进屋去答。因为这个课是冯友兰和张岱年两个人讲的，一前一后，所以要抽两个题目，一人一个。我一想，这太好办了，很容易对付。进屋以后，我说先答冯先生的题。接着，我就说冯先生在课堂上怎样说的。张岱年听着即使我答得不对的地方，也不敢说，而冯友兰听着更不好说什么。到答张岱年的题目时，又如法炮制。答完后，二位相互一点头，冯友兰说："五分"。我说了声谢谢，赶快出屋，算是混过了一关。其实，我答的内容大部分是我的观点，并非他们两位讲的。但采取这种方法使他们即使听出不对劲也不好说什么。看来，我这点小聪明对付冯老头和他的外甥女婿还挺灵。至于政治课考中国革命史，完全是白给，我在考卷上引用的材料，教课的老师也没见过。

进修两年，除了念书，搞研究，就是玩。主要是打球，还和人大研究生赛过球。系里到过年时，也组织一些活动。有一次新年联欢，冯友兰说笑话，把金岳霖"丑化"了一番，说他在国外时，走在大街上，把店铺的玻璃打碎，钻进去看看几点钟。冯友兰还说，有人打电话到金岳霖家，找金岳霖，而金岳霖听到之后，却告诉人家没有金岳霖。大家听了哈哈大笑，这老头真能拿人开心。进修这两年，我很穷，除了抽烟之外，不敢乱花钱。好在我没吃零食的习惯，食堂的饭菜很好，也就满足了。我对食堂印象很好，特别是烧茄子，真是好吃，不知为什么现在饭馆做不出来那么好吃的烧茄子。也许是因为年轻，吃什么都香，不能说没有这种因素，但现在的烧茄子加上别的东西一起烧确实差劲了。

两年半的进修，主要干了两件事。一个是继续加强史料的基础，一个是专心深入读马恩列的著作。过去在读史学理论书籍时，虽然也接触过马恩列的著作，但都是片断的。这回则不一样，而是一字一句地读原著，认真思考，到自认为读懂为止。当时通读的有：《费尔巴哈与德国古典哲学的终结》、《反杜林论》、《唯物论与经验批判论》等。读后确实受益匪浅，不仅更坚定了信仰，而且大大提高了理论水平和分析问题的能力，这对我后来研究中共历史学以及为人处世，观察社会都有很大的帮助。

除了这两件大事之外，还有一件大事，就是谈了恋爱，这在后边会专门列节叙述。三件大事奠定了一生的基础。

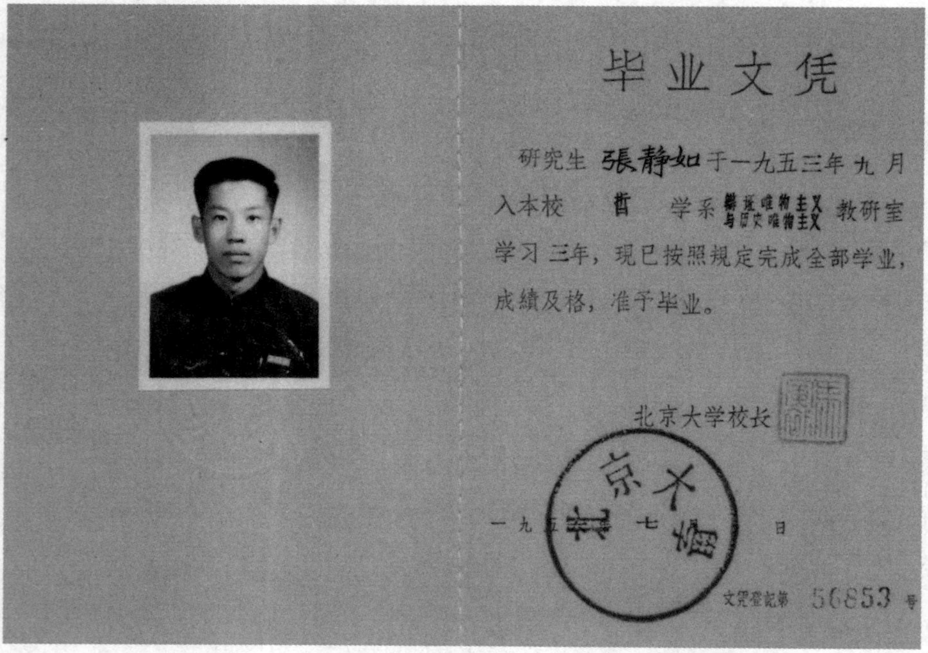

毕业文凭

研究生張静如于一九五三年九月入本校 哲 学系 辩证唯物主义与历史唯物主义 教研室学习三年，现已按照规定完成全部学业，成绩及格，准予毕业。

北京大学校长

一九五 年 七 月 日

文凭登记第 56853 号

1956年，我的研究生证书

我一直以为这两年半叫进修，没想到“文化大革命”以后，北京大学突然发给我一个研究生班的证书。这样，我虽然大学没毕业，却混了个研究生学历。

初步成果

如上边所说，在北师大当资料员奠定史料基础，在北大哲学系进修奠定理论基础，这就为我开展研究创造了良好条件。确定毕业论文之前一年，我已利用北大图书馆的条件，把北师大中国革命史资料室没有的五四时期的期刊翻过一遍。确定研究李大钊的思想之后，首先是集中精力搜集李大钊的著作。当时，能够参考的李大钊的著作目录，一个是1951年2月3日刘弄潮[①]在《光明日报》上发表的《李大钊著述目录试编》，共一百多篇；另一个是同年5月24日上海《大公报》上发表的蔡尚思的李大钊著述的分类编目，共二百多篇。我在北师大中国革命史资料室工作时，刘弄潮曾去看过《少年中国》，所以就认识了。同他一起来的他的助手刘桂生，后来成为我的好朋友。他在中国近代思想史和李大钊研究中成果甚多，受到学术界的尊重。经刘弄潮指点，我到中共北京市委档案室借来李乐光（后边章节专有介绍）生前所存李大钊著作的抄件三百多篇，全部抄下，并用能够找到的原件校对。在此基础上，我又从报刊上发现一些李大钊的著作。遂后，我结合五四运动前后到整个大革命时期的历史，认真研读李大钊的著作，列出写作大纲。经过半年的时间，写出了毕业论文。在这个过程中，哲学系指定的论文指导老师石俊[②]给了我很大帮助。虽然他没有专门研究过李大钊，

① 刘弄潮，1905年生，四川灌县人。1923年，刘在北京大学旁听，与李大钊接触，并于1925年经李大钊介绍由青年团员转为中共党员。后来，刘担任过吴玉章的秘书，当过武昌中央农民运动讲习所的教员。1931年，刘与中央失去联系，从事教育工作，1952年重新加入中共，调任清华大学政治理论课教授。刘已去世，他对李大钊研究有重要贡献，著有《悲壮的二七流血记》、《中国共产党创始人之一李大钊传记》等。

② 石俊，1916年生于湖南零陵县，1934年入北京大学哲学系，1938年留校。1948年，石俊在武汉大学任副教授，1952年调回北大哲学系，1963年晋升教授，1955年调入中国人民大学哲学系。前几年，他已去世。著有《中国近代思想史讲授提纲》、《石俊文存》等。

但对中国近代思想史还是比较熟悉的。所以，在思想、历史的大背景方面，在研究方法上，给我许多有益的指点，并且为我联系湖北人民出版社出版这部小册子。

到1956年上半年，我的毕业论文写出来了，临毕业前进行了答辩。原来，写论文时说是要给副博士（即硕士）学位，口号是"向副博士进军"，后来毛泽东不让搞学位制度，也就吹了。这样，进行答辩，只是通过或不通过，与学位没有关系。但是，答辩过程却是非常庄严的，那个阵势比现在博士、硕士答辩大多了。屋子里坐北朝南放一长桌，铺着白布，桌上放的茶壶、茶碗都有讲究。壶嘴、壶把、碗把所朝方向，都由苏联专家规定。长桌对面放几排椅子，坐着听答辩的学生。长桌的左边放一个小桌，是答辩人的位置。长桌中间坐着苏联专家萨坡什尼柯夫，两边分别坐着冯友兰、金岳霖、郑昕、任华、张岱年、任继愈①、石峻、汪子嵩②。做我们班辅导员工作的黄楠森③也在场。答辩时，气氛很紧张，有的人所写论文是关于哲学基本理论的或与现实联系密切的，往往被问很多问题，有的还不太好回答。各位答辩委员对我的论文内容比较生疏，所以提不出什么问题。冯友兰提了两个问题，对我来说太容易回答了。于是，我的论文很快就混过去了。

1957年3月，我的毕业论文《李大钊同志革命思想的发展》由湖北人民出版社出版。全书只有六万五千字，内容共分为五个部分。在第一部分之前有一大段叙述李大钊革命思想产生的历史背景；第一部分是叙述李大钊一生的革命活动，并在最后指出李大钊具有不怕艰苦、不怕牺牲的高尚

① 任继愈，1916年生，山东省平原县人，是研究中国哲学史、佛学史的专家。他除在北京大学哲学系任教授外，还担任国家图书馆馆长，著有《汉唐佛教思想论集》、《中国哲学史论》、《中国佛教史》、《中国道教史》等，是研究宗教哲学和宗教史的领军人物。2008年，因病去世。

② 汪子嵩，1921年生，浙江杭州人。1949年到1964年在北京大学哲学系任教，1964年调《人民日报》理论部任主任、编审，著有《希腊的民主和科学精神》、《亚里士多德关于本体论的学说》等。

③ 黄楠森，1921年生，四川福顺人，1948年以后一直在北大哲学系任讲师、副教授、教授，他的著作甚多，如《〈哲学笔记〉与辩证法》、《黄楠森自选集》等，是当代哲学界的领军人物。他所主编的《马克思主义哲学史》在学术界有很大影响。

品质；第二部分是通过对李大钊在《言治》月刊和季刊、《甲寅》周刊、《晨钟报》、《宪法公言》、《新青年》上发表的文章的分析，说明李大钊在接受马克思主义以前的民主主义思想；第三部分是叙述李大钊在接受马克思主义之后到创建中国共产党这一段时间的革命思想，指出李大钊是中国接受并传播马克思主义的第一人，是中国共产党创始人之一；第四部分是叙述李大钊的革命思想在中共成立后的发展，指出它对党在理论上和政策上的逐渐成熟起了重大的积极作用。论文的最后部分是结论，包括几个方面的意思：一是分析李大钊的革命思想与中国社会历史发展的关系；

2006年，与黄楠森合影

二是分析李大钊的革命思想的哲学基础；三是分析李大钊的革命思想的历史意义；四是指明应该向李大钊学习什么。这本小册子除正文之外，附有“李大钊同志著作年表”。其特点是在备考处写明李大钊著作保存情况，以便于研究者查找。我费了很大力气，所以想让别人省点时间，一看这个年表就知道应该去什么地方借阅。这个做法，在后来一段时间内还真有点用。李大钊的全集出版后，就没有用处了。学术研究就是这样，前人给后人打基础，后人在材料和观点上发展了，又给再后边的人打基础。

对这本小册子应该怎样评价呢？应该说，它是国内外研究李大钊革命思想的第一本书，而且直到1979年《李大钊传》出版之前也只有这一本书。因此，它是一本开拓性的著作。其作用有二：首先，起了宣传革命先烈、中国共产党创始人李大钊传播马克思主义的作用。当时，小册子印了四万两千册，量不算小。出版后，正值李大钊牺牲三十周年纪念，书店里都把小册子摆出来。北京王府井新华书店的橱窗摆满了这本小册子，真有点气势，宣传效果不错。“文化大革命”后，有不少人告诉我读过它。这里还有个令我倒霉的事，应该记载一下。当时，在王府井新华书店的橱窗前请大北照相馆给我照了一张相，后来为此事挨了批。不过，也不怨人，谁让我有虚荣心呢？挨批之后，我把照片撕了。其次，它对后来李大钊的研究起了奠基和推动

《李大钊同志革命思想的发展》书照

的作用，并提供了相当一部分别的研究者看不到的李大钊文章的内容。虽然1959年出版了《李大钊选集》，但要研究李大钊的思想仍很困难，因为这部选集所收文章只有一百三十三篇，而我的小册子中引用的李大钊文章的内容可以补其不足。另外，它提供了分析李大钊思想的一些基本观点。小册子把以往的研究成果集中起来加以系统化，并增添自己的见解，使读者对李大钊的思想有了整体的认识，从而为后来的研究打下了基础。这本小册子不仅在国内起了以上几方面的作用，而且在国外也产生了一定影响。苏联、日本、美国学术界很重视对李大钊的研究，但他们的研究者很难得到有关李大钊的材料，所以我的小册子就成为他们必读的书。苏联的加鲁尚茨、美国的迈斯纳、日本的斋藤道彦和后藤延子等写文章、专著时，都参考了我的小册子。今天看来，这本小册子的观点和材料已不新鲜，但基本观点应该说大体正确，仍有参考价值。这本小册子基本上坚持了实事求是的精神，对李大钊思想的分析不仅指出其发展向上的社会价值，而且也点明在不同发展阶段上的缺陷和不足。当然，只能说"基本上坚持"，因为也确实有不够实事求是之处，如有些结论就说得过头了些，有些话说得绝对了些，不甚符合实际。这既有个人在主观上的认识问题和水平问题，也有时代的限制。如果说这还可原谅的话，那么小册子中的另一些缺点，类似把李大钊的话断错了句，对李大钊的生年没有弄清楚，抄错了自己发现的李大钊文章的发表日期，则是完全不应该的。另外，小册子的文字也不够简练。这些，反映了我当时的水平确实很低。

不管如何，小册子的出版，是我从1949年到1956年在各方面下工夫研究历史取得的初步成果，为我以后的研究开了个好头。这个小册子，不知为什么我手里已没有，幸好1987年，闻立树从原北京师范学院图书馆处理旧书中选购了两本送给我，2002年他又从旧书摊上买到一本，在2003年我从教五十年的会上送给我。老朋友送给我的珍贵礼物，打心眼里谢谢他。

政治生活

我入大学时已是团员，而且是班上仅有的六个团员之一。既是团员就应该在各方面起模范带头作用，可我做不到。上学的任务就是学习，团员应该在学习上起模范带头作用。那就是要遵守学习纪律，努力学习，争取最好成绩，并在学习上帮助别的同学。我不是不学习，而是不愿意按照“常规”学习，这与学校的规定、团组织的要求、一般人的认识相冲突。我的学习办法，别人看着就是不好好学习，不像个团员样子。特别是“新民主主义论”课的不及格，更让别人有了说词。不记得团支部是不是批评过，估计总要说道说道。不然，到上了二年级以后就没有再不上课的事。

上一年级的时候，我走读，一般下午没课，中午回家吃饭。可是，由于他们五个团员都住校，常常用中午的时间开团支部会。开会的时间是十二点半，我当然来不及回家，身上又没有吃饭的钱，有时买五分钱花生米，有时干脆饿着。等着他们吃饭，我只能饿着肚子在街上瞎转。他们从来没有问过我吃饭的事，真是饱汉不知饿汉饥。但我从来没有抱怨过，这点组织性还是有的。这种事我记得后来跟朱莱英说过，只能大家哈哈一笑。小朱说当时为什么不说，我说当时不敢说。其实，对年轻人也是一种锻炼。

那时，团员的事是很多的，因为碰到的运动多。从1950年9月入学到1952年9月师大与辅仁合并之前，碰到的运动有：镇压反革命运动、土地改革运动、抗美援朝运动、天主教和基督教的“三自革新”（自治、自传、自养）运动、知识分子思想改造运动、“三反”“五反”运动。这些运动在我们班上要做的工作，有多有少。像土地改革运动，一二年级学生不用到农村参加，只是对班上的地主、富农家庭出身的同学做些思想工作。像“三自革新”运动在班上要做的事就多一些，因为我们班上有神父、教徒。几个团员要了解神父、教徒的动态，对他们进行爱国教育，帮助他们认识这个运动的意义。回想起来，这方面工作还是有成效的。有些运动在班上没有什么要做的事，几个团员还分别参加一些学校的活动。在这方面，我很积极，组织上也比较信任。记得，全校在大礼堂开逮捕反革命分子大会，我去做保卫工作；“三反”“五反”后的忠诚老实运动，我去运动办公室的院子里做保卫工作。知识分子思想改造运动主要是系里老师的事，我也被分工去做一位女老师的思想工作。这位老师叫李雅书，刚从美国回来，到我们系教外国史。我被派去她家几次，与她谈话，帮她清除“恐美”“亲美”思想。至于谈什么，早已不记得，当时自认为做得不错，现在想应该说不怎么样，一个大学二年级的学生能说出什么道理？我刚刚十八岁，一

1950年，宣传抗美援朝

个孩子去给老师讲道理，岂不可笑。“五反”运动中，我被派到学校的后勤部门帮助开展运动，做后勤人员工作，检举该部门的领导人。这个案子在当时是学校中的大案，结果搞错了。我虽无责任，但我一再动员后勤人员进行检举，也起了不好的作用。另外，我还积极参加对民众进行各种宣传的活动，如到大街上宣传抗美援朝，到平安里路西的一个教堂里讲统购统销的政策，到金鱼池宣传并表演节目，等等。

上一年级时，我比较得意的事，是到成人夜校教历史课。这不是组织派的，而是中学同学韩国藩的哥哥韩国屏介绍的。当时，北京市里的成人夜校是根据1950年9月第一次全国工农教育会议关于加强提高工农文化水平工作的精神举办的。我去的这个成人夜校在朝阳门南小街南头路西一条胡同的一所小学里，学生大部分是街道居民家失学的青年，人数还不少。我所以得意，是觉得自己作为团员，义务为成人教育服务，说明觉悟高。同时，我认为要想当教授就得会讲课，效果好。讲课不能照着讲稿念，所以我在夜校讲课不写讲稿，只写个提纲，以锻炼能力。应该说，这一段经历对于我后来教书有很大好处。当时认识不少同学和老师，已记不住名字了。肯定他（她）们都老了，祝愿大家活得平安快乐。记得有一次开什么会，我还在台上指挥大家唱歌。还有一次新年聚会跳舞，人很多，我不会跳，大家起着哄让跳，真出洋相。还有一次，让我演话剧，没办法，只能瞎演。在夜校期间，做了点不应该做的事。组织上说有个老师历史有问题，让我帮助查，结果也没弄出什么来。现在想，实在对不起这位老师。

上了三年级，由于我入团早两年，班上又陆续发展了几个新团员，加上两校合并后团员数量增多，支部扩大了，团支部改选时，我当上宣传委员。除了在学习上我仍坚持自己的做法外，其他方面做得还比较好。记得最清楚的是早晨上操要把同学都叫到操场上，特别那些爱睡懒觉的同学，得不厌其烦地天天叫。有一个同学总睡懒觉，我就拍他的屁股，大声喊“太阳晒屁股了”。还有，吃午饭时，要求不出声，老老实实听广播，我当然带头，并经常提醒同学，效果还算不错。学生会文娱部要我去参加舞蹈队，我虽不喜欢干，但为表示工作积极也去了。这个学期初，我写了入党申请书，积极要求入党。

当时，北师大没有党委，只有总支，我们属历史系、中文系、外文系、音乐系、美术系、体育系的联合支部管，支部书记是阙雄飞，组织委员谢秀忱。他们俩人是我的入党介绍人，经常与我联系的是谢秀忱。老谢一直在师大工作，早已退休，我常碰到他，身体还不错。讨论我入党的发展会是在1953年初，即我上三年级的第一个学期末。由于我的政治经济学课考试不及格，加上说与同学联系少，群众关系不密切，挨了一顿批，结果没通过。我的印象当时支部和党员对我的看法并不一致。支部认为我的问题主要不在于考试不及格，而是自己想当专家，不那么关心政治。支部的多数党员则认为我心没塌下来，不好好念书，考试不及格，不改变现状不能做党员。下来后，阙雄飞找我谈话，批评我，要求在各方面努力，并且一定在补考中及格。我只有向他保证，并且说补考一定得满分。他不信，说能及格就不错了，随后不久，我补考得了一百分。所谓考试就是个背功，只要肯下工夫背，一定能考好。1953年7月初，这是我已工作了五个月之后，重新回到原支部讨论，这次顺利通过。总支经过谈话、讨论、投票，于7月23日批准我为预备党员。当时入党宣誓的誓词是："我志愿加入中国共产党，承认党纲党章，执行党的决议，遵守党的纪律，保守党的秘密，随时准备牺牲个人的一切，为全人类彻底解放奋斗终身。"但我没有参加过宣誓仪式，不知为什么。1954年7月，我在北大哲学系进修时转为正式党员。在北大，因为是进修，所以除去参加组织生活，就没有更多的政治性活动。只是在肃反运动中，我被指派参加了一段两位老教授的专案组。我不便说这两位的名字，其实他们的历史都是清楚的，档案里有记载，真没有必要审查。不过我还是很感兴趣的，因为从档案中知道这两位历史人物的一些情况。可惜，当时没记下来，后来都忘了。

这之后，虽然经过多次运动，虽然自己对党的正确的路线、方针、政策认识并不都是恰当的，对错误的路线、方针、政策并不都是清楚的，虽然在自己做的具体工作中有过不少失误，虽然也受过不应该有的“批判”，但我的信念从来没有动摇过。我以优秀的共产党员的标准要求自己，尽力为共产主义事业作贡献。后来，没有经过“文化大革命”以前历史过程的研究者，在写有关的文章或著作时，多是从一些人的回忆中推论出来的。好像这期间的知识分子整天害怕地活着，只有忧愁，没有欢乐。其实，并不是如此。除了来了运动时有些紧张，平日里生活仍处于常态，该工作就工作，该玩就玩，结婚生孩子，什么也不耽误。这期间，我出了两本书，发表过一些文章，结婚后有了两个女儿，一切都正常，平日也无怨言，总是高高兴兴地过日子。

大概因为我研究李大钊有了初步成果，也因为北大哲学系没有搞现代哲学史的人，所以就想把我留下。冯友兰两次把我叫到家里谈话，动员我留在北大。他对我说，你学得不错，系里缺少搞近现代思想史的教师，留下来会有发展的机会。但我不愿意，一是我还打算继续回去搞革命史的研究，不想搞哲学；二是我对北大有自己的看法，觉得还是回北师大心里踏实。两次我都婉言拒绝，并表达前辈对我关心的谢意。当时，我提了一下要求，帮我把抄写李大钊文章用的费用报销，冯友兰立即答应，我再次表示感谢。我没有留在北大，真是万幸，不然碰到反右派，一鸣放，肯定会“攻击”苏联专家，说话又损，准成右派。这回，算蒙对了，保住了自己的政治生命。去了冯友兰家两次，让我大开眼界，一看，房子真大，客厅里四周全是书柜，放满了线装书。我羡慕极了，就想，一定要当这样有名气的教授，一定把藏书摆满了屋子。可惜，这只是幻想，到现在也没达到，既没有大名气，又没有大房子。我现在倒好，书也摆满了屋子，可都放在地上，因为书柜里放不下。有的人来我书房说，这哪儿是书房，就是个库房。

第四章
曲折前进

“屯佃”务农

1956年7月，我回到北师大政教系。因为我在北大进修的是哲学，理所当然要到哲学教研室工作。根据需要我接受了给中文系四年级上哲学课的教学任务，同时担任教研室党支部组织委员的工作。当时，我们教研室主任是石盘[①]，党支部委员有李思温、齐振海、郑修身和我。党支部书记李思温，是个工作非常认真的人，学问也做得很有成就，但有个毛病，就是总怕别人对他有什么看法。我们俩人关系很好，他常常问我谁谁对他怎么看，谁谁说过他什么。我说，你活得太累，自己做自己的，别人爱怎样看就怎样看。说实在的，世界上没有一个人背后不被人说，也没有一个人背后不说别人，一个人总想别人对自己怎样看，那真没法活。我的这个

① 石盘，1917年生，安徽巢县人。1938年，石盘赴延安，参加中共。1948年到1953年，石盘在中宣部、人民教育社工作，1953年调入北师大政教系，1958年被错划为右派，“文化大革命”后平反。石盘一生专致力理论研究和教学工作，翻译了康斯坦丁诺夫的《历史唯物主义》，发表过《自由与必然》等文章，对中共理论建设作出了积极的贡献。

好朋友已辞世多年，不应该再说他。但一说到他，就想起这件事，由此发生一点感慨，希望活着的人不要把心思用在这上边，活得轻松些。齐振海后来在哲学界是佼佼者，对认识论的研究有相当造诣。他的著述很多，如《哲学的主体和客体问题》、《人的价值问题探索》、《21世纪中国文化走向》等。他的身体真好，使我非常羡慕。郑修身专门研究马克思主义法学理论，参加过全国统编教材《法学概论》的编写工作。他后来调到辽宁师大工作，已退休。我们几个人合作得非常好，工作很顺利。

这年9月，中共召开了第八次党代表大会。

2002年，与郑修身合影

这次会议是在农业、手工业、资本主义工商业社会主义改造取得决定性胜利的情况下召开的。它宣告社会主义制度在中国已经基本上建立起来，国内的主要矛盾不再是无产阶级与资产阶级的矛盾，而是人民对于经济文化迅速发展的需要同当前经济文化不能满足人民需要状况之间的矛盾，因此，全国人民的主要任务是集中力量发展社会生产力。这次会议之后，全国呈现一片欣欣向荣的新气象，各行各业都努力把自己的事情做好。在大学里也是如此，学生刻苦学习，老师认真授课。到来年3月，我听了毛泽东2月27日在最高国务会议第十一次（扩大）会议上讲话的录音后，非常兴奋，因为毛泽东在讲话中强调的角度是正确处理人民内部矛盾，发展社会生产力，把社会主义建设好，这显然与过去的基调有所不同，真正体现党的工作重点的转移。当时，我努力在讲课中贯彻这次讲话的精神。

4月27日，中共中央发布了《关于整风运动的指示》，要求在全党进行一次普遍的、深入的反官僚主义、反宗派主义、反主观主义的整风运动，提高全党的马克思主义的思想水平，改进作风，以适应社会主义改造和社会主义建设。我学习了这个指示后，认为这是落实中共八大和毛泽东讲话精神的一个重要措施。于是，我和其他支部委员一起，在教研室的党员教师和非党员教师中进行了充分动员，欢迎他们给各级党组织特别是党员干部提意见。随后，他们纷纷提出很好的意见和建议，对改进党的作风很有帮助。全校的情况比我们支部热闹得多。大字报贴在院子里或楼里，对学校党委、系领导提出各种各样意见。当时，很多大字报对着党委书记何锡麟。陈垣了解到这一情况，打电话给何锡麟，让他不要怕，挺起腰板领导运动。这个电话令何非常感动，遂丢掉压力，坚持正常工作。到了中旬，毛泽东写了《事情正在起变化》之后，6月8日中共中央在党内发布了《关于组织力量准备反击右派分子进攻的指示》，同日《人民日报》发表了《这是为什么？》的社论，事情真的变化着，整风运动变成了反右派斗争。为什么变得这样快？当时，我没明白，今天也仍然不明白。不少研究者提出这样或那样的看法，我觉得都有道理，但总觉得还说不透。看来，这个问题只能靠学术界慢慢去研究。有一点，我认为值得注意。毛泽东倡导党内要开展批评与自我批评，而且要听取广大群众意见。听别人意见，一般来说，是个很不容易的事。当时在整风中，党内外说了一些不好听的话、出格的反对共产党的话，感到问题很严重。当时，我到市委听了彭真的动员。彭真讲话很有气派，听了以后使人感觉如临大敌，很容易投入。回来后按照中央的指示进行工作。我们在工作中确实犯了扩大化的错误，真不该把我们教研室的教授朱启贤和另一位教师打成右派。我当时参加朱启贤的专案组，为给朱启贤定"罪"而工作。其实，朱启贤一直在追求进步，讲教育学课中也力图用马克思主义的认识论解释和说明问题。在鸣放中，他提出了很多好的意见，对改进党的作风有帮助。确实，他也说了些不中听的话，比较爱吹自己，但据此划为右派是不应该的。"文化大革命"结束后，他得到平反。前些日子在校医院门前碰到被打成右派的教师，身体还可以，碰到后，又想起了过去，真不应该弄错。

反右派斗争在当时是必要的，因为确有一小部分人制造出反社会主义、反共产党领导的思潮。对此，应该有针对性地批判和处理，不一定非要形成全国性的运动，更不应该给单位下指标。因为这样一来，下边各级组织中就会有的干部讨厌谁就把谁划成右派，以个人好恶代替政策；也会有的干部为得到上级表扬或怕说自己右倾，没有右派也想办法找出右派；还会有的干部认识上产生错误，把群众提的正常意见看成是进攻。各种复杂的原因混在一起，势必造成反右派斗争扩大化。结果，给许多人及其家庭带来极大的灾难。不仅如此，一种"左"倾情绪在人的头脑中和行为上日渐增长。

反右派斗争结束后，根据中共中央关于干部下放的精神，学校里组织两拨人分别下放到农村和工厂。到农村的是下去劳动锻炼，然后再回学校工作，而去工厂的则是要精简，但当时并未说明。我是去农村的，和我一起去的有我们系的一些教员，也有别的系的教员和行政人员。我去的地方，当时属北京市昌平区永丰乡的一个村叫"屯佃"[①]。下去的那天是12月5日，刮着西北风，天非常冷。我们坐在一辆带棉棚的大卡车上，因为好奇，我从小窗户往外看，着了风，下车就病了。饭也没吃，就病倒在我们四个人要住的一个农民的家里，发烧三十九度多。等我醒来后已是第二天上午。炕很热，出大汗。我看见一位女青年正在填柴烧炕，她说是团支部书记，村里派来照顾我。好在年轻，躺了一天，病就好了。从此，就"扎根"农村了。当时，并不知道自己的前途如何，因为组织上号召，要有一辈子在农村的思想准备。共产党员当然要听党的话，好好干，不去想以后如何。

我们虽然分散住在农民家里，并不在那里吃饭，只是睡觉。我们四个人住在崔大爷家的西屋，他们三人住外屋，我住里屋。因为里屋的炕不能烧，夜里特别冷，我是头，不能让别人受罪，就主动住里屋，到晚上我盖两个被子，还把棉衣压上。靠着体力壮，睡眠质量又高，一觉醒来大天亮，暖暖的，挺解乏。我们吃饭是单起伙，叫下放干部食堂，大家轮流做饭。由于组织上不让脱离农民生活水平，所以细粮、油、肉都被限量，而且每顿饭的钱数也有规定。更不许从城里买食品带来（带点咸菜可以），否则要挨批评，严重的要受处分。当时这样的事还真发生过。在屯佃村下放干部的中队长，也是我们党史教研室的教员，人长得胖，爱吃，小时候家里开饭馆，吃习惯了。从城里带来了吃的，夜里在被窝里吃，被睡在同一炕上的教师发现，撤了中队长。轮到谁做饭，都会费尽心机设计，既要吃得好，又不超标准，是个很不简单的事。比如，买炸豆腐炒菜，可以节省油，或买骨头熬汤。大家都年轻，饭量大，一劳动，吃得更多。记得吃包子，我一顿能吃八个。所以，吃细粮必须限量。比如，吃米饭，每人四两，不够吃窝头。这我倒

① 屯佃得名于清末河北发大水，大批佃农逃难到此落户。这一带传说很多，大都与宋代的杨家将有关。查《宋史》，宋太宗时抗辽名将杨业（原名杨继业）因主帅潘美违约不援被俘而致死，其子杨延昭（杨六郎）驻守保州，负责河北西北部防务，与辽军对抗。这期间，他可能会带兵至北京的西北部与辽军作战，所以"亮甲店"（杨的军队晒盔甲之处）、"望儿山"（杨母瞭望儿子之处）、"六郎庄"（杨的军队驻扎之处）的命名，就是依据传说而来。"屯佃"与这些地方离得很近。

不在乎，因为不爱吃米饭，每次都给别人。我吃窝头长大，不但不怕吃而且爱吃，到老了还是这样。现在，我还常买点窝头和香葱，蘸甜面酱吃，那叫个香。

农业劳动对我是件生疏的事，很多都不懂，一切要现学。我当时所在小队队长姓范（记不起名字），是个劳动能手。他不善言谈，每次出工布置活，只是几句话，到地头就干。拔麦子的时候，不管多长的垄，他一蹋腰就到头，不带直腰的。他对下放干部非常关心，手把手教我们怎样干农活。我这个人不算笨，学一学就会了，干得还不错，当然离老范的水平差得远。

干农活确实苦，尤其是天冷得很，冻手冻脚，真要咬牙坚持。有一天，早上零下22度，北风猛刮。我们照旧出工，扛着工具，把手笼在袖子里。到了地方，赶快藏在柴禾堆前避风。刚待一会儿，老范来了，说太冷了，今天不干活了。我们一听特别高兴，三步变两步，立马返回“家”。开春以后，我们又到菜地里干活，这活很细致，但比大田里的活轻松。脱了鞋，光着脚，挺爽，还能治脚气。

干活累点也就是了，麻烦的事是在下放干部中自己跟自己较劲。我是个小头目，有两位老兄总想跟我练练，让我服输。有一天，在小河沟里淘泥水，由两个人一起抡个大的竹篓子淘，是个力气活。两位老兄来回换，我这边一个人干到底。我当时想，他们俩人想搞垮我，没那么容易，不定谁输。结果，他们俩人也没干过我，一再要求休息。这个事，今天想起来，实在没意思，何必非要较劲呢？他们不是党员，对下放不理解，不满意，有意见，可又没地方去说，所以就拿我这个共产党员出气。我应该宽容一些，可当时年轻气盛，想都没想这么多，实在对不起他们两位。他们都比我年纪大一些，不知这两位老兄活得怎样。

另外的较劲，跟这种较劲的性质就不同了，那真有点“革命性”。当时，大家的劳动热情很高，纷纷写决心书表态。我的决心书写了几条，内容全忘了，只记得一年大干四百天的保证。就是说，不仅全年不进城回家休息，而且还要加班三十五天，这在当时下放干部中很显眼。也许有人说，准是为了出风头，按现在说法叫“作秀”。不然，那时还是真的，觉得自己是党员，应该带头，起模范作用。我并不要求别的下放干部跟我比，而是自己这样做，可以使别的下放干部都努力按自己的条件尽可能去做得好一些。这事假不了，要一天一天干才行，并没有任何人强迫，完全是自愿的。现在有的学者写那个时候的历史，总是把许多事说成是政治形势所迫，人们不敢不做。说句公道话，实际情况不是这样。在现代人看来，也许有点傻，不可理解，但那时的人们还是真诚的。我的做法确实有点冒进，但不是假的。还别说，当时还真有人跟我一样这样做。他叫杨寿堪，那年刚从政教系毕业，留在政教系哲学教研室当教员，小伙子很有干劲，也宣告每年大战四百天。确实，他后来在研究西方哲学史方面很有成就，这跟他肯干有关系。2011年12月出版的六卷本《哲学何为——杨寿堪学术论丛》，是他几十年来研究的成果。

下农村劳动虽然累，可整个生活是愉快的。多数人都高高兴兴地干活，并不是天天愁眉苦脸。下了工，洗手洗脸后，到食堂一看，热气腾腾的饭菜，一个个像饿狼似的，边吃边聊，如果有点新花样，更是兴奋一番，众口夸奖当天做饭的同志。干活时认真干，一休息，或聊天，或相互开玩笑，很是热闹。哲学教研室有个女教师，叫沈培芹，年纪比我们小一点，大家都按当地习惯（把小孩叫“××头”）叫她小芹头。我们两个队挨着，常见面。我一看见她就故意大声叫“小芹头”，街上的人都跟着笑。这种事，也是乐趣。不过，这个“小芹头”后来“命运”不大好。20世纪60年代初，她得了心脏病，医生说活不过几年，不能结婚，不能生孩子。实际上，她结了婚，也生了孩子，病也好了。看来，医生的话也没准。不幸，到唐山大地震时，她的孩子死了，对她是很大的打击。暑假时，她住在唐山的妈妈带着外孙来北京玩。地震的前一天，她说要备课，催娘俩回去，结果到家就赶上地震。人一辈子什么事都能遇上，碰到倒霉的事一定要挺住，慢慢会好的。前两年在校医院见到“小芹头”，老太太过得还不错。

下去劳动，最让我不能忘记的一件小事，是一次我从城里回来，天色已黑，下了公共汽车，又因为路不熟，不知怎么走。幸好，有几个去北郊农场的人，他们路熟，就一起走。说着话，很快就到了屯佃村子的边上，他们继续上路，我一个人走，天黑看不见路，心里有点紧张，走着走着不小心掉进沟里。刚一掉进去，还没顾上疼，就听见上面一声大叫，原来是个猫头鹰被吓飞了。这一来，我真害怕了，使劲大声喊叫，但没人，只好连滚带爬进了村。好在有惊无险，算是回到了"家"。

下放劳动不仅学到许多农业知识，而且对农村的情况有了实地的了解。对我来说特别重要，因为我一直长在城市，对农村一无所知，这在搞自己的专业方面是个很大的缺陷。尤其我在那个生产队里当了一阵子副队长，和农民干部一起开会，研究各方面工作，对我帮助很大。不过干副队长最头痛的是农民找队里来解决问题，有工分方面的，有人际间纠纷的，也有要钱的，还有开证明的。处理这类问题，对我来说还有个情况不明的难处。简单的问题，几句话就解决了，复杂的问题只能表示一定认真办，但需要队委会集体研究才能答复。我这个人没脾气，与农民交谈问题态度好，他们还真愿意找我说。有的说一说，我耐心解释一下，暂时解决不了的问题，也就算了。接触了实际，使我有很大收获。

1958年5月，因为要开"中共党史"课，必须编大纲，所以教研室就把我调回学校，离开了生活半年的屯佃村。后来我曾经回去了一趟，老的、熟悉的人已去世，同龄人也都老了。我下放时的小孩成了中青年，彼此并不认识，年头太多了。所以，后来再没去过。

回归本行

上文说过，1956年9月开学后，我在中文系四年级教哲学课。我在大学读书时给夜校讲课不写讲稿，教大学我还不写，只有一个提纲，上课神吹一通。别说，讲课挺受同学欢迎。也许那时学生都比较守规矩，上课不干别的。据说，现在公共政治理论课不好讲，我没有体验，也许与过去不同了，但如果讲得好，能吸引人，学生还是会听的。不管如何，我那时算混下来了，而且与学生混得很有感情。我教的这个班，正好是1957年鸣放时最活跃的班，有几个学生来找我，希望我能出头与他们一起给学校党委提意见，我没有同意。到反右派斗争时，这个班划了许多右派和中右，走的时候见到我哭着告别，弄得我也很难过。那个班的学生与我的年龄差不多，应该还都健在，不知他们过得怎样，希望他们晚年幸福。

虽说教哲学课还过得去，但我仍不愿意搞下去，总觉得自己不是这块料。不愿意做的事硬做，心里不舒服，肯定什么也做不好。不行，非改变，这是当时的决心。我随即向系领导提出，很干脆，答应了。1958年初，我终于回归本行，继续搞中共历史。这回，不当资料员了，改成讲党史课，而且是教政教系的专业课。第一次是给政教系二年级讲，大概是1959年的上半年。这个班的人数不多，我教五四运动和中共创立这一段，因为熟，讲起来不费劲。虽说课讲得很顺，但由于我过于认真，还惹出点麻烦。我看到《中国青年》记者采访董必武的一篇报道说毛泽东在中共一大时当选为中央委员。记者把中共三大上毛被选为中央委员会委员的材料给董老，而董老误认为毛是中共一大选出的中央委员。在课堂上，我说了这件事。不知怎么反映到学校党委，一位常委找我谈，批评了我一番，说是你知道一大，还是董老知道一大？弄得我啼笑皆非，可也不敢反驳。

说实在的，别看我后来一直搞中共历史，正经讲党史课很少。这就是说，不管公共政治理论课，还是专业课，我没有从头到尾讲过一遍党史。别的课，除了哲学课以外，像毛著选读、毛泽东思想、中国革命史等，都没有通讲过。尽管如此缺胳膊短腿，我对讲这类专业课，还真有点想法：

第一，讲课要以充分研究为基础。给大学生、研究生讲课，用不着讲最基本的知识或理论，学生可以自己去看。比如，讲五四运动，不用讲运动是什么时候发生的，什么时候结束的，过程如何如何，而要介绍这个历史问题的研究中有哪些成果和分歧，还有哪些需要进一步思考和研究的地方，要介绍教师本人在某一方面研究的心得。这样讲，如果教师对五四运动没有任何研究，肯定不会讲好，也根本讲不出来。

第二，讲课不要照本宣科。事先写好稿子，上课时照着念，眼睛离不开讲桌，手势非常呆板，与听者没有任何交流。此种讲法，效果肯定不好。究其原因，是讲课人对所讲内容不熟，没有自己的研究，总怕讲错了，所以就放不开手脚，拘泥于讲稿。我主张，不写讲稿，最多写个提纲，有几条提示性的内容，以免万一走神忘了该说什么。不写讲稿，不等于不备课，相反必须充分准备，主要是理清思路。当然，如果引用材料，不可能背下来（我年轻时都是背下来的），可携带或放于电脑中备用。摆脱了讲稿的约束，讲课人可以进入边讲边思考的过程，达到"目中无人"、"自以为是"的境地；可以自由地用眼神、手势与听者交流，好像聊天，把听者吸引住，让他们随着讲课人的思路走。在这个过程中，完全可能冒出灵感，使讲课人收获到以往研究中尚未达到的成果。

第三，讲课不要约束听者，要靠讲授内容吸引人。上课点名、禁止在课堂上做其他事、考试为难等办法，并非高招，而且也没用。上课时不要点名，并告诉听者不愿意听可以做别的事，但不能影响他人，也可以睡觉，但不能打呼噜。如果讲课人能够讲得听者都不做别的事，也不睡觉，而是专心听讲，那就成功了。靠什么，就靠内容吸引人，靠讲课人的语言生动吸引人。有一次，北师大团委让我给团干部讲李大钊，我说讲专业课还行，讲这种课我给请个人。于是，我请了北京医科大学的教授马模贞来讲。开始时，听的团干部坐得远而且散，主持会的团委书记很不好意思，觉得对讲者不尊重，让大家集中点，可没人听。我说没关系，谁愿意坐哪儿坐哪儿。结果，马模贞一讲，旁征博引，声情并茂，目送手挥，妙语连珠，听者自动集中，众目所归，鸦雀无声，效果非常好。这就是因为她对李大钊非常有研究，而且知识渊博，加上口才好，自然会受欢迎。

第四，讲课不要总板着面孔，而要让听者感觉你是他们的朋友、知音，和蔼可亲。讲课中，既要有引起听者深入思考的问题，又要让听者感到轻松甚至可笑的内容。只有使听者欢迎你，而不是烦你；需要你，而不是讨厌你，那个课才是成功的。当然，授课人也不要希望每一句话都能被听者吸收进脑。我看，一堂课，如果有一句话、一个材料、一个观点被听者吸收入脑，那就很不错了。

第五，讲课时要调动听课者的积极性，或者提问题让学生回答，或者组织学生讨论某方面的问题。这样，可以使听者由被动接受者变为主动参与者。

这一年，与讲课同时，我又用较多时间进入科研领域。这次是为纪念五四运动四十周年而研究五四时期的三次论战，不是我一个人搞，而是教研室几个人一起搞。当时，参加的人有纵瑞堂、蔡德金、张兰英、郝素馨和我，以我为主。当时，我翻阅了大量材料，特别是期刊，也参阅了以往研究的成果。在蔡、张、郝分别起草的部分初稿和我起草的部分初稿的基础上，我进行了修改、调整、重写，并由纵瑞堂写了结束语。最后，我又统改了一遍，形成定稿。这中间，已是纪念五四运动四十周年的时候，所以就把"问题与主义"论战部分交给《光明日报》，在1959年5月5日发表。至于全部稿子大概是在来年的中间交给上海人民出版社的，书名叫《五四时期马克思主义反对反马克思主义思潮的斗争》，于1961年8月出版。

《五四时期马克思主义反对反马克思主义思潮的斗争》书照

由于当时不能署个人名，只能用集体的名字，所以就瞎起了个笔名，叫“蔡韦”。

全书九万七千字，共分五个部分，目录如下：

一　十月革命与马克思主义在中国的传播

二　马克思主义反对胡适派资产阶级改良主义的斗争

三　马克思主义反对伪“社会主义”思潮的斗争

四　马克思主义反对无政府主义的斗争

五　在反对反马克思主义思潮斗争中的毛泽东同志

结束语

这本小册子出版至今已将近五十年了，现在学术界对五四时期的这些争论又有一些新的认识，那么对这本书今天应该怎样看呢？

我想：第一，五四时期确实在思想界存在着不同思潮之间的争论，《新青年》第八卷第四号就把不同意见的文章汇集一起，冠以“关于社会主义的讨论”的标题。所以，小册子把马克思主义者与持不同观点的学者的分歧集中在一起，介绍讨论的一些情况，这在当时对教党史课的教师增加这方面的知识，还是有一定帮助的。第二，小册子以大量史料为基础，其中许多史料对党史研究工作者还是有用的。

但是，这个小册子受时代的限制，受政治气候的影响，对五四时期马克思主义与不同思潮之间的争论，没有能够实事求是地进行分析和评价。我们进行研究的时候，是在连续批判胡风、胡适资产阶级唯心主义、右派之后，是在“大跃进”刮起“共产风”之后，而此前，关于五四时期的思想方面的争论，早在1930年李立三的《党史报告》、邓中夏的《中国职工运动简史》中就已提到，1949年新中国成立后的几部中国革命史的教材中就有定论。这种情况下，我们的研究不可能超出已画好的圈子。究竟有些什么不实事求是的地方呢？说全了不可能，只择其要者说明。

第一，把五四时期马克思主义者与非马克思主义者的争论说成是敌对者的争论不对。坚持其他主义的人与马克思主义者之间并非政治上敌对关系，而且有的人还是很要好的朋友。比如，胡适当时是北京大学教授，与陈独秀、李大钊都是好朋友，一起办刊物。又如，张东荪当时只是个办刊物的文化人，《时事新报》虽有政治背景，但也不好说他在政治上就如何。再如，无政府主义者区声白当时也是个文化人，抗日战争时投靠汪伪，那是后来的事。而另一个无政府主义者朱谦之，当时只是北大的一个学生。至于梁启超，过去曾经为官，并且是进步党的理事，后又组织研究系，但这时由于政治上不得志而主要从事文化工作。所以，小册子把坚持其他主义的人统称为马克思主义者的敌人是不对的。回忆起来，在我们写书的时候，学术界对梁启超、张东荪等人所代表的阶级属性，一般都说代表官僚资产阶级利益。我们在研究时觉得这个说法不妥，想改变一下，又怕被别人说成右倾，很费一番周折。最后，书中写了这样一段话："由于基尔特社会主义等资产阶级改良主义思想，在当时说来是属于新思潮的范围；由于研究系当中的某些人物也曾参加过一九一五年以来的新文化运动，研究系的某些刊物也宣传过新的学说，在一定程度上反对过封建主义思潮，因此，一般说来，这次斗争是属于新文化统一战线内部的斗争，这次斗争标志着统一战线的进一步分化。当然，由于研究系首脑梁启超之流，在政治上依附反动军阀，为统治阶级效劳；由于他们主张依靠帝国主义发展中国资本主义，公然否认地主阶级对农民的残酷剥削，充当地主买办阶级的代言人，因此，共产主义者与他们之间的斗争，又不能简单地归结为新文化统一战线内部的斗争。"这段话模棱两可，反映了我们在研究中的矛盾，说明我们确实想实事求是一些，但又不敢彻底。当然，即使完全肯定梁启超、张东荪他们当时代表的是资产阶级，也不应该说成是敌人。

第二，把五四时期马克思主义与非马克思主义思潮的争论说成是与敌对思潮的争论不对。五四时期的学术界引进西方的各种学说，总的目的是为了改造中国社会，至于哪种学说对中国有用，能够救国，当时谁也说不清楚，所以都属于一种探索。当然，谁接受了哪种学说，就可能信它，把它看作有用的而坚持它，按说谁也管不着谁，谁也不能强迫谁一定要信某种学说。只有当信某种学说的人非要指责别人的信仰不对的时候，才会引起争论。这种争论，有时很激烈，情绪激动者甚至说些不好听的话。但并不能说成是一种敌对思潮的斗争，本质上还是不同救国道路、救国方案的争论。比如，胡适在当时确实是积极反对封建专制主义的，是想改造中国社会。他信仰实验主义，想用这种理论和方法来救国。实验主义在当时是从西方传来的新的学说，它在学理上未必都是对的，与马克思主义的理论和方法确实不同，但宣传它是为了救中国，就不能说是敌对思潮。又如，无政府主义的理论和方法在学理上是说不通的，漏洞甚多，但相当不少的信仰无政府主义的人在当时也都是积极反对封建专制主义的，对北洋军阀的统治深恶痛绝。他们把无政府主义当作武器，用来救中国，所以也不能说无政府主义就是一种敌对思潮。总之，不能说凡与马克思主义的理论和方法不同的，就一定是起反动作用的。

第三，把五四时期马克思主义与非马克思主义思潮的争论说成前者都是对的而后者都是错的不应该。任何一种主张，不可能都是错的，即使学理上不能说得很通，但也总会有它的合理部分。比如，胡适反对空谈主义，主张多研究些问题，是有一定道理的。胡适并不反对谈主义，因为他大谈实验主义。他所反对的是空谈，空谈当然不对，主义就是要来解决实际问题的。又如，梁启超、张东荪提出发展实业，发展资本主义并没有错，说中国工人阶级力量很弱也没错，是符合中国社会经济发展的实际情况的。诸如此类的一些观点，值得当时的马克思主义者吸取，事实上有的也确实在当时或以后被吸取了。

说是跳不出已经画好的圈子，还是没有努力跳，因为确有人就不在这个圈子里看问题，比如胡绳。1946年8月《中国建设》（上海）第二期，署名蒲韧（胡绳）的《新文化运动的根、枝叶和所需要的阳光》中说到五四时期关于“问题与主义”的争论时，把它看做是一个讨论问题的过程。文中评论道：“我们仍不赞成适之先生的实用主义的思想方法，但适之先生提醒大家，不要丢开具体问题而空谈主义，要实事求是地解决问题，遇到什么事要追问一个'为什么'——这些劝告是值得尊重的。的确有这样的人，他们不去看任何一个具体存在的问题，不去解决摆在他们面前的问题，却只是以自己有什么什么主义而自炫。——这样的人不过是主义的罪人！任何好的主义，不用来解决实际问题，总是空的。以实事求是的态度来救济空疏，是必要的。"我孤陋寡闻，没有看到胡绳这篇文章，没能吸取正确的看法。不过，20世纪40年代好跳，50年代不好跳也是事实。胡绳到50年代也不能不批胡适，好在他到90年代又跳回来。说这话，不是为自己开脱，而是说明一下时代对人们认识的影响。总之，关于五四时期三次论战不恰当的评价，我不是始作俑者，但把它集中一起写成一本书却是首创，因而对后来的研究者所起的误导责任不能推脱。

对于"问题与主义"的争论，还有点疑问。1922年6月18日的《努力周报》第七期上发表了胡适的《我的歧路》，文中有这样一段话："直到1919年6月中，独秀被捕，我接办《每周评论》，方才有不能不谈政治的感觉。那时正当安福部极盛的时代，上海的分赃和会还不曾散伙。然而国内的'新'分子闭口不谈具体的政治问题，却高谈什么无政府主义与马克思主义。我看不过了，忍不住了，——因为我是一个实验主义的信徒，——于是发愤要想谈政治。我在《每周评论》第三十一号提出我的政论的导言，叫作'多研究些问题，少谈些主义！'"在1979年唐德刚整理《胡适口述自传》中，胡适说他写《多研究些问题，少谈些"主义"》"是想对那种有被盲目接受危险的教条主义，如无政府主义、社会主义和布尔什维主义等，来稍加批评"。现在有些分析这次有关"问题与主义"的争论，认为经过对当时胡适的连续几篇文章的研究，发现胡适并非针对马克思主义的。这种分析很细致，不能说没有道理。问题是针对上边引出的胡适自己说的话怎么解释，有的学者说是因为政治上的原因，胡适说了违心的话。可这种解释不对，因为1922年和1919年相比，政治形势没有多大变化，跟后来蒋介石统治不挨边。再说了，胡适干什么要说违心的话，否则不就成了他从不反对马克思主义似的。胡适信仰实验主义，当然应该不赞成包括马克思主义在内的任何主义、学说。如果不是这样，既信仰一种主义，又赞成别种或多种主义，不成了杂拌主义。说胡适当时反对马克思主义、无政府主义、布尔什维主义以及杂七杂八的社会主义，有什么关系呢？他说这样的话有他自己的道理和逻辑。主张只谈实验主义和各种具体问题，反对空谈别的主义，并不妨碍“问题与主义”的争论是朋友之间的讨论。是不是这样解释，更实事求是一点。

我们这本小册子，到1979年9月又由上海人民出版社再版发行，后边会说到。但是1961年出版的这本书，手头并未保存下来。6月，我的学生李向勇从网上查到有卖这本书的，就买下来送给我。我很高兴，在书上写下“几十年后重见面”。

胡适签名的《胡适文存》书照

前边说到，蔡德金参加了小册子的撰写工作，对他想说几句话。蔡德金是北师大政教系毕业的，当时分到中共党史教研室，除了做教学工作之外，还参加了小册子的研究，但那时他没有入门，写的部分初稿基本上不能用。后来我告诉他要抓住一个问题搞下去，弄长了就会有成果。1979年以后，他钻进了汪伪政权问题的研究。他不怕吃苦，下很大工夫，到处收集资料，结果成了国内外研究汪伪政权的专家。他有很多专著和编辑的有关汪伪政权的史料，都很有用，其中以《汪精卫评传》最有影响。可惜，前几年他因病去世了，这对学术界来说，是一大损失。作为研究汪伪政权的教授、专家，如果能多在世些年，肯定会作出更多的贡献。从他的研究经历可以看出，一个人只要开始钻进去，没几年就可成为专家。我常向学生讲，做学问，搞研究，什么时候开始都不算晚。昨天开始，就比今天开始早一天，明天开始，就比今天晚一天，关键是要从现在开始。讲到这一点，我总是举蔡德金的例子来说明，希望后学青年能够明白这个简单的道理。

另外，为了写这本书，我在1959年3月去了武汉大学，拜访李达。这是我平生第一次出远门，也不知道买卧铺，不知火车到达武汉的时间。所以，到了武汉，下车快夜里十二点了，当然无法去武汉大学，只能找地方住下。当地人告诉我，车站附近有小旅店，走了一段路果然找到了。敲开门，服务员让我进去，我要了个单间，但需要从大堂穿行。我走过去，看到大堂中有人睡觉，女的都穿短裤，吓我一跳，不敢走，服务员说没关系，武汉天热都这样。我硬着头皮走过去，到单间睡觉。第二天，我坐车到武大校办，说要拜访校长李达。很快，校办的人就把我让进李达的办公室。那时，一个青年人要见校长，好像比现在容易。见到这位中共一大代表我有点紧张，但由于老头的和蔼、随便，使我很快轻松下来。我说明来意，他很高兴，认为研究这个问题很有意义。他用了将近两个钟头的时间，给我介绍了五四时期马克思主义传播的背景和内容，并对一些人作了评价，这对我有很大的帮助。谈话中，他提到杨明斋的《评中西文化观》，说这本书已很少见到，是批评《东西文化及其哲学》（梁漱溟）、《先秦政治思想史》（梁启超）、《农国辨》（章士钊）的。很巧，1962年2月我在西单商场旧书摊上看见这本书，买下来，收藏至今（20世纪60年代我还买了不少解放前的旧书）。李达是位值得人们尊敬的正直的学者，他在脱离共产党之后，仍坚持研究马克思主义，宣传马克思主义，并与中共有一定联系。他的《中国产业革命概观》、《民族问题》、《社会学大纲》等著作，把马克思主义与中国实际相结合，在理论上有所创新，对毛泽东思想的形成起了重要

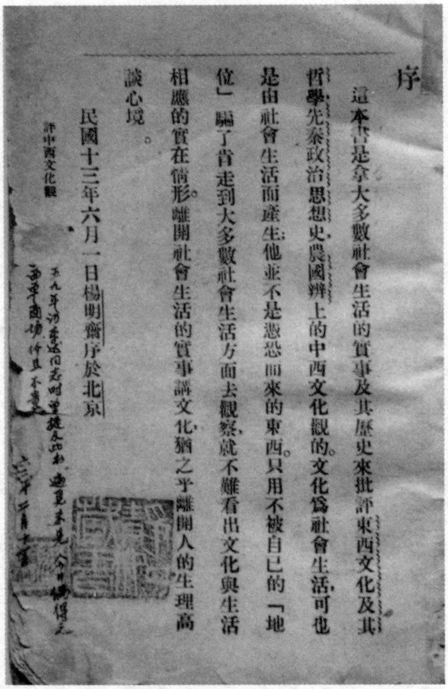

序

這本書是拿大多數社會生活的實事及其歷史來批評東西文化及其哲學，先秦政治思想史，農國辯上的中西文化觀的。文化爲社會生活，可也是由社會生活而產生他並不是憑恐而來的東西。只用不被自己的「地位」騙了肯走到大多數社會生活方面去觀察，就不難看出文化與生活相應的實在情形。離開社會生活的實事講文化，猶之乎離開人的生理高談心境。

民國十三年六月一日楊明齋序於北京

評中西文化觀

《评中西文化观》书照

2009年，在武汉大学办公楼前留影

的作用。新中国成立后，1949年10月，由毛泽东、刘少奇、李维汉等人为历史证明人，刘少奇为介绍人，李达重新入党。此后，李达除参加一些政治活动外，主要从事教育事业，并努力进行马克思主义理论的宣传工作，所著《〈实践论〉解说》、《〈矛盾论〉解说》对于干部学习有很大帮助。"文化大革命"开始后不久，李达被污蔑为武汉大学"三家村头目"，戴上"叛徒"、"地主分子"帽子，受到残酷迫害，1966年8月24日含冤去世。1980年11月，为李达彻底平反，恢复党籍。我能够与中共一大代表交谈两个小时，也是我的荣幸。2009年3月，我因去武大开党史博士点会，要离开武大的那天，特意到我去找李达谈话时的办公楼前面照了相，留作纪念。整整五十年，旧地重游，很不容易。

"大跃进"中

1957年9月20日，中共八届三中全会在北京举行。会上，毛泽东在讲话中断言"无产阶级和资产阶级的矛盾，社会主义道路和资本主义道路的矛盾，毫无疑问，这是当前我国社会的主要矛盾"。同时，他还批评了中共中央在1956年采取的纠正冒进倾向的正确方针。显然，这已经从中共八大确定的正确路线上开始倒退了，从而为"左"倾错误进一步发展开辟了道路。11月13日，《人民日报》发表《发动全民，讨论四十条纲要，掀起农业生产的新高潮》的社论，第一次提出"大跃进"的口号。1958年5月召开的中共八大二次会议，正式通过了"鼓足干劲、力争上游、多快好省地建设社会主义"的总路线及其基本点。从此，全国进入了"大跃进"的热潮当中。8月，中共中央政治局在北戴河举行扩大会议，讨论和通过了《关于在农村建立人民公社问题的决议》。会后，在全国很快形成全民炼钢和人民公社化运动的高潮。运动中，以高指标、瞎指挥、浮夸风和"共产风"为主要标志的"左"倾错误严重泛滥开来。

在这种形势下，我们政教系的领导决定把学生拉下农村参加劳动，并开设共产主义教育课。为了要找一个合适的地方，我和当时的系秘书贺允清[①]一起去百花山踩点。当时，交通很不发达，我们在门头沟雁翅站下了火车，再没有车可坐，要步行山路几十里。当地人告诉我们，走山路有一段很危险，一定要快走。因为那是两座山中间的河床，万一下起雨来一涨水，跑都没地方跑。我们俩人赶快走，有点像慢跑似的。好容易过了这段路，又碰上一段很高的大坝，一边是河，一边是山涧，坝又很窄，贺怕掉下去，说干脆回去。我说回去怎样交代，硬着头皮走，眼睛向前，别往两边看。俩人一前一后（不能并肩走，没有那么宽），有时还要蹦一下，最后，总算过去了。中间到了斋堂镇，这是抗日战争中平西根据地领导机关所在地。休息了一段时间，打听打听路怎样走，继续奋斗，傍晚才到了百花山。第二天和当地干部一谈，才知道这里根本没地方住那么多学生。我们俩人一商量，认为这里条件不具备，路又很危险，出事就麻烦了，学生不能来。回到学校，如实报告了踩点的情况，只好作罢。

接着不久，我又和程树礼、王承璞、彭万春一起，带着徐鸿武、祖二春、孙佩珍等几个学生到河北定县清风店镇去踩点。定县是个很大的县城，方圆四十里，位于石家庄市和保定市之间。该县下属的清风店也是历史上有名的地方，1947年10月的清风店战役[②]，为后来夺取石家庄创造了条件。我们到了清风店镇下边的一个叫东指东的村子里，住在大队部。每天早晨，大队干部站在房上用大喇叭喊话让社员出工，说不出工就捆起来。有一天，不知什么原因，真在院子里把一个社员捆在柱子上，不断训斥，真是不像话，但我们也没法管。那时候，各地农村干部强迫农民的事情很普遍，

① 贺允清，北师大教授，已退休。先是党史教师，后来主攻中学政治课研究，主编《中学政治课教学》期刊，并有多种研究成果。

② 清风店战役：国民党第三军军长罗历戎驻守石家庄一带，1947年10月15日，率部北上。晋察冀军区司令兼政委聂荣臻得此消息后，即令野战军主要领导杨得志、杨成武、耿飚等率主力南下打敌，并令冀中、冀晋军区部队滞阻罗历戎部北上或缩回石家庄。19日晚，晋察冀野战军把罗历戎部包围在清风店一带二十多个村子里。经三昼夜激战，全歼敌军。这次战役总共杀伤和俘虏国民党军队达一万七千多人，是河北军民转入战略进攻后取得的第一次大胜利，对扭转华北战局起了关键作用。

农民也不敢反抗，只能忍着。对农民采取强迫的办法是错误的，而且也没用，只能让农民反感。有意思的是彭万春和这个村的一个人重名，这个人到北京去做工，当时叫“盲流”。有一天，彭万春爱人给他来了一封信，大队干部一看是北京来的给彭万春的信，以为是他们村的那个人写回家的信，拆开了就念：“亲爱的万春……”。越念越不对头，才知道弄错了。他们在外屋念，声音很大，我们在里屋听到了，彭万春说，好像给他的信，为什么给拆了。肯定之后，立即就到外屋说明，大队干部只好道歉。这事弄的，真是岂有此理。我们这些人吃饭都在派出所的食堂，算是好的待遇。但米饭都是一粒一粒的，没有一点黏性。平日爱吃米饭的程树礼说，这不叫米饭，应该叫“颗粒”。吃粉条也是一种麻烦，圆的像皮绳，扁的像皮带，根本不能咬断，只好整咽。不过，这些还算好的，最糟糕的是吃白薯面蒸的窝头，难吃不说，要命的是吃了就拉肚子，一趟一趟上厕所，真够受的。为了解馋，我们有时找个理由去镇上吃一顿。待了些日子，大家觉得这里条件不合适，随即打道回府。这期间，我们去徐水县参观了一番。当时，“大跃进”中河北省的徐水县因粮食高产出了名。到了徐水的一个村，先不参观，而去大棚底下白吃白喝一顿。因为平日伙食太素，这回可解了馋，桌上摆着各式各样肉菜，吃了个痛快。以后才知道，“高产”是虚报的，一切都是假的。他们吹嘘说麦子地里可以在麦子上走人，掉不下去。确实麦子地里种植的麦子非常密，原来是把许多地里的麦子都堆在一块地里，以供参观。别说，有的人真会造假，本事不小。

到这年9月，中共中央、国务院发布了《关于教育工作的指示》，规定教育方针是：“教育为无产阶级的政治服务，教育与生产劳动结合。”这就更使系领导下决心把学生带到农村。随后，全系大队人马开到了北京房山区的长沟公社，分散住在十几个村子里。我作为领队纵瑞堂的助手，和他一起住在南正村。我除了劳动之外，常跟他到各村去转，了解情况，布置任务。下去以后，上课就那么回事，主要是劳动，并开展一些今天看来只不过是形式主义的活动，热闹热闹，内容都是有关提高思想觉悟方面的。不过，事情要全面看，不能片面。无论是劳动还是一些活动，对教师和学生也确有好处。这个过程，是接触实际的过程，每个人特别是知识分子总要接触实际生活，了解实际生活，否则只有书本知识，在未来的工作中就不会去解决实际问题。同时，这个过程是充满朝气的过程，这对于培养年轻人积极向上的意识大有帮助。事实上，这一代学生后来在各自的工作岗位上都对社会作出了有益的贡献。比如，当年是三年级学生毕业后一直在北师大从事政治理论课教学的李雪英，教课非常受学生欢迎，并且很懂得青年人的心理，会做学生思想工作，帮助学生解决思想的困惑和实际困难。李雪英代表了高等学校中那些勤勤恳恳的教师，他（她）们任劳任怨，一辈子服务于教育事业。

在农村，教师和学生的热情都很高，说让干什么就干什么。大概在11月初的一天夜里，我们都已睡觉，突然大喇叭响了，说是按上级指示，明晨温度下降，有霜冻，大家赶快到地里挖红薯，然后盖起来，防止冻坏。教师和学生立即起床，抓起家伙就往地里跑，和农民一起挖红薯。因为人多，很快就干完了。本来，我和纵瑞堂也起来要去地里，可这时支部书记叫我们到队部去。我以为有什么事要商量，到队部一看，原来小桌上已摆上饭菜，有肉有酒，还有豆腐和蔬菜。支部书记说先不忙下去，吃一会儿再去也不迟。这种情况下，我们俩人也不好说什么，只能“入乡随俗”。吃罢，支部书记说差不多了，可以下去看看。到地里，已开始扫尾，一会儿就收工了。我们俩也没敢跟别人说，别人也不晓得我们会去吃喝。我问纵瑞堂这合适吗？他说，农村干部就这样，咱也管不了。这次夜战，让我看到了两个问题，一个是生产瞎指挥，不要说第二天没有霜冻，就是有也不应该把红薯挖出来；另一是干部腐败，不劳动，吃吃喝喝，脱离群众。这种事看到了，也没办法解决。农村干部的这种作风，不是这一个地方，那时全国有相当不少的地方都这样。当然也有好样的，既不吃吃喝喝，又敢于抵御“浮夸风”、“共产风”、瞎指挥。但这样的好干部都被批为右倾。所以，尽管有的干部也看出来上边的做法不对，也不敢抵制，叫做“识时务”，干脆吃点、喝点混日子。

凡事都要历史地看，不能拿现在的眼光去衡量过去。当时，教师和学生的劳动热情，并不是假的，除了认为作为青年人应该多受各方面磨炼，学政治理论应该多接触实际之外，还因为大家并不认为中共中央提出的社会主义建设总路线是不恰当的，并不认为大干快上、赶超英美等口号是脱离实际的。那时的教师和学生都是出生在旧社会，多数人吃过旧社会的苦头，经过学习更认识到中国饱受外国侵略者的欺辱、压迫和剥削，解放了，大家翻身了，但是国家还不富强，难免以后不被欺辱。所以，大家都鼓足了劲，想要快点使国家富强起来。我当时的想法就是外国人能干的事，我们为什么不能干，只要努把劲一定能赶上他们，甚至超过他们。这样想，也就忘记科学地分析实际，忘记经济的发展，社会的进步，不是一蹴而就。不服输的劲头是非常可贵的，问题是中共的领头人没有把握好，对形势的分析和对国情的认识发生了有主观主义的偏差，违反了经济规律，急躁冒进，使得我们没有取得本来应该取得的成就。那时的人既不傻也不是被迫无奈，而是有一颗真诚的爱国心，有一个强烈的复兴中华的愿望，有一种不畏艰难的民族骨气。这种心、这种愿望、这种骨气，难得可贵，在今天仍然非常需要。没有这种心、这种愿望、这种骨气，人就失去了灵魂。

这次下农村的大队人马，是1959年的上半年才回学校的。我因为要给学生上党史课，就先和二年级的学生一起撤回来。关于讲专业课的一些想法，上一节里已说到，就不再提了。这上半年的形势很平稳，因为上年11月底，在武昌开了中共八届六中全会，讨论和通过了《关于人民公社若干问题的决议》，强调既要有冲天干劲，又要有科学分析的精神，放慢了人民公社发展的脚步，降低了工业生产的指标。1959年2月，中共中央在郑州举行政治局扩大会议，再次讨论人民公社问题。毛泽东指出："我们在生产关系的改进方面，即是说，在公社所有制方面，前进得过远了一点。"他认为要缓解与农民关系的紧张状态，必须纠正"平均主义倾向和过分集中倾向"，并强调不允许“无偿占有别人劳动成果”。会议还要求在公社统一分配上，承认队与队之间差别，在体制上实行三级核算，队为基础。4月29日，毛泽东写了《党内通讯》，强调要说真话，“爱讲假话的人，一害人民，二害自己”。这种形势，对学校教学工作的稳定有很大好处。

但是，7月2日到8月16日，中共中央在庐山先后举行了政治局扩大会议和八届八中全会之后，形势出现很大变化。7月初的扩大会议本来是纠“左”的，可彭德怀写了一封反“左”的信，引起毛泽东的不满，讲话批彭右倾。于是，会议开始对彭批判。开八中全会时开展了对彭德怀、黄克诚、张闻天、周小舟“反党集团”的斗争。8月7日，中共中央发出《关于反对右倾思想的指示》，提出右倾成为主要危险。会议通过了《为保卫党的总路线，反对右倾机会主义而斗争》的决议和《关于以彭德怀同志为首的反党集团错误的决议》。16日，毛泽东在一个批示中说道：“庐山出现的这一场斗争，是一场阶级斗争，是过去十年社会主义革命过程中资产阶级与无产阶级两大对抗阶级的生死斗争的继续。”随后，一场“反右倾”斗争在全党开展起来。这些精神传达下来之后，北师大立刻动起来。我个人说话随便，想什么就说什么，加上前两年出了一本书，这时候又搞科研，又发文章，所以很显眼。运动一来，自然会引起别人的注意。大概是在政教系党总支研究如何开展“反右倾”斗争问题的时候涉及到我。一天，纵瑞堂找我，告诉我留点神，别随便说话，过组织生活时要主动检查名利思想。我立即明白了他的意思，政治上抓不着我，但有人想把我当“白专”典型批判。好汉不吃眼前亏，我赶紧主动在会上检查名利思想：只想搞研究，出名得利，无心教学，不关心政治，脱离实际等。过了些日子，没什么动静，随后我又被调到学校党委参加某位校领导的专案组。看来，这回运动没我什么事了，总算混过了。我非常感谢老纵对我的帮助，不是他透露消息，提醒我注意，完全可能挨批评，弄不好也可能戴上“右倾”帽子。

编写党史

1960年7月，我参加中共北京市委组织的"中国共产党历史教材"的编写工作。参加这项工作的高校有：中国人民大学、北京大学、北京师范大学、中共北京市委党校、北京石油学院、北京农业大学、中央美术学院、北京航空学院，约六七十人。多数人的名字我已想不起来了，只记得编写组的头是市委党校校长赵征夫，副头是人大党史系的副系主任翟良超和北师大政教系的副主任纵瑞堂。编写组下分"创立和一战"、"二战"、"抗日"、"解放战争"和"建国后"几个小组。我在"创立和一战"当组长，人大的张培森[①]当党小组组长；人大的冯拾[②]、北师大的李隆基[③]在"二战"组；北大的周承恩、北师大的王朝美在"抗战"组；北大的萧超然、市委党校的赵福亭在"解放战争"组；人大的戴鹿鸣在"建国后"组。记得还有人大的何进、王建初，河北北京师范学院的黄存林，北京师院的陈绍畴等。

编书的人先到中央党校集中，大概三四周以后，改去中共北京市委党校。住的地方确实不错，一人一间屋，或两人一间屋，既能睡觉休息又可写作。吃在党校食堂，也还可以。但到了10月，突然感觉到有问题了，很多人到商店去买果酱。没几天，小卖部的货架上什么也没有了，很快食堂也紧张起来，原来全国性的困难时期到来了。开始是在农村紧张，其他城市紧张，现在北京也进入紧张状态。1958年开始大刮"共产风"之后，慢慢地在人们不知不觉中全国性的物质困难就降临到日常生活中，粮食不够吃，使的用的也渐渐没有，不少地方出现饿死人的事情。编书是脑力劳动，限量的食品，使我在屋里坐立不安，盼望到开饭的时间，赶紧到食堂门前排队。门开了也不过只能买一碗菜粥和两个

① 张培森原为人大的教授，后调中央党史研究室，已退休。他专门研究张闻天，发表了很多研究张闻天的文章和专著，主持编辑了张闻天的文集，在研究张闻天方面贡献很大。

② 冯拾是人大党史系的教授，已辞世。他对中共历史特别是"二战"时期的历史，有深入的研究。

③ 李隆基，北师大历史系教授，已退休，在中国现代史研究方面有很深造诣，曾主编《中国新民主革命通史》第八、九卷。他身体不好，有心脏病，天冷不敢出来。因为他住的地方与我很近，天好的时候，常在菜市场碰到他。

“小二黑”（二两一个，因是死面的、个很小，又黑）馒头，一勺白菜或萝卜，当然吃不饱。有时，我从家里带一小瓶花椒盐（多了也没有），给王朝美和我分别撒在菜粥里一点，觉得很好吃。什么叫“困难时期”，就是要什么没什么，吃的、使的、用的全没有。什么东西都是分配的，粮有粮票，肉有肉票，油有油票，其他吃的、用的也都有票，我家的一个炒菜铁锅就是街道组织发给的票买的。这个锅一直用到改革开放之后，想当作纪念留下来，可是后来实在没法用了，才把它扔掉。

虽然生活很苦，但大家还是很努力地干活。到1961年上半年初稿弄好，多数编写人员回单位，我和几个人留下一起统稿。又工作了一段，我也回学校了。是年10月，稿子由人民大学铅印，内部使用，书名叫《中国共产党历史讲义》（讨论稿），署名“北京高等学校党史讲义编写协作小组”，字数约为四十三万。这本书目前很少见到，费了很大劲也找不到，偶然我的师兄王桧林[①]告诉我他家里有一本，赶快拿来，如获至宝。

《中国共产党历史讲义》书照

① 王桧林，北师大历史系教授，博士生导师。他一直从事中国现代史教学与研究，特别是对抗日战争史、现代思想史有深入的研究。他的著述甚多，其中由他主持编写的《中国现代史》教材，被许多高校采用。他思想解放，在著述中提出的许多独到见解，对学科的发展起了有益的推动作用。他退休后仍继续研究，不断有新的研究成果。2008年冬，他得了肺间质病，这个病不容易治好，但不是一下子就不行了。我还给他找来钟淑琪大夫到家里看病，从校医院拿来药，他没有坚持吃。老王是个内向的人，朋友们都叫他“老蔫”。得了病，也不出来，总在床上躺着，日子一长，越来越弱。不久，王去世。

对于这本讲义编写的背景、内容和作用，从今天的角度看，大致可以归纳为以下几点：

第一，这时候编高校教材是中共中央集中抓的一项理论工作，要统一出版以马克思主义为指导的高校文科教材。除了这个大的形势外，党史学科本身还有特殊的编写教材的需要。1958年后，高等学校开设“中共党史”课，而因为以前开设的是“中国革命史”课，只有统编的“中国革命史”教材，没有“中共党史”教材，所以应该编写高等学校用的“中共党史”教材。当时，已出版的名叫“中国共产党历史”的本子有三种：胡乔木[①]的《中国共产党的三十年》，1951年6月人民出版社出版；缪楚黄的《中国共产党简要历史》，1959年9月中国青年出版社出版。王实、王翘、马奇兵[②]、张凌的《中国共产党历史简编》，1958年9月上海人民出版社出版；胡乔木的本子是为中共建立三十年而写的，篇幅不大，只有五万字。该书把中共三十年的历史分为四个阶段来叙述：“党的成立和第一次国内革命战争”、“第二次国内革命战争”、“抗日战争”、“第三次国内革命战争和中华人民共和国的成立”。这个本子史料不多，主要是把中共三十年的历史勾勒一个轮廓，搭起一个框架，提出一些基本观点。这在当时和以后相当长的时间内，对学习和研究中共历史都起了重要作用。直到前几年中共中央党史研究室编著的《中国共产党历史》第一卷，尽管史料要比胡的本子多得多，观点要比胡的本子进步、新颖得多，但基本框架并没有超出。缪楚黄当时在中宣部工作

① 胡乔木，1912年6月1日生，江苏省盐城县人。1930年下半年，胡就读清华大学时入共青团，1932年加入中共。1937年7月，胡到延安，从事青年工作，主编中共中央青委机关刊物《中国青年》。1941年2月起，胡任毛泽东秘书，直到“文化大革命”爆发前。他参加过《关于若干历史问题的决议》起草工作，编辑过《六大以前》、《六大以来》，并曾为《解放时报》写过数十篇社论。新中国成立后，他主抓意识形态方面工作。他是中共八届、十一届、十二届中央委员，十二届政治局委员，担任过毛泽东著作编委会办公室主任、中共中央文献研究室主任、中共中央党史研究室主任，并领导毛选一至四卷第二版的修订工作，协助邓小平审定邓选。1992年9月28日，胡逝世。胡乔木一生著述甚多，对哲学、经济学、政治学、社会学、历史学等诸多学科的发展作出了很大贡献。三卷本《胡乔木文集》，集中了胡乔木的主要著作。

② 马奇兵本名马齐彬，“文化大革命”后是中共中央党校党史教研部的主任、教授、博士生导师，已逝世。

（“文化大革命”后到中央党史研究室工作），那里的党史资料比较多。所以，他写的本子，在胡乔木提出的框架的基础上，增添了一些内容，字数达到十九万。王实等人当时都是南京军事学院的教员，他们在给学员讲课的基础上写成教材，共二十二万五千字，其框架也与胡乔木的雷同。以上三个本子，量都比较小，不适合高等学校教学使用，只能重新组织编写。不仅如此，当时还有另外一些情况，使编写中共历史教材成为急需进行的工作。一是1958年以来，共产党内乃至全国对毛泽东的敬仰加深，应该在党史教材中充分反映；一是中共中央反修防修的调子越来越高，特别是该年6月社会主义国家共产党和工人党代表在布加勒斯特举行会谈后，苏联政府撤走专家，撕毁合同，停止供应，中苏两党两国关系紧张至极，这些也要在党史教材中给予反映。

第二，编写组集中后不久，即当年9月底，毛选第四卷出版了。这在全国都是一件大事，对编写组更是重要。于是，大家赶紧研究如何贯彻精神。经过学习和讨论，确定了编写教材的一些原则。当时怎样说的，早已忘记，重新翻阅了这本教材，引起一些记忆，归纳起来有以下几点意思：

其一，教材要有较大一点的篇幅，所以必须充实史料，把历史过程叙述清楚。这方面，从当时能掌握的材料来看，可以说基本上做到了。这种要求是应该的，写历史必须有充足的史料，否则干巴巴，不仅读起来很枯燥，而且也弄不清楚是怎样走过来的。今天看来，这本教材在这方面存在不少问题，有的问题弄不清楚，是因为不掌握材料。当时很少党内材料，我们看不见，党外材料也没人收集，和今天相比可以说相差十万八千里。有的问题虽然知道一些材料，但不敢说清楚，是因为政治上的不允许。

其二，教材中要突出毛泽东的著作和实践活动。毛泽东在中共历史上的地位是肯定的，所做的贡献也应该充分说明，但过分就不好了，就不真实了。在这部四十三万字的教材中，对毛泽东的著作专门论述了四十三篇，约为十二万字，这就给人感到中共历史就是毛泽东个人的历史。有的地方还出现了把别人的观点放在毛泽东的名下叙述的情况，这就更不应该了。

比如，在中共成立前叙述共产主义小组时，单独提出毛泽东的建党思想和建党活动本不应该，更不应该把蔡和森说的共产党是无产阶级革命运动的"发动者、领袖者、先锋队、作战部，为无产阶级革命运动的神经中枢"一段话，写成是"毛泽东认为"的，虽然没打引号，也是绝对错误的做法。此"杰作"是我发明的，而且还自认为很有理由，说毛泽东在给蔡的信中是同意的，既然同意，当然毛泽东也这样认为。对此，我应该检讨，因为它害人不浅。后来，我告诉我的师兄王承璞，这话不是毛泽东的而是蔡的，没事儿他在课堂上说了，被当时党委知道，还挨了批，说他反毛泽东思想。

其三，教材要模仿"联共党史"的写法。也就是说，全书要突出路线斗争。所以，凡是路线斗争都上了节，个别还上了章，只是有的点人名，有的不点人名。这种写法，显然不符合历史事实。不仅如此，形式上也模仿"联共党史"，每章的题目写明"党"要干什么，然后都落在"斗争"上。全书十五章，只有三章的题目没有"斗争"两个字。另一个模仿 是题目的字数多。下面抄出来，可以看出当初的写法是怎样模仿的：

第一章　中国共产党的成立。党为推动工人运动的高潮而斗争

第二章　中国共产党为准备北伐和反对资产阶级右派篡夺革命领导权的斗争

第三章　北伐战争和工农运动的猛烈开展。中国共产党反对资产阶级叛变革命和陈独秀投降主义路线的斗争

第四章　中国共产党创建红军和农村革命根据地，坚持反帝反封的革命斗争

第五章　中国共产党领导全国人民反对日本帝国主义侵略。遵义会议，毛泽东同志在全党领导地位的确立

第六章　中国共产党为建立抗日民族统一战线而斗争

第七章　中国共产党为实现全面抗战和坚持抗日民族统一战线中独立自主原则而斗争

第八章　中国共产党为坚持抗日战争和巩固人民解放区而斗争

第九章　中国共产党为争取抗日战争最后胜利和建立民主的联合政府而斗争

第十章　中国共产党为争取国内和平民主和准备自卫战争而斗争

第十一章　中国共产党领导全国人民粉碎国民党反动派的军事进攻

第十二章　中国共产党为夺取民主革命在全国的胜利和准备向社会主义革命转变而斗争

第十三章　伟大的中华人民共和国的成立。中国共产党为巩固人民民主专政和恢复国民经济而斗争

第十四章　中国共产党的社会主义革命总路线。经济战线上社会主义革命的基本胜利

第十五章　中国共产党为彻底进行社会主义革命而斗争。政治战线和思想战线上社会主义革命的决定性胜利

第三，这本教材印出来后，对于北京的乃至全国的高等学校"中共党史"课教学还是起了一定作用。因为当时教师教课没有可供参考的本子，掌握的资料又很少，有了这个本子总算有所依据。不仅如此，这个本子在"文化大革命"后各地新编教材时，也常常作为人们的参考。

这次编书，对我来说，得到了两个结果，一个好的，一个坏的。好的是新认识了许多党史界的朋友，以前与外界交往很少，非常闭塞，这次接触使自己眼界大开，对我以后的发展有很大帮助。这些新认识的朋友，很多人在后来继续从事中共历史研究，作出了不小的贡献。比如，北京大学的周承恩是个爽快的人，好交朋友，我们一见如故，后又曾一起编书，合作融洽。"文化大革命"后，他调到中共中央党史研究室。他的老伴叫王德京，本来在北师大工作，与我在一个教研室，后来也调到中央党史研究室。两个人都是研究员，现已退休。他们本来不认识，这年编书时王德京在世界史组，由于都住在市委党校，又在一个食堂吃饭，就相互认识了。一来二去，他们产生了感情，结为夫妻，这应该说是他们编书的最大收获。他们的不幸是老年丧子，使他们痛不欲生，但也是没办法的事。另一个不幸是老周于1989年

发生动乱过程时说了一些话，后来，挨了整。他们对中共历史都有各自独到的研究，在完成中共中央交给党研室任务方面有很多贡献。又如，市委党校的赵福亭是个办事非常认真的人，也好交友，认识后给我很好的印象。他后来从市委党校调到中组部毛著办公室，“文化大革命”后又转到中共中央文献研究室。他是研究员，任毛组组长，已退休。在编辑毛泽东著作方面作出极大的贡献，《毛泽东文集》、《毛泽东军事文集》、《毛泽东书信选集》、《毛泽东早期文稿》等书的出版都有他付出的汗水。再如，北京大学的萧超然是个性格内向、外观文静的人，与人相处和善可亲。20世纪50年代就在北京大学教中国革命史课，并出版过有关五卅运动的专著。“文化大革命”以后，他不仅研究中共历史，而且还研究政治学，发表过很多研究成果。另外，他对北京大学的校史也有深入的研究，其成果出版后产生很大影响。他的遗憾是由于阴差阳错，没有弄下党史博士点，所以后来他成为政治学的博士生导师。我与他性格不同，相处却很和谐。我好开玩笑，可我从来没同老萧开过一次玩笑。这次认识的朋友很多，有的在后边还会提到，这里就不说了。

坏的有两件事，一是编书期间我母亲于1960年1月2日去世。她本来得的是宫颈癌，但没开刀，而是在子宫内放上一定量的镭，以杀死癌细胞，这在当时是试验性的。据说，因为放的量大了，变成放射性直肠炎，造了瘘，受了很大罪，也没治好。我母亲一生为我们家，为我们几个孩子贡献了她的一切。天下的母亲都是伟大的，我的母亲给我们的全是爱。我得知母亲病重去医院的消息时，正在上课。下课后赶快去医院，路上下狠心在百货大楼买了五块钱一斤的高级点心（不用点心票），想抢救过来好给我母亲吃。结果，也没吃上，就去世了。另一个坏事是由于吃不饱，缺乏营养，又拼命编写，等完了事，我就出现了浮肿、肝区痛、肝大二指。一查肝功，GPT很不正常，做了B超（现在做B超诊断病已算不了什么，那时候却神圣之极）也不能确诊。因为B超中看不出来什么，而我只是GPT单项高，不好说就是肝炎。当时，为了能够进到北师大医院住院，以便吃得好一些，就让北医的大夫田庚善开了个肝炎的诊断书。为什么田庚善那么听话呢，因为是朋友。

他的老伴姜莹和我老伴当时一起在外交部幼儿园工作，而且我们都住在一个院内。事情也真巧，到老了，我们又住在同一个小区里。田庚善在肝病的研究和治疗方面有相当深的造诣，是国内外著名的肝病专家。现在虽已九十岁，但身体很好，离休后仍然有很多业务活动，到处会诊、开学术会，忙得不亦乐乎，而且在市内总是坐公交车，从不打的。因为住在一个院里，我家老小有什么病或疑问都去麻烦他，这里对他表示感谢，愿他长寿。这老头很有办法，不但检查病时非常规范（不像现在多数西医不听诊，中医不摸脉），而且考虑问题很全面，所以诊断一般比较准确。有时，他出个主意挺管事。我的肝不好一段之后发低烧，总是下午三点到五点之间三十七度二，几个月也查不出病因，他对我说，烧的时候吃一片ABC，十分钟试一次表，如下来，说明有炎症，如不下来，说明没有炎症，就不去管它，两个月后再试表。果然，这招真灵，两个月后试表，没事了。老田不幸的事是老伴前些年病逝，他的三个孩子都在国外，虽然孩子很孝顺，经常轮流来看他，但大多数时间还是一个人。幸好雇了一个人，帮他做饭，生活还过得不错。

作为"肝炎"病人，我住进学校医院。管病房的大夫有过好几个，最早的大夫叫王效曾，是南满医科大学毕业的。他看病认真，又有很多经验，是校医院里的领头人。有一次，他对我说，医学权威不服不行，诊断你的病是田庚善，人家是权威就得信。我说，那你就是校医院里的权威了。确实，20世纪80年代到90年代，校医院里医疗上的问题，年轻大夫都要找他请教。他已九十多岁，身体不错，在家安度晚年。我住校医院时，还碰上一位女大夫，这人很有意思，她看什么医书时，比如肠胃方面的书，那么来了病人，准被诊断为肠胃病。有一天来查房，大概刚看完心脏方面的书，就说我们（当时有不少疑为肝炎的病人）都不是肝病，而是心脏病，让我们全去照片子，做心电图，弄得人心惶惶。结果，折腾一阵，没那么回事。王效曾对我说，这个大夫神经质，别理她。住校医院期间，我认识了许多别的系学生，但都记不住名字，只有一位叫施勇祥的中文系学生，他毕业后仍与我有来往，成为好朋友。他先在宣武区的一所中学教书，后又到区教委工作，后来不知为什么离开北京到昆明工作，联系就断了，不知他和他爱人现在如何，我很想念他们。另外记得有一个女学生在操场上骑车摔倒，腿不能动，住在校医院。王效曾诊断她的腿没有任何问题，而是心理上自认为站不起来，是癔病。为了治疗，就骗她说协和医院有一种好的针剂，打上就好。一天，大夫带她去打针，打完针，这个学生试着走果然没事了。其实，打的针并不是药。看来，心病还得心来医。

住了一段校医院，突然发低烧，我就以"低烧待查"名义住进北医三院。进去以后，各方面都查了，找不出原因。大夫认为我体内有结核灶，于是就抗结核，结果一点用也没有。至于GPT仍然高的问题，大夫建议做肝穿刺。被逼无奈，只好答应，做了以后，肝内没有炎症，但由此落下个血压高的毛病。最后，GPT高照旧，三院也没辙，只能出院。住院时因天天试表，就萌发了应该弄清楚口表与腋下表到底差多少的念头。过去说差零点五，对不对？医生说，这是医学上早已解决的问题，而且现在也不试口表了，何必较真。反正住院也没事干，就给自己和其他病人试，各种试法都做了，其结果是差零点二，而不是零点五。当然，我不可能给更多的人试，无法推翻过去的结论。但是，它确实是个问题。我认为，不管什么学科，有问题就应该认真研究，力求把问题弄清楚。人都要有一种研究意识，碰到什么问题，一定要问个一二三。我在北医三院住院时，碰到病房里的主治医叫李一农，住院医叫郭静萱。这两位大夫后来都成为北医三院的佼佼者。李一农曾担任过三院的院长，是消化系统方面的专家。他的夫人我也认识，我在北大哲学系进修时，她是哲学系的教师。前些年，李一农还出门诊看病，我曾去找过他。他和田庚善很熟，还问起我田庚善的情况。我住院时，郭静萱刚毕业，后来一步一步前进，成为博士生导师，培养了许多博士、硕士。她擅长治疗冠心病、高血压病，发表过《激光心肌血管重建术的实验研究》等一百多篇论文，参编过《介入性心脏病学》等著作。我住院时，与郭静萱很熟悉，但出院后，她就不记得我了。前几年我找她看过病，提起过去我住院时她一再说服我搞肝穿的事，她说那时是新的办法，极力希望病人做。提起来，她想起了我，说那时确实很熟。上面说过，出了院以后，田庚善出了主意，低烧才不见了。GPT不下来，到底算什么病，只好去看中医。到北京中医医院，碰上个女大夫叫钟淑琪，她是著名中医关幼波的徒弟。她特别随和、谦虚，也特别认真，对病人非常耐心。我第一次看病，她就听我说了半个钟头自己的病情和自己的看法，然后才诊脉，又问了我没有说到的情况，最后说出自己的想法。她不仅对我如此耐心，我看她对病人都很好。有一次，一位老太太来看病，好像对医院环境很生疏，钟淑琪就详细对老太太介绍医院里的情况，就差领着老太太去办事了，真不容易。这样的大夫少见，很多大夫不耐心听病人的，三言两语就开药，怎能看好病呢？可是，钟

2006年，钟淑琪为我诊脉

淑琪对病人的耐心态度，护士却有意见，背地里说照她这样看病，一上午看不了几个人。有一次，钟淑琪对我说，她摸不出二十七部脉，请个老大夫给我摸摸，可见她的谦虚精神。很巧，找的老大夫姓邱，是我们小时候常到家里来的大夫，当时都叫他小邱。她确定我的病应为营养不良性肝肿大，吃些中药调节慢慢就会好。果然，她诊断很准确，后来GPT就下来了。我以为，给人看病，既要有理论和经验，又要调查了解个体特点，不仅如此，还要听取病人的感受，尊重病人的观点，进行综合研究，再下判断，选择治疗方法。由于每周都去看病，我和钟淑琪搞得非常熟，成为朋友。当时，医学方面的书出的不多，我在书店碰到就给她买一本。"文化大革命"中，我还写信给她，问她一种病，她给我回信，并附来了方子。"文化大革命"后，她当了北京中医医院什么主任，我还让我大女儿带孩子去看病。总之，有病就找她，直到她退休。前一段时间，我找到她，到她家里看望。她现在还在两个医院出诊看病，主要是治红斑狼疮，其他病当然也看。老太太身体还挺好，她也是1933年生人，但比我小两个月，很快就八十岁了。我麻烦她事不少，应该谢谢她。

做"辅导员"

自1961年1月中共八届九中全会确定对国民经济实行"调整、巩固、充实、提高"的八字方针之后，全国形势逐渐向好的方向转化。随后，又出台了《农业六十条》、《商业四十条》、《手工业三十条》、《科研十四条》、《高教六十条》、《工业七十条》，使各行各业工作有章可循。1962年1月11日至2月7日，中共中央在北京举行扩大的工作会议。这次会议在坚决贯彻执行八字方针，促进国民经济恢复和发展问题上，对统一全党认识起了积极的作用。虽然在9月24日至27日举行的中共八届十中全会上，毛泽东错误估计形势，提出阶级斗争要年年讲、月月讲、天天讲，使"左"倾错误严重发展，但并未改变调整国民经济的方针。这样，到1963年，国民经济开始全面好转。

随着经济形势的变化，市场供应逐渐好转起来，没有过去那么紧张了。我的身体状况，1962年年中也基本恢复。于是，我又开始了正常工作。当时，除有些课要上之外，还是想重新搞点研究。很巧，1962年8月，朱务善在《历史研究》第四期发表文章，认为五四运动只起了部分质变，为旧民主主义革命转变为新民主主义革命开辟了道路。在这个意义上，五四运动是新民主主义革命的开始，但不是新民主主义革命。朱务善的观点是矛盾的，缺乏说服力。但朱务善是五四运动的亲身经历者，又是李大钊介绍加入中共的早期党员，自有他个人的想法。他既不敢说五四运动不是新民主主义革命的开端，因为毛泽东有结论，又不愿意承认五四运动就是新民主主义革命，所以就得出新民主主义革命开端不是新民主主义革命的矛盾结论。朱务善的文章发表后，引起学术界的注意，不少人发表文章，引用毛泽东的结论，进行了一边倒的批判，直到1963年才结束。这期间，《新建设》编辑部约我写批判文章，我答应了。随后，我认真研究了朱的文章，认为他的模棱两可的说法站不住脚。我写了一段，可越写越写不下去，因为总得接触问题的实质，即五四运动到底是不是新民主主义革命的开端。在这个问题上，我不赞同毛泽东的说法，所以没法写，只好拖。过了些日子，《新建设》的编辑对我说，这场批判的劲已经下去了，可以不用写了。

除了朱务善这事占了些时间之外，实际上我也没有能静下心来干成什么事，因为总有这事那事缠着。所以，也不过就是看点书，收集点材料。

上面说，有些课还要上，比如1963年下半年给历史系四年级上“经典著作”课。这个课是由朱纯治、程树礼、徐鸿武和我共同上的。我记得讲《中国社会各阶级的分析》用了四周八节课，因为当时学术界正在讨论由《关于目前农村工作中若干问题的决定（草案）》（简称前十条）的公布引起的有关阶级划分和阶级分析的问题，报刊上发表很多文章，所以就把这些信息引进到课堂上来，并提出我的看法，使内容很丰富，从而引起学生的兴趣。这个年级的学生很好学，也很活跃，已记不住他们的名字，只有留在北师大的还能说上来，有瞿林东、曲恒昌、施建中、施菊英、潘国琪。他们后来在各自的工作领域中，都有出色的成绩。瞿林东是史学界出名的人物，是研究史学理论、史学史的专家，著述甚多，如《中国史学史纲》、《中国古代史学批评纵横》、《唐代史学论稿》等。施建中长期从事中国古代史的研究，著有《校点金圣叹选批唐诗六百首》、《中国古代史》（下）等。潘国琪毕业后没有从事历史学专业工作，而是当了《北京师范大学学报》编辑部主任；并担任过全国高校文科学报研究会理事长，为北师大学报赢得崇高声誉作出了重要贡献。

到1964年9月，我不仅要给当年入学的一年级讲课，而且做了以前没有做过的辅导员工作。当时，我去的是政教系一年级二班，这个班共有三十四人，女生有张梅玲、刁桂英、张桂珍、冯玉珍、刘明霞、贾云、隋玉梅、卜丽华、肖天秀；男生有朱云璋、袁克顺、吕安兴、李继准、相恒吉、金津漠、邹传礼、李凤云、吕恒瑞、何梓林、李容山、王正文、王曙江、王文毅、王中元、苗有时、余光东、曾德盛、陈文端、吴建勋、徐国昌、张振源、徐运治、郑治国、王炳身（已故）。三十四人中后来有四对八人喜结良缘，也很不容易。我没做过辅导员工作，所以没有这方面经验。但我把握住最根本

1965年，与政一二班部分同学合影

的一条，就是只有做学生的朋友，深入了解他们，才能有成效。“文化大革命”期间强调做思想工作的教师要经常深入到学生中去，与学生打成一片。其实，“文化大革命”前比这种要求做得更贴近学生。我接到辅导员的任务之后，就搬到学生宿舍。我与学生不仅睡在一起，而且吃也在一起，玩也在一起，劳动也在一起，所以与学生的关系比较融洽，对他们的情况可以说是了如指掌。课余时间我经常和学生一起打球，有时也外出游玩，到颐和园去划船，到天安门去照相。确实，时代不同了，那时能做的事，现在当辅导员、班主任就没法做到。比如，同吃同住完全不可能，而且也没有意义了。过去每班学生都在同一饭厅吃饭，辅导员一起吃，可以聊天、说笑，对增加感情很有用。现在学生爱在哪个饭厅就在哪儿吃，完全是分散的。不过虽然条件不一样，现在做辅导员应该想方设法多了解学生情况，及时帮助学生解决各方面的问题。现在学生年纪小，心理承受力低，遇到困难不知所措，特别需要老师帮助。尤其是改革开放以来，社会思潮多元化，加上电脑信息传播快，青年学生思想活跃，容易接受不利于树立正确世界观和人生观的观点，这就更需要做辅导员工作的老师帮助。当时，我虽努力把工作做好，但有些事却无能为力。比如，有的学生经济上很困难，甚至买牙膏都没钱，我心里一清二楚，可既无途径又无能力帮助他们。那个时候我的经济状况也很紧张，每到月底就没钱，发薪要到下月初。记得1965年4月底我还穿着棉便鞋，同学问我怎么不换单鞋，我说过两天就换，这几天没时间去买，其实我没有买鞋的钱。

与学生住在一个屋子里（我睡上铺，李继准睡下铺），彼此无拘无束，睡觉前说说笑笑，十分开心。学生对我又尊敬，又无距离。一天晚上，我到屋里去睡觉，正好看见李继准用我的脸盆在洗脚。我说你可真成，人家那是洗脸的，你洗上臭脚丫子了。大家哈哈一笑，完事。李继准后来在中共河北省委党史研究室工作，现已退休。工作期间，他主持编辑很多地方党史方面的书，为中共地方史的发展作出了重要贡献。到现在，我和李继准还经常联系。他有一儿一女，儿子李启斌、女儿李玮。很凑巧，李继准的女儿在美国读书，何梓林的儿子何垚也在美国读书，经两位老同学介绍，李玮和何垚认识了，好起来，于2011年结了婚。还有一次，我回家了，很晚又从家里回宿舍，同学以为我不回来了，就把门关上了，没办法，又不愿打扰他们睡觉，就从窗户爬进去，弄得他们觉得很对不起我。记得住在一屋里除李继准外，还有朱云璋、余光东，其他四个人记不住是谁了。

来这个班一年时间里，正赶上北师大搞"四清"试点。从1962年9月的中共八届十中全会上毛泽东提出有关抓阶级斗争的论断之后，虽然暂时没有影响经济调整工作，但是毛泽东的要抓阶级斗争这根筋始终没有松下来。来年2月，他在北京举行的中共中央工作会议上提出"阶级斗争，一抓就灵"，督促各地注意阶级斗争和社会主义教育问题。1963年5月在杭州召开的有部分中央政治局委员和大区书记参加的小型会议上，制定了社会主义教育运动的"前十条"。这个文件错误估计形势，要求"重新组织革命的阶级队伍，开展大规模群众运动，打退资本主义与封建势力的进攻"。下半年，农村社会主义教育运动逐渐开展起来。当年12月，毛泽东在中宣部的一个内部刊物上写了不切实际的批语，说文艺界许多部门是"死人"统治着，许多共产党人热心提倡封建主义和资本主义艺术。转过年来2月，毛泽东在分别接见两个外国党的领导人时，说中联部有人不讲阶级斗争，主张"三和一少"；中央农村工作部有人主张"三自一包"，要搞垮社会主义制度。他又说，"三和一少"是国际纲领，"三自一包"是国内纲领，这些搞修正主义的人，有中央委员、书记处书记，还有副总理。9月1日，中共中央转发《关于一个大队的社会主义教育运动的经验总结》（简称"桃园经验"）。18日，中共中央发出《关于印发农村社会主义教育运动中一些具体政策规定的修正草案的通知》（简称《后十条》）。这些经验和指导方针，造成对基层干部打击面过宽，打击过重，以致混淆敌我界限的"左"倾错误。到12月中共中央政治局工作会议后，发布了《农村社会主义教育运动中目前提出的一些问题》（简称《二十三条》）。虽然《二十三条》对前一阶段运动的"左"的偏向有所纠正，但却又提出运动的重点是整那些党内"走资本主义道路的当权派"等更"左"的观点。在农村"四清"日益深入发展的同时，城市"四清"也开始试点，北师大就指定为试点单位。

北师大的"四清"试点，由北京市委派来工作队领导，队长是市委大学部部长吴子牧。总的来说，北师大的"四清"搞得还算平稳，有的系还把过去的错案纠正过来。政教系的情况就是这样。1963年，政教系总支主要负责人出于个人目的对系里的情况作了歪曲事实的分析，认定在系里存在着以副系主任纵瑞堂为首的，由"出身不好"的教师组成的反党小集团，并对一些同志进行了错误的批判。"四清"时，系里的工作组做了大量调查研究工作，认定实际上并不存在什么反党小集团，有的同志之间接触密切，纯属工作关系。这种莫须有的罪名，在"四清"中被推翻，还一些同志以清白。

班上的"四清"就简单了，主要是学习。到班上来的工作组成员是北京农业机械化学院的王少梅，她是个工作认真负责的人，与同学相处非常好，并善于做思想工作。当时，班上的支部书记是张梅玲，我们三人共同负责班上的工作，配合默契，相处愉快。回忆起来，整个"四清"过程中，发展了一批够条件的进步学生入党，如贾云、王曙江等，这是当时工作的主要成绩。至于那时的学习，主要是学《毛主席语录》和"四清"有关文件，所谓提高认识，不过是让"左"的东西更深入头脑，这很有害，使有的学生在"文化大革命"中盲目冲动，犯一些不应该犯的错误。这样的学习虽然是上面布置下来的，虽然是那个时代难以避免的，但我为使学生学得"更好"，极力贯彻执行，所以也是有责任的。另外，在"四清"中，确实没有有意伤害任何学生，不过有的事可能处理不当，有的话说得不那么合适，这里表示迟到的歉意。不过，"文化大革命"中，这个班也跟着乱了套，以至于在后来把几个人关起来审查。有一位女同学还从二楼跳下逃跑去告状，幸亏她的"命"大，没有受伤。

说到这个班的学生，我是有感情的，毕竟和他们一起生活了一年。

可等他们一毕业，天南海北，除几个人有联系外，大部分都没有机会再交往。但我知道他们过得很好，感到十分欣慰。他们毕业后在各自工作领域中，分别作出了不小的贡献。比如，张梅玲在山东社会科学界联合会工作，担任学会学术刊物《社会科学》的主编，并著有《干戈化玉帛》、《拯救民族的伟业》、《血铸华章》等。她早已退下来，在家安度晚年。朱云璋毕业后从教小学到大学，最后由贵州省财政学院党委书记的职位上退下来，对教育事业的发展作出很大贡献。李凤云、张桂珍毕业后成为夫妇，他们一起在营口市工作。李凤云是市委宣传部长、市政协主席，张桂珍是教育局长、市委统战部长，在党政工作方面做得相当出色。何梓林毕业后回到湖南，最后由中共湖南省党史研究室副主任的位子上退休。他主持编写了大量中共地方史方面的专著和资料，目前虽已退休，却仍然继续作贡献。据统计，这个班的三十几人中，有十几个人当教授，十几个人是正副厅局级干部。

这个班在1965年9月去了北师大的山西临汾分校，这样我就脱离开这个班，再见面时已经是在"文化大革命"开始以后，但由于我已经被揪出来了，就没有机会再同他们接近。师大百年校庆之时，我见到十几个同学。2007年又有二十几个同学在北师大对面同春园饭庄聚会，大家一起照了相。见到他们我非常高兴。

离开政教系二年级二班之后，就接手了五年级一班，继续做辅导员工作。这个班有三十六人，他们是周永顺、周荃林、郑秀梅、张林燕、张俊周、喻家义、尤秀梅、伍志清、王英林、王儒番、崔炳奇、董薇园、杜莉、高靖、高祥、高铭焰、关金录、何建政、黄题章、焦黄先、刘兆瑞、马霭云、孟改宗、倪玉英、庞天敏、丘志忠、任惠元、时运生、太乙顺、谭厚兰、汪俊朝、李建一、李冕亮、李树民、张效善、陈宝殿。我在这个班时没有与学生住一屋，但仍住在他们旁边的另一间屋里。我一人占一间，以便和干部商量工作，或单个谈话。所以，和这个班的学生还是比较熟悉的，也比较融洽。他们毕业后，我除在20世纪80年代先后与几个学生，如尤秀梅、崔炳奇、周永顺、时运生、汪俊朝、高铭焰、丘志忠、周荃林等有过接触外，其他大部分人就没再见过面，听说有几个人已不在世。虽然这个班的学生在快毕业时遇上"文化大革命"，特别是班上出了"学生造反领袖"谭厚兰，把他们推进了运动之中，但他们原来的学习基础还是扎实的，多数人在后来的各自工作领域中干得很出色。比如，张效善在甘肃做过兰州副市长，王英林在北京语言学院做过院长，李树民做过桂林副市长。又如，时运生在河北社科院工作过，丘志忠在湖南省委党校工作过，他们在学术上都有不少贡献。

这个班的个别学生在"文化大革命"前"左"的政治气氛中受到冲击。如年纪比较大的陈宝殿被说成反毛泽东思想而挨批，对此我应该负责任，虽然不知道他是否在世，都应该表示歉意。到"文化大革命"中，由于谭厚兰成了"英雄"，全班大部分人都被卷入"造反"队伍。当然，也有学生不那么积极，但班上没有出现反谭厚兰的反对派，都是谭厚兰的"顺民"。我和这个班告别之日，就是谭厚兰把我揪出来之时。

恋爱结婚

我和老伴关崇峻是1956年11月结婚的。我们俩人是同学，但因为她是教育系的，我是历史系的，所以在辅仁大学上学时并不认识。辅仁大学和北师大合并后，她在团委工作，联系我们班的团支部，而我是团支部委员，这样就认识了。虽然还算熟，但只是工作关系，别无其他。1953年2月，我从班上调出来工作，没有再见到过她。1954年7月，她从北师大毕业，分配到外交部东郊幼儿园，来年又调到西郊幼儿园。该园在海淀倒座庙[①]，离海淀镇很近。1954年2月，我到北大进修，虽与她近在咫尺，但没有碰到过。大概是天赐良缘，一天，我们突然在街上碰到。她穿着一

① 倒座庙正名叫"倒座观音堂"，位于海淀镇南，胡同全长三百米，宽三米。该庙坐南朝北，故曰倒座，是北京少有的当街庙，1988年因修路被拆。

件红色外衣，清秀的脸庞，窈窕的身材，给人以端庄美艳之感。见面后，我很惊讶，问她怎么会在这儿碰上，她说就在附近上班。当时，我想真是"有缘千里来相会"。聊了一会儿过去上学时的事，留下地址，从此她就成为我追逐的目标。

以后的日子里，由于我追得特别紧，我们就逐渐进入了恋爱阶段。我时常给她写很厚的信，信封信纸都是粉色的，代表着爱的魄力，而每封信都充满着爱的激情。可惜，这些信都没了，不然写起回忆会增添许多鲜活的色彩。因为我们都在海淀，有时星期日她休息就约好一起进城回家。记得有一次，在西直门下车后，没有再坐车，一直从西直门走到东四九条她的家，大约有二十多里路，既因为我们年轻不知道累，更因为有一种爱的力量。到了家门口，还恋恋不舍说了半天话，才不得不分手。有时，我们约好到北海，坐在道边背人的椅子上聊天；有时漫步在公园的小路上，旁若无人地说着悄悄话。即使在冬天，特别怕冷的她也跟着我一起到什刹海边上去听冰叫。记得有一

1956年，与老伴关崇峻结婚前合影

次，把我们吓坏了。那是个秋天的晚上，我们去北海，跑到东边的一个矮山上，正在亲热，突然碰到巡逻的，用手电照我们，吓得我们赶快跑下山。恋爱期间，我们很少到外边吃饭，因为那时俩人所挣工资不多，还要给家里，手头很紧，但彼此很理解，尽可能少花钱。当然，也不是绝对没吃过，吃的时候只为填饱肚子。记得有一次在东安市场的森隆中餐部，要了个酸辣汤，俩人吃得美滋滋的。爱的力量是伟大的，只要俩人在一起，什么都是好吃的，连酸辣汤的味道也与众不同。什么叫恋爱，字典上解释说是"男女相爱"。这当然对，但没有把恋爱的劲头说出来。其实，男女相爱，未结婚之前，彼此总想着，最好能天天见面，几天不见面，就有非见面不可的感觉，坐不住，站不住的，有人就因此耽误学习或工作。我以为，年轻人谈恋爱是正常的，只要把握好，不但不会耽误，而且有利于学习和工作。正是在我们谈恋爱的过程中，我完成了毕业论文，出了一本书；也正是我们谈恋爱的过程中，她工作努力、出色，提升为保教主任。我们是幸运的，谈恋爱的这段时间中国政治形势平稳，没有全国性的政治运动，这对享受甜蜜的恋爱过程是一种可贵的保障。

周岁前的关崇峻

我老伴是满族，祖上随清军

入关，在朝廷为官。至其曾祖父纳钦时，已是清末，曾两任驻藏大臣，正二品（自元代起西藏就属于中国版图）。到她祖父奎濂一代，因中经辛亥革命，虽仍维持大家庭，但已开始没落。她父亲关松房，1901年生于北京，原名枯雅尔·恩棣，字稚云、植云，号翕斋，笔名松房、夕庵、夕庵主人。我岳父是著名的山水画家，集百家之长，有自己的独特风格。早在1925年，他的作品就在比利时的国际博览会上获银质盾奖。同年，他与溥雪斋、溥心畬等著名画家一起，组织在国画界颇有影响的松风画社。1948年，他在中山公园举办了个人画展。新中国成立后，他先后参加中国画研究

1982年，岳父关松房

会、中国书法研究会，1957年北京画院成立即参加画院工作，被评为画师。我老伴的母亲奚稚梅，也出身于满族世家，虽为家庭妇女，但有一定文化程度，知书达理。她的弟弟是著名京剧演员奚啸伯（奚家也是名门，他们的祖父裕德，为清末理藩院尚书，后入阁拜相），与马连良、谭富英、杨宝森并称为四大名须生。我老伴自幼受到父母和舅父的疼爱，并接受较多的传统教育，虽身体虚弱，但学习非常努力，做事极为认真。中学时，她先在贝满女中读初中，后转入女二中读高中，1950年考入辅仁大学。她在整个读书过程中，不仅成绩优秀，而且思想非常进步。高中时加入了中共地下外围组织民联，发展过下线，给国民党的警察局长家送过警告信。大学时，做团委工作，极为负责。辅仁大学和北师大合并后，她所以转入学前专业学习，是因为她有一颗热爱孩子的、善良慈和的心。工作以后，她十分敬业，由于她理论的提高和积累丰富的经验，终于成为幼儿教育专家（后边还会说到她）。这真是"昔日满族名门后，如今幼儿哺育人"。

年轻时的关崇峻

恋爱的硕果是结婚，但我们结婚还碰到一点小小的麻烦。一提到结婚，她总说比我大不合适，我说那是非正常心理，为什么一定要男

比女大呢，而且俗话说"女大三，抱金砖"。但是，她家里不同意，怕将来出问题。经过一番周折，算过去了这个坎。结婚总要有个住的地方，我父母家没地方，她父母家也没地方，学校里说北京有家的教师不能给房。这就难了，恰巧，系里因教师住房不够，采取办公与住宿合一的办法，这样我就混上了一间办公室，作为非正规的宿舍，屋里只有双人床和办公桌、两把椅子，其他什么也没有。1956年11月16日，我们终于结婚了。结婚那天，同学、同事来了很多人，热闹一番。中间去老伴家接她时，还闹了点不愉快。她家本是大家庭，虽然已不在一起住，但姑娘出嫁是大事，北京的亲戚来了很多。一进门就给我介绍，说到几个人之后，我就不耐烦了，说反正也记不住，就别介绍了，弄得大家很不自然。现在想起来，太不应该，确实年轻不懂事。

那时结婚跟现在不一样，什么度蜜月之类的事全没有，星期六结婚，星期一就上班，继续干革命工作。结婚第二年，我老伴又从外交部西郊幼儿园调到东郊幼儿园，在北新桥方家胡同。学校的房也不让住了，只好搬到幼儿园的一间九平米的平房。条件更艰苦了，屋里除放一张双人床和一张桌子外，就没地方了。不过，也有乐趣。因为不自己做饭，家里没有任何厨具，可凭本买的带鱼也没办法吃。我们把鱼收拾干净，放在炉子上烤。围着炉子边取暖边吃，那个香劲就别提了。两个人的世界，幸福自在其中。这一年，她怀了孕，1958年1月14日（农历11月25日）生了个宝贝女儿，起名叫张萍。当时，我正在农村，由于革命第一，我没有能回来照顾。想起来，真对不住老伴。女儿生下来后，由于我们工作忙，住处也小，只能把女儿放在姥姥家。住在姥姥家有好处，生活上受到更多照顾，特别是到国家经济困难时过得相对好一点，同时，传统文化教育也多些，使孩子懂礼貌、爱学习、知上进。但是，也有不好的地方，由于管得严，造成孩子性格内向，胆子小，缺乏创造性。我们的小萍小时候，到外边碰上要做的事，总要问人家让吗？比如，到公园上滑梯，她不敢上，怕人说，怕人不让滑。这种性格对她后来长大，确有影响。女儿上学正赶上"文化大革命"，虽然也参加了许多活动，但复课闹革命之后直到高中毕业，由于自己的努力，功课始终名列前茅。可惜，她身体不好，没有参加高考，在北京医学院第三医院当了护士（后面还会说到她）。

我和老伴结婚以后，虽然慢慢有了比较固定的简单的住房，但没有个像样的家，因为我们俩多数时间在单位住，在食堂吃饭，孩子住姥姥家。相当长时间，过着"游击"式的生活。

第五章

灾难临头

风雨交加

1965年11月，正当我专心致力于正常教学工作的时候，上海《文汇报》发表了姚文元的《评新编历史剧〈海瑞罢官〉》。这个剧是吴晗在毛泽东1959年4月提倡学习海瑞之后写作的。姚文元的文章点名批判，说它是反党反社会主义的大毒草。这篇文章的发表，以及随之而来的群众性批判运动，成为发动“文化大革命”的导火线。事后得知，这篇文章是在江青多次鼓动下，毛泽东批准发表的。12月，《红旗》发表戚本禹的文章《为革命而研究历史》，点名批判翦伯赞的历史观点。1966年1月之后，由林彪、康生鼓吹的说毛泽东的话是“最高指示”、“句句是真理”、“一句顶一万句”等等神化之词，陆续出现在报刊上。2月7日，以彭真为组长的文化革命五人小组向中共中央提出《关于当前学术讨论的汇报提纲》（简称“二月提纲”），试图对学术讨论中“左”的倾向加以适当限制。事前，彭真曾向毛请示，毛没有表示不同意。2月12日，中共中央转发了这个提纲。但随后不久，提纲被毛所否定和批判。3月28日至30日，毛泽东在杭州三次同康生、江青等人谈话，指责中宣部是"阎王殿"，北京市委针插不进，水泼不进，要打倒，并点名批判邓拓、吴晗、廖沫沙担任写稿的《三家村札记》和邓拓写的《燕山夜话》是反党反社会主义的。当时，作为一般党员的我，并不知道上边发生的这些事，只是从报刊上和听一些不准确的传达中，了解到要批判吴晗、翦伯赞，批"三家村"。所以，在系里组织批判写作组时，我也奉命参加，努力写稿，并在报上发表。我和其他老师，谁也没料到一场史无前例的暴风雨很快就来到了。我更没有料到，自己多次混过运动却躲不过这次大灾难，很快就被揪出来。

也就是在这个时候，政教系总支让从五年级两个班里挑出两名学生去《红旗》参加临时的批判组。我是辅导员，自然由我从五年级一班挑一个同学去。当时的班长谭厚兰是贫农出身、党员，又能写，我就选中了她。她这个人有优点，也有缺点，好出风头，不是很踏实。另一个班选送了个男生，人家没出事，可谭厚兰却成了学生造反派的"五大领袖"之一。后来我常想，当初选个别人就没事了，是我害了她。话说回来，谁又会算命呢？她真出了风头，成了"名人"，但好景不长，一头栽进了监狱。好容易熬出了狱，分回北师大，她又得了癌症，过早去世了。在"文化大革命"初期，她确实做了许多坏事，逮捕入狱，罪有应得。但她也是受害者，是"文化大革命"的牺牲品。

5月4日到16日，中共中央政治局扩大会议在北京召开。会上批判了彭真、罗瑞卿、陆定一的所谓"反党错误"，并通过了毛泽东主持制定的中共中央通知（简称《五一六通知》）。通知要求"高举无产阶级文化大革命的大旗，彻底揭露那批反党反社会主义的所谓'学术权威'的资产阶级反动立场，彻底批判学术界、教育界、新闻界、文艺界、出版界的资产阶级反动思想，夺取在这些文化领域中的领导权。而要做到这一点，必须同时批判混进党里、政府里、军队里和文化领域各界里的资产阶级代表人物，清洗这些人，有些则要调动他们的职务"。这是一场你死我活的斗争，是无产阶级对资产阶级实行专政。这次会议标志着“左”倾错误方针，在中共中央占据了统治地位。根据这次会议决定，成立中央文化革命小组，组长陈伯达，顾问康生，副组长江青、张春桥等，组员有王力、关锋、戚本禹、姚文元。这个小组逐步取代中央政治局和书记处，成为“文化大革命”实际指挥机构。

6月1日，《人民日报》发表社论，号召群众起来“横扫一切牛鬼蛇神”。同日，康生授意北京大学聂元梓等人写的诬陷、攻击北京大学党委和北京市委的大字报，经毛泽东批准，向全国广播。这是一次级别相当高的“政治大地震”，在全国人民中引起极大反响。我听后，确实吓一跳，大家一起讨论，谁也不知道是怎么回事。惊魂未定，2日晚上，谭厚兰贴出攻击北师大党委的大字报，随即在学校的学生区贴满了围攻谭厚兰的大字报。对此，我只想别管这种事，省得惹麻烦。第二天上午，家里来电话，说我爱人住院要生孩子了，我赶快去医院看，但又不敢多待，怕学校里有什么情况。这样，我又一次对不住自己心爱的人，没有陪她渡过难关，也对不住将要出生的宝贝，迎接她的降临。回到学校以后，班上的党员找我一起商量是不是应该帮助一下谭厚兰。当晚，在我住的屋子里，十个党员和我，还有我的学生政教系党总支副书记孟繁融，商量的结果认为应该写一张大字报，说明谭厚兰并不是坏人，是好的共产党员，她写大字报也不是想干什么坏事。这时，孟繁融说肚子痛，出去一下，显然我这个学生是躲了，把我丢下了。我是傻蛋，没有想到有什么政治后果，就在大字报上签名了。当时有人说我有野心，至少是想出风头，其实我只是想到谭厚兰是我学生，不是坏人，作为老师应该保护她。没想到，这张大字报一贴，全校风向大转弯。第二天，接到谭厚兰让人打来的电话，要我去《红旗》一趟，我拒绝了，说我只是支持我的学生，别无他想。这下子惹恼了关锋、戚本禹等人，告诉谭厚兰回去把张静如揪出来，这是个绊脚石。正是因为我的单纯想法，自己才没有掉进这个深渊。如果去了，以我当时的政治水平和判断能力来说是不可能摆脱控制的，不知会犯什么错误，万幸！5日，谭厚兰回来了，对我非常冷淡。她说要写什么样的大字报（内容记不住了），我说事实一定要搞清楚，不能随意写。6日下午，北京新市委（旧市委已于4日改组）派工作组进驻北师大。我和班上同学一起列队欢迎工作组。晚上，我正熟睡之时，突然门被敲开，几个学生气势汹汹大声喊叫，让我跟着走到主楼一间大屋，被质问了一小时，非要我承认想夺权。我确实没这样想法，只是为保护你谭厚兰，怎么就成了罪过。你一句他一句，不容我解释，没完没了。我一想，干脆承认算了，果然就让我走了。这样，在"文化大革命"一开始我就被揪出来了。

7日白天，我越想越害怕，因为自己从来没有受过这种待遇。斗争场面见过，但不是自己，而且很冤枉。下午起床后，我迷迷糊糊就出了学校，在大街上转，想到死，又不愿意死。走着走着到了火车站，不知为什么买了张去天津的票。下了车也不知去哪儿。天黑了，找了个小旅店住下。不想半夜被警察叫醒，我就实话实说了。警察安慰了一下，带我到派出所，然后通知学校来接我。第二天，学校党委组织部的王寿图坐车来接我回去。他安慰我，说没事，不要怕。他原是政教系留校的毕业生，我们没有什么交往，他来接我是他的工作，但我却十分感激他，谢谢他对我的帮助。到学校后，不让我再住学生宿舍，搬到四合院北楼。我出走的事被学生知道，又写大字报说我要逃出边境。这使我更想不开，一个共产党员怎么会做这样的事呢，现在怎么这样不讲理呢？我当时想，自己多年来对政治不感兴趣，只想搞学问，这不符合毛泽东的革命路线，是我不好，可为什么把我说成坏人。于是，又想到死，这回真的去死，怎么死，去颐和园跳河。到颐和园后山，是我当初谈恋爱常去的地方，由此又想到我的家，真是舍不得。自己心爱的老婆和上小学的女儿、一个没有见过面的女儿，何况还有年迈的父亲、岳父母以及兄弟姐妹。反复思索，我还是在第三天晚上回到了岳父家，总算让全家着急害怕的心安下来。第二天，我的舅兄关崇炘把我送到学校，工作组找我谈话，接着就进了系里的集训队。

集训队里集中了系级里的"黑帮"，人还不少，最多的时候有二十几个。管集训队的是当时三年级的一个学生，姓王（记不住名字了），人很好。他不认为我们是敌人，所以设法使我们少受点罪。当时，学校里到处是大字报，外边每天会来很多人看大字报，碰到院里有劳动的，就让唱"黑帮歌"。管我们的这个学生把我们每天拉到生物园去劳动，那里不许人进去，这样就不会受侮辱了，真应该感谢他。说实在的，劳动我还真不怕，只是觉得没有面子，但时间长了也就那么回事。系里的"黑帮"不集中住，只是每天早晨吃完早点到学生宿舍门前报到，有学生训话，然后去劳动或写交代材料。有一次，不记得哪个学生训话，说你们这些人天天喝面包，吃牛奶，不劳动，必须改造。大概这位学生也是紧张，把喝牛奶说成吃牛奶，把吃面包说成喝面包。听了好笑，可谁也不敢笑。还有一次，把我叫出列，问我穿"的确良"裤子怎么干活。困难时期，组织上动员交布票，我把布票都交上去了，只能穿补丁裤子，形势好转以后买了一条"的确良"裤子，别的裤子没有。所以，我说："报告，只有这一条，不怕弄脏。"训话的学生当然没办法，只好作罢。

"文化大革命"中无理可讲，即使批判不符合事实，也不能辩解。大字报说我1961年出版的《五四时期马克思主义反对反马克思主义思潮的斗争》中，有一百条反毛泽东思想。特别是书中最后说到"马克思主义在中国的胜利"，大字报指责为什么不提毛泽东思想？我心说，五四时代没有毛泽东思想怎么能提到，但有理无处说。批判时，硬逼着让人承认，不承认，就呼口号。我渐渐明白，只要自己说的比批判者说得更厉害，对方就没词了，这倒是一种好办法。

最使我难以接受的是吃"黑帮饭"。一天，我干完活去食堂，一进门看到一块牌子，上写"黑帮"吃饭到"黑帮"窗口去买，到"黑帮"桌去吃。这显然是一种侮辱性的做法，没辙，只能照办。"黑帮"窗口卖的是窝头、素炒白菜，别的没有。系里一起劳动的人多数在学校里有家，我这没家的人只能忍受着，也不知是什么人出的这个缺德主意。不过，什么事都有窍门，吃了两天发现只要晚来一会儿，"黑帮"窗口就没饭可买了，大师傅让"黑帮"去别的窗口买饭。这一来，如领"圣旨"，赶快充当"人民"买饭。其实，卖饭的大师傅都很熟，他说没了就没了，应该感谢他们。

在系集训队期间，虽然形式上没有被集中，但没有人搭理，最要好的人也不敢搭理，就是同在集训队里的人彼此也不说话，以免被人说是"串供"。但在背地里，没有别人在场的情况下，确有人安慰过我。一次，工作组宣布"黑帮"不发工资，只给生活费二十几块钱。当时，前面提到过的李雪英一度也被抓起来，跟我在一起写交代材料。她悄悄对我说，要挺住，不要瞎想。另一次，我在主楼五层厕所里碰到哲学教研室的余少波[①]，当时没有别人，他对我说："静如没事，要挺住。"对他们两位给我的鼓励，我一直都没有忘记。在那样恶劣的环境中，他们自己也在受难，却能安慰我，给我以力量，真是够朋友，我从心眼里感激他们。我当时住在四合院北楼三〇二，同屋有宋文淦[②]、汪馥郁，他们对我都很好，没有把我当敌人，真是感谢他们。

当时，既有这样的令我感激的事，也有使我哭笑不得的事。《五四时期马克思主义与反马克思主义思潮的斗争》一书拿到的稿费除分给其他参加者一部分外，大部分算是我的。但我不敢收，问纵瑞堂怎么办，他说你要收，但可以拿出一部分给有困难的同志。我问给谁，他说给副系主任和党支副书记各二百元。于是，我照办了，由纵瑞堂转交给他们。其实，说他们困难并不真，系里真困难的教师很多，纵瑞堂出主意给他们是为了堵嘴。那位副系主任刚从苏联留学回来，家里有二十英寸黑白电视，算什么困难。可到"文化大革命"开始后，我在屋里写文交代时，他从门前过，大声喊："谁

① 余少波原为石盘的研究生，毕业后留校工作。1985年他调到华南师大工作，任哲学研究所所长、教授，现已退休。他在哲学研究方面有很深的造诣，出版过《唯物辩证法史》、《社会生产力新论》、《大都市文化建设论》等专著。2008年，我在华南师大见到他和他夫人，他们身体都不错。2010年冬又见到他。

② 宋文淦是政教系教逻辑学的老师，对摆弄无线电有浓厚兴趣，著述甚多，如《符号逻辑基础》等。他是个"书呆子"，老好人，记得有一次他问我麻酱怎么吃法。我们住在一起，很融洽。

要你的臭钱！”这显然是表示与我划清界限。当时，我很恼火，但不敢搭茬儿，只是想你不要是不是应该还给我，可他并没还。在那种形势下，他也是为了保护自己，应该理解，也应该原谅。这位副系主任“文化大革命”后一直还在北师大。到老了，他得上痴呆症，见面已不认人 真是可惜。写在这儿不是记仇，而是为了反映那个年代的真实情况。不要说人家，在那个年代，我也做过对不起别人的事，后边会说到。

在7月18日，毛泽东指责工作组阻碍运动，革命师生要自己闹革命。29日，在北京市委召开的大专院校和中等学校师生“文化大革命”积极分子大会上，中共中央宣布撤销所有工作组。8月5日，毛泽东在中共八届十一中全会期间，写了《炮打司令部》大字报，矛头指向刘少奇。9月5日，中共中央、国务院发出《关于组织外地高等学校革命学生、中等学校革命学生代表和革命教职工代表来北京参观文化大革命运动的通知》，随即开始全国性的大串联。

撤销工作组的决定下达以后，学校里就开始批判资产阶级反动路线。这时，北师大临汾分校的学生也回到本校。我原来所在的政教系二年级二班的学生到校后，立即对我进行批判。其实，这个班的学生绝大部分跟我关系好，批我也只是做样子。这个班的几个党员很想乘批反动路线的机会把我解脱出来。在一次会上，二年级二班的同学提出质问：“为什么要揪张静如！”谭厚兰的助手立即回答：“张静如是谭厚兰揪出来的。”这下，谁也不敢再为我说话了。的确，我是谭厚兰揪的。她揪我，使我心里很难过，觉得她不应该这样做，因为她对我是了解的，而且彼此关系还不错。后来，她被看管起来，我倒觉得她很可怜。她在顺义县的维尼纶厂强制劳动时，我正好在附近，去看她，但不允许，只能请人转达一下问候，也不知带到口信没有。后来，有个不认识的人找我，告诉我谭厚兰带口信给我，说对不起我。自己的学生应该原谅，可惜我没有能力照顾好自己的学生。

大串联开始后，系的集训队的人被带到红卫兵接待站做接待工作。我们这些人做事是认真负责的，虽然来来往往人很多，事情很杂，但都安排得一点不乱，管我们的学生感到非常满意，跟我们的关系相当不错。他还想带我们出去串联，但上边不让。大串联结束了，我们也就完全解放了，成了“自由人”。

应该说，我很幸运，几个月的时间没有受过皮肉之苦。政教系的学生比较懂事，他们从没有粗暴行为，话说得很厉害，但不动手，看到校内外不少被批斗的人，包括我的学生，或挨打，或受辱，真应该感谢斗过我，管制过我的学生。

胡混日子

1966年底到1967年初，全国形势一片混乱。彭德怀、王任重、陶铸、刘少奇相继被批斗；上海刮起了“一月革命”风暴，以王洪文为首的“上海工人革命造反总司令部”在制造十几万人参加武斗流血事件后，篡夺了上海市党政大权，随即夺权之风遍及全国；2月11日和16日，在周恩来主持的怀仁堂碰头会和稍前召开的军委会上，谭震林、陈毅、叶剑英、李富春、李先念、徐向前、聂荣臻对“文化大革命”的错误做法表示强烈不满，对林彪、江青、康生、陈伯达等诬陷老干部、乱党、乱军的罪恶活动，进行了大义凛然的斗争，结果在毛泽东支持下以“二月逆流”之名批斗了这些老同志；3月16日，中共中央印发所谓《薄一波、刘澜涛、安子文、杨献珍等自首叛变材料的批示》和附件，把1936年8月至1937年7月薄一波等经组织决定先后出狱错定为“自首叛变”，自此全国到处刮起“抓叛徒”之风。到7月，由于林彪、江青等支持武汉“造反派”，并提出“文攻武卫”的煽动性口号，致使全国武斗急剧升级，造成“全面内战”局面。

北师大同样不平静。还在1966年8月23日，以谭厚兰为首的“造反派”成立了“毛泽东思想井冈山战斗团”，与支持工作组的“红卫兵师”对立，企图控制北师大的局势。转年1月26日，从“井冈山战斗团”分出一部分人，以王颂平为首成立了“井冈山造反兵团”。两派之间展开激烈的争斗，以致后来演变成武斗。

我成了“自由人”以后，的确没事可干。那时，如果干事，就要参加两派争斗，但这种事我根本不愿干。私下有人对我说，应该参加造反兵团，反对谭厚兰，我没有同意。没事干，只能胡混日子，成了逍遥派。刚从集训队出来时，没什么人理我，所以也不愿到食堂吃饭。一到中午，骑上自行车，从师大对面胡同进去，路过德胜门外功德林监狱（很巧，现在我就住在它的对面，后边会专门说到），到德外的一个小饭铺（现在已变成马路），去吃炸酱面或芝麻酱面，五分钱一两来四两，两毛钱，再买一根黄瓜。吃完了，点上一根烟，坐在椅子上，什么也不想，这是我最舒服的时候。到晚饭前，可以回家了，就用不着再考虑去食堂吃饭的事了。这时候，所谓“家”，只是在外交部西郊幼儿园里的筒子楼内有一间房，大女儿张萍仍住在姥姥家上小学，小女儿张兰在幼儿园的哺乳室。我们并没有起火做饭，仍然吃食堂，所以我从学校回来有时在外边吃了，有时在幼儿园食堂里买点。每天回去，到后院接小宝贝回屋，跟她一起玩，当然是很大的乐趣。

祸不单行，福无双至。我好容易脱离了别人批斗的视线，家里又陆续出事。1967年的上半年，外交部里也开始闹腾起来，抓“走资派”。我老伴当时是幼儿园园长（就是个科级干部），也算“走资派”，靠边站，下到班里做保育员的工作，时不时批一顿。日伪时期我岳父在沈阳故宫做事，被说成汉奸，并把他的两幅画定为“黑画”，也要到北京国画院去劳动。我父亲在解放前集体参加过国民党，虽早已交代过，但也算问题。好在他已经退休在街道，没有受到什么大的冲击。过了一段时间，大概是1970年，我的舅兄又被说成是“五一六”反革命分子而被抓。不过，我家还算好的，没有出现大的变故，没有受伤死人的事，万幸。

虽然没事干，可天天还得去学校，到办公室一待。天暖了，中午吃了饭，也不去宿舍，而和当时公共政治课教研室的王朝美在一起，聊一会儿，睡在办公室的桌子上。“文化大革命”一开始，王朝美也被抓起来批斗，说他是资本家。确实，他妈妈有定息，好像只有一块钱，因为跟他一起住，就算他拿定息。实在冤枉，没理可讲，就算是资本家也不应该斗，何况根本不是。王朝美是一个非常规矩的人，工作非常认真，十分敬业。他搞学问很踏实，写出来的东西有根有据，说服力强。"文化大革命"后，他担任过北师大马列所所长。20世纪80年代后期调到中共中央党史研究室，被评为研究员，并长期兼任中国中共党史学会秘书长职务，为中共历史学科的发展作出很大贡献。我们的关系密切，多次合作，至今仍时常来往。

有一段时间，也是因为没事干，就和王承璞、程树礼等在主楼办公室聊天，天南地北神说一阵。1967年8月7日，王力发表煽动夺外交部权的讲话。在王力、关锋等唆使下，"造反派"砸烂外交部政治部，封闭部党委，夺外交大权。随即发生诸如8月22日火烧英国代办处等一系列涉外事件，严重破坏中国对外关系和声誉。8月底，毛泽东批准周恩来的报告，对王力、关锋实行隔离审查。次年1月，戚本禹也被隔离审查。3月，林彪、江青又制造了所谓"杨成武、余立金、傅崇碧事件"，诬陷他们"武装冲击中央文革"，说他们为"二月逆流"翻案。在这种形势下，为了显示"造反派"的力量，各地"造反派"加强了对"走资派"、"黑帮"的批斗。1968年5月，在北师大，谭厚兰为首的"井冈山兵团"搞了一次全校大示威，押着"走资派"、"黑帮"游街，连打带骂，使旁观者心内发抖。不想，这件事与我们的闲聊也关联上了。系里的"造反派"中，不知谁出的主意，说我们要翻案，称作"五三〇"（办公室的门号）反党集团。程树礼被抓起来批斗，要我揭发他。我实在没词可说，为了保护自己，也面对面批程树礼。这说明，我这个人也有没出息的一面，缺乏骨气，太怕事，实不应该。"文化大革命"后，他和他的老伴袁行渠不爱搭理我。当然，时间长了，也就过去了。看来，他们夫妇是原谅了我，但我还是要在这儿说句："师兄，对不起了。"随后，程树礼、王承璞重新被关押起来，受了不少的罪。我虽然没有被关押，叫区别对待，但又过起了担惊受怕的日子。所以在全校开大会时，我不愿意去大操场听，而在主楼办公室听广播。一天，我又在办公室听全校大会的广播，听着听着想上厕所，就从办公室出来，看见马特也从他屋里走出来。我们互相点点头，没说话。他走向东窗户，又走回屋。一会儿，听楼下很多人喊叫，原来是马特跳楼身亡了。马特是政教系教逻辑学的教授[①]，是逻辑学界的著名学者，他写的文章曾受到毛泽东的称赞。1956年，我在哲学教研室做支部组委时，曾具体操持过他入党的事，所以彼此很熟。记得有一次我与他谈入党的事，他很郑重地问我，入了党能不能不过组织生活。我对他讲，过组织生活没什么可怕的，主要是一起学习，并非传言所说的整人，即使挨批也是和风细雨的。另外，组织生活最多两星期一次，也耽误不了多少时间。他听我说了之后，就同意可以过组织生活。后来知道，那天上午来了几个外调的人到他家，逼他交代别人的"历史问题"。外调人的凶狠使他特别紧张，以为又要追问他什么"历史问题"，加上当时全校那种恐怖气氛，他想不开，走上了绝路。我是最后一个见到马特的人，我想如果那时彼此说几句话，也许会岔过去。多年来，想起这件事，就觉得对不起他。

大概也是在这个时候，全系组织了对纵瑞堂的批判会。组织者会下让我一定发言，划清界限。为了保护自己，我也不得不对老纵进行批判。我和老纵的关系一直很好，前面说过他在1959年"反右倾"运动中保护过我。可是，我却昧着良心去批判他，会散之后，心里很不好受 真是对不起他。

当年8月16日，根据中共中央的规定，北师大进驻了"解放军毛泽东思想宣传队"。22日，"首都工人毛泽东思想宣传队"也进驻北师大。他们来后，当然是支持谭厚兰一派，而反谭厚兰一派则受到更大的压制。于是，两派的斗争更加激烈。28日，北师大革命委员会成立，谭厚兰为主任。按照中共中央5月提出的"清理阶级队伍"的要求，军宣队、工宣队入驻北师大不久，就展开了这项工作。先是动员，然后学习讨论，接着就交代问题，组织进行审查，弄得大家很紧张。朱纯治参加过我前边说的蒋介石在太和殿讲

① 马特生于1910年，广东梅县人。1943年起，马特先后在桂林广西大学、贵州赤水大夏大学任副教授。1946年9月后，马特在重庆乡村建设学院、香港达德学院任教授。新中国成立后，马特在北师大工作，是中国科学院哲学研究所学术委员会委员；发表过很多文章，出版过《形式逻辑论辩集》、《论逻辑思维的初步规律》等专著。

话的会，要审查。为这事，他还到锅炉房问我当时的情况，因为他已记不清了。最可笑的是，彭万春的鼻子比较大（我们给他起外号叫“大鼻子”），这也成了问题，怀疑他里通外国。

不知道为什么，这次“清理阶级队伍”对我没有理会，大概是没什么可挖的，而且好像还挺“信任”。这项工作开展不久，就让我去烧锅炉。没有经过“文化大革命”的人可能觉得烧锅炉是劳动惩罚，其实不是，它一方面说明我在不在班上没什么作用；另一方面说明我是可信的，不会搞破坏，爆炸锅炉。让我去烧锅炉，我非常高兴，因为我并不怕干活，而且离开一天到晚开会的环境更是求之不得。当时，各系去烧锅炉的教师人数不少，总共有三十几人。我被分配到工五楼地下室的小锅炉房，工人师傅对我非常好，手把手教技术。可惜我怎么也想不起他们的名字，真抱歉。烧锅炉既是体力活，又是技术活。烧的煤都在院子里堆着，用两轮车推进来，一车有两百斤。送煤进锅炉的铁锹个头很大，一铁锹端

我去烧锅炉时

起来相当重。用来撬头天封火后煤表面结成的整个炉膛大小的硬块的铁棍，本身就有四五十斤，端起来放进炉膛把硬块撬碎，所用的劲可想而知。如果说力气活有劲就行，那技术活则非一日之功。把一铁锹煤送进炉子里撒匀，可不容易，而且要用三四铁锹煤覆盖炉膛面，这一切非练习半个月不行。每天一有空，我就在院子内练习，一段时间后，真成了能手。我干活不偷懒，而且非常负责，火烧起来之后，见回水达到一定温度后就去住户家访问，看够不够暖。这活干起来不错，二十四小时一班，每班两个人。下午六点上班，开始烧火；晚上封上火，大概十点钟就可以睡觉。第二天早晨四点多钟起来烧，上午十点以后又没事了，下午六点下班回家，第二天下午六点再接班。锅炉房里有洗澡的地方，而且离员工食堂很近，一切都方便。在工五楼锅炉房烧了一段时间后，我们系的教师李涛对我说，他在校医院烧锅炉，一个人顶一班，推不动煤车，能不能换换。我说 可以，没问题。校医院烧恒温，但度数要求低，其实很好烧。烧的过程中，我想既然温度要求不高，能不能用烟道灰来烧。师傅说不行，因为烟道灰里没有煤的成分。我不信，觉得不可能燃烧得一点煤成分都没有了。于是，我把烟道灰掏出来，做成煤球，放在炉子里，结果成功了，达到了恒温。当时，我写了一篇小文，总结经验，说明节约煤一定要千方百计想办法。可惜这篇小文，后来丢掉了。现在烧锅炉早已与那个时候不一样了，很省劲，也卫生，再不是“煤黑子”了。

1969年3月15日，我完成了烧锅炉的任务，回到系里。当时的教员以教研室为单位分到各班，我和纵瑞堂、朱纯治、王承璞、沙福志等几个人一起分到二年级二班。管这个班的工人师傅姓王，当时五十多岁，身体很好。他来师大前，他的老伴问他干什么去，他说登上层建筑，他老伴不懂什么叫上层建筑，以为是高楼就说这么大年纪腿脚不利落，可别摔着。这个班上同学分两派，天天开会就吵嘴架，有时还要动手。王师傅支持谭厚兰派学生，压制反谭厚兰派学生，有一次他居然举起了椅子要打架。我们几个教师坐在旁边一声不吭，因为没法说，也不想说。几个抽烟的，都改成用烟斗，这样手里有事干，一会儿通烟斗，一会儿擦烟斗。王师傅看我们不发言，很不高兴，对我们说再不发言扣工资，王承璞说你看着扣吧，大伙说随便，他也没辙，因为他没有这个权力。有一段让写大字报，系里有一个大批判组，我当然不够资格参加。王师傅对我说，你不会写去给人家抄抄，也算干点事。我说，不行，不会写毛笔字，人家抄，我在旁边念还行。王师傅说，你这个主意还不错。实际上，我做了一次，也就没事了。另外，这期间让批判刘少奇，说谭厚兰那里有批判材料，拿来一看，原来是人民日报社编的三大本刘少奇的文章和讲话。我当然没写什么，但这本书太有用了，很多内容没见过。后来也没人跟我要，一直保存至今，可惜丢了一本，只剩两本了。

有件小事，挺有意思的，应该记下来。这年的"五一"，正好是星期天，星期一补一天假，一共休息两天。系里军宣队的头头在布置这件事的时候，绝口不说放两天假，而说："明天和后天，就不集中了，以个人为单位学习《人民日报》社论。"听了，也不敢笑。这话太"经典"了，放假不说放假，说成"以个人为单位"学习，真是"革命"时代的"革命"语言。

因为没事干，想找个有事干的单位调动一下。我看到当时中国革命博物馆好像还在正常工作，就托我舅兄送去一份简历，因他认识博物馆的政委，但很长时间没有回音。直到后来"文化大革命"快结束时才得知，他们因为不能进人，就把我的材料压下来。到1973年王洪文当了中共中央副主席，说要一个学习秘书，他们居然把我的材料送去，幸亏说要一个搞历史的，不要搞党史的，才没有被"选"上。我听到后，吓了一大跳，我又逃过了一劫，否则不知会落个什么下场。看来，我还是有点"福气"，两次"造罪的机会"都让我躲过去了。

1969年10月18日，黄永胜等以"林副主席第一号令"下达了林彪"关于加强战备，防止敌人突然袭击的紧急指示"。于是，在全国引起极大震动。许多高校如北大、清华、人大都到江西等省找地方办农场，北师大找不到地方，就去了北京东方红炼油厂。我当然也随大队人马下去劳动，主要是到车间当小工，给工人打下手。工人师傅都认真告诉我们干什么，怎么做。有个师傅后来还有过联系，记不住他的名字了。干了一段时间，大概也就三个月，全国风声没那么紧了，随即打道回府。

1970年3月27日，中共中央发出《关于清查‘五一六’反革命阴谋集团的通知》，北师大革委会立即响应，把反谭厚兰的一部分人抓起来，说是“五一六”反革命分子。当时，我的学生李继准、刁桂英、隋玉梅、王文毅被关在西南楼。我被军宣队派去值班，看守楼道，防止“犯人”逃跑。干这种事真不是滋味，天天盼望这类事快点结束。当然，不是仅这几个学生，还有别的系的学生，但当老师像看犯人一样看着学生时，心里很难过。

大概是6月初，王师傅很神秘地对我说：不知道为什么，上边点名要你去编书，也没法推脱，你什么都不会，难为你，去了就打打水，扫扫地，也算干事了。我一听乐了，心想王师傅根本不可能知道为什么点名要我，在他看来我是个笨蛋。我赶快答应，立即去报到。原来是市里布置下任务编党史，而当时学校的党委副书记胡恒立解放了，军宣队就让他抓这事，他点名要我参加。记不起一块编书的人是谁，只想起有历史系的郭大钧。大钧也是搞中国现代史的，教书效果很好，科研能力强。后来，他也参加了《中国现代史》教材的编写。说实在的，当时的条件下真没法写，历史已被弄得颠三倒四，按实际材料写不符合“精神”，按“精神”写不符合事实。搞了一段时间，也没搞出什么名堂。好在读了些史料，对后来回归专业总有点好处，至少找到一点感觉。突然一天军宣队打电话给我，要我下放劳动，于是，我离开了这个组。听说他们印出来个什么本子，我就不晓得了。

下放“牛栏”

1970年7月，我和北师大的许多职工一起，到当时的顺义县牛栏山公社的史家口大队去劳动。政教系的教师有：谢忠民、马润青、杨寿堪、王玉坤、杜兴臣。顺义县（已改为区）在北京东北部，是个比较富裕的县。现在更不得了，是北京市诸多远郊区县中最富裕的区。牛栏山公社在县城的北边，距离正好是火车的一站，然后再往北往东就是史家口大队。牛栏山是个出名的地方，因为它有一所中学叫"牛栏山中学"。这所中学在"文化大革命"前的高考升学率，一直居于全市的前列，现在也是北京市第一批示范高中。另一个出名之处是北京人最爱喝的"二锅头"，就由牛栏山酒厂生产。牛栏山在明清时代风景非常美丽，现在已经不行了。

在史家口大队，我和政教系几个教师住在一块较大空地的北屋，旁边是下放干部的伙房，紧挨着伙房是村图书馆。马润青、杨寿堪、王玉坤、杜兴臣住外屋，我和谢忠民住里屋。因为单独住在里边，所以我们聊天时间比较多。谢忠民是政教系的毕业生，留校后，一直在党总支工作，当了掌管思想政治工作的副书记。前边说我出书拿了稿费之后给困难的同志，其中一个是他。他生活上确实困难一些。在"文化大革命"前，由于全国性的"左"的思想的影响，老谢就成了政教系推行"左"倾政策的主要人物。他并不是坏人，也不是专为自己谋私利的人，但由于农民意识重，本能地对出身非劳动人民的知识分子有一种很偏激的看法，总认为他们的想法和做法都是右倾的。所以，运动一来，就把矛头指向这些人。结果，他在系里得罪了不少人。在他眼里，我就是个走"白专"道路的人，总想整我。"文化大革命"期间，老谢因执行工作组的所谓"反动路线"而挨批，地位迅速下降，这是他怎么也想不到的。在小屋，我们谈到系里多年来的恩恩怨怨，谈到彼此看法，他一再表示对不起我。我说都是过去的事了，而且我这个人也有很多毛病，彼此都应该向前看。总之，我们谈得很融洽，说了许多心里话。此后，我们关系很好。"文化大革命"后，政教系一分为三，由于他和许多人的关系还没来得及调整，所以哲学系、经济系都不愿意要他。他找到我，我说你来马列所欢迎，虽然与你专业（他是搞经济学的）不太一致，没关系，你先待着，有好地方再走。过了一段时间，他调到铁道部党校教书，也算有了个好的去处。可惜，前几年他生病去世了，我很想念他。

好像刚到史家口没两天，马润青就病了，大概是有点水土不服，发烧近三十九度，人很难受。我诊了一下脉，觉得有湿热，好在我带着羚翘解毒片，又从卫生站要了点藿香正气片，一次各吃六片。本应各吃四片，但我认为片剂不如汤剂力量大，应该多吃一点。另外，我觉得病人有湿热，又受凉，所以两种药一起吃更好。结果，第二天就好了，也算我蒙对了。马润青是个非常敬业的教师，与学生关系很好。他是教哲学的，有不少研究成果，如《走向科学国家观》等。

下放期间，我不仅给马润青看过病，而且给村里很多人看过病，虽为非法行医，但还是有一定效果。村里有个老太太半身不遂，手张不开。我去看了她，觉得太可怜。她同意针灸，隔天一次。第一次扎足三里时，她太紧张，结果滞针，就只好用力打她的腿，才拔出来。扎了一段时间，居然使她的手张开了。这样一来，村子里就传开了，说我会治病，很多人来找我。有一天，村子里小孩打脑炎防疫针，到晚上有一个小孩发烧。孩子的家长把卫生站的大夫找去，还跟着一位下放到那个村的"右派"牙科教授。他们看过后说孩子脖子硬，可能是脑炎，不是感冒。遂后家长又把我找去，我一看孩子虽然发烧高，但脖子并不硬。为什么他们摸着硬，我摸着不硬，这是因为平日我与这个孩子非常熟，他经常到我住的地方找我玩，而卫生站的人穿着白大褂，孩子见到就很紧张，使劲梗着脖子。我认定，这个孩子就是感冒，给了药，并守在孩子身边到第二天早晨，一试表，三十六度多一点，病好了。又有一天晚上，一位妇女肚子疼，在床上翻腾。她的家人来找我，我看了以后，觉得很像胆结石引起发炎。我说睡一下就会缓解，立即给了睡觉的药，过一会儿她睡着了。第二天到县里医院检查，果然是胆结石。还有位姑娘，老说胸口发闷，我听了心脏，诊了脉，觉得不会是心脏病，可能是心理方面的问题，我开了一个中药方给她调理，不久真就好了。

我并没有学过医，那为什么敢给人治病呢？说来话长。我父亲对医道有点研究，看过不少医书，而且还有很多医学界的朋友，前边提到过的四大名医都跟他很熟。他常常给家里人和亲戚朋友、邻居开个中药方，别说还真管用，特别是感冒之类的病。我小时候就看一些我父亲存的医书，积累了一些知识。20世纪50年代，我也买了一些医学方面的书随便看看。20世纪60年代初，因为常跑医院，和一些大夫有所交往，前边提到的中医院的大夫钟淑琪就是其中一位，我从他们那里学到很多知识。“文化大革命”期间，因为没事干，就想学点医。我和系里的教师汪馥郁、于嘉琪一起弄起针灸术来。于嘉琪是医学中等专科学校毕业的，正式学过医，人很好，也聪明，可惜“文化大革命”后出车祸身亡。他被撞之前我在校门口见到他，问他干什么去，他说等着开会，人没来齐，先到对门买点黄酱，吃炸酱面。结果从对门小铺出来就被撞上，送到医院，不久去世。生活中这种偶然性的事很多，无法预料，谁赶上只能认倒霉。汪馥郁是教逻辑学的，1991年从北师大调到北京联合大学应用文理学院当党委书记兼院长。他的著述甚多，如《社会科学方法论导论》、《辩证逻辑与管理工作》、《辩证思维论》等。我们仨人当时非常执着，自己扎，互相扎，练习手法，真像那么回事，给别的教师扎针还真有效。我除了看针灸书之外，还读了一些中西医书籍，如《黄帝内经》、《伤寒论》、《本草纲目》、《内科学》、《外科学》等，并写了许多眉批和笔记，可惜后来都处理掉了。从我现存的一本清代罗国纲编的《罗氏会约医镜》（人民卫生出版社1965年2月版）中，可以看到当时我做的批注。比如，书中有一小节“虚实凭脉辨”强调以脉辨虚实，我就在边上写了几行小字，其中说道：“不能完全凭脉，要了解病人的体质、疾病历史，以及症候群，总之要全面，看问题防止片面性。”又如，有一小节“用药之法”，其中说“过用则反为药伤矣”，我在边上写道：“量变引起质变”。另外，现代人编写的《中医学新编》、《中药学概论》等书也读了几本。我不仅学会针灸，而且也学会西医的听诊、肌肉注射、中医的诊脉（只会诊出“浮沉迟数”）。学了这些的确有用，家里有人有个小病都能处理。记得我的大女儿张萍在那个时候生黄水疮，这种病很讨厌，流下的黄水到哪儿哪儿长，很不好治。我就带她去皮肤性病研究所，大夫给了药，抹上还管事，但落伤疤。女孩子脸上落疤痕很不好看，我就查书，结果查到一种外用中药叫“桃花散”。我决定用这个药试试，因为说明上写着不落疤痕。用了这种药，同时内服去湿热的中成药，没几天就好了，而且一点疤痕都没有。“文化大革命”中，我父亲脑中风，半身不遂。人民医院大夫确诊为脑血栓，说不宜马上针灸。可据我理解，要立即针灸才能见效。于是，隔天一次，给我父亲扎了一个多月，居然能站起来走路，跟正常人一样。正是有了这样一些基础，我去史家口时，就带上许多常用中西药，带上听诊器和针灸包，做好实践的准备。

在史家口劳动过程中，我们碰到许多事，对我们是一种很好的锻炼。那一年夏天雨较多，密云水库怕存不下那么多水，就开闸放水。史家口村东边紧挨着潮白河，密云水库一放水就往潮白河流。村里干部想在水来之前把大土堤下边的小土堤加固一下，就让大家去培土，下放的干部也都去了。干了一会儿，没想到水就下来了，真是水火无情，谢忠民被冲倒了，大家把他拉起来，村干部赶紧招呼大家上大土堤。大家使劲跑，等到了大土堤往下一看，小土堤早被淹没了，真有点危险。大家看到上边冲下来的东西什么都有，有连根拔起的小树、茅草屋，以及许多杂物，由此想到人要是在里边肯定活不了。到了冬天，村子外北边较远的一间屋里住着一个外号叫“打不烂”的人，突然在一天夜里被杀了。这事引起了全村的震动，公安机关立即介入破案。公安机关根据某些线索分析，怀疑村里的两个人，设法监视他们的活动。他们除了动员村里的党员和可靠群众进行监视外，还找到北师大的下放干部中的党员。政教系去的几个教师都是党员，当然责无旁贷要参加这个工作。当时，我参加了两个晚上的监视。一个晚上是在村图书馆内蹲坑，监视东边路口内一家的行动，结果没有什么情况出现。另一个晚上是在村南头一个小土坡下面蹲坑，监视土坡上一家的行动。半夜里，他家的人出来小便，就在土坡的边上，我们很怕尿从上边流下来，紧躲着，也不敢出声，真挺受罪的。过了几天，案子毫无头绪。有人报案说，凶器可能就在潮白河紧靠岸的边上。当时河水已冻冰，公安机关决定炸冰找凶器，随即放上炸药。炸后，什么也没找到，却收获不少炸死的红色鲤鱼。因为下放干部帮忙蹲坑，奖励我们伙房一些鱼，大家猛吃一顿。到我们回学校时，这个案子也没破，以后也就不了了之。多年后，我再去史家口，听说这案子也没破。

史家口村的农民对我们都很好，帮助我们解决许多难题，我们也尽力为他们做些事情。我除了“行医”之外，还吸引了一批小孩，对他们进行点教育。这些孩子经常在我还没下工的时候就到我住的房子外边等我。我回来后，跟他们一起玩，给他们讲故事，都非常高兴。再有，我还给干部讲过党课。说到干部，我们也混得很熟。我所在的一队，队长史长城、指导员史怀臣，都是很朴实的农民。他们带我们干活，教我们怎样干。当时，史长城的孩子还很小，走路出现问题，不知是哪个医生说是进行性肌营养不良，没有办法医治。我们几个下放干部一起商量，决定带孩子到儿童医院检查。结果，不是这个病，没事。现在这

2007年，与史萃、史长城、史怀臣合影

孩子已长大成人，结了婚，生了小孩，很健康。当时，他家生活不富裕，我有时回家带点挂面给他，或给他一些粮票。我那时也很紧张，只能做到这样，没办法。村里还有一个当时的大干部叫史萃，是县党委、公社党委的委员，在公社里工作。他家住在潮白河的河边，我常去他家和他聊天，彼此很熟。“文化大革命”前，他因病退下来。所以，“文化大革命”中未受什么冲击。20世纪90年代，我去了一趟史家口，看了史萃、史长城，到家里坐坐，聊会天，我还带了很多东西给他们。2007年8月24日，我又去了趟史家口，见到史长城、史怀臣、史萃。他们身体还都不错，都比我年纪小一些。史长城在镇里修鞋，史怀臣在家没事做，史萃在家开了个小铺，生活虽不很富裕，但还过得去。史家口是个穷村，没有企业，很多人外出打工。我们在史萃的小铺吃了饭，喝了点酒，聊大天，很是开心。史萃真能说，而且对牛栏山的历史很熟悉，听他说这些事很受益。本想在潮白河边上补照张相，可惜，今非昔比，河水都干了，河床因为挖沙子也很不像样。后来再没有去，不知是否恢复到原来的样子。

市里编书

我离开史家口回到学校后不久，大概是1971年的三四月，接到北京市委通知，要我到北大附中报到，参加党史编写组。此前，上海已有被中央文革控制的党史编写组，极尽歪曲历史之能事，为林彪、江青等人树碑立传。这时，北京成立党史编写组，不知有何政治背景。参加党史编写组的单位有：北京大学、北京师范大学、北京航空学院、北京师范学院、北京化工学院、北京钢铁学院、北京外国语学院、清华大学。当时，人民大学还没复校，该校党史系的教员分散在北大、北师大、北师院，所以参加单位没有人民大学。具体的编写人员除我之外有：麦农、何沁、萧超然、周承恩、闻立树、姜华宣、宋金寿、邝富恒（已故）、唐际明（已故）、王德京、吴荣宣、陈喜增。另外，还有管资料工作的李庆聪。记得集中那天，大家一见面，何沁就问我怎么样，我说瞎混，大家哈哈一笑。

集中以后，先搞了一段大纲，然后编写组全体人员一起去南方考察。那会儿，到革命根据地参观，是一件时兴的事。每到一处，除了参观，还要用一个本，盖上纪念地的印章。人们为了提高思想觉悟，带着敬仰的心情，去学习先烈们的革命精神。今天看来，似乎那时人有点傻，其实他们都很真诚，并不是装扮的。当然，就每个人来说，到没去过的地方，也的确有游玩的性质。出远门，到南方转一圈，对我来说是高兴的事。我虽然不爱游山玩水，但从了解社会的角度，还是愿意出去的。第一站到武汉，倒没有什么感觉，因为这地方来过。在武汉，大家参观了中共五大会址等纪念地，也去了黄鹤楼、长江大桥。我们住在华中师大的招待所，见到了前面提到的大学同学韩荣宝。他当时在华东师大教务处工作，我去了他家，见到他的夫人，也是我的同学。彼此多年未见，都非常高兴。他陪我去东湖边上喝茶、叙旧，十分惬意。后来，他调到中南民族大学工作，那时还有联系。又有很多年没见了，不知他身体如何？听说他在国外的孩子家里，过得还不错。

从武汉坐火车到长沙，住在湖南师大的招待所。去的当天正下雨，使我第一次感受到江南小雨的说不清的味道，既不好闻，也不难闻，给我留下深刻印象。后来，北京下雨时，偶尔会感觉到有点像长沙下雨的味道。在湖南师大，我想找谭双泉，但因他不住校内而未见到。老谭在20世纪五六十年代，就发表不少研究中共历史的文章。改革开放后，他继续努力耕耘，著述甚多，是中共历史界著名的学者。从2006年11月出版的《谭双泉文论集》中，可以看到他研究的面很广，其中以研究历史人物思想的文章居多，很有深度和独到见解。多年来，他培养出很多优秀学生，在学术界及党政界做出了不小的贡献。他为人耿直，待人诚恳，心地善良，和他交朋友很踏实。我与他交往，相互帮助，可谓至交。他提教授还有段波折。1983年，老谭请胡华推荐，不知为什么胡华在说了一些好话之后却作出当副教授的结论，大概是一时犯糊涂。这本可看做是笔误，但一位省里管职称的人与老谭有过节，硬是不给通过，到1984年，改由我重新写推荐书才解决。

在长沙，大家一起去了岳麓山、岳麓书院、橘子洲头、船山学社、清水塘、新民学会会址、第一师范学校等地，还坐火车到湘潭市，在韶山冲参观了毛泽东的故居，拜谒了他父母的墓。据说，后来这些地方有很多迷信的宣传，我觉得很不好，它并不能起到抬高毛泽东地位的作用，神化的实质是丑化。不能为招揽旅游者采取不当手段，不知当地党委为什么不管。结束了长沙之行，就向井冈山“进军”。路上坐长途汽车，山路险恶，曲曲弯弯，拐弯时还真有点吓人。到“三湾”时，给我留下深刻印象。汽车拐来拐去，到一个地方，眼前似已无路，但又一拐，突然展现出许多房子，司机说“三湾”到了，这真是“柳暗花明又一村”。当时我想，这地方真隐蔽，是藏身的好地方，不怪毛泽东在这里做了一件大事。他主持召开了前敌委员会扩大会议，对部队进行改编。这次改编不仅在编制上有所变动，最重要的是在部队中建立了党的各级组织和党代表制度，并在部队为实行民主制度。这次改编，史称三湾改编，它奠定了建设新型人民军队的基础。在三湾参观了旧址之后，继续前进，到山上才住下来。在山上，又是参观、游览一番。从山下到山上的整个过程，使人感到毛率领部队建立以宁冈为中心的井冈山革命根据地确实很不容易，当时的革命者吃了不知多少苦。井冈山一带真是割据的好地方，不仅山势险要，易守难攻，而且处于两省交界之地，离中心城市较远，敌人势力薄弱。正在大家兴致勃勃之时，麦农感觉身体不适。我给他量了血压（我出外总带着血压计），听了心脏，发现血压偏高，心律不齐。他自我感觉胸闷，喘不过气，浑身没劲。我断定是高山反应，必须立即下山，不然会有危险。于是，吴荣宣陪他下山，到山下有所缓解，随即坐车回北京。麦农心脏不好，但后来却调整得不错，现在已经将近九十岁了。他原来是人大党史系的教师，有一段主持《教学与研究》工作，“文化大革命”期间人大解散，暂依托于北师院。他对中共历史有很深的研究，思维敏捷，文字能力很强，“文化大革命”前就发表过很多文章。人大复校后，他没有回去，而是调到北京市委党校。在这个学校里，虽然他身体不太好，但也做了很多贡献，提了教授，离休后安度晚年。

麦农下山后不久，我们也下山到了南昌。在南昌，大家参观了八一纪念馆、革命烈士纪念堂、八一广场，更多的时间是在住地抄了一些由馆内借来的材料。一路之上，真是抄了不少材料。我对这事不感兴趣，因为很多材料在“文化大革命”前都见过。虽然内部资料室被“抄”了，但总还是偷偷保存了一些，不比这次外出到处看到的少。抄写材料之事，一路上都由闻立树负责组织，因为他这个人做事非常细心，想得周到，不怕麻烦。当然，正因为细，有时就比较慢，大家开玩笑说，集合时只要老闻到了，就全到了，不会丢掉了谁。老闻对抄材料特感兴趣，除了借来的材料要抄下来之外，见到纪念地的说明也不放过，总是一字一字抄下来，大家只好等他。一路上，买车票、联系住处等事务工作也由他负责，一般安排很好，应该说老闻办事，大家放心。有时，我嫌他啰嗦，说他几句，他也不生气，真是好脾气。他的一些特点也表现在做学问上，那个细心劲儿、较真劲儿，一般人没法跟他比。所以，他弄出来的东西，都很准确，极少有漏洞，使人信得过。他在中共历史研究中，在大学思想政治教育研究中，作出了许多有益的贡献，其所主持编写的《中国革命史教材》影响范围很大。老闻是闻一多的侄子，在宣传闻一多的思想、精神方面，做过很多事，其所编撰的《拍案颂——闻一多纪念图文集》是一部很有历史价值的书。老闻是首都师范大学的教授、博导，现已退休，虽然身体很不好，仍尽力做些事。但近年来，身体变化很大，已坐在轮椅上，情绪也不太好，望他保重身体，好好活着。

从南昌再往下走，就分为两路，一路去西北，一路去东南，我去了后一路。到上海，我们住在和平饭店。这座饭店是1949年由汇中饭店（1906年建）和华懋饭店（1929年建）合并而成的。汇中饭店很有历史意义，1911年12月30日中国同盟会在此召开孙中山就任临时大总统欢迎大会，1923年1月孙中山与越飞在此会谈十天签署了《孙文越飞联合宣言》。孙中山领导的辛亥革命使中国社会前进了一大步，它推翻了统治中国几千年的封建制度，开创了完全意义上的近代民族民主革命，使民族资本主义的发展得到有利条件，使人们的精神状态发生极大变化。辛亥革命的结果是无奈的，是当时历史条件造成的，但它为中国共产党的建立提供了基础。饭店在黄浦江边，天气热，晚上到江边待会儿还比较舒服。在上海，我们除参观了中共一大纪念馆等地外，还拜访了上海党史编写组。有人说，中共一大的主要任务的完成，是在嘉兴南湖，而不是上海。所以，南湖才应该作为中共的策源地。这个看法不对。中共一大在上海召开是历史的必然，而转移到南湖继续开则是历史的偶然。在上海，我还抽空找到世交左家二哥和二嫂的家。我父亲和二哥的父亲是要好的朋友，而且两家住得很近，我家住在东四三条，左家住在东四四条。我小的时候经常去他们家玩，当时二哥在上海银行工作，所以主要是与二嫂聊天，她有文化，彼此说得来。这次在上海见到都很高兴，已有几十年没见面了。一起说了许多老话，很开心。第二天，我病了，拉肚子，吃不了饭店的饭菜，只好到二哥家去住，二嫂给我熬粥喝，像我小时候一样照顾我。20世纪80年代，我去上海讲课时又去看他们，但家里没人。邻居说二哥已去世（他年轻时就有哮喘病），二嫂到南京的儿子（小名叫“三羊子”）家去照顾孙子。没有见到，非常遗憾，只好把买的东西送给邻居。本想以后到南京再去看二嫂，但不久听说二嫂也去世了。

从上海到广州，在这里第一次感受到什么叫闷热，因为北京从来是干热，太阳地很热，荫凉地方就不热，下一场雨能凉快两天（近些年北京也不行了，受南方“传染”，也闷热起来）。在广州，我以为下雨后会好点，没想到，下完雨比不下雨还热。那时候，没空调，夜里睡不好觉，真受罪。我们住在华南师院招待所，被子、褥子都是潮湿的，而且蚂蚁特别多，有的同志买的成袋的虾仁，第二天爬满了蚂蚁，只好扔掉。在广州，我们参观了中共三大会址、农民运动讲习所等地，还与华南师大的老师座谈。座谈会上，碰上杨世兰，我并不认识她，但她一听介绍我的名字就知道我，说看过我研究李大钊的书，从此我就和她有了交往，互相支持和帮助，十分和谐。这位大姐是个女强人，看上去很瘦，但却有使不完的劲，飞来飞去，参加各种学术活动。她专心培养学生，编写教材，发表文章，勤勤恳恳，任劳任怨，为中共历史的教学与研究作出积极的贡献。她已退休，听说身体还不错。在广州，还认识了当时在省教委工作的陈登才，后来他调到中央党校党建部，做过副主任、主任，现已退休。我与他私下没有什么交往，只是开会时碰到，了解不多。这位老兄很有意思，20世纪90年代初，我约他去济南开党史党建学位点的会。大概他在中央党校用车用惯了，一到会场就问我有没有车用，要去省委党校看看。我这里是民间办的会，没有钱用在专车上，只好不客气地对他说，将就点吧，自己打车去。后来，他从省委党校弄到车，我就管不着了，爱上哪儿上哪儿。

从广州回到北京，好像已经是八月底了。没有多久，突然出现了九一三事件，林彪逃跑坠机，结束了生命。1971年12月，中共中央下发了《粉碎林陈反党集团反革命政变的斗争》材料之一。林彪事件发生后，11月14日，毛泽东在接见参加成都地区座谈会人员时，为"二月逆流"平了反。这种政治形势的变化，对我们编写党史当然会有很大的影响，特别是原来被林彪篡改的历史都要改变过来，从而使内容的描述、结论的分析更能贴近历史实际。经过一段学习和讨论，大家分头编写，弄出初稿，然后再加工，印了一个本子交上去。结果，市里领导没有让出版，也就搁下了。大家花了很多时间、精力，最后劳而无功。

不过，对于参加编写的人来说，也都是有好处的。因为"文化大革命"来临之后，大家都把专业丢掉，通过这次到南方参观和编写的过程，对于重操旧业起到了补课的作用。事实证明，改革开放后，参加这次编写工作的各校教员，都在自己的教学与研究工作中作出了很多贡献。比如，原为人大党史系教师，当时在北大党委工作的何沁，多年从事党史教学与研究工作，人大复校后，曾先后担任党史系的副主任、主任，对党史系在新时期的发展有很大贡献。他工作认真，一板一眼，加上性格好，有工作经验，把有复杂关系的党史系弄得很顺当，自然也确实费了不少心思。1987年以后，他不再担任系领导的工作。正当有更多时间展现他的才能的时候，1991年因骑车带老伴看病，回到人大校门口突然中风病倒。何沁是个很有毅力的人，不服输，坚持锻炼，经过一段时间，恢复得相当不错。当然，不可能完全康复，有一个手的功能还不大好，但不打紧，生活能够自理，而且脑子不坏，仍能进行研究工作。在他生病后，不仅主持编写了一些书，如影响面相当大的教育部高教司的教材《中华人民共和国史》，而且还学会电脑，用一只手打，写出《中国共产党武装斗争认识史》专著，发挥了他多年研究中共军事史、军事思想史的特长。老何的敬业精神，确实值得党史界青年学者学习。又如，当时在北京化工学院（现已改为北京化工大学）的姜华宣，后来在化工大学马列部当主任，为对大学生进行思想政治教育作出了很大贡献。在20世纪80年代中期，高校政治理论课中的“中共党史”改为“中国革命史”，他立即主持编写《中国革命史简编》的教材，被许多院校采用。不仅如此，他从改革开放至今，笔耕不断，成果甚多，如《中国共产党统一战线史稿》、《开国元勋画传》、《中国共产党重要会议纪事》等，都是很有影响的书。他是个热心肠的人，北京党史学会的工作，北京市社会科学界联合会编辑社会科学年鉴的工作，全国党史人物研究会的工作，他都积极参与，所以界内有什么事都愿意找他帮忙。再如，北京钢铁学院的宋金寿在改革开放后，除努力从事政治理论课教学工作外，还对中共历史进行了深入的研究，特别是对陕甘宁边区的研究。他的有关陕甘宁边区的专著，引起界内很多研究者重视。

这次编书正处在“文化大革命”的中期，所以市委也派工宣队参与工作。我觉得真是多余，而且引来麻烦，还得处这层关系。可也没办法，好在我是一般编写人员，能不打交道就不打。派来的工宣队共七个人，他们分别来自重型电机厂、工艺美术厂、丰台路段、广安门车站，队长叫王殿臣，是重型电机厂的党委委员、车间主任。到党史组的除王殿臣之外，还有两个女的，一个叫曹根玲，一个叫赵红（后来在市委党校工作，已去世）。这三个人都很好，过了一段时间，我们与他们的关系处得不错。尤其是王殿臣，我和他成了要好的朋友。编书散伙后，我常去他家，他也常到我家。当时，社会上各家正时兴自做沙发，他说帮我做套沙发。我家里正好有点木头，又买了弹簧，他找了个朋友，给我做成了两个单人沙发和一个小桌。这是我家最早有的沙发，至今还留着一个沙发和小桌，没舍得扔。后来，他搬家了，来往就断了。2007年10月，我设法找到他的家。12月14日，我们见了面，他已退休，身体还很好。看来，晚年过得还可以。我们聊了一大阵子，回忆了过去的事情。

大兴办学

1972年夏天之前，我从市里回学校。当时，北大、清华根据国务院的有关招收工农兵学员的指示，已开始试点，但未普及到全国高校。所以，北师大并没有招收工农兵学员。只是在1972年暑假后办了一年制的培训班。到1973年暑假后，第一届工农兵学员入学。我们党史教研室好像没有

2007年，与王殿臣合影

什么教学任务，至少我没干什么事。

这时，全国的经济形势、政治形势比起前几年要好一些，不是那么乱糟糟的。1972年到1973年的两年中，在周恩来和各级干部的努力下，经过调整，经济形势明显好转，工农业总产值都有所增长。林彪事件出现以后，毛泽东从中汲取了一些教训，在一定限度内调整了政策，特别是干部政策方面。先是给"二月逆流"平了反，毛还参加了陈毅的追悼会，随后恢复一些担任过重要领导职务的同志的名誉，并把一大批下放劳动或"靠边站"的各级党政军负责干部重新安排到领导岗位，一批专家学者也得以重新回到工作岗位。1973年3月10日，中共中央决定恢复邓小平的党的组织生活和国务院副总理的职务。12月，毛泽东在同参加军委会议的同志的谈话时，提出要给贺龙、罗瑞卿、杨成武、余立金、傅崇碧平反，并说自己听信林彪的一面之词犯了错误。另外，在外交工作方面也打开了新局面，中美两国开始走向关系正常化、中日也正式建交。在毛泽东的支持下，周恩来把批判林彪和批判极"左"思潮联系起来，取得了很好效果，广大群众积极响应，并开始过着比较安稳的日子。然而，毛泽东支持周恩来主持中央日常工作，但他不能容忍对"文化大革命"的否定。1973年8月24日至28日，中共召开了第十次全国代表大会。这次大会虽然使一些老同志重新进入中央委员会，增加了反对"文化大革命"的力量，但仍继续党的九大"左"倾错误路线，而且加大了江青一伙的权力。随之而来的斗争更加激烈。

由于整个形势转好一些，我和其他教师的情绪也随之好起来。虽然没有教学任务，只是开会，学习或批判，但大家对批判极"左"还是很感兴趣的，特别是我们教党史的教师对纠正被篡改的历史更是劲头十足。这时，自己家里却出现了变故。1973年国庆节期间，我父亲病重，住在人民医院。我和弟弟、妹妹轮流陪床。10月6日晚，我在医院陪父亲一夜，第二天我妹妹来接班，我父亲状况挺好。但到中午接到我妹妹电话，说父亲已去世。我赶快去医院，处理后事。我父亲一生是个要强的人，为了这个家、为了子女很不容易。我长大之后奋斗至今，与他的影响分不开。处理完我父亲的后事没过多久，传达了毛泽东说的话，林彪是极右，不要反极“左”。随后也是在毛的倡导下，把“批林”和“批孔”联系起来。而江青一伙又借此机会把矛头指向周恩来，在他们的操纵下政治形势重新紧张起来，工农业生产再次下降，社会动荡不安。幸好，毛这时虽然支持“批林批孔”运动，但却不愿社会重新出现动乱。在他支持下，党中央强调“批林批孔”运动要在党委统一领导下进行，不搞战斗队等群众组织，强调要“抓革命，促生产”，揭发、批判停工停产的幕后操纵者。同时，毛批评江青等人搞四人小宗派，支持邓小平出任国务院第一副总理。在1975年1月上旬召开的中共十届二中全会上，邓小平被选为中共中央副主席、政治局常委。随后召开的四届人大第一次会议，再次提出实现四个现代化的目标，并确定以周恩来、邓小平为核心的国务院领导人选，这都给广大人民以极大的鼓舞，唤起人们新的希望。果然，在周恩来病重，邓小平主持工作的几个月内，经过全面整顿，形势大有好转。但是，对各个领域进行整顿，势必触及到“文化大革命”中的许多“左”的理论和政策，从而逐渐发展到从根本上否定“文化大革命”的趋势。这必然遭到“四人帮”的极力反对，也引起毛泽东的不满。到1975年底，处于重病状态的毛听信“四人帮”的诬告，决定发动“批邓、反击右倾翻案风”运动。这场很不得人心的运动，破坏了刚刚比较稳定的局势。

因为对“批林批孔”毫无积极性，我和几个教师找了点事干，对托陈取消派的资料进行了一些研究。当然，在那种形势下，不可能作出实事求是的结论，但看了一些材料也算是收获。最后整理出一份约三万五千字的年表，起名叫《第二次国内革命战争时期的陈独秀和托陈取消派》。这份没有公开出版的铅印小册子用了大量原始材料，如陈独秀的文章、托洛茨基给中国托派组织的信、中国托派各小组织概况及《我们的话》、《无产者》、《动力》、《战斗报》、《十月》等刊物。铅印小册子是1975年11月印出来，也就是这个时候“批邓、反击右倾翻案风”运动开始了。还好，这个运动虽然否定了整顿中提出的许多正确政策和措施，一批坚持执行这些政策的领导干部遭受到打击，一些地区派性斗争重新泛滥，但多数单位没有再次出现乱整人的情况。加上这几年我一直老老实实，不说什么不该说的话，所以也没有人再想整我。我当时很想不通，老邓的办法挺好的，怎么又不行了，但也不敢说，听到一些小道消息更不敢传，只好跟着混日子。

没想到，次年的1月9日的早晨传来了周恩来在头天逝世的消息。我在屋子里听着广播，先是惊呆了，随后我哭了。我因为研究中共历史知道他对中国革命所做的重要贡献，知道他一生所受的压力和付出的精力之大是常人所难以承受的。他对党和人民无限忠诚，没有私心，任劳任怨。特别是在"文化大革命"中，他实在太为难了，林彪、"四人帮"千方百计要搞掉他，而毛既要用他，又不完全信任，周被夹在中间，很不好受。但周能忍辱负重，维护大局，周旋于漩涡之中，也是一种本事，可付出太多，心情又不好，怎能不生病？我一边感到悲伤，一边发愁今后怎么办？周不在了，毛会怎样，"四人帮"会怎样，心里真没底。

没过多久，得知我们党史教研室要随1975年9月入学的政教系一年级工农兵学员去大兴"开门办学"。1974年9月29日，国务院教科组、财政部联合发出《关于开门办学的通知》，要求学生以工农兵为师，彻底改变旧的教育体系。开门办学要以阶级斗争为主课，劳动为中心，但对文化学习没有具体要求。大概就是根据这个通知，在"批邓、反击右倾翻案风"运动的形势下，我们一起到了大兴魏善庄的师大分校。这个年级有三个班，我和张兰英、王章维在一班。这个班共有三十九个人，他们是：刘淑玲、杨中和、汪桂英、唐月珍、冯文荣、师国宝、马瑞珍、何光中、齐秀生、荣培云、王晓燕、董平、刘克强、王树、贾秀英、王玉敏、张美华、刘玉珍、只长亮、李迁、贺淑华、于素莲、王淑珍、刘淑珍、丁淑英、李玉琴、张玉白、郭淑琴、阎顺昌、刘军、马光、郑淑敏、赵淑兰、李士春、刘克勤、王澄华、于玉兰、武镇、赵玉珍。班长是杨中和，支部书记是刘淑玲。

到大兴后，并没有什么特别，不过是上课加劳动，只是不住在城里而已。但是，住的条件很差，我们几个男教师一起住在一个大屋子里。用铺板搭的床很硬，晚上蚊子很多，好在都还年纪不大，能受得住。课程改革也只是不系统讲，而是讲专题，过一段时间去农村搞点调查。记得我在班上讲过几次课，又深入到一个组，让每个同学写读毛著的文章。同学读后写出文章，我统一修改，印成《毛主席著作学习参考资料》小册子，人手一本。最近，汪桂英找到了当时的本子。在此期间，我带着这个组的同学十几个人到我下放过的史家口调查，并参观了维尼纶厂、二锅头酒厂、焦庄户地道战遗址。平日，除了学习、劳动之外，我经常和学生一起打球、吹牛。打球主要是排球，前边讲过我中学时打排球的历史，虽已过去很多年，还能对付着打。至于吹牛、聊天，更是天南海北无所不谈，当然对政治敏感问题大家都会绕过去。通过各方面接触，我和学生之间关系相当不错。当时，因为在下边没有星期日，所以每个月放假四天，大家都回到城里休息，学生在学校、教师在家里。有时，我和学生在一起出去玩。记得有一次去颐和园划船，我一条腿掉在水里，裤腿全湿了，没办法，只好忍着。后来，杨中和、董平、王晓燕与我经常来往，但近些年就没有再见到。

《毛主席著作学习参考资料》书照

也正因为每月放假四天，所以，四五运动发生时，大家正在城里。三月下旬至四月初，因为快到清明节了，全国各大城市的群众，纷纷自发进行悼念周恩来的活动，对江青等人进行声讨。

“四人帮”对群众正义行动极端仇视，他们隐瞒真相，欺骗中共中央。四月四日晚，中共中央政治局开会，把天安门前群众活动定性为“反革命性质的反扑”，说邓小平是后台，并决定清理花圈、标语、抓“反革命”。五日，天安门广场广大群众对此表示抗议，随即遭到镇压。班上同学回到分校后，还被迫交代这几天的行动。不过，这事一混就过去了。

过了不久，因为我们这门课算结束了，所以，党史教研室的老师们就打道回府了。

灾难结束

从大兴回学校后，也没有什么事就放暑假了。7月27日，因为我老伴暑假轮休，一家人都去了孩子的姥姥家。次日清晨正在熟睡之际，突然发生地震，大家立即往楼下跑，十分狼狈。好在什么事也没出，心里踏实一些，但不知住在北大医院急诊室观察的岳母那里情况如何，我随即蹬车奔往医院。一路之上，看到大街上全是人，但无倒塌房屋，我心里想大概地震没什么损失。一到北大医院急诊室吓我一大跳，都是受伤的人，立即紧张起来，赶紧找孩子的姥姥。一打听，才知原来在急诊室观察的病人都转移到院子里去了。到院子里，看到我舅兄在岳母身边照顾她。我让他回家，由我来值班。没多大工夫，医院让把病人都搬到临时搭好的大篷子里。我随即去急诊室找病床，抢到一个就往外推。那种床因为没有轮子，还很不好推，幸亏别人帮忙才算弄到了院子里。这时，下起了小雨，一看我岳母用块手绢盖在脸上，实在够可怜的。我赶快把她抱到床上，推到大篷子里，遂后我老伴也来了，总算安顿好了。当天下了大雨，并发生了余震，这时才知是唐山的地震影响了北京、天津等地。随后，我到街上排队买了些塑料布，在院内搭了个简易篷子，以解燃眉之急。不久，院子里的管理人员让各家搬到大街上去，我就在中央电视台对面一块空地上搭起了一个比较大的篷子。这个篷子很“讲究”，有里外屋。外屋是个通铺，可以睡五个人，里屋设一单人床，让生病的岳母住，两屋中间有走道，来去很方便。屋顶和围墙弄得很结实，不怕风，不怕雨。为了防止夜里有坏人，我不睡在屋里，而在屋门口堵上个椅子坐着睡。白天回家吃饭，晚上到篷子里睡觉，日子过得还不错。因为住在大街上，到夜里听到很大声音，以为又地震了，原来是路上向唐山运物资的大卡车的声音。开头大家很紧张，日子长了也就惯了，尤其是几个孩子，住在篷子里好像"过家家"。暑假结束时，虽然地震的余威尚在人们头脑中起着作用，但因为孩子们要上学，只能告别临时"住宅"。回到外交部西郊幼儿园的家里，因为是二楼不敢住，先搬到一楼，后又搬到隔离室的平房大屋子里，睡在地上，头上搭一层板子，再铺上厚厚的草席（草席是史家口村的史怀臣特地送来的），很保险。夜里钻进去睡觉，也很好玩。过了一阵子，又回到原住处。因为是唐山地震，北京只是受影响，虽也死了人，但损失并不大。唐山地震死了二十多万人，真是人间惨事。2008年5月12日四川的汶川地震虽然发生在山区，人口不集中，死亡人数比唐山地震少，但影响面很大，甘肃、陕西都受了灾。两次大地震在救灾上有很大区别。1976年时国家很穷，老百姓也很穷，当时又拒绝国际援助，2008年则完全不同，国家财力充足，老百姓也有钱捐助，又不拒绝国际援助，这都是改革开放带来的好处。科学还无法预报地震，天灾无情人有情，全国人齐心协力，灾难一定能过去，明天会更好。从电视画面上看到，现在四川地震灾区已经建设得相当不错。

暑假刚过，9月9日，毛泽东去世，引起了全国的震动，除了悲痛之外，更主要的是大家不知道时局将会出现什么样的变化，忧虑困扰着人们的头脑。随后，"四人帮"伪造"按既定方针办"的毛泽东临终嘱咐，企图乘机篡夺党和国家的领导权，危机日益加剧。正在此时，以华国锋、叶剑英、李先念为首的中共中央政治局，于10月6日，断然决定对江青、张春桥、姚文元、王洪文实行隔离审查，"四人帮"被粉碎。消息正式公布后，大快人心，人们以各种形式欢庆。我平日不喝酒，当天吃饭时空口喝了一杯酒。说实在的，那真是打心眼里高兴。十年之久的"文化大革命"终于结束了，我长出了一口气，回想这十年的日子真是不好熬，总算有了出头之日。十年灾难，使我悟出了很多道理。一是从此再也没什么可怕的了。我是个胆小而又要面子的人，经过“文化大革命”，明白了，怕是没有用的，面子也是虚的，经常提心吊胆，活得质量太差。只要自己行得正，不亏心，一心扑在事业上，外界再怎样，也没什么了不起。二是要学会宽容一切，对自己严格，对别人多理解。整过自己、骂过自己、不理解自己的人，都有他们的目的和想法，对此不去计较；即使自己占据优势，也不去报复。李大钊说过，要有“容人并存的雅量”，“自信独守的坚操”，这话非常有道理。

随后一段时间，并不像我想象的那样，似乎没有什么大的改变。“批邓”仍然继续，虽然叫得不那么响；“文化大革命”不许否定，要正确对待；“凡是毛主席作出的决策，我们都坚决拥护，凡是毛主席的指示，我们都始终不渝地遵循”。给人的感觉是除了没有“四人帮”捣乱之外，“文化大革命”结束前后没多大差别。所以，落实到我的周围环境，仍然只能谨小慎微地过日子。当然，也不是一点变化没有，我又开始写起了文章。“文化大革命”中我没写过一篇文章，这占了很大便宜，因为那时发表文章，不得不跟风，等“文化大革命”结束后还要检讨，就没有意思了。1976年10月，写了《武装夺取政权的新道路》，发表在《北京师范大学学报》上。由于十年没有发表过文章，写起来很吃力，但总算开了个头。这篇文章的观点，总的看来并没有什么错，但所使用的语言却充满了时代的色彩。

1977年4月15日，《毛泽东选集》第五卷在全国发行。中共北京市委宣传部找到学校，让写毛选五卷的解读。当时，人民大学党史系的教师大部分“寄居”于北师大，所以写作班子的组成，由人大党史系的王淇①为组长，我为副组长。没多久，王淇的胃病犯了，做了胃切除。这样，他就暂时无法工作了，我接替他当了组长。这部书是由人大、师大等校的教师共同完成

① 王淇，中共中央党史研究室室务委员、第一研究部主任、研究员，已离休。他过去一直在华北大学、中国人民大学工作，对中共历史、毛泽东著作非常熟悉，特别是对抗日战争有很深的研究。1983年他调入中央党研室，对该室出版的《中国共产党历史》上卷有很大的贡献。

的，但又有个核心，他们是"寄居"于北师大的人大教师刘炼[①]、彦奇[②]，"寄居"于北京经济学院的人大教师黄达[③]、张向枢，"寄居"于北京师范学院的人大教师程仁志、奚广庆[④]，北师大的吴序光[⑤]和我。另外，中共北京市委宣传部派罗定红一起研究，他是由人大借调去宣传部工作的教哲学的教师。人民出版社要出这本书，派了王仲青[⑥]来参加。初稿写成之后，由我和黄达、奚广庆负责修改，最后定稿。

编书总要有个地方，遂由市委宣传部借了人大后门胡同里北京第三师范学校的一间屋子。我们几个人就在那间屋子里开会看稿、讨论，或个别交换意见。初稿因为是发动几个学校的教师写的，水平不一样，写作的格式也不是那么统一，改起来比较困难。到最后，由我和黄达、奚广庆再统稿时，就不用在这间屋子里了。因为我当时住在外交部西郊幼儿园的宿舍，离人大比较近，黄、奚两人都住在人大，所以三个人或在这家或在那家，倒是很方便。当时，黄达好像还没有完全脱离"文化大革命"的厄运，所以，虽然在"文化大革命"之前就已是教授的他，仍然被我"领导"。我们在一起

---

① 刘炼，中国人民大学党史系教授，已离休。她多年研究中共历史，讲课非常受学生欢迎，在党史学界是出了名的。她是新中国高校党史教学与研究的创始人何干之的夫人。

② 彦奇，中国人民大学党史系教授，2010年2月24日去世。他对中共历史很熟悉，特别对民主党派有研究，主编了《中国各民主党派历史研究丛书》、《中国各民主党人物传》。

③ 黄达，中国人民大学资深教授，曾任该校校长，是著名的金融学家。曾出版多种专著，如《财政信贷综合平衡导论》、《宏观调控与货币供给》等，并辑有《黄达文集》。

④ 奚广庆，原为中国人民大学马克思列宁主义发展所教师，后调教育部，先后任国务院学位办副主任、社会科学司司长，现已退休。他对科学社会主义有很深的研究，著有《马克思恩格斯发展史》、《"三个代表"重要思想和马克思主义中国化》等。

⑤ 吴序光，北师大政治学与国际关系学院教授，已退休。他对中共历史有深入的研究，是《彭德怀传》的作者之一，并著有《中国民族资产阶级历史命运》、《吴序光文集》等。他很不幸，老伴李惠贤得了重病，一切由他照顾，真是不容易，受了大罪。老伴去世后，他心情很不好，自己又有很多病，希望他多保重。

⑥ 王仲青，中共中央党校教授，已退休。他对中共历史这门学科的发展非常重视，作出了很大贡献。他一度在中央党校主持《党史研究》，这个刊物发表了很多有学术价值的文章。他经常组织一些有关学科建设的讨论会，并主编了《中共党史学概论》。由于他太敬业，过于劳累，前几年得了脑血栓，恢复尚好，但也难于再发挥作用。他的老伴何进，前两年去世了，这对王仲青是很痛苦的事。何进一直也是从事党史教学和研究工作的，在世时对王仲青有很大帮助。我和何进是20世纪60年代编书时认识的，比认识王仲青要早得多。

相处非常好，他比我大八岁，现在虽已近九十岁，但身体很好。我们的研究领域不同，可在和他接触中，他的学识、为人却给我留下很深的印象，对我帮助很大。我们三个人不管费多大劲，总算弄好了，交人民出版社出版，可惜这本书也找不到了。不过，这本书命运十分之短。到了中共十一届三中全会之后，中宣部发出了不再使用毛选五卷的通知，这本书也就作废了。

编书期间还有个插曲，彦奇这位老兄故意跟我"捣乱"。他是个好人但个性很强，而且喜怒形于色。我与他虽然在1960年就认识了，但对他的性格原来不甚了解，谁知道他对我当组长有点不服，因为我比他小九岁，资格不如他老。对这些我并没有理会到，加上可能对他也没有特意尊重，惹他不高兴。有一次在市委宣传部开会讨论这部书稿，他发动了对我的"进攻"，会后表示不干了。当时，把我气得够戗，黄达和张向枢把我从楼上扶下来。我想了很久，决定找这位老兄单独谈一下。我把他找到第三师范学校，一坐下来，就把他骂了一顿，说"爱干不干，别以为没有鸡蛋就做不了槽子糕"。这一骂还真管事，老兄"交枪"了。我们促膝交谈很长时间，和好如初，这档子事就过去了。后来，到1993年，我在西安交大办学位点会的时候，具体操持此事的西安大学社科部请了何沁，没请彦奇，引起他的不满，说我明知何沁有病去不了，为什么还请他，当着彭明和学生骂我。他不知会有人告诉我。有一次一起开会，我把他叫到厕所，把他骂了一顿，说他不了解情况，背地骂人，不够朋友。他没词了，说我是官僚主义。这位老兄真有意思。后来，我们一直是好朋友。改革开放后，老彦培养了许多优秀的学生，比如现在北京市委党校校委、《新视野》主编李燕奇就是老彦的博士生。燕奇在党校工作非常出色，特别是她主编的《新视野》已成为学术界知名的刊物。他去世后，我非常想念他。

在编书期间，王仲青和其他朋友都希望我能写篇为李大钊平反的文章。我思考之后，就动笔写。但手头并无新的资料，也没有可能做进一步的研究，只能按"文化大革命"前的认识来说，其目的主要是驳斥"四人帮"对李大钊的污蔑。所以，文章的题目叫《李大钊同志的历史功绩——驳"四人帮”对李大钊同志的污蔑》。文章写成之后，不知发到什么地方，因为“文化大革命”前的关系都断了，只好请王仲青转送。他给了《光明日报》，当时负责理论版的是苏双碧[①]。在他们的帮助下，文章很快于1978年2月16日发表。这是打倒“四人帮”之后，报刊上发表的第一篇系统为李大钊平反的文章，也是我在“文化大革命”后公开发表的第一篇署名文章。虽然文章中没有新的材料，也没有新的观点，都是“文化大革命”前众所周知的，但发表后却起了拨乱反正的作用，成为重新研究李大钊的起点。在发表之前，苏双碧要我找一段毛泽东说李大钊的话，而且必须与文章内容联得上，这可把我难住了。想了半天，只好用毛泽东没有公开发表的话来应付。苏双碧并不是为难我，而是那时发表文章没有一段毛泽东的话就交代不过去。中共三中全会以后，这样的事慢慢就不是问题了。文章的发表使我鼓起勇气，决心回到研究领域，重整旗鼓，为中共历史研究的发展摇旗呐喊，做一点自己的贡献。于是，我立即把以前尚存的材料加以整理，发现可以写另一篇有关五四时期的文章，也正好，1979年是五四运动六十周年。这样，经过一番思考，写成了《论五四时期具有初步共产主义思想的知识分子》，发表在《北京师范大学学报》1978年第4期上。文章虽然很长，但主要讲了什么是具有初步共产主义思想的知识分子，他们在当时起了什么样的作用。关于前者，我提出一个标准，即“对马克思主义最基本的原理有所了解，相信共产主义是人类最美好的社会，赞成十月革命，主张暴力革命，承认无产阶级专政，彻底地不妥协地反对帝国主义和封建主义，并努力为此而奋斗”。文章发表后，很多学者不赞成这个标准，认为提得太高了。但我也不同意他们的说法，因为他们把具有初步共产主义思想的知识分子说成只是赞成十月革命，对共产主义有朦胧的向往，而与马克思主义不沾边。这完全与事实不符和，在中共成立前，李大钊、陈独秀、李达、李汉俊等人的文章已多次大讲马克思主义。有不同看法，但并没有引起大的争论，多是你说你

① 苏双碧，先在《光明日报》理论部，后调到《求实》任副总编，是著名的中国近代史专家，著述甚多，如《洪秀全传》、《太平天国史综论》、《历史科学的理论和方法》等。

的，我说我的，有时朋友之间说上几句。大概过了二十年，彭明对我说，他赞成我提的标准，收回他的看法，这很不容易。老彭的科学态度，值得赞扬，青年学者应该向他学习。他是个有高深学问的老头，人很胖，很慈善，像尊弥勒佛，非常可爱。他比我大九岁，我称他为老哥哥，几十年在一起共事，对我帮助很大。他八十多岁时，身体比我好。他对中共历史、中国现代史有很深的研究，特别是对五四运动史的研究贡献最大。他的著述相当不少，如《五四运动史》、《彭明文存》等。《五四运动史》是彭明研究五四运动多年结出的硕果，是一部五四运动研究的力作，在学界产生很大影响。2008年老彭得了场大病，动了手术，是胃癌。但他没能挺过来，最后死于老年性肺炎。他的突然去世，使我非常难过。本来，在三院动了手术，还不错，但因为全麻，醒来呼吸不

1999年，与彭明合影

好，得了肺炎。我去三院看他时，虽很虚弱，精神还可以。的确老年性肺炎不好治是事实，不过也不是绝对不能治。可北医三院以床位紧为由让他出院，出去后还不好，就托人到中日友好医院的中医糖尿病房弄了个床位继续住（这事我不知道，不然住北医三院我还是有办法的）。我去中日友好医院看他时，还不错，还要送我下楼。没想到，出院后不久就去世了。我总觉得北医三院有点不负责任，但也不好下结论，因为没有证据。我非常想念这位老哥哥，有时还会梦见他。

虽说中共十一届三中全会还没开，毕竟人们的处境不是“文化大革命”那会儿了。所以，1978年这一年，党史学界、现代史学界已经开始干一些事。比如，1978年8月15日，中国社会科学院院长胡乔木提出希望尽快干好三件事：一个是弄出一套新民主主义革命史料长篇，由李新[①]负责；一个是编写中华人民共和国史，由黎澍[②]负责；一个是写毛泽东传记，由廖盖隆[③]负责。就在这一月，李新召集了一部分搞党史、搞现代史的人，有社科院近代史所现代史研究室的，有高等院校的，有军事院校的。据我所知，当时参加这项工作的有刘明逵、陈铁健、李义彬、邵维正、胡庆云、周子信、高军、徐世华、李流华、周承恩、姜华宣、时光等，先后约有七十余人。他们集中在中央党校主楼六层，开始搞五四运动和党的创立时期的研究。在李新的领导下，一改“文化大革命”前的学风，以大量收集原始材料为基础，经过研究，

① 李新，1918年生于四川，1938年去延安，入陕北公学，毕业后在华北大学工作，新中国成立后，参与筹建人民大学，曾任校党委副书记。1976年后，历任中国社科院近代史所党委副书记、副所长，中华民国研究室主任及现代史研究室主任，中共中央党研室研究室副主任等职。他著有《中国新民主主义革命简史》、《中国革命史的几个问题》等。他已于2004年因病去世。

② 黎澍，1912年生于湖南，1937年七七事变后，投入抗日战争，长期从事新闻、出版工作。新中国成立后先在中共中央宣传部工作，后调入中国社科院，任《历史研究》主编，《中国社会科学》总编辑，并承担多种社会上的学术职务。他的主要著作有《辛亥革命后的中国政治》、《马克思主义与中国革命》、《历史的创造及其他》等。他已于1988年因病去世。

③ 廖盖隆，广东信宜人，1938年入陕北公学，毕业后长期从事宣传工作。新中国成立后，历任中共中央宣传部报刊处处长、对外联络部西亚非洲研究所所长、中共中央文献研究室副主任、中共中央党史研究室副主任。他著有《中国人民解放战争简史》、《党史探索》、《社会主义在中国的胜利》等。

写出专著。这给中共历史、中国现代史研究步入正轨开了好头，对后来的学科发展起了很大作用。他们在收集材料到一定程度之后，出版了《"一大"前后》的资料书。1980年，他们开始写初稿，经过讨论、修改，1981年出版了第一卷，书名为《伟大的开端》。在此期间，他们对史料的挖掘、史实的考证，做出了贡献。比如，中国共产党的诞生日，以往都按1921年7月1日的说法，实际上不是这样。对此，"文化大革命"前就从苏联保存的档案中知道了，但没人敢说。这时，大家思想解放了，便找材料进行了考证，结果得出结论，7月23日才是中共第一次全国代表大会开会的日子。这在党史研究中是一件大事。做这件事的，主要是邵维正，当然别人也给予了帮助。《伟大的开端》出来以后，这个组就撤了，后边各卷分别由不同的负责人去抓。《伟大的开端》是由中国社会科学出版社出版的，但后边的成果因出版资助无着落而不能落实。到1990年，上海人民出版社接承了这次出版任务。随后，单卷陆续出版。2001年4月，将全书十二卷统一版式、统一封面，一次出齐，总计六百万字左右。这套多卷本的丛书，总书名叫《中国新民主革命通史》，由李新、陈铁健主编。12卷分别为：《伟大的开端》，李新、陈铁健主编；《国民革命的兴起》，萧超然主编；《北伐战争》，我主编；《星火燎原》，时光主编；《抗日潮流的起伏》马模贞、匡珊吉主编；《从内战到抗战》，李义彬主编；《全民抗战气壮山河》，李良志、王树荫、秦英君主编；《坚持抗战　苦撑待变》，李隆基、王玉祥主编；《同盟抗战　赢得胜利》，李良志、李隆基主编；《争取和平民主》，黄友岚主编；《战略防御　转守为攻》，邵维正主编；《最后的决战》，肖甡主编。这套书保存了大量原始材料，观点鲜明，分析透彻，有很高的学术价值，在党史学界、现代史学界有很大影响。

这个组在中央党校集中编写时，我并没参加，但我常去他们那里去看材料，也认识了一些新朋友。比如，北京医学院马列室的时光，是个很爽朗的人，与他交往，很痛快。他非常敬业，干事不惜力。他有很强的科研能力，讲课也很受学生欢迎。20世纪80年代后期，他患肝癌，还忍着剧痛校订他所主编的《星火燎原》的清样。当看到出版社赶印出来的第一本样书后，他非常高兴，但不久就去世了。因为和时光认识了，而我又是研究李大钊的，所以他就介绍我和他们教研室的马模贞认识了。马模贞当时发表了一篇研究李大钊的文章，时光就让马模贞与我一起研究李大钊。这样，我和马模贞就一起合作，准备写一本书。马模贞是个女强人，虽为女士，却又有男士之风，干起事来风风火火，一辈子香烟不离口。马模贞在研究工作中，肯下功夫，不怕吃苦，方法也得当。她写出来的东西逻辑清晰、观点鲜明、文字流畅，质量有保证。在李大钊研究工作中，我们长期合作，感到很满意。后来，由于北京医科大学研究工作的需要，她改变了研究方向，在禁毒史的研究中做出了新的贡献。这些年，她不再搞研究，有时参加有关李大钊的会，但以休息为主。

这一年，我还做了另一件事，就是参加编写周恩来年谱的工作。负责这项工作的是邓颖超原来的秘书陈楚平，还有李新、胡华。参加工作的人都有谁记不清了，只记得有方铭、韩荣璋。方铭是胡乔木的妹妹，前些年已去世。新中国成立前她参加地下工作，新中国成立后在教育部工作，后来又调到北师大任党委常委、教务长。她在“文化大革命”中也受了罪，身体又不好，日子过得很难受。我记得她两条腿都发肿，还要参加劳动。“文化大革命”后，她调到中共中央文献研究室。1989年出版的《周恩来年谱（1898—1949）》，由她和力平共任主编。韩荣璋原是北师大党史教师，后来调到中国社科院马列所。他做学问非常认真，研究能力也很强，特别对毛泽东和毛泽东思想有深入的研究，成果甚多。我们在工作中，由于尚无条件看档案，只能从过去的报刊上和专访一些老人的记录中发掘有用的材料。这些材料的积累为后来编写周恩来年谱打下基础。这项工作在1979年转到中央文献研究室，成为他们的日常任务之一。在我们的这段工作中，也确实解决了一些问题。比如，中共叛徒顾顺章制造的陷害周恩来的“伍豪启事”一段历史，就基本上弄清楚了。所以，我就写了一篇《关于伍豪启事》，发表在1979年的《党史资料丛刊》第一辑上，这在当时许多党史研究者看来，还是很新鲜的。又如，我们找到很多篇周恩来的文章，这对后来的工作很有帮助，《周恩来年谱》出来以后，我一看，周恩来公开的文章当时我们已经找到。

在这项工作过程中，我和胡华接触较多。以前，我们虽然彼此知道，但没有见过面。他比我大十二岁，而且已是有名的教授，但在接触中并没有架子，给我留下了很好的印象。以后，我与他有了交往，不过因为各忙各的，在一起交谈的时间并不太多。胡华出生于1921年，浙江奉化人。1938年，他去延安，入陕北公学。毕业后，他在华北大学任教，新中国成立后转为人民大学。他是一个非常敬业、非常勤奋，而又非常聪明的人。他一个人住在人民大学红二楼（筒子楼）的一间十五平米的房间里，只有星期天才进城回家，说是回家就没法干活，这里没有琐事干扰。我有时去找他，他总是在那里写作或看书。他的记忆力很强，有的材料看一遍就能记住。有一次，我去他那里，碰到一个外地的党史教师与他谈问题，中间说到一些材料，他当时并没有记下来。但不久他在讲话中就把这些材料用上了，脑子实在不错。胡华对中共历史研究有重大贡献，这首先表现在1950年3月出版了《中国新民主主义革命史》，1959年春出版了《中国革命史讲义》，为后来编写中共历史教材奠定了坚实的基础。不仅如此，他在培养新一代党史教学与研究工作者方面立下了大功。现在全国已经退休的那一代党史教师几乎绝大部分都在人民大学党史系学习过，是直接听胡华讲课成长起来的。胡华的另一个重要贡献是主持编写了大型的多卷本的《中共党史人物传》，这项工作不仅能让党史上重要人物的光辉事迹流传给后人，而且众多的编写者的水平得到了很大提高，对促进党史学科的发展十分有益。在研究工作中，胡华坚持论从史出，据史立论，史论结合。他治学严谨，遵循专、博、勤、记的原则，给后学者树立了榜样。由于胡华坚持实事求是研究历史，这与20世纪50年代后期以来的政治气氛不相符，所以他不断受到批判。记得有一年他在上海讲完课之后还没到家，上海就告状到人民大学，说他观点有问题，结果挨了批。20世纪80年代，他对我说，上海是他的忌讳地，再也不去了。没想到，他最后却又死于上海。1987年10月，胡华终因积劳成疾住进医院，诊断为肝癌。11月去上海动手术，12月14日不幸逝世。

由于这项工作主要是在中国革命博物馆进行，所以就和当时的副馆长沈庆林弄得很熟。他是浙江人，当过兵，1953年到中国革命博物馆工作。他只有高中文化程度，但非常努力，肯于钻研，一点一点积累，终成为研究中共历史的专家，其所主持的展览，在全国有很大影响。他发表过很多文章，并著有《第一次国共合作的形成》等。

也是1978年，大概在四五月间，上海人民出版社的周琪生来家找我，约我修改一下《五四时期马克思主义反对反马克思主义思潮的斗争》，以便再版。我和蔡德金除对原书的各节作了订正、补充之外，又单加了一节，题为"马克思主义反对封建复古主义的斗争"，于1979年9月再版。从这时，我和周琪生认识了，并成为终生的好朋友。他是学徒出身，五反运动后调到区工会办事处，继之在中共黄浦区委宣传部工作，1959年9月作为调干生入人民大学党史系学习。1964年7月毕业后，他被分到上海人民出版社当编辑，多年来作为编辑出了很多高质量的图书，如何干之的《中国民主革命时期的资产阶级》等。他已退休，在家安度晚年。

这一年，由于"文化大革命"结束不久，人们的思想还不可能有大的解放。"文化大革命"到底如何评价，错了还是对了？有人看出问题不敢说，有人看出问题不愿说，有人迷迷糊糊。5月，报上展开真理标准问题的讨论。我当时想，真理标准是实践，这是马克思主义认识论的常识，毛泽东《实践论》以及许多马克思主义哲学书上都是这样讲的。1957年通俗读物出版社出版的、我参与编写的、署名黄恩安编《辩证唯物主义名词解释》一书中的"实践"条目是这样说的："实践还是检验真理的唯一标准。"本是个常识问题，"文化大革命"把人都弄糊涂了，误以为毛泽东的话就是检验真理的标准。这个在全国理论界、政治界引起大家关注的讨论很好，总算开了个解放思想的好头。

如同运动员在比赛前要先活动下身体一样，我在1978年做的一些事，成为后来大干一场的准备活动。

第六章

新的开始

当副教授

1978年12月18日至22日，中共十一届三中全会在北京召开。这次会议的中心议题，是讨论把全党的工作重点转移到社会主义现代化建设上来。围绕这个中心，全会果断地停止使用"以阶级斗争为纲"、"无产阶级专政下继续革命"等错误口号，坚决地批判了"两个凡是"的错误方针，充分肯定必须完整地准确地掌握毛泽东思想的科学体系，高度评价了关于真理标准问题的讨论，确定了解放思想、开动脑筋、实事求是、团结一致向前看的指导方针。这次会议不仅在真正意义上结束了"文化大革命"，而且成为纠正包括"文化大革命"在内的以往各种错误的开端，是新中国成立以来中共历史上具有深远意义的伟大转折。

转过年来，中共中央为了在理论界、思想界取得认识上的一致，1月18日至4月3日在北京召开了理论务虚会。与会者在会上畅所欲言，思想大为解放。我没有参加这次会，但看了中共十一届三中全会公报和务虚会上的一些简报，得到很大启发。我非常赞同中共中央的重大决策，一扫“文化大革命”的阴影，重新看到了希望，感觉到春天真的到来了。我从务虚会的简报上看到很多好的意见，有的是我想到的，有的是我没有想到的，感觉挺新鲜，收获不小。不过，从简报上看，觉得有些话似乎说过了头。果然，3月30日，邓小平到会上讲了话。他说，现在一方面坚持“左”倾错误的人攻击十一届三中全会背离马列主义、毛泽东思想；另一方面党内和社会上又产生了一种摆脱党的领导，怀疑马列主义、毛泽东思想和社会主义制度的错误倾向。因此，要在继续批判极“左”思潮的同时，对怀疑四项基本原则的思潮进行批判。他强调在中国实现四个现代化，必须坚持四项基本原则，即坚持社会主义道路，坚持无产阶级专政，坚持共产党的领导，坚持马列主义、毛泽东思想。在这次会后，有的人情绪不高，觉得又受到约束。大概因为没参加会，我倒以为正常，觉得主要的还是让人们解放思想，但必须实事求是，把解放思想同四项基本原则统一起来。

正当我想借此东风，展身手，在中共历史研究领域做自己过去想做而不能做的事情之际，大概是1979年3月，传来了好的消息：我的副教授职称被批准了。高等学校恢复和提升教师职称，是1979年3月7日国务院批转了教育部《关于高等学校恢复和提升职务的请示报告》之后开始的。一方面“文化大革命”前确定的教授、副教授、讲师、助教一律恢复；一方面按1960年国务院颁布的《关于高等学校教师职称名称及确定与提升办法的暂行规定》进行提升工作，并规定可以越级提升教授、副教授，同时，将审批权下放到省、市、自治区。在这种情况下，1978年底，北师大政教系把我的材料上报。当时，我已有两本著作和几篇文章，而且有二十五年教龄，应该说提升副教授是够条件的。

副教授职称批下来的时候，我刚刚过了四十六岁。那个时候我这个年纪当副教授算是很年轻了。现在，这个年纪就比较晚了。另外，现在当上副教授也没有什么，顶多家里人高兴一下，好朋友祝贺一下。那年月可不一样，我进师大主楼有人给我开门，我上电梯都让我先进去，弄得我很不自在。都是熟人，怎么一下变了态度。我分析，"文化大革命"后，搞行政工作不吃香了，不少人设法转到教学队伍，并把教授、副教授看得很高。所以，我当时就受到了优待。其实，我倒没觉得与以前不一样，该干什么还干什么。后来，过了大概一年之后，情况又变回来，因为在党委或行政部工作的同志明白过来了。大家都是在不同岗位上工作，都有各自的职责，应该互相支持，互相帮助。

当副教授以后第一件做的事就是参加了5月2日至9日中国社科院组织的五四运动六十周年学术讨论会。为了参加这个会，我提供了《论李大钊同志由民主主义者向共产主义者的转变》。这篇文章对李大钊的转变过程及其原因作了比较深入的实事求是的分析，但今天看来，有的分析并没到位，有的分析材料根据并不充分，有的分析没有真正放开。中国社科院组织的这次学术讨论会一共收到论文一百八十多篇，会后选出七十三篇结集出版，题目是《纪念五四运动六十周年学术讨论会论文选》，分为三册。这些文章有的是结合现实总结五四运动以来的历史经验；有的是对五四运动的某些方面进行新的探讨；有些是对五四时期的历史人物，包括中国共产党创立时期的一些著名活动家进行分析评述；有的是论述五四时期思想解放运动对一些具体学科的发展的作用。

在这次学术讨论会的开幕式上，近九十岁的老人许德珩致了开幕词。开幕词不长，既讲了五四运动的意义，回忆了五四运动前后的情况，又联系现实提出了希望。最后，他表示："我是参加一九一九年五四运动的一名老战士，又是一九七九年才参加到无产阶级先锋队里的一名新战士。从前一重身份来说，我走过的路是很漫长的了；从后一重身份来说，我在新的战斗历程上却是刚刚开步。显然，后一重身份，对我来说是更为重要的。我们伟大的祖国现在正踏上实现社会主义现代化的新长征的途径，此时此刻，我自己也恰恰开始踏上了革命的新征途，这是深感庆幸的事。我愿意和社会科学战线上的同志们共勉的是，我这个年近九十的新战士，仍然有千里之志。”[①]老人的一番话，使与会者深受感动。在开幕式上，周扬作了题为《三次伟大的思想解放运动》的长篇报告，对五四时期、延安整风时期及“文化大革命”后的思想解放运动进行了分析。报告认为，五四时期思想解放运动是中国有史以来未曾有过的向旧势力挑战的思想运动，它打破几千年的旧传统，推动社会进步；1942年的延安整风运动，是比五四运动更加深刻的思想解放运动，其所解决的中心问题，是如何正确对待马克思主义；“文化大革命”后的思想解放运动的中心任务，是彻底破除林彪、“四人帮”制造的现代迷信，坚决摆脱宗教教义式的新蒙昧主义的束缚，把马列主义、毛泽东思想的普遍真理，同实现社会主义现代化的实践紧密结合起来。周扬说：“这次思想教育运动，应当按照党的优良传统来办。第一，要允许自由讨论。”“第二，要尊重实践的检验。”“如果能自觉地切实地做到以上两条，那么我们的马克思主义理论之树，也就渴望长青了。”[②]

随后，在这次会议的讨论中，由于与会者中有不少人参加过理论务虚会，所以发言十分活跃，思想比较解放，这对没有参加过务虚会的人还是很有启发的。不过，总的来说，大家的发言要比理论务虚会拘谨得多，因为邓小平刚讲完要坚持四项基本原则。参加这次会议的学术界名人很多，如侯外庐、吕叔湘、夏鼐、冯至、孙思白、荣孟源、刘大年、黎澍、于光远、李锐、张庚、胡绳、严济慈、周培源、黄子卿、钟敬文、张岱年、胡华、胡曲园等。不记得我在会上说了些什么，只记得我说话不多，大概是与“文化大革命”后第一次参加这样的大型会议有关。在会上，我见到了“文化大革命”前的老朋友。比如，丁守和、张允侯、戴鹿鸣等。丁守和[③]和我在20世纪50

① 《纪念五四运动六十周年学术讨论会文选》(一)，中国社会科学出版社1980年5月版，第5页。

② 《纪念五四运动六十周年学术讨论会文选》(一)，第21页。

③ 丁守和，1926年生于河北望都，1948年华北大学社会学系毕业。新中国成立后，他先后在中央编译局、中国社科院近代史所工作，编过《历史研究》、《近代史研究》，当过中国现代文化学会会长。他的主要著述有《从五四启蒙运动到马克思主义传播》、《民主科学在中国的命运》、《瞿秋白思想研究》、《学海求索录》等。

年代就认识了，“文化大革命”一来，再没有见过。他见到我说，你哪儿去了，见不到你了。我说，都是“文化大革命”闹的，我也见不到你。老朋友见面，自然要叙叙旧。我跟老丁认识是在1958年，那时他在中共中央编译局。这个单位的主要任务是编译马、恩、列、斯的著作，为了更好地完成任务，就要弄清楚马克思主义在中国传播情况，所以一部分人专门研究这方面问题。当时，老丁是研究室主任，下面有殷叙彝、张允侯、洪清祥、王云开等研究人员。他们收集了大量五四时期的期刊，这部分材料对于研究五四时期的历史实在太有用了。他们对这些材料进行研究，到1959年出版了《五四时期期刊介绍》。我当时为了研究五四时期三次论战，就找到了老丁和老殷，从他们那里复印了很多资料，对我们帮助很大。老丁是个非常爽朗的人，思想敏捷、治学严谨、能写会说。他这个人说起来没完没了，我都怕他在会快要散了的时候发言，那必然要拖会，所以凡我主持的会都请他先发言。我的学生答辩，我常请他当答辩委员，后来我不敢请他了。这老兄不但说起来没完，而且自问自答，弄得学生不知所措，真是一个非常有意思的人。2007年，听说他病了，有点老年痴呆，那么聪明一辈子动脑子的人，怎么会痴呆了呢？我打电话给他，说了好半天，他才知道我是谁，然后说了许多我不知道的人和事，我只好听着，劝了几句。他老伴接过电话对我说，他已经不清楚，说的那些事别外传，以免惹麻烦。我说放心，他说的事我根本听不懂，也不知是说谁。放下电话，心里堵得很。不想，到2008年3月，他因病离开人世，我很想念他。老殷也是聪明人，做学问非常执着、勤奋、严谨。我与他也是多年未见，记得“文化大革命”后在他家门口碰到过。他已从中央编译局退休，身体还不错。打过一次电话，说去看他，至今也没去。

在会上，也认识了一些新朋友，比如吴家林、朱成甲、肖效钦、耿云志、郑德荣、吕明灼等。记得在一次会的休息时间，见到吴家林，聊起天来，很说得来。当时，说起这次会，我说有人情绪不好，说话不注意，咱们不要管他们，只管研究李大钊。一起聊天的还有一位《北京日报》的编辑徐树叶，后来同他有过一段交往，现在不知他在何处。与吴家林则始终交往不断，成为好朋友。他是1960年北大历史系毕业的，先分到中共北京市委研究室，"文化大革命"后到中共北京市委党校，1989年又调入中共北京市委党研室，已退休。他主要研究中共历史，主要著作有：《北京党组织创建活动》、《李大钊和第一次国共合作》、《中国现代人物研究》等。吴家林治学严谨，对中共历史上的一些人物的研究，特别是对李大钊的研究很有深度。他很爱说话，说起来没完没了，到老了有时越说越没边，前些年他老伴生病去世，后又找到一位为伴，生活很美满。老吴本来是不太注意穿着的，可新的老伴要求高，所以老吴每次出来都被打扮一番，完全变

与吴家林合影

了样，心情也特别好。2011年，他老伴得了病，住了几次医院治疗，逐渐稳定。年纪大了，慢慢来，不要着急，希望她早日康复。朱成甲后来与我成为要好的朋友。老朱当时在社科院编《历史研究》，后来转到《中国社会科学》当文学部主任。老朱的学问做得相当好，思考问题很有深度，常常提出一些令人信服的观点。他的著作甚多，如《李大钊早期思想与近代中国》、《李大钊传》等。老朱的老伴谢敬霞是北医三院放射科教授、主任医师、博士生导师，著述甚多，并多次获得国家科技奖。我去北医三院看病常找老谢帮忙，非常谢谢她。

会议期间，山东师范学院的徐树绩找到我，说5月下旬在山东济南开个全国高校党史教材研讨会，希望我去参加。"文化大革命"后，全国高等学校会议陆续召开，但我只在那年3月去郑州开过一次高校党史教师的集会。不记得那次会讨论什么问题，只记得会上成立了中共党史人物研究会。我在那个会上是一个普通与会者，并没有人注意，但被华南师院杨世兰发现了，当时她好像是会议的组织者之一。她向大家介绍说我是新中国成立后研究李大钊的专家，而且有专著（那时候四十多岁的人有著作的很少），这就引起别人的注意。会上，选举李新为会长，我和其他几位为副会长。中共党史人物研究会到1979年底就改组了，12月18日在广州开会选举新的理事会（我没有参加这次会），何长工任会长，李新、胡华任副会长，陈志凌任秘书长、杨世兰任副秘书长，我变成了理事。此后，这个研究会的领导机构多次变更，至今仍存在。大概是1980年夏天，华中师范学院的呙玉临写信给我，说研究会的经济不清楚。我也管不了这事，就把材料转给李新、胡华。据说，胡华在一次会上表示，没有大问题。党史人物研究会的主要贡献，就是前边提到的，编写了一套大型的多卷本的中共党史人物的传记。因为没参加过什么会，所以，徐树绩让我参加山东的会，而且要在会上作报告，表面上虽然答应，心里却不踏实。我没有过这样的经历，对"文化大革命"后高校的情况也不清楚，去会上讲什么没谱。五四运动六十周年学术讨论散了之后，我经过思考，决定还是讲李大钊研究状况，比较保险不会出错。那时虽说已是中共三中全会之后，但当时的想法，仍要谨慎，这大概是"文化大革命"把人都吓怕了。另外，估计多数人这方面还是不清楚的。过了十几天，我去了济南。

记不得这次会议是5月的哪一天开的了，从5月26日会上发的与会者名单来看，开会时间应该在5月20日之后。参加这次会的有中国人民大学、北京师范大学、北京大学、清华大学、中共中央党校、山东大学、北京农业大学、南开大学、国防科技大学、海军学院、北京邮电学院、西北大学、西安交通大学、陕西师范大学、西南师范大学、天津大学、宁夏大学、河北农业大学、上海第二医学院、南京师范学院、天津师范学院、上海师范学院、吉林师范大学、辽宁大学、北京工业大学、贵州大学、同济大学、云南民族大学、哈尔滨工业大学、华东石油学院、江苏师范学院、山东师范学院等一百一十多所高校和单位的近二百人。去作报告的除了我之外，还有中国人民大学的胡华、彭明、肖效钦，中央党校的张弓、李葵元、金春明，中央统战部廖盖隆以及中国革命博物馆的方孔木。教育部政教司司长李正文带领司里的郝正庭、张敬德和几个年轻干部也参加了会。外地与会者都住在济南军区第二招待所，我和几位报告人也住在那里，只有胡华因有写作任务单独住在一家宾馆。

会后得知，我们这次来济南之前，中共山东省委很紧张，有关部门向下边打招呼，说北京有几个解放牌的教授要来，希望大家注意，提高警惕。所以，廖盖隆在报告中说到"文化大革命"前也有"左"的错误以后，引起了很大的反响，很多人认为这种观点是错误的。距离中共十一届三中全会已过了五个月，可是很多人的思想还是那么保守，思想解放实在太难。不过，其他人的报告倒没有出现这样的情况，一些观点受到观众的欢迎，并表示赞同，这对党史界解放思想起了很大作用。比如，胡华报告的题目是《五四时期的陈独秀》，这在当时是个很敏感的问题。胡华讲这个问题，目的是冲一下这个禁区，实事求是地评价陈独秀在五四运动和建党时期的作用。报告中，他以大量翔实的史料描述了陈独秀在新文化运动、五四爱国运动、建立中国共产党的过程中的思想变化和实践活动，分析了陈独秀独特的历史作用，也指出了不足。胡华在报告的最后说：“我们必须遵循马克思主义大师们教导的历史唯物主义原则，对许多历史人物给以实事求是的客观评价，是其所是，非其所非，功就是功，过就是过，既不因功而掩其过，也不能因过而抹杀其功。只有如此，我们的历史学才成为科学。”胡华的报告在今天看来已不算新鲜了，可当时听众觉得耳目一新，那么多党史教师听了，其影响还是很大的。

我在会上报告的题目是：《关于李大钊同志革命思想和革命实践研究中的一些问题》。报告中除了介绍李大钊研究状况，也涉及党史研究中的拨乱反正问题。报告中提出研究李大钊以致整个党史研究应该努力做到：第一，解放思想，实事求是，正确评价历史人物和历史事件；第二，掌握史料，认真考证，打好基础。我的报告引起了李王文和张敬德的注意，他们觉得我很关注党史教材的编写。于是，他们就希望我参加一下会上单有一个讨论山东省党史教材的组。山东省党史教材影响很大，发行了大约100万册。记不得这个组有多少人参加了，只记得有上海师范学院的郑灿辉、华南师范学院的杨世兰。另外，徐树绩肯定参加了，因为是讨论山东本教材。在这个小组上我说了自己关于编写党史教材的一些意见，得到大家的赞同，并让我在大会上讲一次。记不清在大会上讲什么，因为并没有稿子，也没有留下录音稿。从此，我落入了教育部政教司的“圈套”，以后为他们服务多年。

参加济南的会，收获真不小，除了了解许多高校党史教学情况，开阔了眼界外，最主要的是认识了不少的高校党史教师。因为是徐树绩找的我，所以同他在济南接触多些，没想到，很谈得来，以后就成了好朋友。老徐是个非常好的人，对人真诚，乐于助人。他对于工作极为认真、负责，把公家的事当做自己的事来做，为了山师院（后改为山师大）的工作，为了山东高校革命史教学研究会的工作“折腰断腿”，在所不惜。他是个好教师，为了培养学生，不仅认真备课，编写讲义，耐心讲解，而且帮助很多学生升学就业，关心学生的生活，得到学生的尊敬和爱戴。他是人民大学毕业的，同学很多，由于人缘好，大家都愿意帮助他，使他在开展工作上得到许多便利条件。这次济南会议是他一手操办的，而这次会议在全国高校影响很大，成为高校党史教学重新走上正轨的开端。和郑灿辉也是在这个会上认识的，一见如故，从此成为好朋友。老郑比我大几岁，我非常敬佩他对事业的热心。我们虽然相隔千里，但见面的机会并不少，因为我在他们系里兼职，帮助他培养研究生。每次去，总要待上一个星期，俩人常常聊到深夜。他对中共历史、中国革命史教学和培养研究生有许多好的见解，并设想要做很多事情。他主编的上海本中共历史教材，在全国有很大影响，相当多的高校都用这本教材。他培养的研究生很出色，比如现为复旦大学教授、博士生导师的吴景平，已成为历史学界的有名人物。吴景平精通几国外语，著述甚多，主要有《宋子文评传》、《宋子文思想研究》、《上海金融业与国民政府关系研究》等。郑灿辉身体不好，但仍坚持给研究生上课，指导他们写论文。直到他去世前几天，还为将要毕业的研究生的答辩和新来的研究生的学习操心，真可谓鞠躬尽瘁，死而后已。到1986年9月老郑的病很难治好，就在这个月去世了。他的老伴萱

与徐树绩合影

萱痛不欲生，情绪非常不好。作为好朋友只好极力设法安慰，我许多次到上海去看她。在老郑去世一周年时，我还发表纪念文章，既是对故人的追思，又是对活着的人的安慰。吴景平对他师母给予了很大帮助，每年都去看望她好几次，真是一个有孝心的好学生，难得难得。萱萱原来身体还不错，日子过得蛮好。2010年我去上海开会时想去看她，但说她骨折，住在医院，因离得远没去。她大女儿郑敏见到我，我让她带好给她妈妈。

会上认识了曲阜师院的徐宝庆，他拉我去他们学校讲一次，顺便看看孔庙、孔府、孔林。"文化大革命"初期，谭厚兰是以砸孔庙而出名的，我很想去看看我这个学生的"佳作"，了解她是怎样犯下的罪过。徐宝庆当时在曲阜师院当院长，是北师大政教系毕业的，与王朝美同班。他在校读书时，我们并没有见过，说起王朝美，自然也就互相熟悉了。在曲阜师院讲什么了，已经记不住，大概也是讲的李大钊。在那里见到了吕明灼。他当时是曲阜师院《东岳论丛》的主编，交谈中才知道他正在写一本关于研究李大钊思想方面的书。我问他都看过李的什么著作，他说只有选集。我说那实在差得很远，写出来不能反映出李的思想，回去后把我掌握的材料寄给你，研究后再写。经过努力钻研，他的《李大钊思想研究》终于在1983年由河北人民出版社出版。老吕治学严谨，研究范围较广，成果甚多。后来，他除继续研究李大钊外，还出版了《宋庆龄传》、《近现代中国思想史论》等专著。另外，还认识了曲阜师院的党史教师韩泰华，他当时是党史教研室主任。到1980年，他就被借调到中央党史研究室工作，1984年正式转过来。他先在中央党史研究室第一研究部，后又参加编刊物的工作，当过《中共党史研究》的副主编。他除参加了党研室的《中国共产党历史》上卷的编写工作之外，还著有《延安时期毛泽东统战思想》，主编过《共和国之路》、《中国共产党的建设道路》等书。退休以后，他和他老伴一起练书法、画画，还出了集子，真不错。

在曲阜期间，看了孔府、孔庙、孔林，感受到儒家学派在中国的影响之大。孔丘的后代也很不容易，一代一代传下来，没有断根。曲阜这个地方不通火车，这事怨孔丘的后代，说是怕火车的声音会惊动了圣人，真太愚蠢。不通火车，影响了城市的发展，也影响了人们去"朝圣"，不利于儒学的传播。前面说过，中国传统文化中有许多好内容，应该继承，但现在有些人为了强调继承传统文化，都想把自己所崇尚的内容加入到小学课程中。真是那样，你加他也加，小学生的负担也太重了，应该量孩子们的力而行，适可而止。看到谭厚兰带红卫兵毁坏的那些碑，虽然已经立起来了，但痕迹非常明显，实在令人痛心。"文化大革命"把许多正常人的心态都扭曲了。

我在曲阜作报告时，前边提到过我的学生张梅玲突然出现。我很奇怪，问她在什么地方。她说在兖州的一个省属工厂宣传部工作，因为她爱人原在管这个厂子的省工业局工作，"文化大革命"中下放到这个厂子，所以她从北师大出来后就安排在这个厂子里。她邀我去厂子里讲一次，徐宝庆说是他把我请到曲阜，一定要自己把我送到兖州才放心。到了厂子里的招待所住下，我和张梅玲说起过去的事，说起班上同学现在的情况，颇多感慨。人生总有这样那样的境遇，事已过去，一切都要向前看。作完报告回济南，没坐火车，用小车送我。从兖州到济南，车走了三个多小时，我过去还没坐过这么长时间的小汽车，原来很不舒服，后来走远路我尽量不坐小汽车。不久，张梅玲想要调到山东社科院，她已经联系过了，而且有门，让我再帮她打个招呼。我就请老同学蒋捷夫帮忙，他当时是山东社科院的副院长。结果，调动办成了。

从济南回北京后，接到教育部政教司的"指示"，要我8月去上海作报告，然后接着去哈尔滨再讲一次。去上海讲的人，除我之外还有李秀林、吴树青、胡华、齐振海、高放、戴鹿鸣，好像还有别人，记不起来了。当时，我们并不住在一起，我和李秀林、吴树青住在一个饭店，别人住另一个饭店。李秀林是人民大学教哲学的老师，后来当过研究生院院长。他在马克思主义哲学方面，有很深的造诣。他才华出众，思想解放，是哲学界很有影响的专家。他主持过"六五"国家重点项目："马克思主义哲学与中国社会主义现代化建设"，主编过高校文科教材《辩证唯物主义与历史唯物主义原理》，对提高高校哲学教学质量起了很大作用。可惜，他在1986年因病不治而英年早逝。吴树青当时也是人民大学的教师，从事经济学科研究多年。李秀林去世后，他接替做人大研究生院院长，后又调到北京大学当校长。他在马克思主义经济学方面造诣很深，是经济学界领军人物之一，著述甚多，主编过《政治经济学》、《邓小平理论概论》等高校政治理论课教科书，出版过《吴树青文集》。我和他俩过去不认识，因为住在一起，就熟悉了。有一天早晨，我们说一起出去到街上吃早点。没走多远有一个早摊点，秀林说就在这儿吃吧。北京买早点不能自己拿，而上海则是自己拿，我们不知道，站在那里等摊主拿。摊主却不耐烦地说，这是油条，那是火烧（上海不叫火烧，记不清叫什么）自己拿。我一听就火了，说他们一位是经济学家，一位是哲学家，怎么会连油条都不认识，我们北京不许买主伸手拿，谁知道你们这儿规矩不一样。我一发火，周围吃早点的人就劝，说摊主不懂事，也就算了。上海人自尊心很强，我到街上买烟，摊主说大前门要烟票，我没票当然不能买，就只好买不要票的烟。可我说了句，怎么上海还要票，北京已经不要了。摊主一听就不高兴了，用上海话说了一句什么，我听不懂，大概是骂人。我不知说什么好，给了钱就走。北京有句话："骂人不理，如同骂自己。"现在好了，改革开放多少年了，去上海的外地人越来越多，上海人也不再看不起外地人。

在这个饭店里，因为我是副教授，一人住一间。天气很热，但屋里却很凉快，因为有空调。在空调屋里住，是我有生以来第一次，觉得很舒服，特别是对我这个极怕热的人来说，真是再美不过的事。那间屋很小，床离空调很近，到睡觉时，饭店把空调关掉，我没理会，身上什么没盖。第二天早上五点钟，突然把我冻醒，吓一跳，原来是空调又开了，我真是"老赶"，没见过市面，所以想不到。

到饭店后，就给周琪生打电话，原来他住的家离饭店很近。他不让我去，说来看我。第二天好像是星期日，我就摸着路去他家。进了一个弄堂，看见他坐在一个门外的躺椅上，地上放个茶杯，手里拿个扇子。见我去，他很紧张，说无法让我到家，因为只有一间屋，他爱人和岳母正在洗澡。我说没关系，在外边聊会儿一样。这件事传到上海人民出版社，说作者到编辑家进不去屋，实在不像话，一定要解决住房问题。后来，他的住房真的解决了，不过离单位远一些，现在还住在那里。住在市里的上海老百姓一般都不愿意搬到郊区去住，一是嫌离上班的地方太远，一是觉得生活上不方便，随着城市的发展，这种观念慢慢都变了。

我在这次报告会上讲的是周恩来和二次国内革命战争时期的白区工作，虽然那些内容今天说已经不算什么，可当时听众觉得新鲜，过去没听说过。讲课时是8月下旬，天气很热，又没有空调，会场中间放了几块大冰。我一边讲一边流汗，听的人更热，真是受罪。至于其他几位在会上讲什么，我没听就不知道了，只是给戴鹿鸣出了点主意。老戴当时是人民大学的党史教师，后来调到中央党史研究室。他是研究党的创立和大革命时期历史的，有不少研究成果，参与了中央党史研究室的《中国共产党历史》上卷的写作。他的特点是研究问题有深度，写出来的文章质量也很高，但手底下比较慢。当时，他本已备好讲的内容，可临时要求他加讲一次教学问题，他说没有准备，怎么讲得出来。但他又不能说不讲，就问我怎么办，我说很容易，对问题你并不生疏，只是没整理出来。记不得我给他出了些什么主意，讲后效果还不错。后来，我们之间也经常交往，前些年他因病去世了。

由于在那里讲课，就认识了上海社科院的任建树。他是研究陈独秀的，著有《陈独秀大传》，并编辑了三大本《陈独秀著作选》，对陈独秀研究有很大贡献。任建树让我给上海中国历史学会讲一次陈独秀，我说这有点"圣人门前卖三字经"，不想去，他一再坚持，只好去讲了。我没有讲稿，由别人整理成文，题目叫《李大钊和陈独秀》。报告中关于陈独秀的评价，我没有说出什么来。而且有意回避了一些问题，但倡导应该研究陈独秀，应该编陈独秀的集子，这在当时已经算是思想很解放了。陈独秀的全集至今也没出来，不知谁在弄，希望能早日出来。

在上海期间，我还于9月5日参加了《文汇报》组织的座谈会，讨论提高高校政治理论课教学的问题。一起参加会的还有李正文、郝正庭和中央党校的吴亮平、外贸部国际关系组的许乃炯、北京师大的齐振海、人民大学的张朝尊、中国社科院哲学研究所的徐崇温、经济研究所的罗兆鸿。上海方面参加会的有中共上海市委书记夏征农、副书记兼宣传部长陈沂①以及复旦大学、上海师大、上海高教局的负责人。会上，大家发言涉及面很广，有政治理论课的地位问题、大中小学政治课的区别问题，等等。我在发言中强调，要提高教学质量，必须加强研究，而这种研究一定要坚持实事求是的原则。当时，像中共一大都有谁参加这样的问题都不敢说清楚。所以，我在举例时说，这种事一定要说清楚，不能有的参加者后来在政治上发生转向就不说他参加了这次会。不记得夏征农和陈沂在会上说什么了，好像只说了客气话。他们两位都很随和，是学者风度，而没有官气。这次座谈会大家的发言登在1979年9月10日的《文汇报》上。

上海的活动结束后，就准备去哈尔滨。由于还有几天工夫，加之从上海到哈尔滨不那么方便，先回北京比较好。为了快，决定坐飞机。我没坐过飞机，上去以后并没有什么感觉，还是比较舒服的，但当飞机向下飞的时候就觉得难受。下了飞机，大概有一个星期的样子才缓过来。因为身体不适，哈尔滨也没能去。以后我再也不愿坐飞机了，因为坐飞机是为了快，而下了飞机一个星期不能干事，当然不上算，不坐也就罢了。因为不坐飞机，就断了出国的路，而我对出国也没兴趣，所以，无所谓。

回到学校以后，新学期刚开始，但我没有教学任务，仍和马模贞一起研究李大钊，同时和王朝美一起准备搞一本关于党的创立的书。上边说到，我和马模贞合作研究李大钊是从1978年下半年开始的。在这个过程中，我们收集了很多材料，其中从俄文材料中看到有一件署名琴华的在共

① 陈沂，1919年出生于贵州遵义，1933年先后在四川大学、中国公学、北京大学肄业，1931年加入中国共产党，新中国成立前从事中共宣传工作，当过许多地区报社的社长、主编。新中国成立后，陈沂曾任解放军总政治部文化部部长，创办《解放军画报》、《解放军文艺》等刊物，1979年调入上海市委工作，著有《五十年一瞬间》、《文艺杂谈》等。

产国际五大上的报告。当时，不知琴华是谁，只知道李大钊参加了这次会，那么琴华会不会是李大钊？为了弄清楚这个问题，一方面去问李葆华，一方面写信问罗章龙（仲言）。李葆华告知，他们家里人往苏联写信就是写给琴华。罗章龙回信说，是他与李大钊起草的报告。来信是这样写的：“当时上海中央派遣应邀出席共产国际第五次代表会议代表团主要成员有中央委员会常委兼秘书罗章龙，中委会常委王荷波，中委兼北方书记李守常以及其他代表等共十余名。在出席会议期间，代表团驻在莫斯科，曾作过报告，报告由李守常和我两人起草，译为俄、德、英、法等国文字，交由会议秘书处在会场散发，并用各种语文广播传达。”弄清楚了琴华确系李大钊在苏联时用的名字，报告也确实是他参与起草的，所以我们把报告译成中文，发表在《教学与研究》1979年第5期上。

1979年，罗章龙的回信

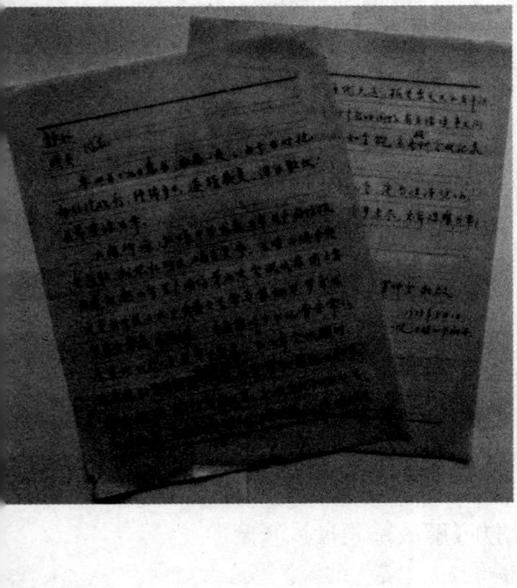

同时，我得知美国威斯康星州麦迪逊大学历史学教授莫里斯·迈斯纳在1967年出版过一本名叫《李大钊与中国马克思主义的起源》的书，其中提到李大钊在日本读书时用英文写的《我的自传》。为了掌握这份材料，我立即写信给迈斯纳，他在当年的7月25日复信。信的内容是：“收到您十分亲切的来信，并知道您认为我写的《李大钊》一书有一定的价值，我非常高兴。在我写书之前，我很认真地拜读了您于1957年出版的《李大钊同志革命思想的发展》，收益颇深。另外，我也非常欣赏您在1979年5月3日发表在《人民日报》上的有关李大钊的优秀文章。我研究李大钊已有多年，并收存了很多的相关资料。现在我正在这些资料中进行查寻，但到目前为止，我还未找到您所要的有关自传方面的材料。不过我肯定最终是能找到的，并会将其复印件及时地寄给您。但这份材料只是李大钊于1914年在日本Waseda大学学英文时，所写下的二三页英文作文，所以我不知道这份资料对您的研究能有多大帮助。”后来，我们也看到了这份自传，记不住是迈斯纳寄来的，还是从别处弄到的。打这之后，我和迈斯纳就有了多次书信来往，下边我还会提到他。

迈斯纳在信中提到的我在《人民日报》发表的文章，实际是纪念五四运动六十周年而写的。这篇文章只是宣传性的，没有什么新的内容，倒是这年10月29日发在《文汇报》上的《努力提高李大钊研究工作的水平》确实在国内外研究李大钊的学者中间产生了很大影响，对后来的李大钊研究工作起了推动作用。这篇文章是《文汇报》约我写的，为了纪念李大钊诞辰九十周年。文章粗略地描述了以往李大钊研究的状况，并提出三方面的不足：一是史料挖掘不足，又缺乏必要的考证；二是不能完全实事求是地运用史料，并引出正确结论；三是缺乏深入细致研究，满足于简单化的结论。文章坚持实事求是原则，点出研究的方向，得到国内外研究者的赞同。文章特意提到国外研

1979年，迈斯纳的回信

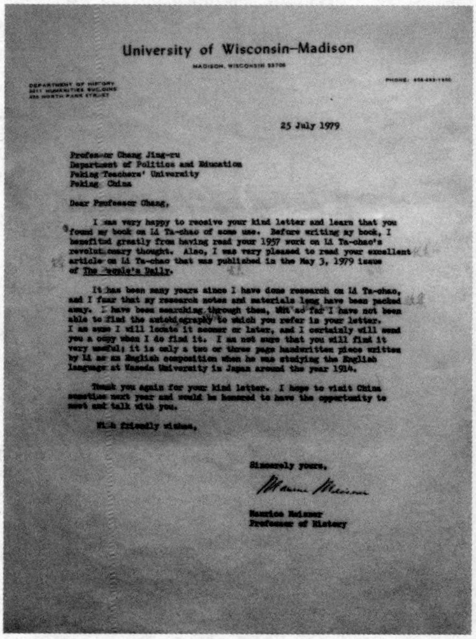
University of Wisconsin–Madison

MADISON, WISCONSIN 53706

DEPARTMENT OF HISTORY
3211 HUMANITIES BUILDING
455 NORTH PARK STREET

25 July 1979

Professor Chang Jing-ru
Department of Politics and Education
Peking Teachers' University
Peking China

Dear Professor Chang,

I was very happy to receive your kind letter and learn that you found my book on Li Ta-chao of some use. Before writing my book, I benefited greatly from having read your 1957 work on Li Ta-chao's revolutionary thought. Also, I was very pleased to read your excellent article on Li Ta-chao that was published in the May 3, 1979 issue of The People's Daily.

It has been many years since I have done research on Li Ta-chao, and I fear that my research notes and materials long have been packed away. I have been searching through them, but so far I have not been able to find the autobiography to which you refer in your letter. I am sure I will locate it sooner or later, and I certainly will send you a copy when I do find it. I am not sure that you will find it very useful; it is only a two or three page handwritten piece written by Li as an English composition when he was studying the English language at Waseda University in Japan around the year 1914.

Thank you again for your kind letter. I hope to visit China sometime next year and would be honored to have the opportunity to meet and talk with you.

With friendly wishes,

Sincerely yours,

Maurice Meisner
Professor of History

究者的贡献，以警示国内研究者妄自尊大。文章说："日本学者丸山松幸、斋藤道彦合编的《李大钊文献目录》，把我国'文化大革命'前编的几个著述年表综合起来，加上《五四时期期刊介绍》中各种期刊目录部分所见李大钊同志的文章，总共收集著译文目录四百三十三篇。工作很细致，令人佩服。说实在的，这个工作并不甚难，尤其是我们做起来较之日本学者更容易一些。但是，我们就是无人去做。"文中还说："美国学者莫里斯·迈斯纳所著《李大钊与中国马克思主义的起源》一书，是一本研究李大钊同志思想的专著。它对李大钊同志的思想分析很细腻，特别是注意反映其思想中有特色的东西，使人看后颇有启发，这比起我们有些文章（包括我写的在内）那种'大而化之'的毛病不能说不是一种优点。"

这年的10月25日，我在辽宁省中共党史学会理事扩大会和辽宁省高等学校中共党史教学研究会成立大会上作了周恩来在白区的报告。沈阳有我许多学生，见到后很高兴。

为了纪念李大钊诞辰九十周年，北京历史学会在10月29日举办了报告会，由李新作报告，题目好像是《学习李大钊，研究李大钊》。他对李大钊的历史功绩给予了充分肯定，并强调要学习李大钊的革命精神和高贵品格。在此之前，人民出版社于4月出版了《李大钊传》。这本书的出版，是件很不容易的事。1960年，在邓拓的提议下，中共北京市委党校开始组织编写《李大钊传》。主持这项工作的是该校校长赵征夫，参加者有袁谦、黄真、朱乔森、张仲豪、杨芹、李美瑞。草稿出来后，由朱乔森、黄真继续修改，1963年完成初稿。但是，还没等到正式出书，"文化大革命"来了，一切是非都被颠倒，写李大钊传，歌颂革命先烈，变成反对毛泽东。由于这本书是邓拓提议的，自然又同"三家村"联系起来。于是，已经离开党校的赵征夫被揪回来批斗，以致含冤去世。黄真被斗得不能走路，朱乔森也受了伤。《李大钊传》的稿本被列为黑书，严加批判。打倒"四人帮"，这桩冤案才得到平反。我在他们写初稿时，就读过一遍，并提出了意见。他们在后来的遭遇，我也都知道，所以书正式出版之后我很高兴，至今还存留着当年6月

24日由朱乔森、黄真签名送给我的书。10月29日的《北京日报》发表了我的书评，题目是《浩然正气　耿耿丹心——读〈李大钊传〉》。

这里，我还想说说我的好朋友朱乔森，以再次表示我对他的怀念。朱乔森与我同生于1933年，但他是老弟，比我晚生七个月零二十三天。他是朱自清的次子，但不研究文学，而致力于中共历史的研究，特别是对李大钊的研究。上面说到，为了出版《李大钊传》，乔森耗尽了心血，并受过身体的摧残。该书出版以后，他继续研究李

与朱乔森合影

大钊，不断写出优秀文章。同时，他还以极大精力编辑了十二卷本的《朱自清全集》，为深入研究朱自清、中国现代文学史奠定了重要基础。在多年的交往中，我对乔森的为人和学术上的造诣有很深的了解。我在给《朱乔森文稿》写的序中说："我佩服乔森在工作上有很高的热情，踏踏实实，任劳任怨，只做贡献，不图回报，特别是生重病之后，动了手术，还在病床上指导博士生论文的写作；佩服朱乔森在学术上锲而不舍，与时俱进的精神，对每个问题都认真、细致研究，从不说没有根据的话，而且不保守，经常研究新问题，得出新结论；佩服乔森为人厚道，做事公正，与人相处谦虚、随和，不苛求别人，对别人给自己的一点好处都念念不忘；佩服乔森对待疾病的坚强态度，以惊人的毅力忍受着手术、化疗的痛苦，从不气馁，乐观地活着。"可惜，他经过与疾病多年的搏斗之后，在2002年4月5日清明节这一天驾鹤西归。我十分想念他。我和乔森交往多年，深深体会一个人所受家庭教育的重要性。乔森身上的优点，与他自幼受到他父亲的教育是分不开的。他培养出来的学生都很优秀，比如在江西财经大学工作的陈始发，无论他担任学院院长工作，还是教学与科研工作，都非常努力。所以，他不但教学效果很好，而且在科研方面不断做出新成果，如《多维视野下的中央苏区文化建设研究》就是一部高质量的专著。我与始发经常联系，他到北京总来看我。始发有一个很美好的小家庭，爱人周茂华，女儿陈语嫣。

如果说中共十一届三中全会之后的这一年，党史学界的教学和研究工作者在解放思想精神的感召下，改变了多年的缓慢的、甚至有时是倒退的步伐，试探着向前迈进的话，那么，时间进入到20世纪80年代，中共历史学的发展则迎来了真正的春天。

立硕士点

时间进入20世纪80年代后，全国形势有了很大变化。从1980年到1981年，有这样几件事很突出：第一，中央领导集体的改组：1980年2月23日至

29日的中共十一届五中全会上增选胡耀邦、赵紫阳为中央政治局常委，并重新设立中央书记处，选举胡耀邦为总书记。会议还决定为刘少奇平反。1980年5月17日，在人民大会堂召开追悼刘少奇大会，邓小平致悼词。第二，1981年1月25日，中华人民共和国特别法庭判处江青、张春桥死刑，缓期两年执行，剥夺政治权利终身，对王洪文、姚文元、陈伯达、黄永胜、吴法宪、李作鹏、邱会作、江腾蛟等其他主犯也分别判刑，给予法律制裁。第三，1981年6月27日至29日，中共十一届六中全会在北京举行。会议通过《关于建国以来党的若干历史问题的决议》，对新中国成立以来的重大历史事件，特别是"文化大革命"作出了正确的总结，科学地分析了在这些事件中党的指导思想的正确和错误，及导致其产生的主观因素和社会原因，实事求是地评价了毛泽东在中国革命中的历史地位，充分论述了毛泽东思想作为党的指导思想的伟大意义。在这次会议上，华国锋辞去党中央主席和中央军委主席职务，选举胡耀邦为中央主席，赵紫阳、华国锋为副主席，邓小平为军委主席。中央政治局常委为：胡耀邦、叶剑英、邓小平、赵紫阳、李先念、陈云、华国锋。第四，1981年8月26日，邓小平在会见台湾、香港知名人士傅朝枢的谈话中，进一步阐述了中共对中国台湾的政策，指出中国台湾不搞社会主义，社会制度不变，即使用武力解决台湾问题，台湾的现状也可以不变。台湾作为中华人民共和国的一个省，一个区，还保持它原有的制度、生活方式。这就为统一祖国明确提出了"一国两制"的构想。第五，到1981年底，国家财政收支实现基本平衡，市场物价基本稳定，国民经济主要关系继续改善，生产建设进一步发展，走上稳定发展的轨道，政治局面也进一步安定。

全国政治经济形势的明显好转，给社会科学的发展提供了有利条件。在这种情况下，党史界的教学和研究工作者日益活跃。在高校党史教学的教材建设方面，除多数学校使用上海本、山东本之外，有一些地区，如浙江、吉林等省也开始编写、出版了党史教材。另外，中央党校在1981年出版了李践为主编的《中国共产党史稿》第一册、1981年人民出版社再次印刷李新等主编的《中国新民主主义革命时期通史》、1980年黑龙江人民出版社出版的魏宏运主编的《中国现代史稿》等，这些对党史教师备课都是很有用的。在党史研究方面，由于研究者在思想上的顾虑越来越少，这两年已经取得了不少成果。一是在中共中央已经对一些党史人物进行平反的基础上，进一步分析了这些人物的历史作用，并对另一些不属中央管辖范围内的党史人物的历史功绩予以评价。所涉及的人物逐渐增多，如刘少奇、彭德怀、李大钊、瞿秋白、李达、陈独秀、澎湃、恽代英、邓中夏、于方舟、张太雷、周恩来、王稼祥、向警予、沈雁冰、彭雪枫、刘志丹、林伯渠、李汉俊、陈乔年、陈延年、蔡和森，等等。二是研究课题的范围逐渐扩大，新民主主义革命的各个历史时期都有所涉及，大致统计有关这些方面公开发表的文章有五百篇左右。三是学术讨论会逐渐增多，如中共党史研究会成立大会暨学术讨论会、全国党校系统中共党史学术讨论会、中共党史人物学术会议、中国共产党成立六十周年学术讨论会、陈独秀研究专题座谈会、九一八事变学术讨论会、陕甘宁革命根据地史学术讨论会，等等。在这些讨论会上，研究者提供了大量论文，促进了学术交流。

这两年党史研究所以取得一定成就，是和各方面提供了一些史料直接相关的。1980年和1981年，人民出版社重印了《六大以前》和《六大以来》。这两本书本来是在20世纪40年代初整风运动中编辑的，新中国成立以后重印。但是，一般高校没有这两本书，北师大也只有《六大以前》。当时，我为了充实我管的资料，特意去解放军政治学院借了《六大以来》翻照成胶片保存。那时，这类史料管得很严。我去借来时，政治学院还专门派车送，用完又专门派车取走。因为借不该保存的材料，我还作了检讨。到20世纪80年代初，我个人手中也有了这两本历史资料集，当然有利于研究。1980年人民出版社出版了中央党校编的《中共党史参考资料》，1979年起解放军政治学院编印了《中共党史教学参考资料》，1981年黑龙江人民出版社出版了魏宏运主编的《中国现代史资料选编》以及有关断代史、专史的资料集，诸如《重庆谈判资料》、《政治协商会议资料》、《一二九运动》、

《一二一运动》等的出版，都为研究者开展研究提供了条件。同时，一些党史人物选集、文集的出版，如《刘少奇选集》（上）、《周恩来选集》（上）、《蔡和森文集》、《澎湃文集》、《张太雷文集》、《李达文集》等，使研究者用起来就非常方便了。

由于有良好氛围，我的思想顾虑越来越少，劲头越来越足，胆子也越来越大。记得当时我是这样想的，中央既然号召解放思想，而以往党史中的一些认识又需要反思，根据历史材料研究，提出自己的见解，应该不会有问题。说心里话，我是非常赞成坚持四项基本原则的，不能胡思乱想，不能胡说八道，一切都以客观实际为依据，才是科学的认识。我这样想，就尽我所能去做。这两年，我发表了十几篇文章，出版了两本专著。其中《刘少奇同志在新民主主义革命时期的重大贡献》一文，是在刘少奇的选集出来之前写的。1980年中央已经为刘少奇平反，但由于"文化大革命"中"四人帮"对刘少奇恶意污蔑和诽谤，使刘少奇在党内和人民群众心目中的形象早已不是"文化大革命"前的样子。其实，在"文化大革命"前，刘少奇在党内的地位是很高的，排在周恩来之前，而且是党内顶尖的理论家，在党的建设、白区工作方面的建树是无人可比的。前边说过，当时，我手中有一些刘少奇的文章，这些在今天已经不新鲜，研究者早已熟悉，可在1980年知之者甚少。我想写出来，也许对人们认识刘少奇，对高校党史教师有些帮助。我让吴家林起草，然后由我修改，以两个人的名义发表。当时，胡华手里没有那么多材料，他看了以后对我说，这一篇写得好，为大家提供了许多新的东西。另一篇《党的新民主主义革命基本思想形成之史的考察》，认为到1925年初，中共四大时，已经初步提出新民主主义革命基本思想。这个观点开始得到一些研究者的赞同。中央党校的《中国共产党史稿》第一册，也用这个说法。后来，中央党史研究室在研究"一战"时认为不能对中共四大估计过高，只有到毛泽东发表《中国社会各阶级的分析》才提出新民主主义革命的基本思想。于是，不少人又倒向了他们的说法。其实，中央党史研究室的说法是不讲道理的，因为他们的标准不统一，说四大时是一个标准，说毛泽东时又是另一个标准，这不好，何况毛泽东的文章最初也没有他们分析的意思。好在中央党史研究室在2002年的本子里，已不再说只有《中国社会各阶级的分析》才提出新民主主义革命的基本思想。不过，我还是坚持我的观点，至今未变。当时，郭德宏也发表过一篇文章，与我的说法一致。我问他变没变，他也说没变。再有一篇文章，在当时的党史界引起好的反响，那就是《中国共产党建立时期形成的特点》。文章概括了四个特点：第一，中国共产党集中华民族的革命传统和中国工人阶级优秀品质之大成，是一个具有坚持革命性和战斗性的政党。第二，中国共产党在建立过程中虽有理论准备不足的弱点，但从基本上说还是在一开始就由马克思主义理论武装起来了，并且在中国革命的最基本问题上把马克思主义普遍真理和中国革命具体实践结合起来了。第三，中国共产党是以俄国布尔什维克为榜样，按照列宁的建党原则组织起来的。总的说来，党一开始就贯彻了民主集中制，但对发扬民主方面注意不够。第四，中国共产党虽然是在秘密状态下成立的，但却有着坚实的社会基础，从而使其有紧密联系群众的特点。但由于这个基础的主要成分是小资产阶级，这就给党内后来出现"左"倾机会主义提供了客观条件。当时，一些同行认为这几点概括得比较好。今天看来，有些用语还值得推敲，但基本上还能站住脚。不过，在当时的环境下，显然有些问题没有说透。

1981年6月，河北人民出版社出版的我和王朝美等一起写的《中国共产党的创立》，是纪念中共创立六十周年的一本小书。策划这本书的时候，我就想能有点什么突破为好。那时能掌握的材料当然比现在少，有些问题无法说清楚，只好扬长避短。今天看，除了比较系统地用当时已有材料描述了中共创立的过程，对党史教师备课有一定辅导作用外，主要是提出两个新的观点：一个是说1920年年中在中国形成了一个共产主义知识分子群体；一个是认为中共二大初步把马克思主义与中国革命实际结合起来。这两点，至今我还认为是对的。这本书所以在河北人民出版社出，是因为出版社总编冯玉墀是我的学生。他在学校上学时就以好学出名，思想比较活跃，所以那个年代被当作白专学生被批判，真是不应该。为了出书，我到他们出版社去谈，有一位女编辑说让我给个大纲，我说写东西从来不先写大纲，把她给堵了回去。晚上，到冯玉墀家吃饭，他说别管她，她情绪不好，是从中央下放来的，不知以后如何。我听了，觉得实在对不起人家。

另一本书是我和马模贞合写的《李大钊》，由上海人民出版社于1981年5月出版。这本书在当时来说，把能够找到的材料都用上了。但也有的材料，虽已发现，而书已成稿，来不及加上。由于材料不足，书中有一些地方是推论的。这是史书最不应该做的，没有材料就写上不清楚，不要硬充"胖子"。这两年，李大钊的研究正在补"文化大革命"前研究的不足，主要有两个方面，一是李大钊本人的著述出版太少，二是有关李大钊生平活动史料出版太少。为此，北京市委党校吴家林等几个人正在准备出版李大钊的文集，河北社科院历史所韩一德等几个人写出了李大钊年谱，这些工作对后来研究的发展打下了基础。

这段时间里，党史界发生的大事是成立了中共中央党史研究室。1980年1月，中共中央决定成立党史研究室，直接负责党史资料的收集、研究和编写工作。经过筹备，中共中央党史研究室于1980年7月1日正式成立。主任为胡乔木，副主任有胡绳、华楠、李新、廖盖隆。同年5月，经中共中央批准又成立了党史资料征集委员会。主任为冯文彬，副主任有廖盖隆、王明哲、马齐彬。到1988年8月，中共中央决定两个机构撤销，组建新的中央党史研究室，主任为胡绳。当时规定的中央党史研究室的主要职责是：第一，研究中国共产党历史，总结党的历史经验，为党的建设和中央决策提供历史借鉴，充分发挥党史资政育人的作用，为社会主义现代化建设服务。第二，编写党史，编辑出版重要党史书刊，征集、整理、编纂重要党史资料，搜集、整理国内外研究中共党史的情报资料。第三，承担中央党史领导小组的具体事务，为中央解决有关党史问题提供资料和意见，完成中央交办的有关党史方面的工作。第四，向有关部门和省、自治区、直辖市的党史机构传达中共中央关于党史工作的指示，组织党史资料征集和党史专题研究工作，组织党史工作的经验交流，培训党史部门的业务骨干。第五，指导中国中共党史学会工作。

中央党史研究室从成立至今，领导机构人员组成多次变更，无论是胡乔木、胡绳，还是后来人执政的时段里，所做出的成绩都是很显著的，这在后边会具体涉及到。不过，我从中央党史研究室一成立时，就认为中央有关部门为其所规定的职责考虑得并不周到。显然，中央想到的只是为自身发展服务，而所说的为社会主义现代化建设服务是虚的。因为如果真想让中共历史研究为社会主义现代化服务，就要把它当做一个学科来对待。在这方面，中央并没有应有的考虑。我认为，一个学科的发展应该有一个核心，它应该团结、率领整个党史队伍前进。中央党史研究室应该成为这个核心。在整个党史学界，高等学校包括普通高校、军队高校、党的高校的党史教师队伍是人数众多的高质量骨干力量，作为核心的中央党史研究室不应该自顾自，而丢弃这一骨干力量。当然，不可否认，中央党史研究室成立至今，确与高等学校党史队伍有一定联系，但多数是单线的个人联系。这是不够的，体现不了中央党史研究室的核心作用。大概是1981年的时候，我曾分别向李新、廖盖隆提出我的看法，但他们却强调中央党史研究室没有这方面的职责，只能加强与高校队伍的联系。幸好，我的这个认识，在将近二十年之后，得到中央党史研究室领导和高校部分教师的认同，后边我会说到。

这段时间里。党史界的另一件大事是在成立中央党史研究室的同时，成立了中共党史学会。在成立大会上，选出冯文彬为会长，曾三、李新、廖盖隆、胡华、马齐彬、王实、董谦为副会长，肖效钦为秘书长。我参加了成立大会，当了理事。记不起当时是谁想在会上做手脚，我们几个人进行了抵制。究竟是什么事，怎么也想不起来了，也忘记和谁一起联手，只好暂缺。当时我就想，为什么总有人为个人利益而不择手段去损害整体利益呢？全国党史学会成立至今，已经换了几届领导机构组成人员，也做了许多有益于学科发展的工作，后边的回忆中还会涉及到。

在中国中共党史学会成立以后，各地也纷纷成立了党史学会。1981年3月，北京中共党史学会成立，刘导生任会长，我和王定坤为副会长。秘书长是戴鹿鸣，副秘书长是方亭、陈明显。后来，到第四届，刘导生不当会长了，由我接替。我干了两届，改由谢荫明当会长。我当副会长、会长期间，学会做了很多事，主要是团结北京地区的党史教学和研究工作者，组织学术活动，为发展党史学科服务。这些活动在后边的不同年代的会议中，再具体叙述。组织学术活动的最大困难是没有钱，因为学会直属北京社科联，活动经费每年由他们拨，只有两千元。开头还算好，后来钱不值钱了，就更困难了。本想向社会募点钱，可始终没有能搞定。有一次，通过关系向巨人集团要点钱，集团副总都答应了，可到老总那儿被否了，说不要沾政治的边。想办个刊物，但没有钱，就与河北党史办联系，开头他们同意合办，后来他们又说不知道政治形势如何发展，结果没办成。记得有一次开会，会后几十人吃饭，我一看连点啤酒都没有，问秘书长，说没钱，只好我自己掏腰包请大家喝点酒。现在想起来，那时有些人还比较怕，不敢沾政治边，怕形势发生变化。也不能怨他们，每个人有每个人的考虑。

在工作中，我和学会会长、副会长、秘书长们都处得很好。对导生，我一直很尊重他。导生1913年生于江苏。1935年一二·九运动爆发时，他在北京大学读书，是历史系二年级学生。是年秋天，他加入了中国共产党，任北京大学党支部书记，参加一二·九运动，时年二十二岁。新中国成立前，他大部分时间都在山东省从事革命工作。新中国成立后，他先后做过青年团中央书记处书记、中国社科院哲学社会科学学部副主任、中国社会科学院副秘书长、中共北京市委常委兼宣传部长、书记处书记、政协主席、国家语言文字委员会主任。1987年，他离休在家颐养天年，身体非常好。我和导生接触不多，主要是因学会工作向他请示。他比我整大二十岁，在他面前我还是孩子。当时，他虽已快七十岁，但思想敏捷，不保守，提出的意见很到位。一般情况下，我都按他的意见办，有不同想法也向他说明，共同商量着办。他很和蔼。也从不主张非按他的意见办不可，与他接触没有顾虑，很愉快。

2008年初，我见到他，身体还那么好，都九十五岁了，真不简单。这一年，他出版了回忆录《从容忆往》。他在前言中说了这样一段话："我对历次'左'倾路线，尤其是'文化大革命'这十年登峰造极的'左'倾错误路线，是持批判态度的。似乎有人至今还对'文化大革命'一往情深、歌颂有加，甚至说如果'文化大革命'继续到今天，不搞什么改革开放，就不会有修正主义的苍蝇、蚊子，就不会有修正主义的错误。我不知道他们所说的'修正主义'是什么。试问，不事生产，破坏生产力，'宁要社会主义的草，不要资本主义的苗'，这种所谓'革命者'难道不食人间烟火？他们眼睛里还有没有群众？他们可以吃劳动人民辛勤劳动生产出来的大米白面高谈革命，难道十三亿人民会接受这些空谈高调而不吃不喝吗？"说得非常好，批得非常痛快。

陈明显后来当了秘书长、副会长，我们一直合作到2003年。他是人民大学党史系的教授、博导，培养了很多博士、硕士。他在社会上的各类考试辅导方面做了相当大量的工作，而且效果相当好，吸引了很多青年人听他的辅导课。这方面的事，我就做不到，因为我的思路总跟各类考试出题人的思路不一样。有人考试时找我，希望我给辅导一下，我都拒绝了，说让我辅导准考不上。陈明显不仅是这方面的专家，在党史研究方面也很有成就，出版过《中华人民共和国史》等专著。他所写的《晚年毛泽东》深受同行的重视。我们一起工作这么多年，一直很顺当。他这个人工作很负责任，不辞劳苦，能出主意想办法，做起事来很细致。我这个人不太注意小事，懒得去想，好多事都靠老陈去做。那些年，主要是他帮助了我，所以学会工作还算过得去。因为是好朋友，他不但在工作中支持我，帮助我，而且生活上也照顾我，帮我搬家、买家具都是他。现在我们都老了，不一起工作，见面机会少多了，但仍合作写点书。他老伴与我也很熟，最近知道她生病了，比较重，希望她早日康复。

在学会工作中，我一直离不开的另一个人，就是学会秘书荣国章（后来当上副秘书长）。他是北京市委党校理论研究班的学员，大概在1981年我给这个班上过一些课，我们之间算是师生关系。这个班毕业后，给了他个大专文凭，接着就分到北京社科联，长期负责学会、学术活动方面的工作，后来又当了党组成员。他不仅在工作上做了很多事情，而且在党史研究方面也有成就，出版过《北平人民抗战史稿》，被评为研究员。多年来，党史学会的具体工作都是他操持的。他做事认真，待人随和，能团结人。他不辞劳苦，打电话、写信、跑路，每件事都要落到实处。同陈明显一样，他不仅在工作上帮助我，而且在生活上照顾我。记得我二女儿张兰没考上大学，准备去电大学习，就是荣国章带她去报的名。

这两年，在搞学会的同时，我还参加了北京市高校的职称评审工作。当时，各高等学校都无权自评，一律由市职称评审委员会评定。委员会下设若干组，我参加的是政治组，这个组还有黄楠森、王淇和清华大学的贾观，好像还有一位，记不起来是谁了。我们几个人都是副教授，到1982年，黄楠森提为教授。这个组每年评一次，开始指标很松，也没有像现在规定很多杠杠，只要学校能报上来，就差不多了，很少被否了的。因为那时候能报上来的不多，报上来的人也只有二三篇文章，几乎没有人出版过专著，主要是教学工作。职称评定工作在“文化大革命”前两年就停下来了，不评教师也就没什么可盼的，这时一恢复，许多老教师希望在退休前弄个副教授，这种心情是可以理解的，何况与工资、住房都有联系呢。刚结束“文化大革命”时，教师工资很低，住房也差，当上副教授，改善一下，当然是大家盼望的事。所以，评上评不上，人人在乎。记得有一天晚上，有一位老教师到我家，说他已被报到市里，希望我帮助。他比我大好多，天又那么晚，怕走路摔着，老伴陪他一起来。我安慰了一阵，告诉他估计不会有问题。他走后，我心里很难过，觉得他真不容易。确实，他又没有什么像样的成果，主要是教了一辈子政治理论课，心里不踏实也是自然的。在评审工作中，我们几个人总是持“慈悲为本”的态度，只要基本条件够了，只要指标允许，就通过，不故意为难。我还给一些老教师出主意，让他们明白“哀兵必胜”的道理。有的老师不明白，总有点自我感觉良好，介绍自己的时候常常过分强调自己的长处，说些不实之词。大家都是行家，一听就明白怎么回事，引起反感。所以，我就告诉老师们，一定要实事求是，在此基础上加上点求助的感情色彩，这招挺灵，容易引起同情。当然，这项工作也是很难的，由于指标限制，并不是所有申请人都能顺利达到目的，不免得罪人。说心里话，我从没想和谁过不去，实在与指标限制有关。到20世纪80年代中期以后，我主动要求不再做这项工作，已经服务多年，应该换换了。这样，我就躲了个清净。不过，北师大职称评审工作、北京市委党校系统职称评审工作后来还做着。

1980年，与何沁、沙健孙合影

这两年，教育部政教司对于高校政治理论课编写统一的教学大纲抓得很紧。1980年3月，在济南召开各门政治理论课大纲的修改会议，我、何沁、沙健孙分别代表师大、人大、北大参加会议。还有谁参加了会、开会的内容都记不清了。只记得郑灿辉、周琪生参加了会，我们三人一起到一个鲁菜馆吃了饭。鲁菜就是山东菜，新中国成立前北京主要是吃鲁菜，家里自己做饭也是以鲁菜味道为主。改革开放以后，其他菜系大量流入北京餐饮业，一两年的时间，鲁菜已经被边缘化了。我以为在山东可以吃到鲁菜的正宗味道，没想到味道变了很多。看来，人类的生活，总是不断在变，特别是社会有大的动荡、大的迁徙、大的沟通，这种变化就来得更快、更大。但事情就是这样，边缘化的东西，过一段时间又可能发生新的变化。比如鲁菜又慢慢引起人们的喜爱，而一度火爆的川菜逐渐冷下来。于是，不少饭馆的菜单上写着川鲁粤菜都有。在吃的问题上，人们的口味是多种多样的，只能是爱吃什么就吃什么，不必强求一致。某一菜系想占主导地位也是不可能的，过去北京以鲁菜为主，是因为闭塞造成的。

这次会议后，会上的一些人决定到曲阜转一转。到了曲阜，住在孔府的外院，那里把孔府下人住的房子改成宾馆，我和老何、老沙住在一间很大的屋，有卫生间，挺舒服。在孔府中设宾馆不应该，这样做大概是想招揽生意，让我们赶上，以后肯定不会再有。当时，老何、老沙说想去泰山看看，可东道主没有安排这项活动。前边说过，曲阜师院的院长是我的学生，我就向他提出我在院里讲课，安排他们两人去泰山。这样他们两人高高兴兴去了泰山。我讲完课，他们游完泰山，分别到济南，一起回北京。在回来的火车上，老沙说糟了，没给孩子们带吃的东西。我说你真行，这事忘了，不过没关系，北京车站里有卖的，山东特产高粱饴糖，买点拿回去一样。

为了修改大纲，回北京后，教育部政教司联系中央档案馆去看资料。我第一次去档案馆，主要是想看一些会议的文件。档案管得很严，不能复制，只能抄一些，还要审查之后才能拿走，真没意思。我去了以后，有一种上当感。其实，看了一些文件，也没解决什么大问题，跟没看差不多。去了一趟档案馆使我产生了一种想法：中国共产党是存在和发展于社会之中，研究中共的历史主要应该研究这个政党怎样推动社会前进。也就是说，要研究中共在每个历史阶段做了些什么事情，效果如何。所以，大量的材料应该取之于公开的东西，取之于报刊、书籍中反映社会各领域变化的文字记载以及保存下来的完整的或残缺的实物。除非研究党内不公开的某些细节，诸如不同意见争论之类，一般说用不着去看会议记录等机密材料。由这种想法出发，进一步我就觉得有研究现当代社会史与共产党历史的关系的必要。这就是我在后来提出以社会史为基础深化党史研究的观点的最早萌芽。虽然中央档案馆有我认识的几个朋友，但我从来也没麻烦过他们，而且我再没有去过。后来，我劝过很多朋友、学生、没有必要就不去档案馆。

这年8月，在大连，政教司举行了全国政治理论课教师暑期讲习会。这次会政教司想入非非，他们的人不主持，让我们分别组织各门课教师听课、讨论。我是党史课的头，一切事都由我来办。开会的人都住在大连的一所宾馆，可上课又在另外的地方，要坐大轿车去，这档子事就够麻烦的，来来回回，真丢下个人，还要到处去找。再有请来一些人作报告，我要去车站接（不只是党史的，别的学科请来的人也由我来管），还陪着他们到市里去转，有的对两人住一屋有意见，真够烦人的。那几天把我忙坏了，跑前跑后，没完没了。越怕出事还净出事，在听报告时，郑灿辉晕倒了，赶快送医院。老郑住的好像是铁路医院，我去看他时发现这所医院的设备、管理都相当不错，据说是延续沦陷时期日本人管理的规矩。看来，那时候日本人在这方面比我们先进。不管是谁，凡是先进的只要适合我们的东西都应该学习。最近我在一次会上听一位学者发议论，说建设社会主义新农村，还要去日本、韩国学习不应该。我觉得，只要有用，就应该学。

在这次会上，我和老何商量，由老沙来作主报告，也就是介绍整个大纲的指导思想、编写原则、章节安排以及重点、难点。因为他没在全国范围露过面，这次机会对他后来的发展会有好处。会上，我讲了“关于陈独秀路线在党中央占统治地位的标志和第二次国内革命战争时期的党的白区工作”。当时所讲内容，今天看已不新鲜，有的材料也未必准确，特别是关于陈独秀路线在党中央占统治地位的标志问题，由于现在党史学界已改变了对陈独秀错误性质的说法，较多的学者认为是右倾错误，而不是路线问题，再谈什么“标志”问题也就没有意义了。对于会上作学术报告的都有谁，我已记不清了，只记得李新给我出了点难题。他报告之后，对我说要开一次“答记者问”式的会，就是老师们当场问，他当场回答问题。我晓得，这种会开起来很难收场，万一问的问题有几个回答不上来，实在有点丢人。李新坚持要开，我只能陪着。果然，有几个问题他说不上，可他非问我，幸亏上帝保佑，那几个问题我还知道一点，就对付过去了，真是擦屁股的活儿。李新很有学问，对中共历史、中国现代史很熟悉，但也不可能什么都知道，这样的答问会不宜单独一个人开，找几个人一起回答，谁能回答什么就答什么。后来，我也开过这样的会，效果还不错。我与李新交往不多，我很尊重他，但没事不去麻烦他。他曾希望我在师大帮他解决房子问题，我确实办不到，连我自己还没住在校内。我记得曾去过他住处两次，也都是为了公事。后来，我听别人说李新觉得我不爱上他那儿去，他说别人都来我这儿，怎么张静如不来。其实，我并不是对李新有什么看法，而是因为自己很忙，没事不去别人那儿，比如彭明与我那么熟，没事我从没有去聊会儿大天。

这次大连的会，党史方面的会都是我主持的。我主持的会的特点，除必须交代明白的事之外，不说别的话，就是“开会”、“散会”。对请来作报告的人，也不说任何客气话，只说今天请谁作报告。人家讲完了，我就说两个字“散会”。多年来，请人作报告，主持人开场白都要说请的这个人怎么怎么棒，是什么样的专家，有什么样成就之类的话。该人作完报告后，主持人又要说这报告怎么怎么重要，听众要好好领会之类的话。我觉得实在没劲，请谁来作报告用不着吹这个人，听众也不会误会主持者从大街上随便拉个人来讲。作完报告后，更用不着说什么，因为报告好不好，有用没有，不由主持人来评定，听众说好或不好，有用或没用才算数。所以，我主张报告之前，只说由谁报告，顶多说一下该人是什么单位即可，报告之后就说散会，顶多说声谢谢。包括请来什么领导人来讲话，也不要加什么“重要”之类的话，重要不重要，让听众去体会，去评判。胡锦涛讲话，当然可以加上“重要”两字，因为他是代表党中央，至于其他人就不必要了。现在有的单位，处长讲话也加“重要”两字，还要大家认真领会，实在没劲。

大连是一座非常美丽的城市，街道整齐，绿树成荫，空气新鲜。参加会的人虽然住在市中心，但主要的景点，如旅顺口、棒槌岛、老虎滩，等等，都组织大家去看了。我跑的地方更多一点，因为请来作报告的人有的住在海边，我去了好几趟。等人的时候没事干，抽着烟，观观海。

大会散了后，我并没有直接回北京，而是和李秀林、吴树青一起坐火车去了抚顺。在火车上，我们仨人占一个软卧包间，碰巧赶上许多外国人坐在车厢里，我们无法穿过去餐车，眼看午饭成了问题。其实，这边就我们仨人，过一下也没什么，那个时候看外国人很神秘，就不让我们过去，但又不能不让我们吃饭，只好给我们端来吃。餐车给外国人准备的是西餐，我们也只能吃西餐，而且没要我们钱，白吃一顿，真不错。刚对外开放，外国人就来了，人们不知怎么对待。现在看来，做法很可笑，那时候就这样，对新鲜事的态度总有个适应过程，慢慢就习惯了、自然了。到了抚顺，我们仨人分别作了报告，也记不清讲些什么，还参观了煤矿，场面很大，开了眼界。

中共十一届六中全会通过《关于建国以来党的若干历史问题的决议》之后，党史学界不仅以决议为根据，努力促进学科的发展，而且积极参与对决议的解释和宣传工作。高等学校的党史教师都自觉地主动在课堂上贯彻决议精神，使教学质量大大提高。为了使教师自身提高认识水平，各省市领导部门相继组织有关讲解决议的报告，对一些重点、难点问题进行分析和说明。决议公布以后，中共北京市委给高校组织了有关决议的报告会，让我去讲了一次，题目是《毛泽东的历史地位和毛泽东思想》。因为稿子是教师向学生宣讲用的，所以讲话用了对学生的口气，开头就称“同学们”。讲话内容针对当时青年学生的疑问，作了比较详细的解释，其中，谈到看问题的立场、观点、方法问题。现在都不讲立场了，其实立场就是站在什么角度看问题、对待问题、处理问题，谁都躲不开。比如，2008年汶川地区发生灾难性大地震，绝大多数中国人都或捐款救灾、或到灾区服务、或帮助重建家园，真是有钱出钱，有力出力，共渡难关。可也有的人乘机偷、骗、贪或辱骂灾害受难者，甚至说早该死，是报应。这两种不同的态度，就是两种立场。所以，立场不专指阶级立场，不是政治上的专有名词，日常生活中都可以用。我在讲话中强调认识毛泽东的历史地位和毛泽东思想的作用，要从无产阶级整体利益出发，要从中国人民和中华民族的根本利益出发，要进行历史地、全面地、实事求是地分析。今天看来，这些说法仍然是正确的。这次讲话，由于紧密联系青年学生的思想实际，反映还是比较好的。

前面说到过，由于毛泽东不赞成搞学位制度，所以20世纪50年代这种制度未能建立起来。其实，过去已经起草了《中华人民共和国学位条例（草案）》、《中华人民共和国学位授予条例（草案）》、《关于授予外国留学生学位试行办法》等文件，也都作废。1976年，这个问题被重新提起。1979年2月到1980年2月，教育部和国务院科技干部局联合组织的学位小组，拟定了《中华人民共和国学位条例（草案）》。该条例经过专家讨论修改后，于1980年2月15日的国务院常务会议和五届人大常委会十三次会议讨论通过，决定从1981年1月1日起施行。这期间，在一些高等学校重新恢复培养研究生，但尚不能授学位。同时，国务院建立了学位委员会，拟定了《中华人民共和国学位条例暂行实施办法》和《国务院学位委员会审定学位授予单位的原则和办法》两个文件，规定中国设学士、硕士和博士三级，按哲学、经济学、法学、教育学、文学、历史学、理学、工学、农学、医学十个门类授予。1981年2月27日，国务院向有关部委、高等学校和科研机关发出通知，开始确定首批博士、硕士学位授予单位。北师大获得博士、硕士授予权。11月3日，国务院才通知批准的各单位学位点，可是我在暑假后就开始招生，实在想不起是怎么回事了。而且我知道申请的党史硕士点被批准也是在暑假前知道的，是胡华告诉我的，因为他参加了评审。那年，党史博士点只有胡华一个，硕士点除我这里外，还有人民大学、东北师范大学、中央党校。我第一次招硕士生，所以题出得很难，而且史料性很强。不记得有几个人报考，最后取了两名，一个是北师大哲学系本科毕业生姜庆明，一个是东北师大本科毕业生孙文建。他们本科是春季入学的，毕业也是在1981年底，入学读研究生，已是1982年春开学以后的事。我主持的硕士点，只有我一个人能招生，因为当时副教授就我一个，别的教师还都是讲师，后来慢慢扩大。当时不管怎样弱，但总算有了学位点，而且很快就立住脚，成为全国党史学位点的核心。

待批教授

1982年，影响全国的大事件是中共第十二次代表大会的召开。在9月1日大会的开幕式上，邓小平致开幕词，正式提出"建设有中国特色社会主义"这一命题。他说："我们的现代化建设，必须从中国的实际出发。无论是革命还是建设，都要注意学习和借鉴外国经验。但是，照抄照搬别国经验、别国模式，从来不能成功。这方面我们有过不少教训，把马克思主义的普遍真理同我国的具体实际结合起来，走自己的路，建设有中国特色的社会主义，这就是我们总结长期历史经验得出的基本结论。"这条道路一直坚持到今天，并取得相当的成就。在大会上，胡耀邦代表十一届中央委员会作了题为《全国开创社会主义现代化建设的新局面》的报告。他提出中国共产党在新时期的总任务是：团结全国各族人民，自力更生，艰苦奋斗，逐步实现工业、农业、国防和科学技术的现代化，把我国建设成为高度文明、高度民主的社会主义国家。胡耀邦强调，我们党在建设高度物质文明的同时，一定要努力建设高度的社会主义精神文明，这是一个战略方针问题，关系着社会主义的兴衰和成败。大会选举了新的中央委员会、中央顾问委员会和中央纪律检查委员会。在随后召开的中共十二届一中全会上，选举胡耀邦为总书记、邓小平为中央军委主席。

1983年10月11日至12日，中共十二届二中全会在北京举行。全会一致通过《中共中央关于整党的决定》，确定从1983年冬季开始全面整党，用三年时间分期分批地对党的作风和党的组织进行一次全面整顿，实行党员重新登记。邓小平在全会上作题为《党在组织战线和思想战线上的迫切任务》的讲话，强调整党不能走过场，思想战线上主要是理论战线和文艺战线不能搞精神污染。邓小平的讲话，在全国产生很大影响。其中，特别是提到不能搞精神污染，以至于下到宣传部门就把什么都说成精神污染，这就违反了邓小平的原意。

虽然邓小平提出不能搞精神污染，但中共历史学科的发展仍保持繁荣的劲头。这是因为中共历史要以史料为依据，从而得出相应结论，一般与精神污染无关。当然，如果有意歪曲历史，得出抹黑党的历史的结论，是绝对不允许的。1982年至1983年的两年中，有关中共历史的文章、专著、教材、史料、回忆录、书评，粗略统计约有两千一百多种。其中，这两年为高校编写的党史教材，就有十几种。同时，还出版了一些资料书，如中共中央党校党史教研室编的《中国共产党历次重要会议集》、中央档案馆编的《中共党史报告选编》等。另外，像缪楚黄的《毛泽东思想的历史发展》、郑德荣的《毛泽东思想史稿》，在当时都是很有影响的著作。

当时，编高校党史的教材是件时髦的事，所以我就和何沁、周承恩、闻立树一起编了一本《中共党史讲义》（新民主主义革命时期），由人民大学出版社于1982年7月出版。这部教材尽可能汲取了当时的研究成果以及披露的资料，虽然今天看来已显得一般化，可在当时还是有较大影响的。教材中的第一部分是我写的。尽管我根本不同意五四运动是新民主主义革命开端的提法，但由于几个人共同编写，仍然采用了通用的提法，并且讲了几条道理，看起来还能自圆其说。

这两年，我也发表了一些文章。比如，《刘少奇同志对新民主主义理论体系形成的贡献》一文，是《刘少奇选集》上卷在全国发行之后写的。该文以中共历史发展过程为线索，分析了刘少奇从多方面为新民主主义理论体系形成所做的贡献。我认为，刘少奇不仅对新民主主义理论体系的形成具有独特贡献，而且对社会主义现代化建设也有不少精彩的观点。所以，开展对刘少奇的思想、观点更深入的研究，显然非常必要。又如，《邓小平对坚持和发展毛泽东思想的贡献》一文，是1983年7月出版的《邓小平文选》在全国发行之后写的。当时并未公开发表，只在一次讨论会上讲过，想随后修改一下再发，但放在残稿中就忘了。2005年在编我的文集时被翻出来，一看，还可以，就收入文集中。该文比较系统地说明了邓小平对坚持和发展毛泽东思想所做的贡献，当然那时的认识和今天的认识无法相比。文章的突出缺点是没有点明邓小平关于建设社会主义要发展生产力的思想，这显然不应该。到1984年以后，我才开始认识到这一点，并强调在中共历史教学和研究中要重视对解放和发展生产力的思考。再如，《陈独秀评传》是我的老师任继愈、石峻约我给《中国著名哲学家评传》写的稿子。当时，客观环境不是很好，要想完全实事求是写陈独秀不大可能。在行家来看，文章写得很吃力，主要是在评价上拿不定。但总的来看，写成这个样子，在当时已经很不容易。文章中没有再写陈独秀犯了右倾投降主义的错误，而只写他犯了右倾机会主义错误，并且强调他没有向蒋介石投降。后来，我没有再研究过陈独秀，到21世纪初，我又改变了看法，说陈独秀只是犯了右倾错误，后边还会说到。我认为，陈独秀这个人所处的时代离现实已很远，完全可以实事求是地进行分析，仁者见仁，智者见智，不同观点，尽管争论，这对中国现代思想史、政治史的研究很有益。

1982年春开学以后，姜庆明、孙文建来报到。很巧，春节期间，我去外交部幼儿园宿舍的锅炉房打开水，不小心，下台阶时一脚踩空，把胳膊摔了。当时，我让杨树升陪着去了积水潭医院，照完片，说是骨折，处理一下，回家养伤。小杨原来在河北社科院历史所工作，总想回北京。他向人民大学分校投了简历，分校缺人想要他，我又找了该校领导打招呼，结果办成。同时，他爱人也调到中医研究院，孩子也跟来，在西苑中医研究院家属区分了房，日子过得不错。小杨是研究李大钊的，我们一直合作得很好，后边还会提到他。姜庆明、孙文建到我家时，我的胳膊托着个板，形象实在不好看，但也没法。怎样培养研究生，我没经验，但从党史学科发展的角度看，研究生要从基本功做起，一个是理论，一个是史料。理论方面要学习马克思主义的经典著作，当然包括毛、刘、周、朱、邓的著作。史料方面要先读

《新青年》，然后再读其他。这些都是苦功夫，没点耐心不行。当时，姜庆明就问过我，读《新青年》干什么，为什么连刊物上的广告都要读，我说，"读"就是一切，目的是没有的。其实，目的就是掌握五四时期最基本的史料，后来她研究李大钊就完全明白读《新青年》的作用了。孙文建毕业后，到中央监察部工作。由于他工作干得很好，一步一步升到了局长的位置，后又调到神华集团，担任许多职务。姜庆明毕业后，留在了当时北师大的马列所，从事研究工作，成为我的助手。1983年9月，我又招收了北师大历史系的王京生。他上三年级时，我们认识后，就指导他学习，考

与张注洪

上硕士，我也让他读《新青年》。王京生毕业后，先到团中央工作，随后到了深圳。他在深圳团市委下属的杂志社工作中，创办了《深圳青年》，这份刊物的立意，就是仿照《新青年》的办刊宗旨，给人以面目一新的感觉。京生从团市委到了文化局当局长，又到中共深圳市委宣传部当部长，并被选为市委常委。京生在深圳干得相当不错，做出了很多有实际效益的工作，特别是他倡导的读书月活动在当前十分醒目，影响极大，《光明日报》还专门作了访问报导。京生有个美好和谐的家庭，爱人冯嘉生在银行工作，已退休。有个宝贝女儿叫王楚媚，记得刚生不久，我去京生在北京的家看过孩子，时间过得真快，孩子已长大成人了。1982年有十几个学生写信来要考1983年的研究生，但实际上有的人没考，有的人没考上。

1982年3月，北京大学历史系教授张注洪要我去给学生作一次报告，讲什么记不清楚了，从现场来看反应还不错。张注洪是“文化大革命”之后认识的，至今已有三十年的交往。他是个非常勤奋的人，做事认真、细致，每次开会他都准备好稿子，意见很微观，常常能指出某种刊物或书稿的诸多错处，使人非常信服。这是他的特长，不像我开会临时想说什么就说什么，大而化之，使人摸不着头脑。他是个非常随和的老头，喜欢帮助别人，有求必应。他研究的面很广，特别在史料学方面有突出贡献，著有《中国现代革命史史料学》、《国外中国近现代史研究述评》、《中国近现代史史料学研究述论》等书。

讲完之后，我回到家吃了几颗花生米，突然觉得很难受，喘不过气来，而且放射到背上。我想可能是心绞痛，家里又没有药，老伴赶快去找邻居要药，结果吃了一片硝酸甘油就好了。但此事不能大意，赶紧和中医研究院西苑医院的大夫姜成田联系，因为他的孩子在外交部西郊幼儿园，是熟人，好办事。随后，我就住院检查，结果没有检查出什么病，为什么出现一次心绞痛也说不清楚。住院期间，姜成田问我，吃饭怎么办？确实，很多人认为医院的饭没法吃，而我却不然，特愿意吃食堂。从当学生到教师，一直在食堂吃饭，住在幼儿园宿舍仍然吃食堂，都吃惯了，没有怕吃食堂一说。

出院之后，我提醒自己既然有一次心绞痛，那就要慢走路，口袋里带上硝酸甘油。不过，从1982年至今，硝酸甘油再也没用过，估计这次难受可能是痉挛。本来，这次住院前，我曾想贷款办一所私立大学，请许多名教授来上课。结昊，我一病就只好暂时放下，后来形势变了，只好放弃。

出院以后不久，4月5日，我参加高校党史教研室组长会议，传达胡乔木关于党史教学批示。在大家讨论后，我说过去很多学校为搞好党史教学做了不少改革，取得很好效果，希望今后在数字中结合中国近现代史创造出更多经验。

6月，我岳父去世。他得的是食道癌，已经无法手术，只能保守治疗。吃了一些药，比医生预计

与欧阳中石、关崇炘、楼宇烈合影

《关松房画集》书照

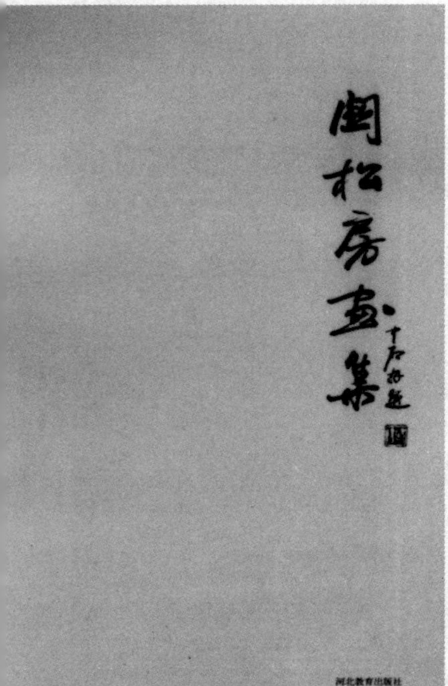

时间延长，但仍然不可能治好。我岳父一生没有像样的学生，自己的画又不是很多，没有人张罗给他出画册。我老伴的哥哥总想给他出个画册，但一直没能实现。2004年，我找了在出版总署工作的学生孔德龙，让他帮我找个出版社，不要花钱，给我岳父出版画册。后来，他找了河北教育出版社，把我们弄好的画稿，于2005年3月出版。书名《关松房画集》，由欧阳中石题字。中石是我舅丈奚啸伯的大弟子，家里同辈人都称他为大师兄，给我岳父画集题名找他理所当然。为表示尊敬，他写了"中石敬题"。画集出版后，《中国文化报》、《中国艺术报》、《河北文化》、《河北日报》等发表了对画集的评论。北京画院院长、全国政协常委王明明在其所写的《关松房的艺术道路及启示》一文中说："关松房先生的画，是在深厚的民族绘画传统这棵大树上生长出来的。他用笔用墨和造型赋色，均有极高的格调和严谨的要求，其优美的意境十分耐人品味，而且趣味高雅，兼具了古代院体画和文人画二者之长，又能从生活出发自出新意。他热爱生活，用画笔记录时代，为我们留下了一笔可以见证时代发展的宝贵艺术作品。现在美术界对关松房先生的研究还有待展开。他一生勤奋，修养全面，在书法和古文物鉴赏方面亦有极深的造诣。他为人正直，品德高洁，其艺其人均可为后人学鉴。"我不懂画，但我利用我的条件，为我岳父出了一本画集，也就心安了。

1982年的暑假，我和马模贞应徐树绩之邀去了威海，随后又去了青岛。本来，这两个地方都是避暑的好地方，因为靠着海，早晚凉爽。可是，那年去，碰上天气非常之热，当地人说几十年没这么热过，真是倒霉，作完报告后，赶快回北京。到秋天，我到中医研究院广安门医院住院动手术，割漏疮。动手术时，医生说了很多可能性，特别说到第二天可能大便费劲。我都没有出现什么情况，怕第二天不能大便，就多次做腹式呼吸，结果顺利大便。医生很吃惊，说我会气功。住院期间很多人去看我，买的东西都吃不了，就给同屋病友吃。有一天，亲家公许立群和他老伴杜晓彬到医院看我，送去了蜂王精，引起了同屋病友的注意，说这是好东西。确实，这东西在那时是很贵的。我大女儿张萍是1982年1月24日结婚的，她的公公许立群在南京上高中时积极参加一二·九运动，1936年8月考入清华大学物理系，1937年2月加入中国共产党。从此，许立群一直努力为党工作，写过许多文章，并在1942年1月正式出版了《中国史话》一书。新中国成立后，许立群先在北京市团委工作，1950年6月调入团中央宣传部任副部长，1952年1月又调入中共中央宣传部，先后任理论宣传处副处长、处长，1959年3月任中宣部副部长，1965年3月被任命为中宣部常务副部长。1966年2月，许立群参加起草“二月提纲”，先以为毛泽东同意了这个提纲，后来才知道毛准备发动“文化大革命”。当年12月，许立群被抓捕，至1975年9月才被放出。在狱中，许立群肉体和精神都遭受难以忍受的折磨，导致患上妄想型精神分裂症，出现了幻视幻听，说常有一个机器发射的电波在控制他，加害于他。1988年，许立群曾一度病情好转，积极参与社会活动、办刊物、写文章，整日情绪高涨，但好景不长，到1990年底病情复发，2000年7月跳楼自杀。许立群一生忠于共产主义事业，做了许多有益于党和人民的事，“文化大革命”把他害得不成样子，令人痛心。我和他认识的时候，他已经生病，看着他的样子实在可怜。即使这样，我每次去他家，他还十分关心高等学校的情况，关心政治理论课讲授和学生学习的情况。写上这一段话，也是对我亲家公的怀念。许立群一生著述甚多，是党内的才子。他去世后，他老伴和几个好友收集他的著述，集成《许立群文集》。为了介绍他对党的宣传工作的贡献，我写了一篇讲许立群怎样把理论、历史大众化的文章。文中主要介绍他出版的《中国史话》和描述全国解放战争时期中共与国民党和平谈判历史情况的章回小说，指出他在理论、历史大众化方面所做的工作，在当时和今天都很有意义。

1983年4月，政教司组织我们到广州修订党史文科大纲和编写理工科大纲。过去没有编过理工科大纲，这次编之前，确定几条原则，总体上是要比文科大纲少。这次会同时也是哲学、经济学大纲的定稿会，也是国际共运史大纲修订会。参加这次会议的人很多，搞党史大纲的有：王学启、马定中、杨世兰、丁荫奎、朱育和、沙健孙、何沁、郑德荣、闻立树、蒋绍椿、冯海燕和我。在会上，我和副组长何沁、郑德荣、沙健孙一起商量，第一次在大纲上写明党史研究对象。以往任何一门学科都有研究的对象，而党史从来没有。虽然这次写的对象并不见得科学，但总算有了。会后，我们一起去了深圳。那时去深圳要办证，查得很严。特别是去深圳和香港的交界处沙头角镇的中英街，就更严格了。到了那里，我一看跟解放前一样，一条街上，一边是大陆的店铺，一边是香港的店铺，两边都可以买。走到头，有香港警察，不许过去。当天有个单位的党委书记大摇大摆走过去，就被扣了起来。此人自以为是，认为香港那边不敢抓他，人家不管你是谁，越界就扣起来，毫不客气。中英街的这种场面对我们去的这帮人来说，都很新鲜。我倒不觉得，因为我见过，整个一个旧社会。2010年，我去了一趟澳门，给我的印象也是旧社会。想当年，葡萄牙分得这块小地方后，无力也不愿多投入，殖民地永远是殖民地。我们收回后，也无法改变早已形成的样子。道路狭窄，居住拥挤，不是宜居之处。在沙头角镇的那条街上，大家都买东西。我记得自己买了个卫生间用的镜子，当时北京没有这种东西。另外还买了香皂、牙膏之类的东西，也是北京没有的。回到北京，下了火车一看，北京变化也很大，街上开了很多店铺，特别是动物园对面的商业街，很是热闹。

回到北京，参加了市职称评审组会议。当时，这个组里除黄楠森之外，我们都是副教授，而这年主要是评教授，各学校报来的申请教授的有二三十人，尤以人大、北大居多。评审时，组内采取了回避的办法，评到谁，谁就出去一下。我的印象是，大部分人都通过了。评审的那天，彭明跑到我家，怕过不去。其实，老彭用不着紧张，他在20世纪50年代就有专著。他的心情可以理解，因为在别人看来他早应该是教授了，所以他对评审就特别关注。晚上，我从北大评审完见到他，告诉他结果。我们评完了报上去，随后就传达了胡乔木的意见，让把职称停下来。这样，我们这一批人就都成了待批的教授。结果，把这一年申请博士点的事也给耽误了。因为要以副教授身份申请，还要有教授推荐，而彭明怕丢人，不想申请。我说其实没关系，但他坚持不申请，我就妥协了，说与他采取一致行动，可谓哥们儿。

评审完之后，我又忙着搬家，从外交部西郊幼儿园宿舍搬到双榆树的周转房。因为我们原来住的房子要扩建为马路，几家都要搬出去。双榆树这个地方当时很不错，有个商场，还有饭馆。搬家那天是陈明显、荣国章、杨树升、姜庆明、孙文建几个人帮我搬的（当时没有搬家公司），然后一起到那个饭馆吃的饭，大家都很高兴。搬过去之后，第一次住上小三居的房子，厨房虽小而且朝西，下午太阳晒得很，但自己能做饭了。房子里还有厕所，这都是过去想都不敢想的。在这小三居中，一住就是三年。

这一年的暑假之前，虽然徐树绩连来几封信，让我帮他请人去青岛作报告，并希望我也去，实际上我并未去。到9月23日，中宣部、教育部通知我当月29日在中南海中宣部放映厅举行座谈会，传达并贯彻胡乔木关于在高校进行政治理论课改革的指示。这次会，人大、清华、北大、师大的党委书记、宣传部长都参加了。会上，传达了胡乔木的设想，并告知不是马上改，而要先搭班子搞大纲。这次会后，教育部让各学校报名单，人大五人、北大二人、清华一人、师大一人，共九人。

这一年的5月，我就跟许立群说让他帮助找胡绳，在10月的北京党史学会年会上作报告。到10月1日许立群给我一信，说因为中央要开二中全会，胡绳来作报告只能推迟。二中全会11日才开，胡绳还是抽空来了。那天，许立群也来了，我是为了让他出来活动活动。他没来之前，胡华来了，我就跟胡华说了许立群的情况，让他多跟许立群说说话。胡绳在报告中强调党史工作者眼界要宽，底子要厚，要研究近代史、共运史，要研究理论，要关心现实。休息时，他又对我说，希望对宏观问题要多研究一点，从历史中总结出规律性来，指导当前和未来的工作。当然，微观研究仍然需要，不是太多，而是太少，一件事弄不清楚怎么能得出结论来。胡绳的报告，对与会者很有启发。

这年11月，我们到杭州修改党史大纲。这次会的任务，主要是检查广州会议定下的原则贯彻情况如何。理工科大纲基本上定了，文科大纲又削下去一些，显得更清楚。会开完后，我到上海，在那里作了报告，题目是《高等学校党史课程要改变，党史学科仍要继续发展》。讲话中，我传达了4月广州会议、9月中宣部理论局召开的会议、11月杭州会议的情况。随后，我讲了有关高校党史课取消后，党史学科仍可持续发展的几点意见。第一，我讲作为中共历史教师，眼界要宽，底子要厚，这是胡绳的意见，我非常赞同。我的想法是作为一个教党史的教师，一定要有各方面的知识，比如要有政治学、经济学、社会学、社会心理学、教育学等等方面的知识。第二，我希望中共历史研究领域要宽一些，过去一直比较窄，这些年宽了一些，但还不够。我强调，要发展辅助学科，比如注释学、目录学、文献学、史学史。第三，我讲要加强理论方面的研究。我讲的这几点在今天看来也都是对的，是继续发展中共历史

1983年，许立群的回信

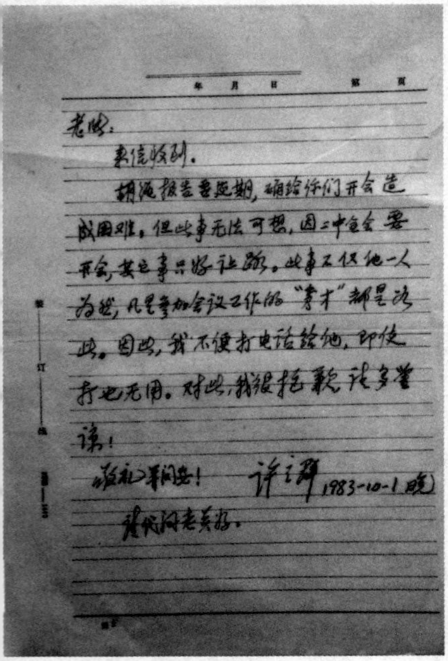
老张：
来信收到。
胡绳报告要延期，确给你们开会造成困难。但此事无法可想，因二中全会要开会，要它事只好让路。此事不仅他一人为然，凡是参加会议工作的"秀才"都是如此。因此，我不便打电话给他，即使打也无用。对此，我很抱歉，请多鉴谅！
敬礼并问安！ 许立群 1983-10-1晚
请代问老吴好。

学科必须要做的。1984年之后，虽然取消了党史课，但没有改上别的课，而是开了中国革命史，这件事后边还会专门提到。

转正之后

1984年到1985年，从全国来看，经济发展形势比较好。特别是1984年10月20日，中共十二届三中全会通过的《中共中央关于经济体制改革的决定》，在中共十一届三中全会农村经济改革取得成效的基础上，提出加快以城市为重点的整个经济体制改革的步伐，以促进社会生产力的发展。《决定》认为改革经济体制，一定要突破把计划经济与商品经济对立起来的传统观念，商品经济的充分发展，是社会经济发展的不可逾越的阶段，是实现我国经济现代化的必要条件。邓小平在会上高度评价了这个文件，说他写出了一部马克思主义基本原理与中国社会主义实践相结合的政治经济学。1985年9月18日至23日，中共全国代表会议在北京举行。邓小平在讲话中指出，十一届三中全会以来，主要做了两件事，一是拨乱反正，二是全面改革。改革是社会主义制度的自我完善，在一定的范围内也发生了某种程度的革命性变革。这是一件大事，说明我们已经开始找到了一条建设有中国特色的社会主义路子。10月23日，邓小平在会见美国时代公司组织的企业家代表团时又进一步强调：社会主义与市场经济之间不存在根本矛盾。问题是用什么方法才能更有利于发展社会生产力。我们过去一直搞计划经济，但多年的实践证明，在某种意义上说，只搞计划经济会束缚生产力的发展，把计划经济与市场经济结合起来，就更能解放生产力，加速经济发展。

这两年的另一件大事，是1984年9月26日中英两国政府关于香港问题的联合声明在北京草签。联合声明宣布：中国政府决定在1997年7月1日对香港恢复行使主权，英国将在同日把香港交还给中国。中国政府在联合声明中宣布了对香港的基本政策：中国决定在对香港恢复行使主权时设立直辖于中央人民政府的香港特别行政区，除外交和国防事务属于中央管理外，香港特别行政区享有高度的自治权，包括行政管理权、立法权、独立司法权和终审权，现行法基本不变，保持香港自由港、独立关税地区和国际金融中心的地位等。这些方针政策将由全国人大以香港特别行政区基本法加以规定，五十年不变。

全面改革的启动，使人的思想进一步得到解放，从而也就促进了党史学科的发展。这两年，对中共历史发展的各个时期的研究都发表了不少文章、专著。比如1984年，发表文章大略统计有一千五百篇左右。另外这两年，《刘少奇选集》下卷、《陈云文选》、《李大钊文集》、《方志敏文集》、《赵世炎文集》等的出版，为党史研究提供了有分量的史料。

在党史学科繁荣发展的氛围中，这两年我也发表了一些文章，出了一本书。比如，1984年1月，为纪念国民党一大六十周年在北京召开了学术讨论会。中国史学会的组织者来约稿，我写了《李大钊对国共合作的贡献》。在这篇文章中，把已知的材料都用上了，并有点分析。又如，1984年10月29日是李大钊诞辰九十五周年纪念日，我写了《再促李大钊研究工作的发展》、《李大钊和北京师大》两篇文章。前一篇是按着五年前的《努力提高李大钊研究工作的水平》写的，再次对五年内李大钊研究工作提出要求。这些要求有的在五年内实现了，有的在十年内实现，有的至今也未实现。总的看来，提出的要求，在当时有点冒进，对困难估计不足。后一篇文章，主要内容堆积了一些材料，用以说明李大钊与北京师大的关系。但文章中出现了一点错误，我把1921年10月李大钊在高师讲演与12月1日发表在《晨报》上的《美国图书馆员的训练》弄混了。这是因为我没有找到讲演稿，说《晨报》上的文章与讲演稿是一回事。功夫不到家，必然出错。科学研究是差一步也不行，这是绝对真理。后学者一定要注意，把功夫做到家。当然，在我看到李大钊在高师的讲演稿之后，才知道讲演稿和文章确实有许多共同之处，但又不完全一样，所以把他们说成一样仍然不应该。

1984年出的一本书是《李大钊生平史料编年》，属于史料书。这部书主要是马模贞领着北京医学院党史教师廖英、钱自强弄的，但如何弄的主意是我出的。一般编生平年表，都只是按年月日写传主的生平，而不列材料的出处。我们这本史料书不同，其特点是只在介绍李大钊的文章时由作者写出简要概括，而大量所列李大钊的实践活动则照抄一段或两段第一手材料作为证据并注明出处。这既可使读者信其可靠性，又可为研究者提供直接引用的方便。但是，这一特点也有局限性，如已考证清楚的李大钊的活动，因为没有可照录的第一手材料，限于体例，就不好写上。其实，像这样的事，完全可以写上，然后说明由何人考证，但缺第一手材料。由于出版较早，所以后来发现的材料不可能用上，我想修订这本书，已让河北社科院王小梅弄个底子给我。

1984年初，北师大图书馆发现李大钊藏书《九通》。为什么李大钊的藏书在北师大图书馆呢？要弄清这件事，只好去请教李葆华。据李葆华说，原来这部《九通》与其他一些书是放在孔德中学的，因为他们家里需要钱，就由钱玄同操持卖给北师大图书馆。为了这件事，北师大图书馆还专门开了一次会，特意把李葆华请来，我也参加了。至今，这部《九通》仍收藏在北师大图书馆。

同年四至五月份，中宣部、教育部为了贯彻胡乔木关于高校政治理论课改革的意见，在北京钢铁学院召开了全国高校四门政治课部分教师的会议。我参加了这个会，担任党史组的召集人。胡乔木到大学听了一次政治理论课，除提出其他课的改革之外，还认为高校不应该讲党史课，而应该对学生进行历史教育，讲中国史、世界史。胡乔木还说，他给学生提了几个历史问题，都不知道，可见历史知识太缺乏了。会上，所有的党史教师都反对胡乔木的意见，他们说不是坚持四项基本原则吗，为什么要取消党史课？作为召集人，我很为难，胡乔木的意见没法反掉，而党史教师的情绪又那么大，真不好办。全国大部分党史教师不是历史系毕业的，对中外历史不甚熟悉，按胡乔木的办法改，势必逼他们脱离这个队伍。另外，我也想，胡乔木真有意思，中外历史内容广泛，拿出几个问题，不见得谁都能回答，这个不能当作个理由。当时，教育部长何东昌找我谈，极力推荐清华大学教中国革命的经验，我一想这是一条出路。改教中国革命史，既使全国高校党史教师队伍有饭可吃，又能设法说服胡乔木。于是，我一方面劝说与会党史教师接受教中国革命史的建议，一方面让中宣部理论局局长卢之超到医院去说服胡乔木。在这个基础上，会议为中央拟定的关于高校政治理论课改革的十八号文件中，说对学生进行以中国革命史为核心的历史教育。对此说法，胡乔木表示赞成。然后以在安排具体课程时无法列这么长的课程名称，只能叫中国革命史为理由，跟胡乔木一说，他也没再说什么。为了及早为高校政治理论课改革做准备，这年暑假期间，以北京党史学会名义，在颐和园办了讲习班。我请胡华到班上讲一次革命史的对象，不知为什么，他不肯讲，只好我来讲。我以为，中共历史这门课不讲学科性质、对象是不对的。所以，我想改为中国革命史之初，应该讲清性质、对象，以便使这门学科的研究有良好的基础。在这篇报告中，我以为中国革命史属于历史学科是很显然的，至于他的研究对象应该是"资产阶级领导的和无产阶级领导的革命进程及其规律"。所以，其上限起于辛亥革命，下限止于社会主义制度的确立。对这样的说法，至今我仍认为是对的。但在实际上，教育部的政教司并没有接受我关于下限的主张，他们坚持必须往下讲，只好再加一章，后边会说到。这样，中共党史课就改成中国革命史课了。这一改，就使党史课在高校彻底消失，从而造成学科发展的不利因素。胡乔木当时出的主意，今天看来不是很恰当的。

8月中旬，彭明约我到昆明给他主持的中国现代史学会的讲习班讲一次课。我没有去过昆明，只是印象昆明四季如春，但不知其在海拔两千多米。我不能坐飞机，只能坐火车，那时火车又慢，需要坐两夜三天，天又热，火车上不能洗澡，只能熬着。到了昆明，第二天有人陪着爬山，第三天就头晕，一量血压高压到了一百六十，低压一百。这种状况，无法讲课，去医院看了，也不让住院。幸好，北京医学院的萧延中在昆明，因为他爱人的父亲是昆明军区的参谋长，姐姐是军区总医院的大夫。我一给萧延中打电话，他马上就和他爱人开车来接我，住进了医院，而且是高干病房。住了一星期院，血压平稳，大夫说您赶快下去，可能到长沙就会没事了。果然一到长沙什么不舒服的感觉也没有了，其实就是高原反应，以后海拔高的地方就不敢再去。回到北京，我把遭遇向老彭一说，他觉得很对不起我，请我吃顿饭。

这年10月初，在河北乐亭召开纪念李大钊诞辰九十五周年学术研讨会。这个会是年初准备的，我去了石家庄一趟，与河北省委宣传部研究会如何开。因为我参与会务领导工作，所以开会前几天就到了唐山。下了火车有人接站，住进唐山饭店。接待人把我送进一间房内，里边已经有了个人，不认识，别人介绍说他是省委党史资料征集委员会副会长。这个人连站都没站起来，大概是瞧不起我，而且觉得他住的屋还要安排另外的人住很不满意。当时的条件下，都只能是两个人住一个屋。我这个人从来不在乎这种事，可能这个人太在乎，所以工夫不大，我被安排到另外的房间。后来，在大会开幕式上，这位老兄看我主持会，才明白，又紧跟我套近乎，真没劲。我不愿多说别人，所以这里不点名。在唐山的两天内，我都跟着接站车到车站接别人，被接的下火车见到我，感到特别亲切。因为开会在乐亭县，外地参加会的人到齐了之后，就用大车把大家送到县里。

参加这次会的人不少，从当时的名单上看，共有九十人。其中，有一些人对李大钊很有研究，如彭明、朱成甲、谭双泉、吴家杦、姚维斗、刘桂生、韩一德、刘民山、王士立、杜蒸民、吕明灼、杨树升、王世儒、马模贞、廖英、姜庆明、李美瑞、杨芹、刘荆山、董宝瑞、李善雨、李大钊的外孙女贾凯林，日本研究李大钊的学者后藤延子也参加了会。后藤是个非常要强的女学者，为了研究学问，特别是研究李大钊一生未婚。她有哮喘病，晚年身体很不好。我和她初识，就感觉她在许多事情上都非常好强，有时我也顶她几句，但关系一直很好。据她说，最早还是读了我的书，才开始研究李大钊的。在研究李大钊过程中，她取得很好的成绩，发表了许多有独到见解的文章。到乐亭县后，大家都住在设备很简陋的县委招待所，只有一间带卫生间的屋子让后藤住。我和彭明住一间屋，其他人住的更挤一些，有的三四个人住一间屋。那时，条件就只能如此。后来我再去时就变了样。

这次会开得好，大家畅所欲言，互相心平气和的争论。在开幕式上，彭明先发言，讲了他和他的学生后来成为中国近现代史很有权威的专家杨奎松写的文章的观点，认为李大钊在转变为马克思主义者之前是改良主义者。我在最后发言中，倡导这次会议要开得活跃些，不要死气沉沉，不同观点可以争论，但要有理有据。我还说，会议分两个组，一个是李大钊的思想研究，一个是李大钊革命实践活动研究，但每个人都可以串组，一切自由。随后，我表示不赞成老彭的观点，并简单表述了我的看法。我说这个问题大家可以在会上讨论，我和老彭说的都不是定论。我的发言，引起台下一片议论。大家说没见过在开幕式上，不同观点就争论起来，这给会议开了个好头。小组会议开始后，我忙于会务，坐下来听会时间较少。有一次，我在吕明灼当召集人的组听到他作为召集人没有按照我的

1984年，与后藤延子合影

意图办，使年轻人感到压抑。小组会下来后，年轻人有反映。所以，我在会议的最后总结中，批评了老吕，强调不管意见一致或不一致，都要支持青年人，鼓励青年人充分说明并坚持自己的观点。他听了很不高兴，对别人说，组织生活中都没有这么批评过。吴家林、朱成甲对他说，老张批评你，正是把你当自己人，否则不会批评。后来，他专门从唐山买了瓷器到家里来看我。一直到今天，我们都是好朋友。说到总结发言，还有一段插曲。当地报刊记者在我总结的头天，总追着我，问我讲什么，以便事先准备稿子。倒不是我不想说，确实没想过要讲什么。逼得我没办法，只能向他们说，明天讲什么，没有稿子，因为我讲

1984年，河北省纪念李大钊同志诞辰九十五周年学术讨论会全体合影

话从来不写稿子，最多有个简单的提纲，到现在也没想，因为没工夫想，等会儿晚上睡觉再想。这些记者没碰到过这种情况，就说不知道从什么地方轰来的教授，非常不满意。我无意难为记者，说的都是实际情况，记者们按常规去想，讲话一定要有稿，而我事不到临头不会去想讲什么，一辈子都这样。

这次会议很重要，它开创了李大钊研究繁荣发展的新局面。会上，许多学者提供了高质量的论文，为后来的研究打下了良好的基础。我带给会上的文章是前边所说的《再促李大钊研究的工作的发展》。同时，由马模贞起草的、我作了一些修改的《建国以来李大钊研究述评》一文，也带到了会上。次年，这篇文章发表在《近代史研究》上。另外，我和马模贞等一起编写的《李大钊生平史料编年》由我买了十几本，送给与会者。这次会议期间，北京市委党校编的《李大钊文集》，由人民出版社出版了。这部文集比起过去的选集所收李大钊文集多了不少，共四百二十篇。虽然会上大家没有拿到，因为上卷是10月出的，下卷是12月出的，来不及送给大家，但文集的出版，为以后的研究提供了基础。

但是，这次会议也出现了点麻烦，我把记者得罪了，还把具体组织会的乐亭县委以至河北省委得罪了。本来，这个会议上吃得很好，那个年代有鱼、虾、肉相当不错。可是来的省委领导人非要搞特殊，单吃小灶。他们把我和彭明请到会议室，一个一个地介绍。其中介绍到省妇联主任，我想这位干什么来了，李大钊虽有妇女方面的文章，但不多。然后就说去吃饭，我以为一起去大厅吃，半道让去小屋。我说要跟大家一起吃，坚决不去小屋，一点面子也不给他们。彭明看我不去，怕得罪人，就自己跟去了。因为在院子里有人看见这一幕，所以我一进大饭厅，大家鼓起了掌。当然，对此省委领导人很不高兴，又不好说什么。结果，原来说资助出版会议的论文集，说没钱了不再资助，真是小气。得罪办会人的地方还有几档子事，比如照会议相，我说不要排座位、由县里去李大钊家乡我不愿坐小车，把车让给年纪大的人坐、看电影时我不让派警察站岗等等。有人以为我作秀，其实我就是看不惯这些做法，完全是一种本能的抵制。这样的事现在还照样有，而且有过之而无不及，不知什么时候能改掉？

会议结束后回到唐山，在唐山待了两天，学者们先后参观了地震遗址，令大家很吃惊，大楼的一层硬是被埋在了地下。另外，大家还参观了唐山瓷厂。唐山瓷很出名，引起大家的兴趣，纷纷购买。参观之后，各自乘火车离开唐山。我没走，因为唐山社联要我作报告。大家走后，我从唐山饭店搬到唐山宾馆。当晚刮起大风，我又住在高层，真有点害怕，不知会不会再有地震。第二天讲完，下午回到北京，心就踏实了。

在家待了一段时间，11月下旬应杭州大学王学启之邀去讲课。一讲就是好几天，内容是毛泽东思想发展史。我带了个准备发表的没写完的残稿，原来要在昆明讲，前边说因病未讲，就用在杭州大学了。为什么说是残稿，因为前面写得详细，越写越简单，最后只剩下标题。这个稿子无法发表，只是由他们印了一下，后来收在我的文集里。当时，不可能在几天内都讲完，什么问题讲得仔细，什么问题讲得简单，现在已记不起来了。只记得关于新民主主义基本思想什么时候提出的问题讲得比较多，因为我不同意中央党史研究室的说法，前面曾经说到过。我和王学启是好朋友，我们一见如故。他这个人性格耿直、治学严谨、诲人不倦，培养出许多高质量的研究生。他从事党史教学和研究工作多年，有很大贡献，特别是他主持编写的《中国社会主义时期史稿》，影响很大。他这个人一生都很能吃苦，比如从杭州到北京开会，下了火车，不管路有多远，总是背着个包走路。学启这个人什么事都较真，有时会得罪人，机会来了就会报复，自己受累后心情不好，虽然一直坚持爬山，仍然得了病。1996年，他因病去世，是党史界一大损失，我常常想起他。

1985年上半年，我参加了中宣部、国家教委组织编写的《中国社会主义建设》教材。1984年政治理论课改革最后确定：由原来的哲学、政治经济学、国际共产主义运动、中共党史改为马克思主义原理、中国革命史、中国社会主义建设、世界政治经济与国际关系，所以就分别编写教材。最初参加编写《中国社会主义建设》教材的有：北京大学厉以宁、洪君彦，人民大学吴树清、李秀林、高放，清华大学高达声，中央党校卢先福，北京外语学院谢益显，《光明日报》苏双碧，中央团校黄志坚，中国社科院刘启林、魏道南、黄苏、马泉山、张庆福，人大博士生欧阳康、范恒山，还有我。开完会，分别去写初稿。到当年12月，初稿写出来了，我们几个人到沈阳去统稿，因为要由辽宁人民出版社出版。去参加统稿的有吴树青、苏双碧、卢之超、孟辉（国家教委政教司副司长）和我。本来，统稿应该有李秀林，但他突然得了骨癌。编书期间得知沈阳医学院有自制的治骨癌的药，那里有我的学生，买起来方便。我跟辽宁人民出版社要了车，到沈阳医学院买了药，出来以后，司机因孩子发高烧，开得很快，一下子把路边窜出来的孩子撞骨折了。我在车中被颠起来，药差点碰破。司机下车立即抱孩子到对面医院看病，我在车边站着，围观人都指责我，实在难受。好半天，出版社的人才来，让我自己回宾馆。我也不认识路，好在离沈阳医学院不远，找到学生，一起吃了饭，然后他们用车把我送回宾馆。药带回北京，也没起作用，不久，秀林还是去世了。

冬天去沈阳编书真冷，早饭前到大街上转转，手不敢伸出来，鼻子冻得发红。幸亏我那年外边穿了个呢子大衣，很厚，不然受不了。我们先住在沈阳的“钓鱼台”，院子很大，我们住的楼是给外国总统住的。我们只能住在楼下，楼上是总统套间，楼下是秘书、警卫住的。那楼的服务员因为我们住的时间长，跟我很熟，有一天，别人给她介绍对象，要出去一会儿，求我帮她值班，说如果上边打电话查，就说她在洗澡。果然，还真有人打电话找她，一问是她父亲，我就实话实说了。有一天，她让我上楼去看看，见识一下什么是总统套间。一看果然豪华，有卧室，有书房，有办公室，连水龙头都是镀金的。她说她在楼下看着，我可以在上边洗个澡。我说别干这种事，万一有人来，她会犯错误。过了年，我们又搬到另外一处，是四星级宾馆，住起来也很舒服。我们住在什么地方，都是辽宁人民出版社安排的，但他们是官本位的安排法，谁是官，不管他写不写，都是一人一间。开始，我和吴树清住一屋，屋里没有书桌，只能在镜子前的桌子上写，可孟辉什么也不写，倒一人一间。我找到出版社的编辑说不像话，不能这样安排，他们不得不重新安排。到春节前，稿子统完了，这个组就散了。

话说回来，1985年上半年，我的待批教授问题解决了，仍从1983年算起，这个事本来就没有道理，只是上边一句话，已经通过的人数相当不少的教授，变成了待批。结果，使这些人不敢说自己是教授，也不愿申请博士点，耽误了很多事情。说它没有道理，还因为1983年这些人待批，而另一些人在这年未通过，到1984年却成了特批，先于待批教授而成了教授，这让人怎么服气。社会上就有这个毛病，领导人说一句话 不管在不在理，下级干部无人敢顶，而且连情况也不敢说明。领导人说了，通过的教授先不批，没人敢据理力争；第二年又说了可以特批，没人敢说那儿还有大量待批的呢。这种党内民主问题，应该想法解决。如果领导人在决定什么事情的时候，多主动征求意见，多问问下面的情况，如果下级不怕丢官，把情况向领导说清楚，也许会更好些。好在摘了特批帽子，教授资格仍从1983年算起。到下半年我申请了党史博士点，当然，批下来是第二年的事，后边再说。

乐亭会议期间我就提出在北京成立李大钊研究会。1984年10月31日，开了筹备组会议，出席的有朱成甲、马模贞、王世儒、吴家林、杨树升、韩一德、姜庆明和我。11月中旬，又召开了筹备组会议，主要讨论学会挂靠问题，启动《李大钊生平史料汇编》的编写工作，并准备召开国际学术研讨会。1985年6月15日，在解决了李大钊研究会挂靠北京党史学会之后正式成立。是日到会的有：马模贞、韩一德、韩凌轩、朱成甲、姚维斗、吕明灼、王树棣、杨树升、王世儒、刘桂生、彭明、苏双碧、吴家林、荣国璋、周持、姜庆明、宋士堂和我。我在会上报告了筹备过程，并就研究会的性质和组织形式等问题说了一些意见。大家在发言中认为，研究会要坚持务实和改革精神，坚持以文会友、以友辅仁精神，办出本学会的特色。会议通过了李大钊研究会章程，其宗旨是“互相砥砺，增进友谊，致力研究，繁荣学术”。会议选出会长一人，由我担任，秘书长一人，由王世儒担任。会议还决定积极慎重发展会员，到1986年，除原有会员外，新增加的有：杨芹、李美瑞、朱乔森、李善雨、韩渭源、刘荆山、张峰、袁谦、季华、杜蒸民、金淑珍、谭双泉、李嘉陵。

在北京，我常去一些学校作报告，一般都是与党史有关的内容，也没什么可说的。1985年6月底，我到北京医学院第三医院去讲了一次党课，算是比较特殊的事。因为医院都是医生，与我不是同行，给他们讲党课一定要结合他们的专业讲，才能使他们有兴趣。为此，我做了准备，找了一些材料，研究了既是哲学问题，又是医学问题：关于大脑两半球。我结合这个问题向医生党员提出要努力钻研业务，为人类的健康做贡献。这次报告，从会场氛围来看，还是很受欢迎的。我一边讲，一边还问下边我这个外行说得对不对，会场很活跃。

1984年当时的法政所没有招研究生，空了一年，到1985年才又开始招生。这年，我一共招收了五名，是山东师范大学的应届毕业生姜秀花、湖南湘潭大学的应届毕业生李声笑、安徽师范大学党史教师王跃和当时北师大马列所的教师朱燕丽、姜威。这一年，我们还办着党史研究班。关于这种研究班，我们从1980年就办，为全国高校培养了很多党史教师。不仅如此，这些班还培养出来一些党政干部，有的在学校里当副校长，有的到省市委工作。比如，这年班上的支部书记侯雄飞在我后来举办的研究生讲演比赛会上，以一篇讲西安事变的论文得到一等奖。研究班的学生并不是都申请学位，只有极少人申请。侯雄飞的答辩是我主持的，很顺利通过了。他回到四川以后，就离开原来的学校，到省委讲师团当团长，随后又先后到都江堰市委当书记、雅安市委当书记，现在是省委宣传部常务副部长。这次汶川地震后，专门负责新闻发布工作，那些天我天天在电视上看到他主持新闻发布会。他这些年在四川做了很多工作，为四川省作了很大贡献。现在因为省委常委、宣传部长调到成都市当书记，所以雄飞全面主持省委宣传部的工作。雄飞的爱人郝小青对雄飞的工作一直很支持。他们的儿子在川大读书，是个英俊的小伙子。又如，当时研究生班的班长旷昕毕业后先在国家出版总署工作，过了一段去深圳，在海天出版社工作，当过总编、社长，现为深圳报业集团副总。旷昕爱人田慧也在报社工作，儿子叫旷远，一家日子过得很好。朱燕丽、姜威学完后，仍在马列所工作，他们教课效果都很好，受到学生的欢迎。小朱在工作之余对练剑、练拳很感兴趣，不仅天天练，而且还多次参加市里的比赛，获得奖项，真不简单。她大概再有三年就退休了，有这样的爱好，对她身体健康很有益处。她的儿子邱迪是个很好的孩子，小的时候我见过，现在已长大做保险工作。姜威从我认识他时就觉得是个很爱思考问题的人，而且有自己的独立见解，这对做教师工作很有好处。他与爱人周迪，孩子姜亦周组成一个美好的家庭。亦周在北航学法律，毕业后准备到国外深造。我在这年招的研究生，毕业后工作都不错。姜秀花毕业后到全国妇联研究所工作，并任《妇女研究》主编，对妇女问题有很深入的研究。来时像个娃娃的秀花，现在也变成中年人了。秀花的儿子李竟时小时候我见过，很惹人爱，现在已长大，在大连海事学院读书。李声笑毕业后回了湖南，到湖南人民出版社工作，是编辑室主任，编辑很多有质量的书籍。这些年，又担任了副社长。他经常到北京出差，联系一些作者写书。声笑爱人胡微平，记得她好像在银行工作。他们有一个漂亮女儿叫李诗婧。声笑来的时候是孩子，现在他的孩子都大了，时间过得真快。王跃后来成了我的博士，毕业后没有回安徽师大，去了南京师大。王跃是个活动能力非常强的人，去南京师大二十年的时间里，为学校和自己任副院长的学院的发展出了很大力气，他的点子多，能出主意，而且总能有效益。在业务上还是不错的，早已是教授，博导。他的《变迁中的心态》一书对五四时期社会心态做了深入研究，材料丰富，分析透彻，在党史学界有一定影响。王跃的爱人李萍也很能干，在南师大继续教育学院工作，是副处级调研员。他们的宝贝女儿王丹晨已长大，在南大毕业后准备到美国再读。1985年9月初，姜秀花、李声笑如期报到。记得我让姜秀花研究五四时期的问题，她问我都应该看什么书，我说不知道，自己去找。她原在山东师大是个功课很好的学生，但读大学都是老师给布置参考书，一不管她，让她独立研究就不知道怎么办。为此，她还写信给她的老师徐树绩说张老师不管我。我知道她很聪明，逼着她干，准行。果然，这招很灵，她毕业的论文有很高的质量。王跃开学时没有来报到，是因为我答应安徽师大九月初去讲学。

大概是9月5日，就去了安徽师大，在那里讲了什么已记不得了。只记得那个学校里有我两位大学同学——黄绮文夫妇，听说我去了，专门买了甲鱼招待我，一起说了一些老话，很开心。大概那时买甲鱼招待客人，是个很大的事，邻居都知道了我去同学家时，有几个人告诉我给您买了甲鱼。王跃陪我在芜湖市内转了一下，整个芜湖市也不大，当时如果坐出租车转一圈只要五块钱。讲完之后，我就赶紧走了，因为湘潭大学还要我去讲课。这回是坐船走的，让王朝美的研究生张树军带着姜秀花在武汉码头等我。坐船很舒服，风平浪静很稳当，而且眼界开阔，只是时间长。到了武汉，住了一夜，就坐火车去长沙。在长沙找到湘潭大学新生接待站，由一个学生带我们去学校。坐的就是一般公交车，车上很挤，这个学生觉得我们是请来的教授，就跟别人说希望让座，但没人理。我说没事，站着挺好。这个学生不懂得，在公共场合，教授跟其他人一样，除非已七老八十的，否则不会有人让座。到湘潭大学后，我们找不到该去的地方，在张树军去打听的时候，我和姜秀花站在路上等。秀花样子长得很小，是个娃娃脸，我又带着个小箱子放在地上，有人从我们眼前过，以为我是送孩子来上学的，主动告诉我们应该去什么地方报到。张树军问清楚了，才找到地方。在湘潭大学讲了二十多小时的课，讲什么记不清了。倒是每天吃饭记得很清，因为每顿饭都是辣的，大概湖南人菜里不放辣椒不会做菜。张树军胃不好，吃辣的实在难以接受。我们三人吃饭，确实受了点罪，也没办法，好在只住了一个星期。张树军虽然不是我的学生，但同我的关系非常密切。他毕业后，一直在中央党史研究室工作。由于他坚持努力学习，认真钻研，科研水平有了很大提高。树军对党研室编写《中国共产党历史》下了很大工夫，作出了突出贡献。此外，树军的科研成果也很多，如《红军长征史》等。树军在党史研究室的行政工作方面，也做得很出色，2011年提升为中央党史研究室副主任。树军的爱人高新民是中央党校的教授，专攻党建，著述甚多。

早在这年3月份，徐树绩就来信说山东师大要办助教进修班，让我当兼职教授，到9月一定去参加开学典礼。可是，因为9月初去了安徽师大，接着又到湘潭大学，所以他们开学典礼就错过了。到10月上旬，我才完成这件事。在济南，我给助教进修班讲了几次课。回家的路上遇到了点麻烦，因为托人买票，上去以后却没软卧。其实，对我来说无所谓，因为那时只有五十岁多一点，还不老。后来徐树绩还专门写信表示抱歉。

上边说过，挂靠北京党史学会下边的李大钊研究会成立后，想开国际学术讨论会，随即着手联络国外学者。1983年曾在北京大学留学的日本青年学者村田于1985年1月25日给我来信，询问关于召开李大钊国际学术研讨会的事。这个日本青年学者我见过，1983年经我妹夫北京大学的楼宇烈[①]介绍来家里一次，人很精明。1986年春节期间村田结婚后，还给我寄来他

与斋藤道彦合影

① 楼宇烈，北京大学哲学系教授、博导，研究中国哲学史的专家，著述甚多。他是我舅父奚啸伯的二女婿，喜好唱昆曲。

和他爱人的照片。实际上，1986年的国际学术讨论会并没有开成。另一位日本学者斋藤道彦，也是这一年联系上的。他是日本中央大学教授，研究李大钊、五四运动史、中国近现代史的专家。他在学校还教汉学，他的中文说得很好。1985年4月，他到南开大学来做访问学者，老婆和三个孩子都带来了。还在这年的1月11日，因我给他寄去《李大钊生平史料编年》，他来信说已收到，并告知4月要到天津访学。到南开大学后他又多次来信，有的信说住在南开没有热水，小孩没法洗澡；有的信说要我帮他买书，开了一堆书名；有的信说要来北京见我。实际上这一年始终没来，我们见面是第二年的事了。

还有两件事，应该记一下。1985年暑假，有个外省的大学教师补习班，要我去讲。我从旁听到，这位办会的老师，就想借办会赚钱，所以我就让医生给开了证明，说我心脏不好不宜外出，寄给办会人。这一来，惹得很多朋友来信问候。这次办班实在有问题，据王学启在8月18日给我的信中说，每人交钱很多，住的也不好，给的资料很少，而且都是旧的，大家很不满意，认为办会的人只会赚钱。另外，请来作报告的，讲得也不令人满意。在学术界确有个别人，不怎么搞学问，而是"跑学问"，抬高自己的地位，借办会赚小钱，实在没劲。对这样的人，我都不支持。像徐树绩、王学启这样事业心强的老实人，是值得交的朋友，我始终支持他们工作，有求必应。

另一件事，好像是1985年，也许再晚一点，记不住准确时间，解放军政治学院希望我去当他们那里党史教研室主任，条件还挺优越，说给个军级、五间房、一个警卫、一个保姆。我问是不是要天天上班、外出报告是不是要审稿，回答说是。我一想这麻烦了，就算不怕审稿，那也还得写稿。可我从来不写稿。再有老上班也太不自由了。想来想去，还是一口回绝了。其实，我这个人太爱自由了，受不住约束。

第七章

力求创新

学科性质

虽然以1984年为起点的全面改革发动之后，不断受到"左"的和右的干扰，但从1986年到1988年的三年里，全国总的形势还是好的。这表现在：社会总产值不断增长，经济实力有所增强，对外经济技术交流进一步扩大，教、科、文、卫等各项事业有新的发展，人民生活继续改善；全国政治局面稳定，无重大政治波动。这几年，有几件大事值得注意：第一，1986年从6月到11月，邓小平多次谈到政治体制改革问题。他认为改革，就包括政治体制改革。不改革政治体制，就不能保障经济体制改革的成果，就会阻碍生产力的发展。到1987年6月29日，他在会见美国总统卡特时，又提到要把政治体制改革提到日程。但他随即强调，我们不能照搬你们的，中国如果照搬你们的多党竞选、三权分立那一套，肯定是动乱局面。第二，中共十二届六中全会于1986年9月28日在北京举行，通过《中共中央关于社会主义精神文明建设指导方针的决议》，要求全党正确认识社会主义精神文明建设的战略地位，以经济建设为中心，坚定不移地进行经济体制改革、政治体制改革、社会主义精神文明建设。社会主义精神文明建设的任务是，要培养有理想、有道德、有文化、有纪律的社会主义公民，提高整个中华民族的思想道德素质和科学文化素质。邓小平在会上讲话说，自由化实质上就是要把我们中国现行的政策引导到走资本主义道路。第三，1986年12月中下旬，北京、合肥等高校学生上街闹事，极少数别有用心的人从中进行反对共产党领导、反对社会主义道路的煽动，后经有关部门疏导逐渐平息。26日，北京人大常委通过《北京市关于游行示威的若干暂行规定》。30日，邓小平对几位中央负责人讲，学生闹事，大事出不了，但凡是闹事的地方，都是反对自由化旗帜不鲜明，过于放任。第四，1987年1月16日，在北京举行的中共中央政治局扩大会议规定：接受胡耀邦辞去总书记职务的请求，推选赵紫阳为总书记。第五，1987年1月28日，中共中央发出《关于当前反对资产阶级自由化若干问题的通知》说，反对资产阶级自由化是长期斗争，但斗争限于党内，主要在政治思想领域进行，以正面教育为主，不搞政治运动。第六，1987年10月25日至11月1日，中共十三大在北京召开。赵紫阳在报告中阐明中国处于社会主义初级阶段，其基本路线是："领导和团结全国各族人民，以经济建设为中心，坚持四项基本原则，坚持改革开放，自力更生，艰苦创业，为把我国建设成富强、民主、文明的社会主义现代化国家而奋斗。"报告明确提出把是否有利于发展生产力，作为党在社会主义初级阶段考察一切问题的出发点和检验一切工作的根本标准。报告指出，十一届三中全会以来，党在对社会主义的认识过程中，在哲学、政治经济学和科学社会主义等方面，发挥和发展了一系列科学理论观点。这些观点构成了建设有中国特色社会主义理论的轮廓，初步回答了我国社会主义建设的阶段、任务、动力、条件、布局和国际环境的基本问题，规划了前进的轨道。第七，1988年2月6日中共中央政治局第四次会议、5月30日至6月1日中共中央政治局第九次会议、8月15日至17日中共中央政治局第十次会议、9月26日至30日中共十三届三中全会，多次研究了治理经济环境，整顿经济秩序问题，以克服经济过热现象，抑制物价上涨，并通过提高和调整工资，保证大多数职工实际生活水平不降低。

与全国形势基本稳定相适应，党史学界的研究仍处于繁荣状态。这几年，据我的印象有不少文章和专著发表，可惜我手头没有资料，无法统计，只能举例而言。比如，1987年是抗日战争爆发五十周年，在此前后都有一些有影响的文章发表：李新的《论抗日战争》、张宪文的《关于抗日战争史研究中的几个问题》、刘大年的《抗日战争和中国历史》是1987年发表的，胡绳的涉及到抗日战争的《谈党史学习中的几个问题》是1988年发表的。大部头的《中国人民解放军史料》、《东北抗日联军史料》，也都是1987年出版的。又如，1984年决定高校党史课改为中国革命史之后，教育部没有限制各高校编教材，于是从1985年到1987年各高校所编教材达一百多种。这反映了高校党史教师的积极性，使教材编写形成高潮。应该说，教材的编写，对提高教师的水平是有好处的，也促进了党史教师研究中共历史、中国革命史的兴趣。当然，编太多了，互相抄来抄去也是问题。

这几年，我发表了一些文章，出了一本《五四以来历史人物笔名别名录》，另外前面说到的大家合写的《中国社会主义建设》教材，也在1986年7月由辽宁人民出版社出版。这几年，我发表的文章可以分为三类：一是关于学科性质、对象、体系的，关于《中国革命史的研究对象》、《写在前面——〈中国革命史简编〉序》、《〈中国革命史教学必备〉序》、《二十种中国革命史教材的简略比较》、《中国革命史体系的若干思考》、《党史学科建设断想》、《学习十三大报告、加强革命史教学》几篇文章都属这一类；二是研究社会史的，只有《北洋军阀统治时期的社会和革命》一篇；三是研究毛泽东思想发展史，也只有《关于毛泽东思想发展史研究的几个问题》一篇。这三类文章，是我在几年中力求创新的成果。

但是，这几年，我主要思考的是党史、革命史的学科性质、对象、体系等问题，因为这类问题不解决，就无法使学科健康发展。关于党史学科的性质，并不是由我最先提出来的，1979年11月1日马齐彬在河南省委党校和河南史学会办的党史学习班上说："党史是一门历史学科，也是一门马克思主义政治理论课。"我在写《党史学科建设断想》一文时，并不知道马齐彬的讲话，后来知道了，觉得他没有把当时学科与其作为高校课程的关系讲清楚。我在《党史学科建设断想》中是这样讲的："党史学是历史学科。有的同志觉得不成问题，其实不然。自从1958年中共党史被定为高校政治理论课之后，人们就把党史学本身的性质遗忘了，而认定它是马克思主义理论学科。诚然，从课程的作用来说，中共党史课毫无疑问是政治理论课，但并不等于说这门学科的性质也随之改变了。一般说来，课程的作用与学科性质是一致的，而特殊情况下，两者也可以不同。人们往往没有注意到，高等学校历来都以不同时期对学生进行理论和思想教育的需要为依据，选定恰当的学科充任政治理论课，被选入的学科的本来性质，并不因此改变。不认识到这一点，自然就会造成对党史学的性质在观念上的误差。这种误差影响极大。"很奇怪，高校政治理论课中，有哲学、政治经济学，可没人说它们的性质改变，唯有对党史那么"偏爱"。大概是因为历史学科中从来不包括党史，而相当不少学者一直认为党史根本不是科学，只是为共产党做宣传用的。关于党史学科是历史学科，我说："凡研究和阐明人类社会发展过程的纵向学科，不管它是整体的、断代的，或者是分类的，都应该属于历史学科。党史是研究中国共产党历史发展过程的纵向学科，是近现代历史时限之内的一部专史，其性质自然应该属于历史学科。"文中还强调："学科性质问题，是研究一切问题的前提。"承认党史学科是历史学科，才能使党史学的研究按照自身规律发展。摆错了位置，难以避免走上歧路。这篇文章还涉及到党史研究对象、史学理论和方法对党史研究的指导、拓宽党史研究领域、培养研究队伍等问题。关于理论指导问题、研究领域问题，文中提出的想法，后来就发展成我提出的党史学理论体系、以社会史为基础深化党史研究。

文章发表后，引起党史学界的重视，产生了较大的影响。当时有人同意，有人不同意，这也是正常的。由于我这篇文章发表的时候，高校的党史课已改为革命史，这种客观现实，对于人们理解党史是历史学科，而不是政治学科是有帮助的。所以，大多数研究者慢慢地承认党史学科是历史学科。尽管有的研究者在描述党史学的学科性质上还要加上一些形容词，那多是强调这门学科所具有的特点，但他们无法改变学科性质。党史这门学科确实政治性很强、理论性很强，这是它的特点，并不是学科性质。其他学科在说明学科性质时并不加上学科的特点，如教育学、心理学、社会学、政治学等，为什么偏偏在说党史时要加上特点呢？

除了《党史学科建设断想》是讲党史学科建设，上面提到其他文章都是讲中国革命史学科建设的。在上一节曾经说到，1984年暑假为了高校党史课改中国革命史课做准备办班，我讲了这门课的学科性质和对象。在此基础上，我写了《关于中国革命史的研究对象》发表在1986年上海人民出版社编的《革命史资料》上。随后几篇文章，都是讲中国革命史的，有的说体系，有的说编教材要注意什么。这中间，有一点值得注意，在谈体系时我提出，要透彻说明“革命的目的是为了解放和发展生产力”。这个观点，后来成为我倡导在党史、革命史中引进生产力内容的萌芽。

《北洋军阀统治时期的社会和革命》是1986年发表的。前面说过，我从1983年底萌发了研究社会的想法，所以除了在作报告时讲了一些观点，总想写一篇文章。我把想法对刘志强说，他答应起草。写出来的东西，虽也提供了一些资料，但与我的想法仍有差距，随即重写。这篇文章比较具体，但它对我后来写的《以社会史为基础深化党史研究》却提供了思考的路数。刘志强是北京师范大学教授，长期与我合作，是我的得力助手。他对于大革命史、中国近现代社会史很有研究，成果甚多。退休后，在师大珠海分校教点课，很受学生欢迎。从2010年暑假后，老刘不再去讲课了，确实也应该好好休息休息。

《关于毛泽东思想发展史研究的几个问题》是1988年发表的。1983年，我在《关于研究毛泽东思想发展史的几点意见》中，讲了一些想法，其中提道：“毛泽东思想发展史，从纵向上看，它具有独立的、完整的发展过程；从横向行上看，它是具有系统的，独创性的科学理论。因此，毛泽东思想发展史既是中国思想史的组成部分，又有独立的体系，它全面具备作为一门独立科学的完备形态。”同时，我又强调“要把毛泽东思想发展史同中国近现代思想发展史结合起来研究”。在此基础上我又发表了《关于毛泽东思想发展史研究的几个问题》。这是我让当时的博士生丁晓强起草的，我作了修改。文中提出六条想法：第一，要探讨思想源流；第二，要考察社会历史条件；第三，要分析社会思潮；第四，要研究有贡献的思想家；第五，要重视范畴的考察；第六，要科学划分阶段。我总想，有时间的话，按我自己的想法写一部毛泽东思想发展史，但至今也没有实现。

与刘志强

这几年还有两篇我写的序值得记一下。一个是给王朝美、王章维主编的《中国革命史教学必备》写的序，因为他们送来的稿子，我看了不满意。告诉他们一定要改，改好了，我再写。后来，我写序的时候，说了一段批评的话，结果让编辑给去掉了，说是怕卖不出去。这段话说："我对他们送来给我看的一些条目很不满意，认为应该重新写。尤其不可原谅的是许多条目后面列出参考依据，竟然是《辞海》、《中国近代史辞典》之类，这样做，别人查那些工具书不就可以了，何必用这本呢？编写的目的，实在费解。所以，我向王章维提出，要编就要有特色，否则就别编。现在看来，这本书经过大家努力，总算有一些特色，可能对中国革命史教学起到辅助作用。如果能这样，大家的劲就没白费。"我觉得这段话没有什么不合适，也不会影响销售。任何一本书写的过程都要改，说出来又有什么关系。这个编辑我不认识，实在没水平。现在有的编辑不知怎么了，"规矩"越来越多，胆子也小，甚至早已用开的词也不敢用。比如"中国共产党"就不敢简称为"中共"。王章维是我的学生，教学能力、科研能力都不错，所发文章和专著都有自己独到的见解。他担任政治学与国际关系学院院长期间做了许多有利于学科发展的工作，现已退休。他和她爱人张元的女儿王宙现为美国的全科医生，工作比较忙，所以他们夫妇常去美国帮女儿照顾孩子。

另一篇是给蔡德金著的《汪精卫评传》写的序，该书是1988年4月由四川人民出版社出版的。我自认为这篇序写得不错，文中通过如何评价人物对《汪精卫评传》一书给予了肯定，但也指出该书存在的问题。在序的最后，我说了一段话："现在有一种风气很不好，似乎写序或书评，就只能说好话，不能多写批评的话，对于书的缺点不过在文尾点几句，应付一下。我曾给一本讲义写序，说了一些不赞成的话（其实很少），结果被责任编辑勾掉，理由是影响销售量。""我认为，写序主要是为帮助读者了解书，了解作者。既然如此，写序者对书中的问题为什么不能在序中摆清楚，供读者参考呢？我们翻阅过去的旧书，常看到有人请与自己观点完全不同的人写序，写序者在序中把作者批评一番；也有在序中相互论战的，如《科学与人生观》中的陈独秀序和胡适序，就各抒己见，相互批评。这样很好，对发展学术很有利。只是捧场的话，毫无意思，不如不写。要想养成好风气，作者和出版社应该想开一点，给写序者一点自由，不要怕批评。”这话我说了二十多年之后，现状也没有大的改观。

作为工具书的《五四以来历史人物笔名别名录》，是1986年由陕西人民出版社出版的。这些笔名、别名是我多年来看资料记录下来的，因为是自己用，也没有认真记下出处，也没有考证过。同行们劝我整理一下，整日瞎忙，实无暇顾及。幸姜华宣、肖甡愿帮忙，经他们增补、考证、整理，遂成书。应该说，一些零散的资料能够拿出来，主要是他们的功劳，这种工具书是有用的，因为新中国成立前很多人都有笔名、别名，弄不清楚就无法研究。这本小书出来后，还是很受欢迎的。里面有没有错，真不敢说。因为弄的时候要参考很多书，那些书中记载有没有错本应进行考证，做了一些，但总有漏下的。事实上，记载错误是难免的。比如许立群原名杨承栋，他的同学在回忆中写成杨成棟，我问了许立群，才纠正过来。这本工具书后来又查了很多资料，增加了分量，给了北师大出版社，压了好几年没出，我让他们查，结果稿子找不到了，真不像话。我实在对不起老姜、老肖、小谢他们几个人，费那么大劲才弄出来。想让出版社赔，估计他们无法赔，因为没法计算辛勤劳动值多少钱。

从1986年，我开始组织北京的研究生的学术活动。这年的5月10日、11日，开了两天北京四个党史学位点（人大、北大、北师大、清华）的研究生学术讨论会，中央党校没有参加，北京市委党校虽然没有学位点，也有两个人参加了。除了学生之外，导师也都来了，还请了一些其他老师。从我保留的参加会议的名单上看，后来在各高校学位点主事的人不少，如杨凤城、齐鹏飞、王树荫、温乐群、许放、金安平、汤应武、蔡乐苏、王跃、王炳林、李松林、郭文亮。也有在党政机关负责的，如王京生、侯雄飞。这次会，没有提交论文，只是定了几个题目，学生选什么题目就参加讨论什么题目的组。具体的组有：中国革命史体系、党史研究方法、统一战线理论和实践、社会主义道路与方向、共产国际与中国革命。主要是交流学习情况，互相交朋友。会开得很热闹，聚一聚大家很高兴。后来，王树荫对我说，参加了会，还吃了一顿好饭，真不错。那时研究生都很穷，吃顿饭，也能留下深刻印象。同年的冬天，12月19日在市委党校组织了北京的党史研究生论文演讲比赛。报名参加比赛的共十二人，评出了名次。记得评委有彭明、吴家林、萧超然、丁守和、马模贞、朱成甲。评委们坐在下面听，然后打分，评出名次。我拿出两百块，分给一、二、三等奖，又从几个出版社募来许多书，分给每个参赛者。前面说过，我的学生侯雄飞得了第一名。我的学生王跃也得了个第四名。1987年9月，在北京又组织了一次研究生的会，东北师大、杭州大学的学

1986年，主持演讲比赛

生也来了。1988年11月27日至30日，在杭州大学组织了全国党史学位点研究生和导师的会。因为上海约我去，所以11月中旬就去了上海，在上海师大，华东师大讲完才去杭州。杭州的这次会人去的不少，从当时的名单上看，研究生（包括博士和硕士）共五十三人，导师三十六人，分别来自杭州大学、天津师大、西安电子科大、东北师大、浙江大学、南京师大、清华大学、北京师大、陕西师大、南京大学、四川师大、安徽师大、西北大学、西安交大、湘潭大学、华中理工大学、人民大学、北京医科大学、上海师大、华东师大、南开大学、中南财经大学、西北工业大学、东南大学、东南师大、国防大学、湖南师大、辽宁师大、武汉大学、云南大学、南京大学、社科院近代史所、中共中央党史研究室、中国革命博物馆。到会的研究生交了三十七篇论文，因为没钱出集子，只好彼此交流了打印稿。

在这次会上，我认识了武汉大学的宋镜明。我和他住在一个屋里，搞得比较熟，后来成了好朋友。他总说是我的私塾弟子，其实我只是比他大五岁，实在不敢当。他身体不好，动了脑部手术，还有其他病，但都挺过来了。他自幼勤奋好学，大学毕业后留校任教，从事教学和研究工作。多年来，他发表了近二百余篇文章，出版10余部专著、教材。高校党史学位点搞党建和党建史的，在20世纪80年代到90年代，好像只有武汉大学一家，这也是老宋首创的。

上节提到日本学者斋藤道彦几次说来北京，但皆未成行，到1986年5月14日才由天津偕夫人及三幼儿来京。15日，我和王世儒在北京大学图书馆外宾接待室会见斋藤道彦，并就李大钊研究的有关问题，交换了看法。座谈后，我在北京大学南门对面的全聚德烤鸭店海淀分店请斋藤道彦夫妇及三个小孩吃烤鸭。斋藤的孩子中两个姐姐是双胞胎，当时已有四五岁的样子，小的只有一岁。三个孩子都很可爱，引起饭店服务员的兴趣，逗孩子玩。当天下午，我接他到北师大给研究生作报告，题目是“论湖南共和国”。16日，他又在北大作报告，题目是“评五四运动”。两次报告都很成功，受到学生的欢迎。斋藤这个人搞研究很细致，不怕麻烦，比如他为具体了解五四运动的游行路线，让我帮他找民国初年的地图，然后沿着当年学生游行走过的路自己一步一步走一趟，这种精神可嘉。

17日，我坐火车去了杭州。在那里不但参加了杭大研究生的答辩，而且给杭大研究生、杭大政治系本科生、浙大社科系本科生、浙大社科系教师、省党史学会讲课，至于讲什么内容已不记得了。在杭州期间，我的大学同学陈世兰专门来看我，见面非常高兴，聊个没完没了。

这年8月21日至23日，在北京市委党校，北京李大钊研究会开了三天学术讨论会，参加会议的有彭明、刘桂生、姚维斗、朱成甲、韩一德、金淑珍、姜庆明、王世儒、吴家林、杨树升、荣国璋、董宝瑞，我因为生病未参加。据1986年12月29日的《李大钊研究会通讯》记载，这几天的会开得不

与宋镜明合影

错。21日会上讨论了李大钊早期思想性质问题，刘桂生强调李不是革命民主主义者。关于这个问题，记得有一天刘桂生在我家里，我们争论了一番，谁也没有说服谁，其实，这个问题牵涉到究竟什么是革命民主主义者。22日会上，王世儒汇报了一年来的研究学会工作情况，韩一德介绍了《李大钊生平史料汇编》一书的筹备工作及进展情况。23日，日本学者后藤延子赶来参加，她介绍了日本学术界研究李大钊的情况，并在一些问题上与中国学者交换了意见。

1986年，我收了两个硕士生，一个胡继申，一个张学继。胡继申由王章维带，张学继由刘志强带。继申毕业后没有搞专业，做了行政工作，现为国家发改委人事司副司长。他做事认真、踏实，工作很有成效。他爱人杨珮雯，在华北新能源公司工作，女儿胡旷怡在西南财大金融系读书。学继毕业后到浙江社科院工作至今，已是研究员。他是个不爱言语的老实人，踏踏实实搞研究，发表过《古德诺与民初宪政问题研究》等五十多篇文章，出版过《张学良全传》等十部专著。他与在车辆管理工作的爱人刘国兰有两个小孩，还都比较小，女儿张雅蕙只有十岁，儿子张俊明只有五岁。

上一章第四节说，1985年我的特批教授批下来之后，开始申请博士点。1986年上半年，博士点批下来，下半年可以招生。当教师就是要有培养学生的机会，才能发挥自己的作用。1986年底考博的学生报名，1987年4月考试。第一年招生，来报名的人数有多少记不清了，最后收了三个，有我的硕士生王跃，还有杭州大学的丁晓强和浙江大学的高力克。三个人性格完全不同，王跃像他的名字一样，特别活跃，高力克很内向，不爱多说，丁晓强则与王跃争来争去。这三个人毕业后，在学术研究上、在教学与行政工作上都很出色。前面说过王跃，不再说，只说丁晓强和高力克。他们两人毕业后回到杭州，丁去浙江省社科院，高立克仍回浙江大学。晓强思想活跃，有好动的特点。所以，他毕业后的工作换了几个地方，从社科院又回到杭州大学、浙江大学、上海市委党校，最后去了同济大学，当马克思主义学院副院长。别看晓强好挪动地方，但搞起科研却很能钻研。记得他的博士论文《近世学风与毛泽东思想的起源》就有独到见解。此书出版后他又不断有新的研究成果，而且研究的范围更广。他爱人翁笑冰也是北师大毕业的，她和晓强的儿子丁浩义已长大，现读中学。高力克在浙江大学曾做过行政工作，也很有成效，现在不做了，只当教授、博导，倒也清闲。他科研能力很强，研究成果很多，如《"五四"的思想世界》等。他和爱人李向新生的儿子高彬小时候很好动，他们夫妇很担心，但长大就好了。现在交通设计院工作，是相当好的一份事业。

我录取和培养博士生有自己一套办法，具体说：第一，事先了解。凡是报名的学生，只要该生写信或打电话给我，就让他把已发表的文章寄给

1987年，与首届博士生王跃、丁晓强、高力克合影

我，如果没有发表过文章，就劝他不要考。同时，有条件的话，总要约考生见面。见面后，要问问学习情况，问问家庭情况。比如，父母是否支持，结了婚的人的妻子或者丈夫是否支持，有小孩的小孩由谁来看管，等等，这都与录取有关系。当然，最主要的还是要看考生发表的文章，一看质量，二看数量。第二，考试的时候，不单以考试考得如何为标准，还要参考我事先了解的情况；所出的题目，一般就是一个大题，以便分析考生在短时间内的写作能力、理论水平和知识面。靠着这两条，从我招博士生起到现在已有六十多人，虽说水平有高有低，但没打过眼，招进不合格的学生。第三，学生入学后，在短时间内确定论文题目。这样，该生就可以在三年内围绕题目反复思考并发表前期成果，为论文的写作进行准备，写出有质量的论文。论文题目的确定，只有对某个题目兴趣浓厚，才能搞好研究。第四，对研究生院规定的必须上的课程，我采取自学的办法，考试则交一篇论文。我对学生说，如果这篇论文想发表，我看后提意见再改，否则就随便给个高分交到院里算成绩。因为这个东西也没有人看，完全是形式主义，何必费劲浪费时间。第五，博士生在学期间，一般我要和学生合写一篇文章。对学生起草的文章，我认真提出修改意见，或者动手修改。通过这个过程，以提高学生的水平。第六，平日我常与学生交谈，有时学生来问问题或讲他的学习情况，在回答问题和分析情况时，说说我的观点；也有时把学生叫来，说说我的想法，听听他们的意见。这种交流对学生很有好处，对我也有帮助。第七，我让博士生广泛阅读各种书籍，以增加知识面，而且各种知识面是互补的。第八，最重头的事是把好学生毕业论文的关，对此我看得特别重。学生写来初稿，我都仔细看，从写作规范到内容观点逐一提出意见。通常一篇论文，总要改个三遍才能过关。博士论文的质量，是衡量博士生水平的标准。如果在高校工作，博士论文出版后，也是他们提升教授职称的基础。

从1986年起，我开始招收国内外访问学者。当时规定访问学者必须有副教授职称，后来放宽了，讲师也能来。1986年到1988年，我招了七名国内访问学者，他们是高智渝（女）、唐曼珍（女）、卞杏英（女）、阎洪贵、杨洪章、颜广林（已故）、李松林，其中有几人已退休。带国内访问学者比带博士生容易得多，因为时间只有一年，而且无硬指标。至于带国外访问学者就更简单，只要帮他们安排一下就可以了。我最早招收的国外访问学者是日本的今井骏。所以只要申请，我就收，从1986年至今，已带过国内外访问学者四十多人。李松林是首都师范大学马克思主义教育学院院长，主要是教公共政治理论课。松林不仅教课受学生欢迎，而且在科研方面也有不少成果。松林社会活动能力很强，对学会工作也做出很大贡献。松林的爱人张桂兰是首都师大附中的教师、分校校长，现已退休。他们的女儿李楠已经长大，结了婚。

上面提到1986年12月下旬学生闹事，北师大的学生也在北大之后闹起来。这次闹事由北大学生开始，清华、人大尾随其后，开头北师大并没有上街。直到26日北京人大常委通过《北京市关于游行示威的若干暂行规定》的当天晚上，北师大学生的大队人马才西行先至人民大学，后至北京大学。到人民大学，校门关着不让进，到北京大学院内，北师大学生喊北大同学下来。北大有的学生推开窗户问："哪部分的"，北师大同学回答："北师大的"，北大学生说："土包子的"。显然，这是看不起北师大学生的口气，真没劲。但又说明这个时候不该出来，是自找麻烦。果然，第二天报上就登出，北师大学生上街游行，让北师大学校领导很被动，因为这个恰好违反了刚通过的规定。我研究了北师大学生的历史特点，民主革命时期应该进行的学生运动总是比其他学校行动慢半拍，社会主义时期不该搞的闹事也慢半拍。在旧社会，有钱人上北大，没钱人上北师大，因为北师大不要钱，所以不敢挑头，怕被开除，没学上，没饭吃。日子长了，一代一代接下来，成为一种传统，成为处世之道。改革开放之后，虽然北师大上学也要钱了，但传统的东西不易改变，仍然慢半拍。而这回慢半拍，却碰在了钉子上。开始于北大学生，可人家得到消息不干了，北师大学生却愣往钉子上撞，自找倒霉。说到北师大的传统，我认为，由于它的本科教学多年来是以培养中学教师为主要任务，因为教学内容皆以中学需要为基准，这样就限制了学生和教师的创新研究，并造成守旧心态。所以，在许多事情上都表现出慢半拍的状态。北师大党委领导应该在师生员工中大力倡导创新观念。这是我个人的看法，仅供参考。

1987年初，教育部政教司在天津大学召开会议。本来，这次会议还是弄大纲的，没想到政教司的一位副司长为了反对资产阶级自由化，把我和李新、陈旭麓、姜义华于1986年分别在《革命史资料》上发表的文章在全体大会上批了一阵，说我们是资产阶级史学观点。这是毫无道理的，反映了他的无知。学术上有不同意见可以说，扣政治帽子就不对了。在我写的《关于中国革命史的研究对象》中有这样一段话："中国近现代史时限内，由于客体在结构上分层次存在，因而从历史学的角度看，就有多种不同层次的学科研究这段历史的内容。作为中国通史的组成部分，中国近代史、现代史，是一个综合型的大系统，属于最高层次。低于它的次级系统，有经济史、政治史、文化史、思想史，等等。这些专史又各自有自己次级系统，形成第三、第四层次，以致更多层次。如政治史下面有革命史、政党史、法制史，等等；经济史下面有生产史、分配史、流通史，等等。而政党史下面又可分为共产党史、国民党史、农工民主党史，等等。"这段话引起了这位司长不满，说我是资产阶级分类法。大概在他想来，只有把共产党史放在门类上，才是无产阶级分类法。国务院学位委员会制定的学科目录，把门类分为文、史、哲、经、法、理、工、医、农、军事、教育、管理，完全是参照资本主义国家学科分类弄的，那算不算资产阶级分类法呢？当然，这位副司长还算客气，没有点名。我听了之后，问别人，不知这位老兄犯什么劲。有人告诉我说他更年期，快退休了，心情不好，别理他。随后，5月和10月分别在安徽巢湖、北京又开了中国革命史大纲会议。巢湖的会是5月12日至24日，参加的人有姜义华、刘桂生、刘孝良、包汉中、郑德荣、朱铃、史会来、杨先才、王学启。这次会议比较正常，没有发生什么事，只把文理科的大纲又修改一下。朱铃早在1980年的大连会议上我就认识了，那时他不了解我，说我垄断材料，其实我是最反对垄断的，后来他知道了真相。巢湖会上，我们合作得很好，成为好朋友。他是一个很勤奋的人，教学和研究工作都很认真，得过教育学部的教学工作方面奖励，在全国高校很有名气。姜义华虽早就见过面，但一起工作还是第一次。他是个很有才华、很有思想的人，学问搞得很深，著述甚多。我和他还有一段故事。1959年上海文化局局长方行以笔名文操在《学术月刊》上连载李大钊著作年表。其中，有一些不准确或错误的地方。当时我写了一篇批评文章，由于年轻气盛，话说的有点不客气。《学术月刊》没有发表，给了方行。结果，方行把这件事告诉了北师大党委的一位常委，让我挨了一顿批，说我不懂事，骄傲自满，弄得我不敢言语，心里却很生气。方行是老革命，在李大

1987年，巢湖会议全体合影

钊研究方面有很大贡献，我打心眼里尊重他。他的文章有错，我提出批评，这纯属学术问题。批评文章写得冲了点，是我不对，转到我学校党委，变成政治性问题，就复杂了。这件事传到学术界，有些老人都知道。在巢湖会议上，姜义华说想帮我们调解一下。当年，我从巢湖到杭州再到上海时，姜义华在一个寺院里摆了一桌素席。除我、方行、姜义华之外，正好碰上周谷城夫妇，大家一起吃了饭。席间，过去的事只字未提，在和谐的气氛中，恩怨就此了结。吃罢，方行说由他结账，算是请了我。此后，我与方行研究李大钊曾多次联系，真是感谢姜义华。

巢湖会议之后，政教司到清华背着我们重新弄了个理科大纲，到在北京香山开会的时候，那个架势就好像是我们犯了什么错误，弄得我很不高兴，遂托辞身体不适先走了。会后，政教司副司长王茂根和政教司的赵军还到我家里来看望我，并向我作了一些解释，让我别不高兴。此后，除个别事外，我没再参加政教司组织的编写大纲的活动。

巢湖会是5月24日散的，我和王学启一起第二天到了他们学校。这次去有两件事，一是给研究生答辩，答辩委员会有彭明，徐乃杰、林茂生和我，还有杭大的老师；一是作报告。在杭大住上几天，碰上大街上地下水管崩了，校园内水断了。喝的水院子里有，自己排队去打，可上厕所没法冲，真遭罪，赶快离开这里。离开的那天，水管修好了，活该让我赶上。从杭州先到上海，去看了郑灿辉夫人，她情绪不好，我说了一些安慰的话，告诉她我写了一篇纪念灿辉去世一周年的文章，不久就会发表。随后在上海师大讲了一次就去南京。这已是6月初，在南京大学讲了一次，回到北京大概是6月5日。

当月下旬，我又赶到蓟县开会。这次会是纪念平津抗战五十周年，参加人主要来自北京和天津，共七十六人。其中有南开大学魏宏运，天津师大殷廉、翟昌民，中央党校王渔，人民大学李良志、陈明显，清华大学杨树先，北京师大蔡德金，中央戏剧学院田泽沛，北京化工学院姜华宣，北京医科大学杨大伟，中国革命博物馆郭雄，北京社科联荣国璋、郑红霞。去的人并没有写文章，只是分别在会上讲一讲，魏宏运、李良志都讲了，田泽沛讲的是北京党史研究会干了什么，因为他是会长，兴奋点都在这里，与会的主题无关。我也讲了，不记得说什么。倒是记得与会人住在一个平房大院，是当地部队的招待所，条件较差，餐厅卫生不好。时间不长，大家也就凑合了。

1987年8月5日，住在北师大附近的中共一大代表刘仁静，清晨到北师大锻炼，过马路时被北边来的一辆公共汽车撞倒。那年他85岁，当然走得慢，司机后来说没有估计到这个人走那么慢，结果老头就没有能再起来。刘仁静虽然年纪大了，但身体还可以，真可惜。年轻人、中年人体会不到老年人动作慢，只有到他们老了才知道，这也是没办法的事。不过，司机看到人，一定要把车慢下来，甚至可以停住。事情很凑巧，前边我说政教系的教师于嘉琪也是这年被车撞死的。这地方总出事，因为没有过街桥。事后，我和几个教授一起联名给北京市政府写信，经张百发批准，才建了桥。这坐桥建得较早，材料用的是大理石，比后来建的桥讲究。

1988年的事，上边已顺便提到了我能记忆的事，没有提到的我能记忆的还有几件：第一件事，这年的九月，应南京政治学院张应生之约，到他们学校作报告。南京政治学院在军队院校中力量很强，这次会议是他们学院历史系召开的军队系统中国革命史专业会议。会议除请我之外，还请了后勤学院邵维正，国防大学何理，分别讲军队院校统编教材、抗日战争史研究成果和动向。我是9月23日讲的，对国家教委颁发的中国革命史大纲作了介绍，并讲了有关中国革命史研究方面的问题。第二件事，这年里学术界传闻我和郑德荣有矛盾，据说是从一家出版社传出来的。我听了很奇怪，因为我一直把老郑看成老大哥，关系很好，没有任何不和谐之处。我写信问老郑，问他听到没有，并说了一些有关加强两人之间友谊的话。老郑回信说他很感动，并说有些人吃饱饭没事干，天天说胡话，这种事只能当耳旁风，一笑了之，不去理它。第三件事，1988年10月，我在北京组织了一次《联共（布）党史简明教程》对中共党史的影响学术讨论会。11月，我和彭明在上海给上海市党史学会作报告。彭明讲的是国共关系史问题，我介绍了联共党史对中共党史影响学术讨论会的主要观点，并作了一些分析。以往在中共历史的编写上，受《联共（布）历史简明教程》的影响很大。特别是20世纪60年代到"文化大革命"中间，突出路线斗争和浓厚的个人崇拜，只讲集中不讲民主，只写领导不写群众，以往章节的安排都照搬联共党史的模式。第四件事，为筹备1989年李大钊诞辰一百周年学术讨论会，和沙健孙吵了一场。老沙是1986年到中共党史研究室当常务副主任的，当时我打电话给他说，一定支持他的工作，并说不会麻烦他。后来得知，我也曾经被提名过，幸好中央组织部说我没有担任过任何职务，无法审查，真应该说感谢中央组织部，我这个人不是干这种事的料。因为要筹备这个会，必须要有一个李大钊的研究会当发起单位。老沙说，北京李大钊研究会不够格，不能当发起单位，为此我们就吵起来，有段时间谁不理谁。后来，周承恩说你们不能这样，我说那好，让他到我家里来谈。一天，他来我家，我把他骂了一顿，说你一当官就变了。他说了一些我怎样帮助他的话，我说那是朋友应该做的事。随后商定在北京大学成立中国李大钊研究会。6月1日，老沙来信说："上次商

与郑德荣合影

定的事正在进行，北大方面也是赞成的，“他们正在起草文件”，就是指成立中国李大钊研究会。本来是好朋友，这次吵了以后，就变得生分了。虽然如此，有事还是商量着办。

另外，前边还忘了说1988年我招收的博士生，一共是两名，一个关志钢，一个朱志敏。小关原是东北师大郑德荣的硕士生，跟我读了三年博士，研究新生活运动问题。他的思想很活跃，做学问非常踏实，肯干钻研，不怕困难，著述甚多，如《新生活运动研究》、《世界社会主义纵横》等。小关毕业时，档案被东北师大寄回西安他所在的学校，人家不肯放档案，而他又不愿回原学校，这就比较麻烦。当时，没有档案许多学校都不敢收，幸好，经我舅兄关崇炘介绍认识了深圳大学校长，他们那里可以不要档案。这样，小关就去了深圳大学。小关是少数民族，又入了民主党派，一度曾参与了学校的领导工作，但他不愿意，干脆把民主党派退掉，这样就不再参加学校的领导工作了。小关的爱人史维，我与我老伴早就与她很熟，现在也在深圳大学公共管理学院办公室工作，据说比小关收入还多。他们有个儿子叫关博予，中学毕业后到外地读大学。朱志敏原来是王桧林的硕士生，毕业后留北师大历史系当辅导员，后来就考上我的博士。小朱是一个非常老实的人，平日话不多，但讲起课来却滔滔不绝。由于他研究问题“死心眼”，非常较真，积累起来的知识有广度、有深度，所以讲起课来很受学生欢迎。朱志敏对中共历史的研究侧重在民主革命时期，特别是对五四时期的历史和李大钊的思想及实践活动有深入探讨，出版过《五四民主观念研究》、《李大钊传》等专著，也发表过很多文章。小朱个子高大，人显得很壮实，但身体并不太好，年轻时胃就不好，前两年突然心脏不好，自己也不太懂，第二次又犯了，才去了医院。住院后医生说先不用做支架，但要特别注意。不到六十岁的人，心脏病犯了，不注意绝对不行，干活要有限度。志敏的爱人刘丽娜在中国社科院近代史研究所工作，她曾想考我的博士，后来也没考。他们的宝贝女儿朱欣迎是个很聪明、也很懂事的女孩，现尚在北师大读博士。

党史理论

1989年是不平静的一年。还在这年年初，邓小平就多次讲到，中国需要稳定。2月26日，在接见布什的时候，他又说中国的问题，压倒一切的是需要稳定。没有稳定的环境，什么都搞不成，已经取得的成果也会失掉。3月4日，邓小平在同中央负责同志谈话时说，压倒一切的是需要稳定，中国不能乱，不允许乱。他还说，十年来最大失误是在教育方面，对青年的政治思想教育抓得不够，教育发展不够，知识分子待遇太低，这个问题无论如何要解决。也许邓小平有什么预感，才会说这些话。4月15日胡耀邦逝世后，人民群众以各种形式表达自己哀思。在悼念活动期间，少数人借机煽动，攻击党和国家领导人，利用大小字报，反对共产党的领导和社会主义制度。北京和其他一些大城市出现了较大规模的学潮和动乱，24日晚，中共中央政治局开常委会议，认定当前的事态是一场有计划、有组织的反党反社会主义动乱。26日，《人民日报》发表社论，号召全国人民旗帜鲜明地反对动乱。5月13日下午，北京高校数百名学生绝食请愿。17日，赵紫阳代表中共中央政治局常委发表书面谈话，呼吁学生停止绝食。同日，中共中央政治局常委决定在北京部分地区实行戒严。18日上午，李鹏到天安门看望绝食学生，呼吁尽快结束绝食，去医院接受治疗。20日，李鹏签署戒严令。6月3日，部分解放军戒严部队奉命进驻一些重点保卫目标。在极少数人煽动下，一些不明真相的人在各处设路障，使部分入城部队受阻，并焚烧军车、杀害解放军战士。当日晚，部队奉命平息暴乱。4日凌晨，部队开始对天安门实行清场。

9日，邓小平在接见戒严部队军以上干部时说，这场风波迟早要来，是国际大气候和国内小气候决定的，是不以人的意志为转移的。现在看来，对我们比较有利。他说，这次事件的爆发，促使我们考虑一下过去和未来，会使我们改革开放的步子更稳、更好、更快。今后怎么办？我们原来制定的基本路线和基本方针、政策不变，照样干下去，坚定不移地干下去。23—24日，中共十三届四中全会在北京召开。会议撤销赵紫阳在党内的一切职务，选举江泽民为中共中央委员会总书记，增选江泽民、宋平、李瑞环为政治局常委。

这一年的下半年的大事有：第一，7月15日，西方七国首脑会议发表政治宣言粗暴干涉中国内政。17日，中国外交部发言人发表谈话指出，平息反革命暴乱是中国内政，其他国家干涉中国内政，中国政府绝对不能接受。19日，全国人大外事委员会发表《关于美国国会通过制裁中国的修正案的声明》，对美国国会干涉中国内政表示极大愤慨。第二，邓小平在同中央几位负责同志谈话时提出他退休的时间和方式问题，并建议由江泽民担任党和国家的军委主席。关于国际形势，邓小平提出三句话：冷静观察，稳住阵脚，沉着应付。在11月6日至9日的中共十三届五中全会上通过决定，同意邓小平辞去现任职务，并决定由江泽民任中共中央军委主席。第三，12月30日，中共中央发出《关于坚持和完善中国共产党领导的多党合作和政治协商制度的意见》的文件。文件指出：中国共产党是社会主义事业的领导核心，是国家的执政党。各民主党派是各自所联系的一部分社会主义劳动者和一部分拥护社会主义的爱国者的政治联盟，是接受中国共产党领导的，同中国共产党通力合作、共同致力于社会主义事业的亲密友党，是参政党。

由于党史界（其实整个学术界也一样）谁也没有料到这一年会出那么大的事，由于这一年是五四运动发生七十周年、中华人民共和国成立四十周年、李大钊诞辰百周年，所以诸多研究者从头一年就做准备。比如，彭明把他在1984年出版的《五四运动史》加以修订，准备在1989年出版。至于1989年报刊上发表的纪念五四运动七十周年、中华人民共和国成立四十周年、李大钊诞辰百周年的文章确实相当不少。我也从1988年做了些准备，一个是编一套丛书，名为《五四与现代中国丛书》，共七本，其中三本是三位美国学者的专著，一本是日本学者的专著，另外三本分别是西方学者、中国台湾学者、中国大陆学者的文章。这套丛书是在当年的4月底开的出版座谈会，随后全国就闹起事来，所以没人再注意它。其实，丛书中有许多观点，今天看来还是有道理的，而且有现实意义。比如，姜义华的《农民运动与启蒙运动在现代中国拮抗与观流》中，所讲的五四新文化运动在反对封建观念时没有注意到农民小生产和自然经济是产生封建观念形态的基础，而农民的狭隘性意识到今天仍然在很大程度上影响着许多干部、知识分子。另一项准备，是写纪念李大钊诞辰百周年的文章，即《李大钊论历史学》、《李大钊与现代化意识》和为美国学者迈斯纳的专著《李大钊与中国马克思主义的起源》中译本写的序。我在1979年就提出应该翻译迈斯纳的专著，但没有找到合适的人。1985年，迈斯纳给我的信中说："大约十年前，两位日本学者将我研究李大钊的著作译成日文。"这就使我更想把他的书译成中文。又过几年，侯且岸、谢荫明、姚桓才把书译出来。我与迈斯纳虽然多次通信，但始终未见过面，对他的研究我很重视，也很敬佩。他不仅研究李大钊，而且研究毛泽东。他写的研究毛泽东的书，有些观点是不对的或欠妥的，可以批评。但在批评时，应该注意到迈斯纳对中国是友好的，而且他一再表示自己是以马克思主义观点研究问题的。所以，对他不要像对敌、对思潮那样批判。后来，大陆有研究部门批判他。他让自己的博士生来我家问我，是不是还可以来中国，是不是来了会不受欢迎。我说，没事，欢迎他来，可以住在北师大。但是，他没有再来，也许是身体不好的缘故，也许是心情不好。他的学生告诉我，在美国一些右派骂他亲中国，而中国有的人又说他右，两头受气，实在有点倒霉。他与我同岁，但已经去世了。

上一节里提到因为写了《五四运动不是新民主主义革命的开端》引来了麻烦，事情是这样的：1985年以后，我在指导研究生姜秀花研究五四时期的问题时，提出这个论断让她考虑，所以，姜秀花在毕业论文中有一部分论证五四运动不是新民主主义革命的开端。在此基础上，我让她改成一篇文章。写成后，我觉得论证不充分，遂即改写，以两人名义发在内部刊物《革命春秋》上。对这篇文章，有人很不以为然，甚至把它视为"自由化"。

有人在会上说："博士生导师张静如，居然说五四运动不是新民主主义开端。"我听到后，干脆把它公开发表。主持《东岳论丛》的吕明灼 给了我很大帮助，把文章发在他的刊物上。我以为，这是个历史分期问题，可以长期讨论，各抒己见，不必急于求得一致。1990年在上海，有的党史教师问我是不是可以批评你的文章，我说毛泽东的文章都可以批评，我的文章算什么，当然可以批评。后来，这位老师发表了不同意我的观点的文章，当时没有时间和他讨论，但至今我仍坚持自己的观点，以后有时间还会进一步研究。这里有两点值得继续研究时应该注意的：一个是不要把五四运动与五四时期混为一谈。我的文章讲得很明确，五四运动即1919年5月4日至6月28日不是新

与吕明灼、韩一德合影

民主主义革命的开端，从没有说过五四时期不是新民主主义革命的开端。有的学者说，五四运动是新民主主义革命的开端不是《新民主主义论》的原意，的确毛在该书中说的就是五四运动时期。这没有错，但是毛泽东在《中国革命和中国共产党》中则明确说新民主主义革命是从1919年五四运动开始的。毛泽东没有说“开端”，却说了个“开始”，这恐怕应该是一个意思，所以，五四运动是新民主主义革命的开端，确是毛泽东的本意，只不过把话颠倒过来说了。另一个是毛泽东的说法和刘少奇的说法，到底谁说得对。毛泽东在《中国革命和中国共产党》中说：“中国现时的革命阶段，是为了终结殖民地、半殖民地、半封建社会和建立社会主义社会之间的一个过渡的阶段，是一个新民主主义的革命过程。这个过程是从第一次世界大战和俄国十月革命之后才发生的，在中国则是从1919年五四运动开始的。”刘少奇在《关于中华人民共和国宪法草案的报告》中说：“1921年，中国建立了马克思列宁主义的工人阶级的政党——中国共产党。从此，中国就开辟了革命的新局面，中国革命成为工人阶级领导的人民民主革命，即新民主主义革命，成为世界社会主义革命的一部分。”两位的说法，总有一个是对的，一个是不对的。另外，我注意到，《建国以来毛泽东文稿》第四册所收的毛泽东的《对刘少奇〈关于中华人民共和国宪法草案的报告（草稿）〉的批语和修改》中，毛对刘关于新民主主义革命开始的说法并没有提出不同意见。为什么？也许毛泽东没有注意到刘的说法与自己几十年前的说法不一样，也许毛泽东早已忘记自己在《中国革命和中国共产党》说过的话，这就不得而知了。不过，毛泽东是政治家，不是严格意义上的学者。他有时用五四运动，有时用五四运动时期，正说明他并没有把这两个概念严格区分。学者不能这样做，政治家们这样做不足为怪。

1989年在《中共党史研究》上发表的《中共党史学理论的方法论纲》，是我在强调党史学科性质之后一直想写的一篇文章。我在许多场合讲了自己的观点，逐渐形成思路。1988年10月，我还专门组织了研究生小型座谈会，研究党史学理论和方法问题。随后，我让准备考我博士生的侯且岸起草党史学理论和方法的文章。写好后，我不甚满意，自己动手重写，以我们两人的名义发表。文章讲了八点：

第一，中共历史研究必须以马克思主义的历史唯物主义为指导，并在历史唯物主义下建立低一层次的关于历史过程具体规律的理论和方法体系。

第二，以马克思主义历史理论和方法为指导，研究中共历史必须坚持贯彻历史唯物主义关于社会基本结构及其运行机制方面的原理。生产力是社会结构中最活跃的因素，生产力与生产关系的矛盾推动着社会的发展，因此只重视生产关系的分析而忽视生产力的决定性作用，就不能正确说明历史的发展过程。

第三，以马克思主义历史理论和方法为指导，研究中共历史必须坚持历史主义。由于一切历史事物和现象，包括人物、事件、制度、思想，等等，都是在特定的历史条件下产生和发展的，所以就应该从历史本身的发展过程去考察，把它们放到一定历史范围之内进行具体分析。

第四，以马克思主义历史理论和方法为指导，研究中共历史要正确贯彻阶级斗争理论和阶级分析方法。强调"正确贯彻"是因为我们长期使用不当，造成很大偏差，引起人们的反感。正确使用阶级斗争理论和阶级分析方法，与对人和事的分析公式化、脸谱化，没有必然联系。

第五，以马克思主义历史理论和方法为指导，研究中共历史要贯彻群众和杰出人物作用的理论。无论对群体还是个人作用的分析，都要依据大量材料，不要做抽象的推论，既不能夸大，也不能缩小。

第六，以马克思主义历史理论和方法为指导，研究中共历史要注意考察社会心理。社会心理是形成社会意识形态的基础，是社会意识形态与社会经济关系、政治制度的中间环节，在历史发展过程中反映着人心向背。考察社会心理，对说明历史变迁，是不可忽略的方面。

第七，以马克思主义历史理论和方法为指导，研究中共历史还应注意使用历史比较研究法、地理环境与历史发展相结合的考察方法、历史逆向考察方法，等等。这些方法可以从不同角度为党史研究开辟提高认识历史现象的途径。

第八，以马克思主义历史理论和方法为指导，研究中共历史要注意吸收中国传统治史理论和方法，以及自然科学、社会科学理论和方法的有用部分。

关注党史理论和方法，并不只是我一个人，在这方面，王仲青是有功的。他在主持《党史研究》工作期间，开过多次讨论会，对促进这方面的研究起了很大作用。我在写这篇文章时，他正与侯且岸等一起编写《中共党史学概论》，其中也包括史学理论和方法。我的这篇文章发表后，引起党史界研究这方面问题的学者的兴趣。这篇文章成为我后来出版的《唯物史观与中共党史学》的基础。

1989年2月，研究陈独秀的中国金融学院的王叔棣找我，说他们想成立陈独秀研究会，问我能不能挂在北京党史学会。我说，没问题，这事我有权决定，只是办一下手续即可。到3月9日开了成立会，参加会的人不多，只有二十几个。会议由我主持。参加的有安徽的沈寂、张君、刘孝良、杨荣华、朱玉衡，山东的苏长聚，上海的任建树、郝盛潮[①]、郭绪印，天津的刘建清，北京的唐宝林、姜华宣、吴家林、林茂生、黎莉、史远香、陈思训、丁守和、孙思白、彭明、王永春、王光远、王叔棣、朱志敏、荣国章、郭雄、王志民。会上，大家交换了如何开展陈独秀研究的意见，并选出林茂生为会长，王叔棣为秘书长。过了一段时间，研究会又改成挂靠在丁守和为会长的全国的文化学会。说实在的，在1989年能够成立个陈独秀研究会是很不容易的，我是在顶风办事。

上一节里提到1988年就开始进行筹备李大钊百年诞辰工作，先是要成立一个全国性的李大钊研究会，同时发出学术讨论会的征文通知。这年的9月23日由李大钊研究会筹委会发出《关于发起成立中国李大钊研究

① 郝盛潮是上海人民出版社的资深编辑，曾编辑过许多有很大影响的学术专著。前些年，因脑溢血而病倒，后来恢复得还不错，只是压迫了眼神经，基本上看不见了。2010年，我去上海特意去看他，握手时劲很大，愿他长寿。

会的倡议书》，发起单位有中共河北省委宣传部、北京市委宣传部、中央党史研究室、全国党史学会、北京李大钊研究会、北京大学。在这份倡议书上签名的老同志有：彭真、薄一波、乌兰夫、王任重、程子华、刘澜涛、黄火青、伍修权、李运昌、李葆华、王从吾、李楚离、屈武、王首道、赵健民、顾卓新、钟子云、张明远、赵毅敏、刘建章、李昌、胡绳、焦若愚、韩天石、陆平、于明涛、马兴元、郭洪涛、刘道生、马国瑞、刘杰、孔原、冯纪新、段君毅、周林、雍文涛、安志文、汪东兴、廖志高、郑维山、王林、任质斌、韩念龙、杨得志、谭友林、张策、罗长青、高厚良、文敏生、陈锡联、王磊、张邦英、黄新庭、王子纲、王鹤峰、张珍、彭德清、王六生、郑天翔、陈彬、池必卿、赵武成、李力安、郑伯克、贺晋年、王甫、高克林、平杰三、张友渔、项南、吴德共七十一人。随后，发出征文启事说，于1989年10月在北京举办李大钊研究学术讨论会，主题是"李大钊在中国共产主义运动中的历史地位"。在启事中，列出十七个题目作为参考，并规定了其他事项。1989年2月24日，北京大学向国家教委提出申请成立李大钊研究会的报告，国家教委又向民政部打报告，民政部于4月3日批准。4月5日，在北京大学召开了全国李大钊研究会成立大会，由我主持。会上，李运昌、王学珍分别讲话，遂后选出研究会的名誉会长、顾问、会长、副会长、理事。名单如下：名誉会长彭真、薄一波、伍修权、黄火青、屈武、李运昌。顾问程子华、刘澜涛、王首道、段君毅、李葆华、高克林、平杰三、李楚离、张明远、赵毅敏、王从吾、张友渔、陆平、周林、韩天石、丁石孙。理事丁守和、马勇、马模贞、王学珍、王世儒、王朝美、古平、成汉昌、庄守经、朱乔森、吕明灼、沙健孙、任建树、刘桂生、刘荣惠、杨树升、杜荣泉、吴家林、张静如、张寄谦、萧超然、姜义华、郝斌、荣天琳、姜庆明、贾芝、高晓飞、韩一德、彭明、谢荫明、谭双泉、廖益隆。会长王学珍。副会长张静如、沙健孙、刘荣惠、郝斌、成汉昌。总干事杨树升。副总干事王世儒、古平、姜庆明。会后，到李大钊烈士陵园扫墓，下午召开第一次理事会，研究了今后工作如何开展。

5月3日，北京党史学会和全国党史学会联合召开纪念五四运动七十周年座谈会。在会上，很多人讲话，胡绳在讲话一开头就说，张静如写了一篇文章，题目叫做《五四运动不是新民主主义开端》。说到这，我的学生们很紧张，以为他要批评这篇文章。胡绳接着说：我非常赞成他的观点，我在自己的书里，从来就没写过这样的话。会间休息时，他同我交谈。他说：我的书上没有写过样的话，你要不信可以查一下我的书。会后，我查了一下，除了他主编的《中国共产党的七十年》有开端的话之外，他独自的文章中确实没有这样的表述。在中间休息时，我们又进一步交换意见，胡绳认为，比较更实事求是的表述是：从1919年至1921年，是新旧民主主义革命的划时代时期。我最早认识

与王学珍合影

胡绳是在1953年夏，那天我和我们教研室主任王真一起去东安市场逛旧书店。在一家书店门口，碰到胡绳。王真把我介绍给他，说我对史料非常熟悉，接着又说了会儿话，就各走各的了。那天胡绳穿着一身绸子裤褂，手里拿着一把折扇，给人印象特别潇洒。我注意看他，觉得与众不同的是头颅很大，心想这人一定非常聪明，有智慧，有思想。以后，除在一些会议上见到他之外，并没有什么交往。我对他的文章、著作很注意阅读，从中汲取营养。我觉得他写东西十分严谨，都是经过认真思考，研究很多材料才得出结论，很有说服力。记得1983年中共中央让李大钊烈士陵园立一块碑，撰写碑文的任务就交给胡绳。在讨论初稿时，有的老同志提出，李大钊英勇就义时，在绞刑架前讲过一段很感人的话，为什么不写入碑文呢？胡绳听过意见之后，就让他的秘书白小麦去问问李新、张静如，他们的文章怎么都不写？白小麦来问我。我说：所谓李大钊在临刑前讲话最早出于张次溪的《李大钊先生传》，书中写的是李大钊在狱中的讲话，其根据是访问了当时的狱卒。1979年，中共北京市委党校在写李大钊传时把狱中的话移在了刑场上，李大钊的女儿看到后又把这段话放在自己的回忆中。这段话的证据，是不足的，所以我从来不用。白小麦又去查了有关档案，也没有发现类似的材料。最后，碑文没有写上这段话。可见，胡绳写东西特别严谨，没有把握的材料坚决不用。我当时真怕这段不实的材料被纳入碑文，流于后世，让后人信以为真。胡绳的果断处理，避免了以讹传讹，令人佩服。

5月12日，我又去参加了国防大学评学位点的工作。参加会的除军队系统的评委之外，地方上请了中国社科院哲学所的赵凤岐，世界经济与政治所的李琮，北京大学厉以宁、人民大学高放和我。我们几个人的任务是评哲学、经济学、政治学方面的。军队上的人，都能喝酒，在最后一天的饭桌上，张震也来了，他们喝起来没个完。军队开会，等级森严，吃饭、照相都事先安排好，发了表。我们几个人吃饭在第一桌，照相在第二排。真没劲，谁愿意在哪儿就在哪儿多好。

5月，全国学生闹起事来，北师大也不例外跟着闹起来。我很倒霉，从来没做过系、所的行政工作，但这学期初，当时的副校长许嘉璐在院子里碰到我，求我帮他管一下马列所。之前，马列所没有所长，只有三个副所长：李敬德、孟全生、熊元发，学校让老许兼着所长。他确实很忙，所以求我照应一下。我说，看你面子，我答应，但学校里的会我不去，只在所里管他们三个副所长，协调一下工作。谁想到，这一答应，麻烦就来了。动乱不断升级，向着全社会和全国各地扩散，情况非常复杂。所以，我就劝我周围的教师、学生不要参与，静观一切，但他们都不听我的。记得我当时还给人民大学的萧延中打过电话，让他不要动，他也不听我的。小萧我认识他很久，是个非常聪明而且好学的青年人。他对毛泽东很有研究，出版过专著。小萧已经不小了，希望他一切都顺利。前几年，他转到华东师大工作，除教书外，仍研究毛泽东，著述甚多。有的学生去堵军车，等事情一过，害怕了，赶忙往外地跑。有的学生害怕不敢在宿舍住，走之前把一些钱放在我家里保存。记得我和老伴到银行把学生的钱存起来，到银行一看都是取钱的，没有存钱的，好心人还劝我们不要存。我们没有听，因为坚信银行不会倒闭，仍然存起来。有的教师或贴小字报，或到天安门去游行，结果都惹来了麻烦。

麻烦的事还不少，学生跟所里要旗子，熊元发问我怎么办？我说还能怎么办，给吧，不然学生也可能抢走。结果到动乱结束后的一次会上，学校领导问我，马列所的旗子怎么打到天安门去了，我说学校的旗子不是也在天安门前吗。动乱完了，我对老许说，你让我管着马列所给我找多大麻烦。老许说谁知道会出这么大事，我请你吃饭，算是赔罪。这老兄当了副委员长，早把这事给忘了。记在这里，许嘉璐不够朋友，欠我一顿饭。

动乱期间，也有人故意找我的麻烦，设法攻击我。有记者访问人民大学党史系一位老师，他把我攻击了一番，说是自由化。更有甚者，还有人背地整我的黑材料，向中宣部反映，说我是自由化。结果没有达到目的，因为我在动乱期间的表现是“旗帜鲜明、立场坚定”，这是组织上的评价。

1988年，我有几个访问学者：卞杏英、闫洪贵、杨洪章、颜广林、李松林，他们要到1989年7月才结束访问，但第二学期北京闹事前都回去了，所以没有赶上动乱，在北京的也没参加什么活动。赶上动乱的是1989年初来的日本访问学者今井骏。他来后，就自己搞研究，一切都顺利，可突然来了动乱，他还到街上去看，以为很快会结束。时间一长，他有点紧张，我去看他，告诉他没事。到月初，日本来飞机接在中国的学者回去，我送他走，6月27日来信，说已平安到家多天。我的博士生王跃是个活跃的人，所以有人找他，让他出来支持一些非法活动，他没答应。过几天，他回家了，所以也没出事。

动乱之后，整个空气很沉闷，包括一些学术性会议也都暂时不开。本来决定的由北京市和唐山市联合召开的纪念李大钊诞辰百周年学术讨论会，经过研究还是不变，在8月22日开。先在北京开，接着到唐山开。当时，北京市委常委宣传部长王立行（已去世）很矛盾，一方面很想开这个会，觉得开这个会对缓和政治空气有作用；另方面又紧张，怕出事，而且还有日本学者横山宏章参加，不知人家会说什么。我对他说不会出事，可他还是不放心。所以，他从头到底都参加了会，直到我在会上作总结发言之后，才踏下心来。会后，王立行找我，让我把发言写成文章。我写好，题目叫《李大钊选择马克思主义没有错》，王立行拿去让《北京日报》发表了。横山宏章回国后给我来信说："出席这次讨论会的外国研究人员唯我一人，可见中国的局势何等严峻。这次讨论会，对我来说有机会结识了许多新朋友，是一次有意义的讨论会。"

转眼到了新的学年，往年新生入学都是9月1日，这年因动乱，入学时间推后，记得好像国庆节放假之后才入学。这年只收了一个博士生，叫王学勤，我与他在前一年就认识了。为了考试，他常来信，考试前来信，考试后又来信，总之不放心，怕考不上。入学后，他专注中共历史学史方面的研究，写了党史学上若干著作研究的毕业论文。学勤读书期间，他爱人冉华伟来北京看病。当时，他们已有小孩，叫贝贝，当然要带来。小孩一来总得找个临时的幼儿园，学勤就来求师母。我老伴刚离休不久，还认识一些幼儿园，就找到一所，在学校对面，还算方便。学勤带贝贝（大名王碧雪）到家里来玩，很有意思。多少年了，贝贝已成大孩子，出国学习几年，回国后在一家公司干。可我一想起来，还是小时候的样子。学勤毕业留在学校，任团委书记。原说好干两年回头再搞专业，但碰到市委要副局级干部，遂调至市委宣传部当副部长。当时，市委组织部和高教工委的人一起来了解情况，到学校党委后，书记说这事要问张静如，他肯放才行。他们找到我，我问调去是副局级还是处级，要是后者就不去，一定说明白。他们说是副局级，我才同意放人。学勤这个人很聪明也很踏实，干工作认真，也没脾气，所以去了之后反映很不错。后又去了《前线》当社长，成了正局级。同时，他把博士论文出版了，书的题目是《中共党史若干著作研究》，我给这本书写了两篇序。后来他回到宣传部任常务副部长，干了些日子，又被调去东城区当书记，工作很有成绩。到2009年，突然传来他不再当东城区区委书记的消息。我赶紧打电话问他为什么，他说是自己要求，我想也是有道理的。他长期在学校读书，毕业后又在学校工作，到了北京市委宣传部虽说干了一些年，但还是有“书生气”。东城区委书记这个职务，确实不适合他，很多事跟他想法不一致，或者看

贝贝小时候

不惯。于是，他决心向刘淇辞职。由于暂时没有合适职位，刘淇就让他先在市委党校的局级班里待着，后来去了中宣部，在全国思想政治研究会当秘书长，这是他愿意干的事。这一年，除了王学勤之外，还有三个访问学者：曹屯裕、顾振明、熊进前，他们在学习、研究上都很努力。

我的硕士生姜庆明在1985年毕业后就留在当时的马列所，跟着我做一些事。她这人大大咧咧，说话不注意影响，所以比较传统些的老师不喜欢她。动乱期间，她虽没闹事，但因说话没边，惹得一些人不高兴。动乱之后，有人想整她，我给压住了。这时，她又要去维也纳找他爱人刘松柏。办这事，不敢告诉别人，只跟我说，怕别人出来阻拦。幸好，她的同学当北师大人事处长，帮她忙，办得很顺利。这样，她就偷偷出国了，坐了八天火车，9月13日到达维也纳，来了信，我才踏心。过了几年，小姜和刘松柏回来了。小姜成了自由职业者，刘松柏先在北师大经济学院当副院长，后又调到图书馆当馆长。学生有事，老师跟着着急，这类事很多，有的不便说，小姜的事说说没关系。

与许征帆合影

由于胡华去世后，国务院学位委员会政治学、社会学组缺了人，我和人民大学许征帆补了进去，这一干就是两届半。当时虽未发正式通知，但我们

已经知道了。9月中旬，我到杭州参加了初审会。当时，没有通讯评议，对报上来的学位点先做一次初审，不够条件的不上正式会。参加这次初审会的，除我和许征帆之外，有中国人民大学刘铮、高放，中国社科院江流，中央民族学院宋蜀华，北京大学赵宝煦、袁方，他们都是政治学、社会学组的成员。另外，还有后勤学院的邵维正，他后来并没有进学科组，他参加会大概是因为对军事院校比较了解。这次会碰到新的问题，除军队的点之外，还有党校系统的点、新的政治理论课的点。出点麻烦的是南京大学申请中国革命史点，带头人马洪武的教授职称学校里还没开会，大概要到学期末才能开会。批没问题，但赶不上初审。老马求我一定想办法在初审先通过，不然

1989年，与赵宝煦合影

就得等两年后了。所以，初审时，我向评委们说马洪武评为教授没问题，只是学校评委会要学期末才开会，明年正式审学位点时准能赶上，结果就通过了。马洪武是个外向型的人，有很强的活动能力。他与王德宝是南京大学政治系的两员大将，人称"王德宝的嘴，马洪武的腿"。王的嘴能把死人说活了，马的腿没有跑不到的地方，两位确是能人。马洪武对根据地研究很有成绩，王德宝在政治学方面建树颇多。他们现在已经都退下来，但还做不少事。他们都重视友情，与他们交往很痛快，至今仍有联系。

9月的杭州，常常下起小雨，我们开会过程中，闲下来就到处边散步。一天，我和赵宝煦在西湖边上漫步于零星小雨之中。他问我家里的情况，我向他讲了我和老伴的家世，讲了和启功、奚啸伯、欧阳中石的关系。我们聊得很开心，还照了相。12月1日，他给我的信中说："相识甚久，了解却不多，关于足下，我只是怀着对一个正派学者的敬意而已。这次西子湖边朝夕相聚，有幸领略从里到外十足'京味儿'，倍感亲切！套句俗话，真是'相知恨晚'！"宝煦是搞政治学的，著述甚多，人很文静，学者风度。他的兴趣广泛，熟知各类杂学，可谓杂家，与他交往，获益不少。

杭州会开完后，就接着准备10月底全国纪念李大钊诞辰百周年学术讨论会。开会之前，10月21日，因河北省要成立李大钊研究会，所以我去了唐山，代表中国李大钊研究会参加了22日召开的成立大会。回来后，随即到北大报到。28日上午，参加学术会议的全体人员到人大会堂参加中共中央举行的纪念李大钊诞辰百周年大会。会开得很隆重，彭真主持会，江泽民、杨尚昆、乔石、姚依林、宋平、李瑞环、李铁映等都去了。江泽民和中顾委副主任宋任穷、团中央第一书记宋德福、中国李大钊研究会会长王学珍相继讲话。会前，参加学术会议的全体人员与中共中央领导人一起照了相。29日上午，由中共中央党史研究室、中国社会科学院、中共北京市委、中共河北省委、北京大学、中国中共党史学会、中国李大钊研究会共同发起的李大钊研究学术讨论会在人大会堂举行了开幕式。会上，胡绳致开幕词，胡乔木发表讲话。随后，四天的会议都是在北京大学开的。参加这次学术会议的除国内学者之外，苏联科学院哲学研究所研究员谢宁、苏联科学院东方研究所中国研究室研究员加鲁尚茨、日本中央大学教授斋藤道彦、日本信州大学人文学部教授后藤延子、蒙古党中央社会科学院学术秘书达木苏伦、捷克查理大学哲学系亚非教研室主任库白什娃，也应邀参加了会议。

这几个老外，有的是我的老朋友，有的是新认识的。谢宁以前来过北京，并且到我家去做客。我们互赠小礼物，交谈了一上午。他看到我当时在北师大院内的住处说，跟他住的房子一样，也是三间一个小厅。我与加鲁尚茨是20世纪50年代认识的，虽没见过面，但通过几次信。我送给他1957年出的那本《李大钊同志革命思想的发展》，他一直保留着。这次见面时，他就说还保存着你的书。他是研究李大钊的，也研究中国问题，成果不少。日本两位学者更是老朋友了，会议期间我请他们到北大对面全聚德分店吃烤鸭，彭明、王世儒一起陪着。巧得很，那天我从家里出来忘记带钱，一摸手里没多少钱，而老彭还向服务员要全聚德碗筷（付钱），最后一算账，刚好够（只剩下几毛钱），没出洋相。斋藤道彦来的时候，我到机场去接他，见到我非常高兴。他跟我说，动乱刚过去，我听你的，不胡乱说。我说没事，谈学

1989年，赵宝煦来信

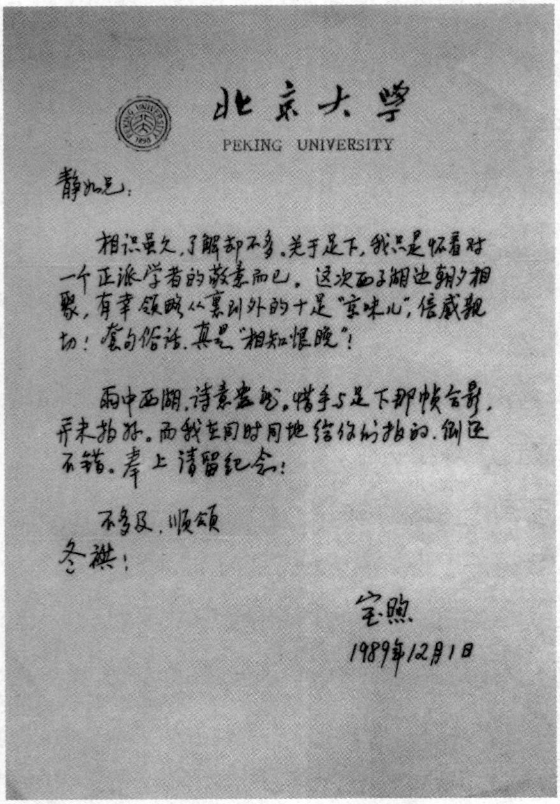

北京大學
PEKING UNIVERSITY

静如兄：

相识虽久，了解却不多。关于足下，我只是怀着对一个正派学者的敬意而已。这次西子湖边朝夕相聚，有幸领略从里到外的十足"京味儿"，倍感亲切！套句俗话，真是"相知恨晚"！

雨中西湖，诗意盎然。惜乎与足下那帧合影，未来拍好。而我在同时同地给你们拍的，倒还不错。奉上请留纪念！

不多及，顺颂

冬祺！

宝煦

1989年12月1日

术问题，什么事也没有。开会过程中，他偷偷给我一包肉肠，说北京可能因发生动乱没肉吃，特意给你带点肠，真是够朋友。至于蒙古的，捷克的两位学者，则是第一次见面。本来，这次会请的外国人比较多，他们在年初都表示愿意参加，可一发生动乱，情况就变了。日本政府下令不让官员去北京，国立大学的教员也受限制，也有的私立大学的教师因怕事不敢来了。另外，还有学者家里有急事要处理没有来。

29日下午到30日，是大会发言，31日分组讨论。31日上午，还组织外国学者与部分中国学者举行了小型座谈会。11月1日上午，全体与会人员前往李大钊烈士陵园，向李大钊雕像献花篮，表示深切怀念和敬仰。下午，举行闭幕式，彭明、王学珍和我讲了话。我在发言中讲了今后如何把李大钊研究进一步引向深入问题，认为尽管近年来研究工作取得很大进展，但还不够深入，存在问题不少。我提出，今后要加强研究的科学性；要做好史料的整理，特别是文集的注释工作；要加强专题研究，尤其是关于李大钊与其他人物、社团、刊物之间的研究；要有计划、有目的翻译和评介国外研究李大钊的学术著作；要多创造中外学者交流的机会；要重视对李大钊的宣传工作；要努力培养研究李大钊的青年学者。

这年的11月底，我去了南京，到南京大学作报告。见到马洪武、王维德告诉他们初审已过去，一定要在正式审批之前把老马的职称弄好，否则正式审批肯定过不去。在南京期间，去了王学勤上学的东南大学参观。随后，我又到上海，住在上海师大。肯定要作一次报告，但讲什么已记不清。在上海期间，见到一些老朋友，聊聊天，大家都很高兴。

深化党史

1990年到1992年的三年中，从全国来看，有不少大事，特别需要记述的是：第一，1990年12月25日至30日，在北京召开了中共十三届七中全会，通过《中共中央关于制定国民经济和社会发展十年规划和“八五”计划的建议》。《建议》提出了1991年至2000年我国国民经济发展的基本任务和方针政策，并将建设有中国特色社会主义的基本理论和基本实践，概括为十二条原则。十二条的提出，标志着中共对建设有中国特色的社会主义在认识上的进一步深化。全会强调，坚定不移地去建设有中国特色的社会主义道路，是实现第二步战略目标的根本保证。第二，1991年1月28日至2月18日，邓小平在上海视察时同上海市负责人谈话中说："改革开放还要讲，我们党还要讲几十年。""光我一个人说话还不够，我们党要说话，要说几十年。""不要以为，一说计划经济就是社会主义，一说市场经济就是资本主义，不是那么回事，两者都是手段，市场也可以为社会主义服务。"他强调："思想更解放一点，胆子更大一点，步子更快一点。"同年8月20日，邓小平同几位中央负责人谈话时说："特别要注意，根本的一条是改革开放不能丢，坚持改革开放才能抓住时机上台阶。""老祖宗不能丢啊！问题是要把什么叫社会主义搞清楚，把怎样建设和发展社会主义搞清楚。"第三，1991年8月19日，苏联局势开始出现剧烈动荡，中国外交部发言人发表谈话说，这是苏联内部事务，中国尊重苏联人民自己的选择。8月24日，戈尔巴乔夫辞去苏共总书记职务，并建议苏共中央"自行解散"。同日，俄罗斯联邦总统叶利钦发布停止苏共活动的命令。到12月21日，俄罗斯等十一个独立国家领导人举行记者招待会，宣布建立独立国家联合体。12月27日，国务委员兼外交部部长钱其琛致电俄罗斯联邦外长，宣布承认俄罗斯联邦政府。钱其琛还分别致电乌克兰等十一国外长，宣布承认这些国家。第四，1992年1月18日至2月21日，邓小平视察武昌、深圳、珠海、上海等地，发表著名的南方谈话。邓小平在讲话中指出改革也是解放生产力。"过去，只讲在社会主义条件下发展生产力，没有讲还要通过改革解放生产力，不完全。""不坚持社会主义，不改革开放，不发展经济，不改善人民生活，只能是死路一条。"邓小平认为，改革开放的步子迈不开，就是因为怕走资本主义道路。"计划多一点还是市场多一点，不是社会主义与资本主义的本质区别。""判断的标准，应该主要看是否有利于发展社会主义社会的生产力，是否有利于增强社会主义国家的综合国力，是否有利于提高人民的生活水平。”邓小平提出，不争论，大胆地试，大胆地闯，争取时间干事情。邓小平强调，“左”和右都可以葬送社会主义，要警惕右，要坚持四项基本原则，但主要是防止“左”。邓小平还说，世界上相信马克思主义的人会越来越多，因为马克思主义是科学，是真理，科学、真理是打不倒的。社会主义制度在一些国家出现严重挫折，人们可以由此总结教训，得到锻炼，促进社会主义更健康发展。学习马克思主义要精，要指导实践，其精髓是实事求是。只有坚持实事求是，才能把事情做好了。第五，1992年5月21日、6月9日，李瑞环、江泽民先后在有关会议上就邓小平年初南方谈话发表意见。9月3日中央政治局会议，为贯彻邓小平讲话而制定有关文件。10月12日至18日，中共十四大在北京举行。会上，江泽民作题为《加快改革开放和现代化建设步伐，夺取有中国特色社会主义事业的更大胜利》的报告。江泽民在报告中回顾改革开放十四年取得的成就，并把这些成就取得的原因归结为逐步形成和发展了建设有中国特色社会主义理论。报告把这一理论分为九个方面，指出这一理论是当代中国的马克思主义，是马克思列宁主义基本原理与当代中国实际和时代特征相结合的产物，是毛泽东思想的继承和发展，是全党全国人民集体智慧的结晶，是中国共产党和中国人民最可珍贵的精神财富。报告强调，邓小平是中国社会主义改革开放和现代化建设的总设计师，对建设有中国特色社会主义理论的创立，作出了历史性的重大贡献。大会选举了新的中央委员会委员、候补委员和中央纪律检查委员会委员。10月19日，举行十四届一中全会，选出新的中央领导机构，选举江泽民为中央委员会总书记。

从1990年到1992年的政治形势，可以叫前“紧”后“松”。由于1989年的政治风波之后，党内有一些人觉得所以发生政治风波是改革开放闹的，遂即大讲防止和平演变，弄得很紧张。邓小平不赞成这种看法，坚持改革开放，特别是他的南方谈话一出来，形势发生变化，由紧张重新变为宽松，人们思想再次得到解放。这种前“紧”后“松”的形势，自然也影响到党史界。

前两年，虽然也有不少研究成果面世，但人们不能不注意到主流宣传的调子，只能在有关文章中加上防止和平演变的意思。当然，前两年也有一些令人高兴的事情。如1991年7月1日，江泽民在庆祝中国共产党成立七十周年的大会上发表讲话，指出中共的七十年奋斗历程所做的贡献可以归纳为三个方面：完成反帝反封建的新民主主义革命任务，结束了中国半殖民地半封建社会的历史；消灭剥削制度和剥削阶级，建立了社会主义制度；开创建设有中国特色的社会主义的道路，逐步实现社会主义现代化。同日，根据中共中央决定，由中央文献编辑委员会修订，人民出版社出版《毛泽东选集》第一至四卷第二版公开发行。新版除增加《反对本本主义》一篇文章之外，对正文主要是改正一些文章的写作时间和发表时间，校正少量错讹的史实和错字漏字；对题解，订正某些史实的错误，删改少量不合史实的提法和评价，增写部分题解；对注释中一些错讹的史实、不准确的提法和偏颇的评述，作了订正和修改，并新写了一些注释。8月8日，杨尚昆主持召开中共中央党史工作领导小组会议，审议并批准由胡绳主编、中共中央党史研究室著《中国共产党的七十年》。此书由中共党史出版社出版，到1992年4月印数已达七百万册。同时，中共中央党史研究室著《中国共产党历史》上卷，由人民出版社出版。江泽民的讲话、《毛泽东选集》的修订再版以及《中国共产党的七十年》、《中国共产党历史》上卷的出版，给深化中共历史研究，提供了重要的条件。随着邓小平南方谈话内容的传达，党史界的学者们在研究和教学方面又开始活跃起来。

这三年里，我还是发了不少文章，而且出了五本书。这五本书，除了一本是我主编的中共党史研究丛书，只看了一下书稿，与我关系不大之外，其余四本虽也是我主编的，但下的工夫却不小。一本是1990年3月由人民大学出版社出版的《中共党史学史》，这是我在确定中共历史的学科性质为历史学科之后就想写的书。1980年，我曾与几位同行说起此事，但未实现，1983年，我让硕士生王京生研究这个问题，他写出《中共党史学概况》、《党史学初建状况研究》。我觉得可以继续搞下去，但他毕业后去了团中央，随后又去了深圳，就没法再弄。为了继续研究，我找到人民大学教师唐曼珍，正好她要当我的访问学者，经过努力这本书总算出来了。我写了导论，写了序。在导论中，我认为学术史是每门学科研究体系中不可缺少的组成部分，作为独立学科的中共历史学也有自己的研究史。考察中共历史学史具有重要意义：总结经验，归纳特点，探索规律，促进学科发展。中共历史学史是党史工作者的必修课，当然不要求每个党史工作者都去研究党史学史，但应该对党史学史有所了解，比较熟悉。只有知道过去研究者研究的成果达到什么程度，才能确定自己研究的起点；只有知道过去研究者在研究方面的不足，才能避免自己的研究重踏旧路。我在导论中强调：多数党史工作者对中共历史学史了解甚少，“尚不能掌握党史学的发展规律，研究处于盲目的不自觉的状态”。这种状况，至今在很多后学者中仍然没有得到改善。我主编的这本《中共党史学史》的出版，在当时来说还是很有学术价值的，因为过去没有过，不仅使研究者从中了解许多有关党史学发展过程的知识，而且也使人们认识到建立中共历史学的辅助学科的必要。但是，这部书的最大缺点是对史家和史著的研究不够深入，特别是对以往研究中问题几乎很少涉及，这对中共历史学的继续发展是不利的。不仅如此，这本书现在已找不到了，虽然后来周一平也出版了本党史学史，但至今也不少年了。所以，我非常希望青年

《中共党史学史》书照

学者再写一本。

第二本书是1991年4月由华夏出版社出版的由我主编的《历史的选择》，其中我写了导论和结语。在结语中，我对"历史选择"作了明确的解释。我说："历史的选择是人们在创造历史过程中，按照客观的发展规律，实现推进社会前进的途径。"因为人类在创造历史过程中，都抱有一定的主观愿望和意志，所以历史选择是一种有意识、有目的活动。但是，人又不能随心所欲地创造历史，其过程受一般规律支配，只有认识了历史必然性，才能创造历史，才能选择历史的道路。在这个过程中，每个人的意志都要受到他人的意志妨碍，其结果只能按照无数具有不同意志的个人相互交错、相互冲突的力量的"总平均数"、"总的合力"所构成的一般规律行进。可见，历史的选择是历史必然性和人们有目的的行动的统一，因而它是无误的选择。在结语中，我强调："被历史选择的事物必须随时接受历史的考验。"否则，改变了自身条件，经受不住考验，就可能有不再被选择的危险。

《中国共产党思想史》书照

第三本是青岛出版社1991年6月出版的《中国共产党思想史》，这本由我主编的书，在当时和后来一段时间里产生了不小的影响，而且还得了中国图书奖一等奖。在书中，我写了导论和结语。在题为《中国共产党思想源流》这篇导论中，我写了三个问题：中国共产党思想的历史根源、中国共产党思想与马克思主义、中国共产党思想的历史继承性。在导论中，首先说明什么是中国共产党思想，但当时只说了是中共中央关于中国革命和建设的指导思想。这个说法显然是窄了，指导思想是主线没错，但中央的指导思想不是凭空而来的，它既来自于马克思主义与中国实际结合，也以全党的思想认识为基础。究竟应该怎样表述为好，我在后边还会说到，这里先不说了。另外，这部书写成是在邓小平南方谈话之前，受当时政治气氛影响，显得比较谨慎，思想不够解放。这一年的9月13日，北京中共党史学会组织了这本书的座谈会，参加会的有孙思白、金春明、王桧林等二十多人。大家在充分肯定书的质量和写法的基础上提出了一些意见，对进一步深入研究十分有益。

第四本书是由我主编的中国人民大学出版社1992年6月出版的《北洋军阀统治时期中国社会之变迁》，我写了序和导论。这部书是我1991年初发表《以社会史为基础深化党史研究》一文后，想探讨一下近现代社会史的内容而组织大家写的。序里讲的内容是从上边的文章中抄下来的，后边会专门说到。导论中，有一个观点比较新。我认为北洋军阀统治时期在形式上维持着资产阶级民主制度，对新的社会生产力以及与之相适应的新的社会因素，有一定促进作用。具体说了四点：第一，统治者无法完全避免这种形式上的东西成为民主精神和原则的象征，无法完全泯灭其对人们为民主而奋斗的激励作用。第二，统治者无法完全排除这种形式上的东西对专制所起的牵制作用。第三，统治者无法完全压制这种形式上的东西对资产阶级社会政治地位提高的作用，对现代文明发展的作用。第四，统治者无法完全抵消其对人们思想、认识以及生活方式、社会习俗变革的影响。这部书出来后产生很大影响，因为当时还没人写过这一时期的社会史。

这几年，我写了二十多篇文章，其中最有影响的是上边说的《以社会史为基础深化党史研究》。为什么要写这样一篇文章呢？改革开放以来，党史学界中许多研究者都认识到中共历史研究的领域太窄了，需要努力扩展，遂即从不同角度进行探讨。我也有同样认识，所以前些年就提出研究中共历史要研究中国近现代社会，理由很简单，中国共产党的全部实践活动都是在中国近现代社会发展过程中进行的。可能由于我的想法只是在学术报告中提到，没有引起人们注意，需要专门写文章强调。于是写了这篇文章，发表在《历史研究》1991年第1期上。文章开头提出我对社会史的看法，认为"社会史是一门综合性学科，是历史学中层次最高的部分，是立于各类专史之上的学科。社会是由经济基础和上层建筑构成的整体，是动态的具有复杂相互关系的人群结构。研究社会必须考察社会的政治、经济、文化状况，考察社会组织、社会阶级和阶层、社会关系、社会意识形态、社会心理、社会生活方式，人们的思想方式，等等。总之，研究社会，就要研究物质和精神的社会生活诸方面。所以，研究社会史，就是要研究社会生活诸方面之史的深化和变革。这样，社会史的对象，应该说是社会整体发展的全进程，其研究范围极为广泛"。根据这种说法，我表示不同意社会史是"经过政治、经济后的剩余物"，是"描写下层群众生活的"等说法。由于我提出自己的看法，结果就有学者说我是一派，其实这种主张国内外学者中都有，只不过他们是研究1919年以前的历史。在文章中，还说明了研究社会史的作用，中共历史为什么需要以社会史为基础和怎样为基础。关于怎样为基础，我强调："并不是说把党史改为社会史，而是说对党史中的重大问题，包括大的历史事件和有影响人物的思想及实践，利用中国近现代社会史研究的成果，从社会生活诸方面进行分析，找出形成重大历史现象的复杂的综合的原因，并描述其产生的影响在社会生活诸领域的反映。"对此，文中以1924年到1927年爆发的大革命为例，从政治、经济、文化以及社会其他领域众多角度进行了分析。本文最后作了六点说明：第一，"以社会史为基础，不是说党史中一切问题，都从社会生活诸领域进行分析。"第二，"以社会史为基础，也不说对每个大的问题的分析，都要无遗漏地涉及社会生活诸领域，而是应该根据某个问题和哪些领域关系密切，有重点地进行分析。"第三，"以社会史为基础，还可以体现大的变革在社会生活诸领域的反映，从而说明这种变革的深度和广度。"第四，"以社会史为基础，是为了深化党史研究，而不是叙述社会史本身，目的一定要明确。”第五，“以社会史为基础，自然就要在党史研究中加进去一些过去所不用的材料，特别是一些统计材料、社会调查材料。”第六，“以社会史为基础，一定要用马克思主义为指导，坚持正确的政治方向。”这篇文章发表后，确实引起党史学界研究者的注意，随后出了一些研究现当代社会史的书，比如，1996年7月当代出版社出版的何友良著《中国苏维埃区域社会变动史》、1997年2月中国言实出版社出版的郭学旺著《毛泽东与中国社会的变迁》。这两本书写得都不错，也提供了许多史料。后来，我的学生王跃出版了《变迁中的心态》、张福记出版了《近代中国社会变迁与革命》、李立志出版了《变迁与重建》、师吉金出版了《构建与嬗变》等专著，进一步从社会史角度研究中共历史过程中的问题。以社会史为基础深化党史研究是一件不容易的事，一是找材料难，一是分析难。比如，从社会心理方面分析问题就很难找到材料，特别是农民群体的心理状况的材料更难找。当然，不是说一定找不到，而是说要下大工夫。希望研究者别嫌麻烦，努力做苦功夫。深化党史研究，是长期的任务。

除了这篇文章外，还有些文章值得说一说。为了说明在党史学史中研究史家的史学思想的重要性，我写了《说〈中国现代革命运动史〉中的史学思想》。这部书是抗日战争时期张闻天编著的教材，它不仅在当时对干部了解革命进程，从中汲取营养起了重要作用，而且也为后来编写党史、革命史打了良好基础。文中主要是挖掘该书的史学思想，为此列出“关于史学功能”、“关于社会革命的基础”、“关于历史主义”、“关于研究方法”四个方面进行分析。比如，在文中指出该书很注意用较大篇幅总结历史经验教训，以发挥史学功能。这种做法与现在编的教材的做法不同，因为现在比较强调只要把史实说清楚，读者自会得出结论，编写者少发议论。我认为，这种观点有片面性，因为不是所有的读者都能得出正确结论，甚至有的读者还可能受其他方面影响而得出错误结论。史实一定要讲清楚，这是必备的基础，但该说的还必须说，讲明历史的经验教训，对读者自有好处。

1991年是中共成立七十周年，为了纪念我写了《中国共产党是历史的选择》、《中国共产党与社会现代化》、《再论中国共产党创立时期形成的特点》、《“七一”感言》等文章。在《中国共产党与社会现代化》中说了两个问题：什么是社会现代化；中国共产党在社会现代化过程中的作用。文中认为社会现代化应指自工业革命以来整个世界变革的过程，它包括从经济、政治、文化到社会生活诸方面的变革，只有整个社会都是先进的、发达的才能称作“现代化”。文中提出“被动社会现代化”和“主动社会现代化”的说法，以解释中共在社会现代化过程中的作用。自鸦片战争以来，由于国外势力的入侵，中国社会逐渐演变到被动社会现代化过程中。在这个过程中，虽然社会诸方面缓慢朝着社会现代化方向发展，但在外国势力和国内封建势力控制之下，这种发展终究摆脱不了贫困、落后、挨打、受辱的境地。所以，在中国要真正实现社会现代化，第一步就必须变被动为主动，摧毁帝国主义和封建势力的统治，建立民族独立的民主政权，把实现社会现代化的主动权掌握在广大人民群众的手中。为此，多年来不少有识之士努力奋斗，都未能成功。辛亥革命结束了几千年封建制度，使中国社会前进了一大步，但也未能彻底改变半殖民地半封建的社会性质。中国共产党成立后，历经二十八年的奋斗，终于结束了被动社会现代化的进程，成立了中华人民共和国，开始了主动社会现代化。此后的年代里，虽然由于中共在决策上曾经犯过错误，延缓了实现社会现代化的进程，但善于纠正自己错误的中国共产党又重新振奋全党精神，率领全国各族人民走上中国特色社会主义道路，为实现社会现代化继续奋斗。《再论中国共产党创立时期形成的特点》是《中国共产党建立时期形成的特点》的续篇，主要说了两个问题：中共成立时没有受社会民主党第二国际影响；中共成立时理论准备不足。文章最后说：“党的自身建设是党的生命力之源。党成立时形成的特点中，既有优点，也有弱点。对此，应有明确认识，才能在党的建设过程中，发扬优点，弥补弱点，使党更坚强，永立于不败之地。”

1990年初，我和大学的同学朱莱英商议想要搞一次同学聚会，随后分别发了信。高远平、李延龄、何无忌、陆方、陈世兰、韩荣宝等老同学都分别来了信，多数人都表示愿意参加。但不知道为什么这次聚会没有办成，现在想起来很遗憾，因为大家年纪老了，又分散在各地，也有的已去世，再想聚会太难了。

1989年中国李大钊研究会成立以后，除北京已有李大钊研究会，1988年10月成立唐山市李大钊研究会外，其他各地也陆续成立了李大钊研究会。1989年10月河北省、天津市成立了李大钊研究会。1990年4月，河南省、河北省乐亭县成立了李大钊研究会。1991年3月和10月，河北省秦皇岛市、昌黎县的李大钊研究会也相继成立。但山东李大钊研究会经过徐树绩、吕明灼的努力未能办成。后来我让陕西成立李大钊研究会，也没有弄成。各地李大钊研究会的成立，对促进李大钊研究起了推动作用。

1990年7月15日，国务院学位办的副处长左庆润写信给我，告知经国务院学位委员会批准，决定增补我为第二届政治学、社会学组成员，随信寄来开会的通知。不记得是6月24日还是25日，我就到京西宾馆开会去了。这次会除我和许征帆之外，原来的成员社科院的江流，北京大学的赵宝煦、袁方，中国人民大学的刘铮、高放，中央民族学院的宋蜀华都参加了，组长是江流，这个组的秘书是常文景，联络员是凌慧娟。会上通过了哪些，没通过的哪些，已经记不清了，只记得由于高校政治理论课变化而新申请的学位点通过了不少，如中国革命史这个学位点就过了十几个，有山东师范大学、南京大学、复旦大学、西安政治学院、首都师范大学等。会上，已有中共党史博士点的东北师范大学要求增列博士生导师，报上来好几个，只通过了李鸿文。东北师大管研究生的一位干部临时参加学位办工作，他积极活动，希望他们学校通过率高些，当然可以理解。但他找了已办理退休的原文科处处长，而这位处长在会上虽仍说管文科评审，实际已不大管事，真正管事的是副处长左庆润。所以，处长的消息并不灵通，告诉东北师大参加工作的干部被评上的是另一位老师的名字。会尚未开完，消息马上传回东北师大，那位老师非常高兴。会散了之后，我让人把消息带到东北师大，弄得那位老师不知是怎么回事，就写信问我，我只好回信告知真相。据说那位老师因此还得一场病，这事闹的，都怨当初没把情况弄准确。另外，会上还通过了省市级党校申请的学位点，有北京市委党校、四川省委党校、吉林省委党校、广东省委党校、陕西省委党校，好像还有江苏省委党校，最后这所党校记不太准了。对于省市党校的申请，小左很有疑问，总觉得他们不够格。因为他是从北师大出来的，所以就跟我说他的想法，让我帮他说党校之缺陷。他说党校没有外语教员、图书馆书不全，我说我女儿就在北京市委党校图书馆，我去看过，自然科学方面的书是少，但社会科学方面的书的种类相当多，而且北京市委党校也有外语教师。我还说，这些学校能够申请学位点也很不容易，不要太卡他们。后来的事

与谭双泉合影

实证明，省市党校的学位点还都发展得不错，培养出来的研究生也确有一定质量，不比一般高校差。在这次会上，湖南师范大学申请党史博士点，这个点的带头人谭双泉申请博导。这个学校已是博士授予单位，别的学科有博士点。预投票时，这个党史博士点已通过，第二天正式投票。当天晚上，江流又看了看材料，发现湖南省教委在论证会上没有请外地专家。第二天开会时，江流请大家考虑一下，为什么不请外地专家，只是本省教委主任主持，有一些本省的官员、校长和专家参加。这一说，麻烦就来了，其实大家也并未再看材料，江流一说，影响了大家的投票心理，结果没有通过，好像差一票。结果一出来就没办法了，我赶紧提出谭双泉确实够博导条件，早在50年代已发表过很多文章，现在成果也很多。当时，有个规矩，博士点通不过，博导可以单投票。我这一说，大家都同意，老谭的资格通过了。当然，他只能在他们学校的中国近现代史博士点带学生。多年之后，湖南师大的党史博士点才批下来。投票心理很有意思，只要稍微受点外界因素影响，个别评委的心理就会发生变化，投个弃权票，结果就会通不过。

我在京西宾馆开会期间，我的学生李继准到我家，大概就是想说河北党史研究室要办班的事，让我去讲党史学史。7月11日，李继准来信，一方面说9月办班，一方面说已买了100本《中共党史学史》，但不够，还需20本。到9月，我就去这个班上讲了几天，有重点地介绍了我这本书的内容。讲完后，《党史博采》要我写一篇短文讲讲学习党史学史的必要。我随即写了《党史工作者应该学点党史学史》，发在《党史博采》1991年第1期上。翻开这篇文章看，当时讲的内容，今天还是很有道理的，而事实上后学的研究者到现在尚未在头脑中重视这方面的学习。另外，文章结尾还提出了一个想法，即党史专门研究机构的作用问题。我认为："这类研究机构应该成为党史研究的中心，起着组织、推动和领导全国或一个地区党史研究的作用，如河北省委党史研究室，就应该成为河北省党史研究的中心，使全省党史研究工作者都围绕这个中心开展研究。当然，事实上目前这个研究室还不能起到这样的作用，因为各地党史研究室都是从原来的党史资料征集机构转过来的，没有研究基础，缺乏研究人员。所以，要使党史研究室发挥其应有的作用，首先必须明确自己的任务，向研究转化，同时还必须加强研究队伍建设，团结自己地区的党史研究工作者，逐步使自己真正成为全省的党史研究中心。”这个想法我一直觉得很有道理，可一直到今天也没能实现，相互牵制的因素很多，关键是中央和省市领导对这件事没有引起重视。

这年的6月30日、7月11日，我的朋友迈斯纳和我的访问学者今井骏分别来信。迈斯纳来信说，对我寄给他的著作《李大钊与中国马克思主义的起源》中译本（1989年由中共党史资料出版社出版）和《李大钊史事综录》表示感谢，对没有能参加李大钊百年诞辰学术讨论会觉得很遗憾。今井骏来信说，他打算1992年再到中国访学，8月6日来北京时再与我商量。这一年里，徐树绩多次来信，说8月要在威海办班，让我一定去讲。实际上，这次没能去威海，原因是什么不记得了。没能去，从老徐8月30日的信中可以得到证明。他在信中说：“在威海接您一信，得知秋凉后您将出京考察。”如果我去了威海，老徐就不可能在威海接到我的信。

1991年这一年相当忙，因为是中国共产党诞生七十周年，又要写文章纪念，又要开纪念性的学术会议，再加上许多杂事，真是忙得团团转。这年的1月，马洪武就来信说，希望我参加4月15日到20日在洛阳开的会。到3月9日，他又来信说，要我一定参加洛阳的会，我随即答应。3月23日，他来信说接到我3月15日的信，让我先到郑州，参观少林寺，然后再去洛阳。这次会，对我来说，没有什么具体任务，因为会上要研究新四军和华中根据地问题，而我在这方面没有任何研究。按马洪武的说法就是让我出来走走，会上可以讲点党史学理论，让大家开开眼界。这样，快到开会时，我带着王学勤先到了郑州，坐着车去了一趟少林寺。少林寺位于我国“五岳”的中岳嵩山之内，寺庙很大，风景优美，气候宜人，确是修行宝地。自古以来，有那么一些人，心地善良，看破红尘，不与人争，到深山老林庙宇中当和尚、道士、尼姑，吃斋念佛，有的还练武强身，少林寺就由此出名。这类人群很受人尊敬，但据我观察，出家人长寿的并不多，虽然深山空气好，可他们吃得太素，营养不够，医疗条件也差。总之，生活不科学，难以长寿。随后，我们到了洛阳，正值牡丹花开，确实很美。会上认识一些新朋友，也见到一些老朋友，记不得我在会上讲了什么，大概还是讲了，不然就白去了。会中，招待很好。有一天，摆上来的菜叫洛阳水席，据说是杨贵妃发明的，大概是平日吃得太腻了，弄个水席清清肠子。水席的特点都是用碗盛的，每道菜里都有汤，说实在的并不好吃，而且吃完之后半夜老上厕所，真不值得。吃饭时，老是敬酒，我不喝酒，好在学勤很能喝，总算应付下来了。从洛阳回京，出了点麻烦。由于送站人的安排不妥，学勤没上来车，我只好一个人回来，学勤隔天才到京。

因为要纪念中共诞辰七十周年，所以，1990年就与上海党史学会会长唐培吉多次联系，准备来年在上海开两地联合的学术性会议。1991年6月初，我到了上海。本来，我要先去杭州，再去上海，不记得什么原因没去杭州。同我一起去上海的是我的学生杨世文，随后侯且岸、王学勤、王炳林等也都到了，但不是跟我一起走的。我与世文先到上海市委党校，不知为什么，他们爱搭不理的。接着，其他人陆续来，有北京党史学会的陈明显、姜华宣、荣国章，北京党史研究室的谢荫明，天津党史研究室的黄小同，中央党校的朱乔森、盖军，等等。没开会之前，吃的饭菜很不好，我就让大家不要吃。参加会的学者后来说，在上海我领导了罢吃运动。另外，刘导生去了，也被接到上海市委党校。导生在北京时，不让我向上海市委说他要来，我答应了，因为我想上海市委党校领导人准会知道刘导生是何许人，不会怠慢。可是，导生到上海市委党校后，居然没人理他。一二·九运动时的干部、80岁的老人、原北京市委的副书记，居然受到上海市委党校的冷遇。我真急了，出点事怎么办？立即叫人通知上海市委，上边来了人，把他接走了，我才踏实下来。会开得不错，就是接待太差了。当时的上海市委党校牛气什么，我心里清楚，所以在最后的招待会上我故意大声说话，把他们挖苦了一阵，党校的常务副校长在旁边听着，也没敢搭话。回北京的火车上，也碰到不讲理的人。一位乘客比我们上车晚，他的床位在我们的边上，却要把东西放在我们的架子上。当时，我们正凑在一起聊天，看到这种情况，我们就说你应该放在自己的架子上，他不听，说话还挺硬。对这种人只能来硬的，我的学生们都站起来，他一看，好几个人都是大高个就害怕了，赶紧把东西拿开了，真叫自讨没趣。

这年5月12日，魏宏运来信，让我和彭明6月中旬去南开大学主持答辩。没多久，他又来信说学生论文印不出来，想推迟。实际上，我从上海回来后，6月23日还是去了天津，彭明也去了。我是带关志钢一起去的，住在一间屋里，没事就闲聊。这次答辩没什么问题，顺利通过了。我们回来后，答辩学生还写来感谢信。

5月7日，徐树绩来信说，暑假在枣庄办班。当时，他已经离岗，但还主持山东省中国革命史教学研究会，希望支持他，我随即复信答应。5月20日，研究会还专门发来邀请信，说会议于7月24日至8月1日召开。6月27日，王德宝来信说，让我在去枣庄之前到南京大学来一趟，我没有拒绝。但不久，南方下大雨，到处发水，别人劝我别去，太危险，形势所迫，王德宝也同意我不去了。为了保险，我还特意写信给徐树绩，问山东情况。7月15日，他回信说山东没事，我才放心地同我的博士生侯且岸一起去了枣庄。枣庄是山东较早的工业基地，现已形成以煤炭、电力、建材为主体，拥有纺织、冶金、化工与机械、造纸、食品等门类的工业体系。在历史上枣庄是很有名的地方，抗日战争时期的鲁南铁道游击队就活跃在这一带。这支队伍于1940年成立后，不仅狠狠打击了敌人，缴获大量武器，而且还截获日军大量过往物资，有力地支援了根据地建设。同时，他们成功地保卫了山东根据地通往冀鲁豫边区根据地的交通线，安全护送各级干部，如刘少奇、肖华、朱瑞、陈毅、陈光等过往。这支队伍在艰苦的环境中，坚持到抗日战争胜利。到枣庄后，游览了微山湖，坐船照了相，还参观了台儿庄战役遗址、万石榴园、八一煤矿。至于我在会上讲了什么内容，已记不清了。吃饭的时候要喝酒，好在且岸能喝，替我应酬。

从枣庄回北京后，没有休息几天，8月又去了天津，因为魏宏运在南开大学组织第二届中国抗日根据地史学术讨论会。参加这次会的有日本、美国、英国、德国、法国、荷兰、澳大利亚和中国学者八十余人。王淇、王桧林、孙思白、彭明、廖盖隆、金普森、郑德荣都被老魏拉去。会议中间，在商量工作的小会上，我说有的中国学者年纪大了，中午应让他们休息一会儿。而南开大学外事处长却说外国学者中午不休息，应该按他们的习惯办。我毫不客气地说外国学者中午不休息是假的，下午的会上有几个人在那里闭着眼睛，他们来中国开会，就要入乡随俗，我们要按我们的习惯安排，不能照顾外国人。我的话，惹得这位处长很不高兴。活该，我最讨厌崇洋媚外的人。会后，老魏对那位处长说，你不要惹他，这位教授很厉害。他说什么，你只能照办。会上，一些外国学者，特别是美国学者自以为是，他们不看中国领导人和学者几十年前就说过的话，而把他们研究的结论当新发明来说。所以，在这次会的闭幕式上，我作为中方评论员发言，既批评了会议的安排，又提醒外国学者要注意读中国领导人和学者的著述。后来，这个发言发表在1993年5月档案出版社出版的《中外学者论抗日根据地》一书中。当然，批评会议安排的话就删掉了，给南开大学留点面子。我认为，外国学者的研究有对也有错，好的、对的要吸收，不好的、错的要批评，这才有利于中外学术交流，有利于学术发展。

到10月，应马洪武之约，去了南京。早在年初，马洪武就来信说10月在南京大学开研究全国革命根据地的会，而我也想借此机会开个学位点导师会。前面说过，1988年开的全国学位点研究生会，政治风波之后，这种会不好再开，连导师会也暂时停下来。一停就是两年，这时觉得开导师会还可以，决定挂在老马的会上。这次到南京是和老伴一起去的，10月21日王跃在火车站接我们，住在南京师大招待所。第二天早晨，王跃陪我们到街上吃早点。一家早点铺离南京师大很近，挺干净，可吃的东西不少，吃得很舒服。过几年，再去南京，这个早点铺已不在，说明城市变化特快。参加南京大学这次会的有一百一十六人，东北师范大学郑德荣、浙江大学赵泉钧、上海师范大学冯显诚、中国人民大学肖效钦、北京医科大学时光、安徽师范大学黄德渊、武汉电力学院陈乃宣、北京大学傅茂贞、天津师范大学殷廉、山东师范大学徐树绩、辽宁师范大学王洪恩、福建省委党校蒋伯英等都去了。会上收到论文九十余篇、著作二十多部。会开得很好，但我没有讲什么，因为对革命根据地没有专门研究。会议中间，加了学位点导师会。当时的国务院学位办主任奚广庆和我的学生学位办文科处副处长李丹阳参加了这次学位点导师会，通报了一些情况，使导师们了解到新的信息。好像是在会后的一天上午，王德宝陪我和我老伴一起去逛夫子庙，在秦淮人家吃了早点，看了秦淮河的妓院、夫子庙的考场模型，照了相。在夫子庙内，碰上奚广庆、李丹阳，我们一起边聊边逛。当时，丹阳还给我买了纪念品。过了

1991年，在李香君故居

些年，他离开学位办到"歌华有线"当副总。多年没联系，不知现在干什么。会议期间，南京师大的校长要我把奚广庆、李丹阳带到南师大座谈，因为他们学校要申报博士点，这当然没问题。到南京师大，校长讲了他们学校的一些情况，奚广庆表示非常理解，尽力帮助。会开完后，我和老伴一起去了上海。

到上海，住在华东师范大学，是由党史教研室主任翟作君安排的。翟作君和他们教研室的教师请我们在他们学校后门外一个饭馆吃饭，最后上来的台湾炒面，引起我和我老伴的兴趣。第二天早餐，我们专门去吃了一次。当时华东师大党委的宣传部长包汉中和他爱人，还请我和我老伴到学校后门外的金沙江大酒店吃了一顿饭。

与周琪生、郝盛潮合影

原来包汉中想来我这里访学，后因其他原因没来。这个酒店很有名，日本明星山口百惠就是在这里结的婚。我和老伴还去了当时的华东师大青年教师周一平的家。一家三口，只住一间房，做饭也没有单间厨房，生活紧张得很。在这样条件下，周一平能够踏下心备课、研究问题，实在不容易。多年后，周一平调到扬州大学当教授，著述甚多，如《中共党史史学史》、《中共党史史料学》等。在上海，我和老伴专门去看了郑灿辉的夫人。她情绪还好，身体也不错。在上海，见到许多老朋友，还有一些学生，一起吃饭，一起聊天，很是开心。周琪生陪我和我老伴去南京路逛，他还给我即将出生的外孙女买了件衣服。

1992年在全国来说，是个重要的转折点，因为有邓小平的南方谈话，可对个人来说却是个不吉利之年。本来，我和几个学校的老师在写高校的《毛泽东思想概论》教材，准备5月去大连统稿，但3月18日，我老伴被自行车撞倒，股骨颈骨折，使家里生活发生很大变化。那天上午，我老伴出去买东西。我在家写文章，访问学者朱赤来家里，说了一会儿话，突然来电话说我老伴买东西钱不够，让我去送钱。朱说跟我一起去，我说不用，就自己去了。到街上一看，原来是被车撞了。我赶快叫马列所办公室来个人，一起去积水潭医院看病。撞人的小女孩要跟着，我没让，留了个地址、电话就让她走了。到了医院，还没照片，一位大夫看了，断定为股骨颈骨折。照完片，得到证明，但不是粉碎性的，不住院、不手术，养着即可。随后，因我的学生侯且岸爱人张梅在广安门中医医院工作，请了中医骨科大夫来家里看病，他让钉一个鞋管住脚，又拿了医院的中药。于是，老伴在床上躺着，我在屋子里忙活着。事有凑巧，这时正赶上我的二女儿张兰要生小孩，她和二女婿窦万里住在双榆树，只好请婆婆来伺候。所以，二女儿帮不上忙，大女儿又在美国，只能我自己做，有事靠学生来帮忙。到4月20日，张兰生了女儿，起名窦豆，一切顺利。可是，我也不能去看孩子。很巧，有一天我出去买东西忘带钥匙，进不了门，老伴一人在屋里令人不放心，赶快找我的学生杨世文，让他去北医三院找张兰要钥匙。他去了，成了第一个外人看见窦豆的。迷信的说法，见到孩子的第一个外人如果非常聪明，孩子就会很聪明，而杨世文就是非常聪明的人。其实，这种说法毫无根据。由于我忙着研究"民生主义"以照顾好老伴，其他事情一律推辞。本来要参加的国家社会科学评审工作，也去不了，只得请假。正好，那次评审在北太平庄的远望楼开，离我家很近，我们组的几位评委都到家里来看望我老伴。5月大连的《毛泽东思想概论》统稿工作，当然去不了，只好委托副组长辽宁师大教授王洪恩主持。但是，有的事也不好完全不做。比如，马洪武要我给他主编的教材写序，我还是写了。又如，中央文献研究室的张素华、边彦军为编一本有关毛泽东的书来访问，我也答应了。这次访问的记录，发表在1993年12月辽宁出版社出版的《说不尽的毛泽东》一书中。在家里的特殊情况下，能做的还要做，不能做的只能推掉。那些日子，还是不断有人到家里来，如马洪武就来取过给他写的序，武汉大学宋镜明也来探讨一些问题。

我老伴的病养得很好，股骨头没有坏死，也没有生褥疮，只是脚边上磨得有点问题，上一段药就好了。到6月底开始能扶着墙边上厕所，慢慢能自由走路，没有落下病根。张兰过了月子之后搬回我家来住，女婿也天天回来，又找了看窦豆的小姑娘，所以住得比较挤，但生活逐渐恢复常态。由于新增加了小家伙，家里笑声不断。这样，我又拾起了要做的事情，没地方写东西，只能把吃饭桌当书桌，努力耕耘。

8月，王洪恩来北京，我们一起统稿。对这部《毛泽东思想概论》教材，我还是下了很大功夫，在学术界产生一定影响。后边还会说到。到了10月初，应中南财经大学教授毛磊之约，去了武汉。在他们学校给党史研究生、教师讲了几次，内容是有关社会史、生产力等问题，因为都是新的想法，很受听众的欢迎。课堂上，我认识了后来我的博士生丁俊萍，她把我接到武汉大学，在校园内转转。回到北京以后，我立即去河北省玉田县开会。这次会是为纪念玉田暴动六十五周年而开的，参加的人主要是河北的学者，外省市的只有我、魏宏运、王渔、吴家林等十一人。1927年10月18日，中共玉田中心县委书记张明远，率众攻下玉田县城。但由于敌人反扑，不得不撤出。

随后，顺直省委派组织部长于方舟组织农民革命军再次攻打县城未能成功，于方舟被俘牺牲，张明远率几十人转移至玉田北山，开展游击活动。会上，我和魏宏运几个人都讲了，讲的什么已记不清了。

从1990到1992年这三年中，我带的博士生五名、硕士生一名、国内访问学者四名、国外访问学者一名。博士生有1990年入学的杨世文、侯且岸，1992年入学的夏潮、于风政、韩昱。杨世文曾在中央党校读研究生，博士毕业后留北师大工作，先后评为副教授、教授、博士生导师，曾任政治学与国际关系院分党委书记、院长。他思维敏捷，主意多，教学效果好，叫做能把死人说活了的教师，深受学生欢迎。前两年，成立马克思主义学院，世文不干院长了，外来一位院长，不知为什么，整了世文一阵，弄得世文情绪很不好。我看到这种情况，心里很难过，可也没办法。幸好，这位院长干了一段时间下去了，一切才恢复常态。世文小时候，家里孩子多，他是老大，带着弟弟妹妹玩，很不容易。长大以后，组成了自己的家，也还要操心弟弟妹妹的事，是个有责任心的长兄。世文有一个美好的小家，爱人马艳秋既在家操持家务，又帮助世文查找、整理资料。女儿杨融冰现在爱尔兰高威大学读研。侯且岸是侯外庐的孙子，自幼受祖父影响，酷爱学习，长大后虽遇“文化大革命”仍能坚持学习。读博士之前他已是北京市委党校教师，读博期间提升为副教授，毕业后提为教授。因为他是市委党校第一个出来读博士的，所以我把答辩放在他们学校，搞了一个大阵势，让他们的党校副校长参加答辩，影响很大。慢慢地他在党史界有了一定地位，著述甚多，如《当代美国的“显学”》、《毛泽东研究史论》等。前些年，我曾想把他调到北师大来，结果人事处一审查，说他第一学历太差，没办法。现在许多学校都查第一学历，真怪事，过去查阶级出身，现在查学历出身，莫名其妙。我大学没毕业，已去世的启功是中学生，这样人在大学教书的多得很，按现在的标准绝对不够格。民间没上过大学有不少自学成才的人，有些第一学历很不错的人未必能成才。查学历出身很无道理，应该看该人的成果以及在本学科中的地位。哪怕是没念过书又讨过饭、讨过钱的“小人”，只要现在变成大学问家，就不应该追问学历出身。有位高校的党委书记告诉我，查学历出身是因为求职的人太多，没法审查，只能拿这样的杠杠刷一部分。真是这样，那就该打人事部门的屁股。且岸原来管研究生工作，现在转到党建基地当首席专家。他爱人张梅工作一直很努力，已评为副研究员，在医院人事处干事。他们的女儿侯既然在美国乔治亚大学读传媒博士，这孩子从小就很用功，上进心很强。

1991年，我没有招生，1992年招来三个博士生中，夏潮原为武汉理工学院教师，读了人民大学党史系教授的硕士，毕业又回武汉理工学院任教，并当上了副系主任，1991年与我联系要考博士。他原来念书时学的是小语种，不是英文，所以考博时英语分数很低，不能录取。我向北师大研究生院提出申请，也不同意破格。夏潮为了上学写信给当时国家教委主任何东昌诉说自己情况。何东昌接信后，即打电话给北师大研究生院问情况。谁都怕官，以为夏潮有什么后台（实际没有），赶快找我，求我写一报告替夏潮说好话，然后录取。我说了没用，何东昌打了电话就有用，这叫什么事。我虽不高兴，但为了让夏潮入学，只好忍了。夏潮入学后，我告诉他哀兵必胜的道理，就是上外语课不要请假，每次都去，而且经常提问，跟授课老师搞好关系。这招还真灵，他考试时，得了较高分数。夏潮毕业后，考副局级被录取，在北京市政协工作，后来又转到中国作协做领导工作。夏潮爱人李枫是首都师大的教授，他们的孩子夏天在丹麦的中国大使馆工作。于风政原来在西安政治学院当教师，读过中央党校的研究生，博士毕业后留北师大任教，相继评为副教授、教授、博士生导师。他曾担任过研究生院副院长，后到北师大珠海分校当党委副书记，现在不再做党务工作，专门搞学问。风政爱人贾素娟是个很能干的人，先在北师大保卫处工作，后到珠海分校校工会工作。他们的女儿于海雯在香港中文大学毕业后工作一段时间，又去上海中欧工商管理学院学习，现在北京的一家美国公司工作。韩昱是在山东师范大学读的本科和研究生，博士毕业后到《前线》杂志社工作，后又调到北京市委组织部，现为组织部部委兼处长。最近他到北京市委党校学习。他爱人赵凤玲从北师大读完硕士就到中央党校工作，现为进修部副主任。他们的女儿韩牧岑在人大附中读书，功课非常优秀。2012年高考得分很高，成为北京市文科状元，上北大没有问题。1992年收的硕士生叫王树祥，但不是我直接带，由刘志强帮助带。这三年收的国内访问学者有乌尼日、朱赤、阿明布和、史锡禄。朱赤是河北省保定市党史研究室主任，工作认真、努力，不仅领导党史研究室做了很多事，积累了大量史料，出版了专著，而且自己也有不少研究成果。现在他已退居二线，但仍有一些事要做。

日本学者笠原十九司在1992年3月来信说，这年下半年先到南开大学，再到北京大学，10月31日到北师大。这次来，他带着妻子，而他妻子吃中国饭不习惯。所以，他们夫妻来后，特地安排自己做饭吃。另外，前边说过，1990年我的国外访问学者今井骏来信说1992年再来北京，并要我介绍他去四川。他到北京后，在我这里待了些天，我给他写了去四川的介绍信。11月22日，他从重庆来信表示，去重庆办事很满意，并说“我的后辈笠原先生夫妻蒙您关照，他的爱人对您的印象很好”。

生产力论

1993和1994两年，由于此前邓小平南方谈话的公布和中共十四大的召开，全国形势有了很大变化，不仅国民经济得到快速增长，政治气氛也不一样了。当然，社会经济、政治和文化生活中仍存在许多有待解决的问题，但只要坚持走中国特色社会主义道路，前景是光明的。这两年全国的大事主要有：第一，1993年11月2日，《邓小平文选》第三卷出版发行。同日，中共中央下发了学习《邓小平文选》第三卷的决定，并在人民大会堂举行报告会。会上，江泽民在报告中指出，邓小平关于建设有中国特色社会主义理论第一次比较系统地初步回答了在中国这样的经济文化比较落后的国家中，如何建设社会主义，如何巩固和发展社会主义的一系列基本问题，是马克思主义同中国实际相结合的最新成果，是当代中国的马克思主义。1994年11月2日，经邓小平同意，把1983年和1984年出版的集子增补和修订后，改称《邓小平文选》第一、第二卷出版。第二，1993年11月11日至14日，中共十四届三中全会在北京举行，审议并通过《中共中央关于建立社会主义市场经济体制若干问题的决定》。《决定》指出：社会主义市场经济体制是同社会主义基本制度结合在一起的。建立社会主义市场经济体制，就是要使市场在国家宏观调控下对资源配置起基础性作用。《决定》指出：当前培育市场体系的重点是发展金融市场、劳动力市场、房地产市场、技术市场和信息市场等。第三，1993年12月26日毛泽东诞辰百周年纪念大会在北京举行。江泽民在会上发表讲话，回顾毛泽东的历史功绩，阐述了邓小平继承、丰富和发展毛泽东思想，创立建设有中国特色社会主义理论的重大意义。26日至30日，毛泽东生平和研讨会在北京举行。在毛泽东百年诞辰之际，《毛泽东文集》第一、第二卷和第六卷本《毛泽东军事文集》出版。第四，1994年9月25日至28日，中共十四届四中全会在北京举行。会议集中讨论党的建设问题，通过《中共中央关于加强党的建设几个重大问题的决定》。文件中强调，在加强思想建设和作风建设的同时，特别要加强组织建设。为此，《决定》提出组织建设方面三个问题：必须进一步坚持和健全民主集中制，特别要注意制度建设；必须进一步巩固和加强数以百万计的基层组织，使之成为能够团结和带领群众进行改革开放和现代化建设的战斗堡垒；必须进一步培养和锻炼数以万计的中高级领导干部，形成坚定走建设有中国特色社会主义道路，善于研究新情况、解决新问题、干练而充满活力的领导层。

全国形势的好转，对于党史学科的发展有促进作用，特别是毛泽东和邓小平著作的出版，提高了党史研究者的责任心和兴趣，使研究深度增强。比如，在毛泽东诞辰百周年之际，对毛泽东和毛泽东思想的研究成果相当多。由中共中央文献研究室编写的《毛泽东年谱》，就是1993年12月出版的。薄一波的《若干重大决策与事件的回顾》（下卷），也是1993年出版的。随后，1994年又有不少研究成果出版，如1994年9月出版的《胡乔木回忆毛泽东》。一大批成果的出版，进一步深化了毛泽东和毛泽东思想的研究。这两年，对党史人物、事件、思潮等方面的研究，也有很大进展。

这两年里，我也发表过不少文章。其中，发表在《北京党史研究》1993年第1期的《解放和发展生产力与党史研究》，引起了党史界的注意。前面提到过的1991年发表的《中国共产党与社会现代化》就强调了解放和发展生产力在实现社会现代化中的作用，随后在1992年写的《再议社会现代化》中明确提出解放和发展生产力是实现社会现代化的核心。而在《解放和发展生产力与学史研究》中，则首次提出解放和发展生产力是中国共产党历史全过程的核心、主线，并从理论上和实践上分别进行论证。文中最后说："如果我的说法能够成立，党史的体系、内容，应该在原有的基础上做相应的调整。""第一，系统的专著、教材，应该在总论、结语把解放和发展生产力是中国共产党历史发展的主线这一点讲清楚，把主线和辅线的关系讲清楚，在有关章、节的标题上，设法直接反映主线。""第二，在内容上并不要求也不能在叙述党的各种活动时，都与解放和发展生产力联系起来，因为党的每一活动总是直接或间接与此有关，如果事无大小全联系上，会使人产生小题大做之感，反而把核心内容变成不重要了。这里只能说，该联系的地方要联系，该突出的地方要突出。如不同历史时期、阶段解放和发展生产力的表现，应该突出；又如以往对党的文件和领导人的著作的介绍，很少注意其中有关解放和发展生产力的论述，应该加强；再如民主革命时期很少注意发展生产力的内容，社会主义革命时期也注意不够，都应该加强。"文章发表后，有的人不同意说民主革命时期的主线是解放和发展生产力，认为武装斗争才是主线，因为一直在打仗。这种看法之所以不对，是不明白打仗究竟为了什么。共产党和国民党打仗是为了夺取政权，而夺取政权正是为了使生产力得到解放和发展，从而实现社会现代化。我的说法，在党史界逐渐得到共识，"中国共产党与社会现代化"成为许多学位点培养研究生的方向。不仅在这篇文章中强调了解放和发展生产力，实现社会现代化这一主线，而且在其他文章中也不断说明我的想法。比如，在给《中国民族资产阶级历史命运》写的序中，我说："解放和发展生产力是近现代中国历史发展的主题，故尔衡量社会各阶级的功过都应该以其对解放和发展生产力的作用为标准。""文化大革命"中批刘少奇的"生产力论"实在没道理。一个国家不解放和发展生产力，就无法向前发展，就不可能富强。管理一个国家就要大力解放和发展生产力，有了经济基础可以办很多事，发展社会事业。贫穷的国家同贫穷的家庭一样，只能让人受穷，什么事也办不成。

这两年，我还主编了几本书。1993年，主编了《国民政府统治时期中国社会之变迁》、《毛泽东思想纲要》、《毛泽东思想概论》、《毛泽东的智慧》。1994年，主编了《中国特色社会主义理论大辞典》、《北伐战争》。值得提到的一个是《毛泽东思想概论》，一个是《北伐战争》。在前一本书中，我写了序和第三章。这篇序根据1992年发表的《关于"毛泽东思想概论"的若干思考》一文改写，回答了什么是"毛泽东思想概论"，明确它在毛泽东思想研究体系中的位置。序中说："从字义上讲，概论即概括论述。所以，毛泽东思想概论的对象，是毛泽东思想的概括和综合。就是说，它是对毛泽东思想理论体系的最基本内容以及研究方法、意义等问题，做概括的、综合的论述。由此可以确定，毛泽东思想概论是毛泽东思想整体研究中的基础理论部分，犹如史学中之中史学概论、文学中之文学概论者然。"在第三章中，我对"实事求是"、"群众路线"、"自力更生"三个方面，都提出了要从相对意义上去考察。所谓相对性，也就是有条件性的。无论做什么事，都要先创造一定条件，不然要做的事不可能做好。书中说："群众路线的贯彻，是有条件性的。当一些必要条件不具备的时候，机械地使用某种群众路线的方法，可能适得其反，把事情办坏。"这本《毛泽东思想概论》，是为全国高等师范学校编的教材，1993年6月由高等教育出版社出版以后，很多学校，包括非师范院校也使用过这本教材，在一段时间内影响还是很大的。

《北伐战争》这部书是李新、陈铁健主编的中国新民主革命通史中的一卷，整个通史共十二卷，由上海人民出版社出版（关于这套书分卷、书名、主编已在第五章中交代过）。《北伐战争》这部书主要是刘志强下工夫写的，王德京也写了一小部分。我看了书稿并作了一些修改，然后就交稿了。在书的最后，我写了一段简短的结语，其中说：“全书四章，数十万字，引用大量的有价值史料，述而不作，以窥北伐战争全过程之实境。虽未达力透纸背之功，亦无拾人牙慧之嫌。叙述之余，再添几笔，以求画龙点睛。”随后写了四点：第一是指出北伐战争是“进步性之人民战争”；第二是说蒋、汪叛变后不可能建立起资本主义社会，只能成为“半殖民地半封建社会的新统治者”；第三是说年轻的中国共产党缺乏成熟理论和丰富经验的指导，不可能不犯错误；第四是说这个历史阶段一方面为日后历史性选择奠定基础，另一方面使中共积累了正反两方面经验，为继续领导革命准备了条件。末尾用“短暂历史，忠实记述，以鉴往知来”结束本书。这套通史出版后，有着不小的影响，至今还是高校教学的参考书，也是进一步深入研究民主革命时期历史的参考书。在这套通史写作过程中，还出现过一点小麻烦。最初，李新跟作者们布置这项任务时，只是说由他主编。后来，李新又说由他和陈铁健主编。这一来，据说有的分卷主编就有意见，弄得不太愉快。对这种事，我认为不必计较，谁主编都无所谓，大家都是为把书写好。所以，在中间，我劝了有意见的同志，要看开；另外，每部分卷都写上主编。这年底，上海人民出版社的郝盛潮来信说起主编事，并表示感谢我，帮出版社“做了劝说工作”。出版社决定，在每卷加上“本卷主编”字样。

还应该提到，1994年大连出版社给我出版了《张静如自选集》。这个集子是杨世文帮我联系的，应该感谢他。这个集子的出版，因为没花钱，也不好多要求，所以印得粗一点，但总算出来了。为了推销，只好请党史界的一些朋友帮忙，当然应该感谢他们。

1993年1月，我看到一个材料，因与河北有关就写信给河北李大钊研究会的严兰绅、杜荣泉。信中说：“我看到唐向荣同志在乐亭县李大钊研究会编的《学习研究李大钊论文集》(二)中发表的关于李大钊参加滦州起义评稿，觉得很好。其中，谈到结论与权威著作相违的问题，我认为这并不是什么问题。朱成甲同志不会认为他的结论是不能推翻的。学术研究只有在不断发掘新材料，改变原来的看法的基础上，才能前进，当然推翻原来的结论，一定要有根据，由此，我觉得似乎在我们的研究中还有一些认识障碍，这就是怕权威。我希望你们能有机会向我们的研究者们讲讲这个问题，一定要解放思想。只有解放思想，才能实事求是，学术研究才能发展。”这封信的说法在河北省李大钊研究学界产生很大影响。

1993年初，我当了北京市政协委员。每届政协委员中，都有一部分共产党员参加。当然，作为

1996年，在政协会期间

共产党员参加政协，就要注意起作用，不能胡说八道。记得我每次发言都很谨慎，没有出格的地方。同时，也注意和其他委员搞好关系。每年开会时，大家都要提建议，一般我都表示赞同或签名。1997年因到届，我就离开了北京市政协。

1993年初，西安医学院的老师姬一鸣打电话来，要我去西安，在他们办的班上讲学。我与这个学校没有什么交往，但因为是我们马列所周鸿介绍来的，我就答应了。随后我明白了，原来是周鸿与西安医学院联合办班，北师大总要去几个老师讲讲有关政治理论课改革的问题。接着，我写信给陕西师大张广信，告诉他我要去西安，并让他与陕西省委文教书记、中国李大钊研究会副会长刘荣惠联系一下，说我要去找他。因为这之前曾向刘荣惠提出，希望他能促进一下，在陕西成

1993年，与张广信合影

立李大钊研究会。前面说过，这事没能办成，想这次去西安再找他谈。张广信于3月11日给我来信说，刘荣惠到北京开两会，要到月底才回西安，并对我去西安提出他的安排意见。3月21日，我到了西安。到会的除我和周鸿之外，还有北师大的梁中义、徐鸿武，我们都在会上作了报告。至于我讲了什么，已经不记得了。会议中间，我和周鸿一起去参观了陕西历史博物馆。这个博物馆还真不错，留下深刻印象。会后，我到陕西师大去住，同研究生、教师座谈。在陕西师大，本想见一下我大学的同学李巨芳，但不巧，他因父亲病重回了四川。该做的事做完，张广信就陪我去了临潼，参观兵马俑、华清池，并在那里照了相。在华清池看到西安事变旧址五间厅，使我想起了西安事变这段历史。这次事变确实是由张学良和杨虎城商量决定的，事先并未告知中共，更谈不上由中共策划。但是，也确有一些问题，至今还是个谜，希望研究西安事变的学者加把劲深入下去。看了杨贵妃洗澡的地方，使我想到古代人也很不容易，皇帝的老婆能够享受到的也不过如此，老百姓更不用说了。看来，社会必须前进，现代的人比那时候的人生活好多了，所以社会不现代化不行。当然，随着时间的推移，只要地球不毁灭，后人比我们现在生活肯定又要强得多。

去西安之前，我就想到可以在西安组织一次研究生的会。这个会在1988年开过之后，已有好几年没开了。前面说过，1991年恢复了导师会，1992年因我老伴腿骨折没有张罗开研究生的会。政治风波之后怕有人说闲话，现在恢复应该不成问题。所以，我就在前面说到的给张广信的信中提出开研究生会的意见。西安的几个学校商量后，决定在西安交大开。3月14日，西安交大的徐乃杰给我来信，提出要学位办出公函，才能向他们学校的研究生院要钱。同时，他还说一定要有导师参加，好收会务费，否则只是学生，负担太重。那时候与现在不一样，开会用的钱是个大问题。我组织这种会，只靠一家不行，要几家联合办会，各自出点钱才能过得去，当然谁主办谁多出点。每次北师大都算一家，一般要出两千块钱。至于让学位办开信，需要与他们交涉，只能由我来办。我从西安回来后，徐乃杰又来过两封信，无外乎是钱的问题、学位办公函问题。另外，还有请人去作学术报告问题。其实，这几个问题，我都解决了，徐乃杰没弄明白。这个会在当年6月上旬总算开成了，学生和导师去了不少人，开得还不错。6月23日，天津师大的老师励维志给我写信说："西安会议收获颇丰，感慨万千，总的看我们发展机遇是大的，前途乐观，感谢您的组织。"会议期间，请来几位给西安交大办的班讲了课，我也讲了，并应陕西师大老师房成祥之邀，给全省革命史教师作了报告。开会期间，到会的人一起照了相，徐乃杰让每个照相的人交钱拿相片，我知道了，非常不高兴，说照个相还要钱？我问花了多少钱，说一共二百元，我当即掏出二百元给了他，告诉他不许跟大家要钱。跟我一起去西安的有我的博士生于风政，因为他家在西安。当时，于风政到北京上学，他爱人小贾工作地方离家远，又带着孩子，很不方便，希望调个工作，让我想想办法。我就给刘荣惠写信，要他帮忙。真不错，他批给了西安市委。不久，小贾调到市广电局工作。

第二次去西安之前，5月18日到京西宾馆参加国家社会科学基金项目评审会议。这种会，我在20世纪80年代中期开始参加，到2008年我七十五岁时退出，干了二十多年。最早这个评审工作归中国社会科学院管，后来转到中宣部，具体工作由全国社科规划办公室负责。这个会年年春天开，上边提到过，1992年因我老伴腿骨折没参加，其他年差不多都参加了。我存着参加会议名单的材料只有1993年的，所以就在这里交代一下。我参加的组叫党史、党建学科规划评审组，至于这一年评出了多少，别的年评出了多少，我早记不起来了。这里只能说说每年评审的过程：每年开会只有五天左右，先是听学位办主任布置工作，主要是评审原则，分配各组不同的指标，随后即分组工作。我们因为是党史、党建学科，分为两个小组看材料，搞党史的看党史的申报材料，搞党建的看党建的。头些年没搞通讯评审，因份数不太多，有的组多，如经济组，我们组算中等，后来申报者太多了，就先搞通讯评议，刷掉一部分，以减轻工作量。党史小组又分成三个小小组，分别提出入围者，然后一起讨论按指标定下谁能被审定，最后党史、党建两个小组投票表决。一般两小组所定人选都通过了，个别情况也有小的调整。比如，党史、党建分别提出的人都是一个学校的，就刷掉一个。因为看材料时间短，不够仔细之处难免。在这个过程中，一般没什么争论，不同意见当然有，但谁也不愿意争得脸红脖子粗。评审中，有些不成文的共识。因为粥少僧多，所以一般同一个学校的申报，虽都不错，也只能批一个；前两年批过的，今年完成了再申请就不批了。这种共识，叫做有饭大家吃。另外，多年申请未批的，再报上来，看材料还过得去，就批了，也是一种共识。1993年参加的人除我之外，有中央党史研究室的沙健孙和郑惠、王朝美，中央党校的蔡长水、金春明，人民大学的彭明，解放军后勤学院的邵维正，北京市委党校的范平，湖北省委党校的周大仁，黑龙江省委党校的焦益众，复旦大学党委书记钱冬生，中央政策研究室的高义。北京大学的梁柱、人民大学的何沁，因事因病请假。参加的人不断在变化，一是因为到岁数就换，比如到1999年，彭明就不参加了；一是因为有的学校退休早或搞党务工作的离了职就不参加了，记得范平早就不参加这项工作，换成了北京市委党校的姚桓。另外，郑惠去世后，换成了石仲泉，何沁身体不好，换成了王顺生。我退下来之后，这个组都是谁就没有再打听，怎样评法也不知道了。这里记下了这个组的一般情况，年年如此，以后就不再说它。1993年这次会还有个小事：我的学生张济顺在会前为她的职称事写信给我，要我跟她所在学校的党委书记钱冬生打个招呼。我跟钱冬生还比较熟，济顺不让直接说，我就直接讲了。记得他说，不知道她是你学生，各方面都很好，很要强，没问题。我说你能办就帮她一把，不能办也别勉强，后来还是解决了。

这一年的8月9日至11日，在北京体育师范学院开了硕士点初审工作会议。前面提到过这样的会1989年下半年开过，是为了准备1990年的评审，1993年的初审会是为了1994年的评审。这次初审，不是分学科开的，而是文科的人在一起审，所以包括法学、历史学、哲学、经济学、政治学、教育学、中文、外文、体育一共八个一级学科。这次会除我之外，还有北师大三个人：历史系的龚书铎、体育系的田继宗、教育系的林崇德。这次会评出了什么学校的点已不记得，只记得有个学校报上来的是毛泽东思想研究，但二级学科没有这个点，我只好临时给他们改成党史，但因为名额限制，现改的点更不好通过。

这年9月，安徽师大的杜蒸民来信，介绍意大利波罗尼亚大学的留学生萨比娜找我。这位留学生的文章是《五四时期中国妇女自杀问题》，希望给她讲讲青年毛泽东的思想以及他对长沙妇女自杀问题的看法。不记得接待她时怎样讲的，大概是介绍了一下毛泽东早期妇女观以及当时长沙的一些情况。

由于准备在1994年到山东师大去开党史学位点的导师会，所以就同徐树绩联系。老徐几次来信都谈这个事，并表示希望我与国务院学位办要一个批件。12月22日，我打了个报告给学位办，24日学位办答复说：“同意召开此会，请有关单位给予支持。”这样，南师大办会就有了上边的批件，好办事了。这以后，再开会，就没有再办这类手续。

1993年11月，北京第二外国语学院团委给我来信，说为纪念毛泽东诞辰百周年，他们要组织一些活动，希望我去作报告。12月中旬，我约了三个人一起去，坐在一起给学生讲，学生也可以提问题，很是热闹。至于讲了些什么，早已不记得了，无外乎应该怎样正确认识毛泽东和毛泽东思想。前边说过李新一个人回答问题的办法不太妙，

1993年，学位办批件

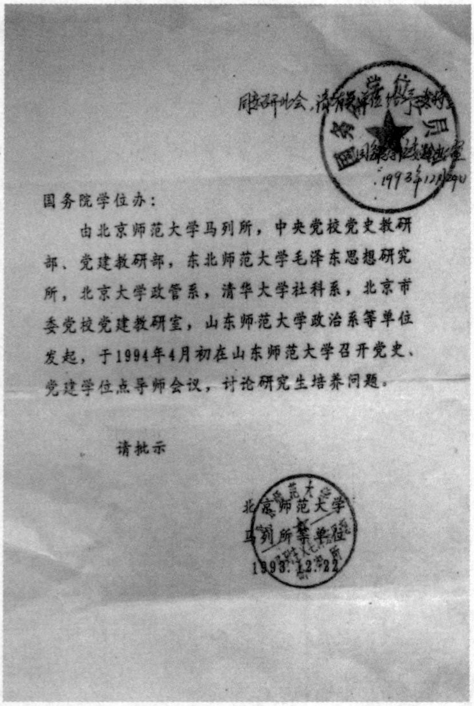

国务院学位办：

由北京师范大学马列所，中央党校党史教研部、党建教研部，东北师范大学毛泽东思想研究所，北京大学政管系，清华大学社科系，北京市委党校党建教研室，山东师范大学政治系等单位发起，于1994年4月初在山东师范大学召开党史、党建学位点导师会议，讨论研究生培养问题。

请批示

北京师范大学马列所
1993.12.22

容易答不上来，几个人回答好得多，不容易被问倒。

1994年初，因为4月要到山东师大开学点会，就想先去几个学位点了解情况。武汉有三个党史点，比较集中，遂给武汉大学丁俊萍写信，问她是否方便。她、宋镜明以及当时他们的院长刘德厚都来信说没问题，并说已与华中师大、中南财大打了招呼，让他们做准备。3月16日，我到了武大，听三个学校的汇报，给了我很大启发。然后，我讲了对学位点建设的意见，并根据李丹阳在2月19日给我来信所透露的学位办的一些想法，提醒各学位点要有一些思想准备。因为丹阳不让我直接说，就都变成我的意见来说。其实，现在看也没有什么，都是后来做了的事。一个是定期检查已批学位点是否仍够条件，一个是要设立专业硕士点，如工商管理学位点等。在武汉大学，我还同教师一起座谈，讲的也是学科建设问题。

从武汉回到北京不久，4月1日就到了济南，跟我一起去的有刘志强、于风政。参加这次学位点会的约五十人，有北京大学丁则勤、关海庭，中央党校金春明、朱乔森、陈登才，清华大学蔡乐苏，国防大学肖甡，首都师大闻立树，东北师大郑德荣，中南财经政法大学毛磊，湖南师大谭双泉，南京师大魏知信，河南大学靳德行，同济大学唐培吉，陕西师大张广信，安徽师大杨荣华，武汉大学宋镜明，湖南大学曹木清，天津师大励维志等。这次会上，导师们就研究生培养问题交换了意见，有的学校还介绍了他们在课程设置方面、授课内容方面以及研究生选题方面的情况。会议期间，郑德荣、金春明、谭双泉和我（还有一个老师，记不起是谁了）分别给山东师大办的班讲了课。另外，我还被山东省委党校接去，也是为了建学位点的事。开会的一部分人在会后去泰山，据徐树绩后来的信中说，一切都很顺利。对这次会议，大家都很满意。西安政治学院郭志民在4月18日来信中说："这次会议对于我院来说，达到了'了解情况、交流经验、拓宽思路、提高本身'的目的，感到收获很大。"他认为："一年一次的导师会完全必要，我院将积极参加。"

从济南回来，就准备5月初去朝鲜[①]访问。我因不能坐飞机，一些出国机会都没法去，这次去朝鲜可以坐火车，所以就能去了。一起去的除我之外，还有当时的北师大副校长袁贵仁、历史系的金相春（朝鲜族）、外教所的李守福、外事处的李双利，袁贵仁是团长。为了准备此行，我给东北师大李鸿文写信向他请教一些问题，因为他研究东北抗日联军，而且1992年冬去过朝鲜。我信中主要问一些历史问题，即抗日战争时期金日成的作用，因为朝鲜历史学界很关

1994年，与袁贵仁合影

① 朝鲜民主主义人民共和国的位置在亚洲东部朝鲜半岛北部，全国为统一的朝鲜族，通用朝鲜语。“朝鲜”即“朝日鲜明”之意，是“晨曦清亮之国”，又称高丽，意“山高水丽”。国花为木槿花，象征坚毅不屈精神。朝鲜族爱干净，喜欢白色。朝鲜老百姓几乎人人都能歌善舞，压跷板、荡秋千、摔跤为传统体育项目。

心中国学者的看法。我与鸿文很熟，在"文化大革命"前就有过交往，他立即回信，介绍朝鲜情况，并复印了一份材料，很有用。在朝鲜，我的发言中，就用了鸿文给我提供的材料。为了准备去朝鲜，我们学校外事处把我们几个人叫到办公室，一起学习了半天。坐上火车以后，我们几个人说说笑笑，十分开心。到平壤，下了火车，朝鲜科学院派人来接。先是坐车到市中心的金日成铜像前行礼，然后拉我们到郊外科学院住下。这个院子非常大，风景也不错，吃完饭，散散步，很舒服。在那里，开了几次座谈会，各抒己见，也有一些争论。李守福说我这个老北京说话够损的，骂人不带脏字。我说，其实也白搭，翻译过去意思变了，人家

1994年，与朝鲜小学生合影

也不见得懂。访问期间，参观了很多地方，有金日成故居万景台、妙香山、售货大楼、小学、板门店等，还到一位教授家看了看。在妙香山，同陪我们一起去的人吃野餐，大家玩得很开心。访问期间，我们还应邀参加了大型团体操表演，因为是贵宾，我们都坐在主席台上。表演者都是朝鲜的青年人，他们做得很整齐，很认真，大概练了不少日子。通过座谈、参观以及到街闲逛，耳闻目睹，对朝鲜社会有了一定了解，但究属走马看花，不好说出什么恰当的话来评论。有一点，倒是可以说的，朝鲜族人好干净，无论是街上还是公共场所都很清洁，这确实是一种优点。

这一年的6月26日，刘炼给我送来一套《何干之文集》，并附信一封。信中说："我此生最重要的一项任务，历经十四年风雨总算完成了。"的确是这样，出这套书很不容易。记得刘炼跟我说过，希望我帮忙，我也努力去办，但实际没能帮上什么。书终于出来了，当然是好事。何干之的文章和书我过去有的读过，拿到书后，把没有读过的都看了，很有收获。《何干之文集》共三卷，收专著十种，论文十篇，约一百五十万字。文集中所收民主革命时期的著作，不仅在当时起了重要作用，而且今天看来许多观点仍然十分精彩。比如，他在1946年5月16日《北方文化》第一卷第六期上发表的《马克思主义与发展私人资本主义问题》中说："由新民主主义到社会主义，从资本主义的发展中扬弃资本主义——这是中国社会经济发展的辩证法，是中国马克思主义的革命论。"整理、注释、出版《何干之文集》，刘炼下了很大功夫。这个功夫没白下，它给后来的研究者提供了宝贵的材料，使他们了解前人的成果，了解前辈学者在研究中下的苦功夫，并以此为榜样，以此为基础继续前进。前些日子因为出版了《何干之传》，我给这位老姐姐打了电话，知道她身体还不错，很高兴。

7月23日，斋藤道彦从日本给我来了一封信。信中说："知道目前那件事办不了，让先生添了很多麻烦，实在抱歉。将来有机会，我再试试。"他说的事是这年初提出希望在中国弄个博士学位，不是来上学，而是申请论文博士。据说，日本要想得到博士学位很难，所以他就想在中国弄个学位。我让他把申请的材料寄来，但他没有在中国出版的书，而当时国务院学位办的政策是外国学者一定要有在中国出版的书才能申请。他想把他在日本出版的五四运动方面的书找人译成中文，一时又找不到译者，即使译出来后还要找出版社。结果，他只拿出日文的书，当然办不成。我也没办法，只好告诉他实情。这样，他就写信来，说以后再办。次年，他寄来一份译稿，由于没找到出版社，事情也就搁下了。对这事，他以后大概没积极性了，从未再提起。想起来，我觉得很对不起他，没有帮助朋友办成事。

与朱文通合影

这年的10月底，在唐山由中国李大钊研究会、河北省李大钊研究会、唐山市李大钊研究会、乐亭县李大钊研究会一起召开了纪念李大钊一百零五周年全国学术讨论会。参加这次会的近百人，其中有北京大学的王学珍、郝斌、右平、王世儒、成汉昌，中央党史研究室的王朝美、沙健孙、赵自立，北京医科大学的马模贞，中国妇女出版社的姚维斗，北京市委党史研究室吴家林、谢荫明、陈静，北京市委党校侯且岸，中国社会科学杂志社朱成甲，河南省党史研究室胡文澜，河北省历史研究所朱文通、谢忠厚，河北教育出版社张惠芝，盐城教

育学院吴汉全，湖南师大谭献民，安徽师大杜蒸民，扬州大学刘诚，乐亭县李大钊故居纪念馆刘荆山，唐山市委党校李权兴等。另外，斋藤道彦也参加了会。

这次会开得很不错，一些新的李大钊研究者正在兴起，如侯且岸、谢荫明、朱文通、吴汉全等，这些人在后来都成为研究李大钊的中坚力量，老一辈的人有的已不能干，有的还能干，但总要靠五十岁左右的学者把后学者带起来。朱文通不是我的学生，但我认识他多年，与我关系很密切。文通在河北省社科院历史所工作多年，现仍担任所长职务。他的主要研究方向是李大钊，下的功夫很大，成果甚多，如《李大钊传》、《李大钊年谱长编》等。谢荫明也不是我的学生，但我们的关系很密切。他的父亲见谢芳春曾担任过北师大的党委副书记，与我很熟。小谢是北京党史研究室主任，对编写中共北京历史作出了很大贡献。在他主持下，已出版的《中国共产党北京历史》第一卷和第二卷都是很有质量的著作。小谢是搞专业的，不像不少省市党史研究室主任是安排职务的，所以他自己有很多成果。会上，张惠芝答应由河北出版社出版李大钊全集、李大钊传、李大钊研究文集。张惠芝的允诺使大家

与谢荫明合影

很高兴，对研究者起着鼓励的作用。这件事本来很好的，结果却出了问题，后边会说到。

开会的时候，我和斋藤住在一间屋子里。我告诉他，我睡觉可打呼噜，他说不怕。当天晚上，我们聊到十二点才睡。第二天早上，他不把被叠好，就去吃饭。我这个人在家或在外边住，从来都是把被子弄好，而且叠得整整齐齐，特别是住在宾馆，总要弄得跟没住过人一样。我看他不叠被，就帮他弄好。到中午，我就问他是不是在家里都由老婆来叠。他说，日本都这样，家里的事都由老婆管，男人不管，否则外人会笑话。我说，你们日本特别封建，不对。他说，现在男的年轻人好些，也做些家务事。我说，不管你在家里如何，跟我一起住就要听我的，天天都要把被子叠好。一起住了几天，早晨起床他都老老实实把被叠好。

这两年，我收的学生有朱家梅、梁浩两个硕士生，杨冠琼、王玉祥、张福记三个博士生，还有两个国内访问学者，一个叫李宗楼，是安徽师大的教师，一个叫刘诚，是扬州大学教师。两个硕士生都给了刘志强，由他帮带，后来朱家梅又成为我的博士生。访问学者李宗楼，因徐鸿武没有访问学者，又愿意带，就由他帮带。刘诚是个女强人，当访问学者期间就很勤奋。当时，她研究毛泽东思想，后来研究面就宽多了，著述甚多，如《中国现代民主政治新创造——毛泽东邓小平多党合作理论研究》、《毛泽东邓小平现代化理论研究》等，在党史界中年女将中是佼佼者。杨冠琼本科是学数学的，读硕士期间研究行政学。我当时想学其他学科的，尤其是有自然科学底子的学生学党史有一定好处，所以就把他收下。他的外语很好，入学以后外语课不怎么去听，教外语老师不高兴，还为难了他一下，不让及格，补考才过。冠琼作的博士论文，仍然是行政管理方面的，但同史联系起来，写出来的论文为《当代中国行政管理模式沿革研究》，出版后被评为北京市社科二等奖。毕业的时候，因他哥哥杨世文已留校工作，他就想到别的学校去。当时，北京市委党校同意要他，但谈话中得知党校周围小学不太理想，而他的孩子杨迪正在上小学，所以就跟爱人王根清商量觉得留在北师大工作为好，以便让孩子入师大实验小学。北师大的一个重要的吸引力，是有全市排名在前的小学和中学，上了这种学校，考大学基本上没问题。当了北师大的教师，孩子上小学、中学不用多交钱。我答应了冠琼，把他留下。后来，他又调到管理学院工作，继续搞他的行政管理学。冠琼勤奋好学，做研究是把好手，成果甚多，如曾获得北京市社科一等奖的《中国经济增长数据可信度检验研究》等。由于多年的不懈努力，冠琼已成为行政管理学界有名气的中年学者。他的宝贝儿子杨迪也是个非常聪明的孩子，小时候我见过多次，现在在美国读经济学。王玉祥读硕士就在北师大历史系，后又跟我读博士学位。玉祥的研究能力很强，文字能力也很不错，毕业后组织关系落到中国社科院当代所，实际在胡乔木写作组工作。不久，调到中央金融工委。中央金融工委撤销后，在中国金融工会全国委员会当副主席。玉祥工作能力、活动能力都很强，做这样工作比较适合，能够发挥更大作用。现在又去贵阳市挂职，在那里当市委常委兼副市长，仍分管金融工作。玉祥的爱人于丽娟在中央文献出版社工作，我常麻烦她，谢谢她对我的帮助。他们的孩子王昕在北师大珠海分校毕业后，去美国读硕士学位。张福记原来是在华东师大历史系读的研究生，考取北师大读博士学位后学习非常努力，肯干钻研。他是个很聪明，会动脑子，又十分老实的人。所以，我和他商量毕业论文选题后，他对其中的有些观点想不通，不知应该怎样分析，就多次找我谈，直到想通才动笔，结果写出的论文还很有质量。他一直在山东师大教书，并当着政治与国际关系学院所属思想政治系的系主任。福记不仅教书很受学生欢迎，而且科研工作也有很多成果，前边已提到过，不再提。福记爱人张立丽在医院工作，他们的宝贝儿子张秉澍还小，才上初一。福记的眼部有个良性瘤，犯起病来有头痛等症状，很不舒服。我觉得虽说是良性的，也不能大意，及时治疗，同时工作不能太累，要注意休息。

中介理论

1995年到1997年这三年中，在邓小平的有中国特色社会主义理论的指导下，在各项方针、政策及具体措施的推动下，社会经济、政治、文化及其他领域的建设得到快速而平稳的发展。当然，在建立社会主义市场经济的过程中，还有许多困难，比如部分国有企业经营问题、下岗待业人员增多问题等，但这些都是前进中的困难，需要逐步解决。这三年全国的大事主要有：第一，1995年1月30日，江泽民在中共中央台湾工作办公室、国务院台湾事务办公室、台湾民主自治同盟等单位举办的迎新茶话会上，发表《为促进祖国和平统一大业的完成而继续奋斗》的讲话，提出八点看法和主张。一、坚持一个中国的原则，是实现和平统一的基础和前提；二、对于台湾同外国发展民间经济、文化关系，我们不持异议；三、促进海峡两岸和平统一谈判，是我们的一贯主张；四、努力实现和平统一，中国人不打中国人；五、面向21世纪世界经济的发展，要大力发展两岸经济交流与合作，以利两岸共同繁荣，造福整个中华民族 六、中华各族儿女共同创造的五千年灿烂文化，始终是维系全体中国人的精神纽带，也是实现和平统一的一个重要基础；七、要充分尊重台湾同胞的生活方式和当家作主的愿望，保护台湾同胞的一切正当权益；八、我们欢迎台湾当局的领导人以适当身份前来访问，我们也愿意接受台湾方面的邀请，前往台湾。第二，1995年4月10日，陈云逝世。6月13日，中共中央在人民大会堂举行《陈云文选》第一卷至第三卷、《陈云》画册出版发行暨纪念陈云诞辰九十周年座谈会。第三，1995年9月3日，江泽民在首都各界纪念抗战胜利五十周年大会上讲话，指出中国抗日战争是世界反法西斯战争的重要组成部分。中华民族付出了巨大的民族牺牲，为人类文明进步事业做出彪炳千古的历史贡献。中国共产党及其领导的人民抗日力量，是中华民族抗战的中流砥柱。第四，1995年9月25日至28日，中共十四届五中全会在北京举行。全会审议并通过《中共中央关于制定国民经济和社会发展

"九五"计划和2010年远景目标的建议》；审议并通过中央纪律检查委员会关于陈希同问题的审查报告，并决定撤销陈希同的中央政治局委员、中央委员会委员职务，建议罢免其全国人大代表职务。江泽民在全会召集人会议上强调，高级干部一定要讲政治，在政治问题上，要头脑清醒。第五，1996年2月8日，江泽民在中共中央举办领导同志讲座的会上说："依法治国是社会进步、社会文明的一个标志，是我们建设社会主义现代化国家的必然要求。"他强调："加强社会主义法制建设，坚持依法治国，一项重要任务要不断提高广大干部群众的法律意识和法制观念。""经过全党全社会共同努力，随着社会主义民主法制建设的加强，随着社会主义市场经济体制的建立和完善，我们党和政府依法治国的水平必将不断提高。"第六，1996年10月7日至16日，中共十四届六中全会在北京举行，通过《中共中央关于加强社会主义精神文明建设若干重要问题的决议》。《决议》指出，精神文明建设的指导思想是：以马克思列宁主义、毛泽东思想和邓小平建设有中国特色社会主义理论为指导，坚持党的基本路线和基本方针，加强思想道德建设，发展教育科学文化，以科学的理论武装人，以正确的舆论引导人，以高尚的精神塑造人，以优秀的作品鼓舞人，培育有理想、有道德、有文化、有纪律的社会主义公民，提高全民族的思想道德素质和科学文化素质，团结和动员各族人民把我国建设成为富强、民主、文明的社会主义现代化国家。第七，1997年2月19日，邓小平病逝。当天，中共中央、全国人大常委会，国务院、中央军委发出《告全党全军全国各族人民书》，称邓小平为我党我军我国各族人民公认的享有崇高威望的卓越领导人，伟大的马克思主义者，伟大的无产阶级革命家、政治家、军事家、外交家，久经考验的共产主义战士，我国社会主义改革开放和现代化建设的总设计师，建设有中国特色社会主义理论的创立者。第八，1995年6月30日午夜至7月1日，中英两国政府香港政权交接仪式举行，中华人民共和国香港特别行政区政府成立。第九，1997年9月12日至18日，中国共产党第十五次全国代表大会在北京召开，江泽民作《高举邓小平理论伟大旗帜，把建设有中国特色社会主义事业全面推向二十一世纪》的报告。他指出，邓小平理论是马列主义与中国实际相结合的第二次飞跃，是马克思主义在中国发展的新阶段，是指导中国人民在改革中胜利实现社会主义现代化的正确理论。在当代中国，只有把马克思主义同当代中国实践和时代特征结合起来的邓小平理论，而没有别的理论能够解决社会主义的前途和命运问题。因此，中央建议大会在党章中把邓小平理论同马克思列宁主义、毛泽东思想一起确立为党的指导思想。报告系统、完整地提出并论述了党在社会主义初级阶段建设有中国特色社会主义的经济、政治、文化的基本纲领。9月19日 中共十五届一中全会在北京举行，选举出新的中央领导集体。江泽民、李鹏、朱镕基、李瑞环、胡锦涛、尉健行、李岚清为中央政治局常委。江泽民任总书记、中央军委主席。

与全国形势相适应，党史学界也在研究成果方面有不少进展。这几年，研究毛泽东的书仍是被关注的热点。1996年出版了由金冲及主编的《毛泽东传1893—1949》，同年还有龚育之的《毛泽东的读书生活》、汪澍白的《传统下的毛泽东》等书的出版。另外，《刘少奇年谱》、《周恩来年谱1949—1976》、《陈毅年谱》也陆续出版。1995年是抗日战争胜利五十周年，为纪念这个有重大意义的日子，出版了不少这方面的书，如《中国抗日战争丛书》、《湖南抗日战争史》、《东北抗战纪实丛书》、《重庆抗战丛书》等。1996年为纪念长征，中央党史研究室第一研究部主持编写了《红军长征史》、军事科学院军史部主持编写了《中国工农红军长征史》、中央文献研究室力平等编写了《中国红军长征史》。属于通史型的著作，1996年出版了沙健孙主编的《中国共产党通史》、何沁主编的《中华人民共和国史》。属于专史型的著作，1996年出版的有金春明的《文化大革命简史》、盖军的《中国共产党白区斗争史》等；1997年出版的有军事科学院军史部的《抗美援朝战争史》等。这只是举一些例子来说明党史研究进展的状况，实际上党史出版物还多得很，特别是报刊发表的有关党史的文章就更多了。

1995年到1997年，我出版了一些书，发表了一些文章。出版的书有我主编的《毛泽东研究全书》、《中共一大代表丛书》和我写的《唯物史观与中共党史学》。《毛泽东研究全书》本来是打算在1993年出的，但没有出来。好像不是作者没弄完的事，而是出版社的事，因为都是杨世文操持的，我不太清楚。结果，一拖就是好几年，到1997年10月才出来，是长春出版社出版的。它是一套研究史方面的资料书，分为总论编（吴家林、侯且岸、谢荫明主编），生平编（翟作君、关景平主编），著作编（魏知信、王跃、朱兆中主编），思想编（张静如、王章维主编），生活编（王学启、丁晓强、高力克主编），师友编（金春明、刘志强主编），家世编（朱成甲、朱志敏、王学勤主编），海外编（郑德荣、杨世文、关志钢、杨冠琼主编）。这套书为研究毛泽东和毛泽东思想提供了大量史料，对推动学科发展有一定作用。作为总主编，我写了一篇短序："研究毛泽东，国人之任。利国利民，意义重大。综观研究

《毛泽东研究全书》书照

史，历时数十载，成绩斐然。欲促研究深化，唯有熟知成果，以为基础。编写本书，旨在于此。书分八编，角度不一，所收资料，力求其全。分类编纂，使之历历在目，以达按图索骥之效。虽曰求全，但因能力所限，眼界不宽，漏录者必有，且重复之处，亦所难免。本书如能有助于研究者，则幸甚！”

《中共一大代表丛书》是郑惠和我主编的，1997年12月由河北人民出版社出版。以往只有一些代表单独出过传，没有十三人一起出的套书。这套已出版多年，由于一些代表的史料不断发掘，研究者认识不断提高，所以该书虽仍有一定参考价值，但确实需要更加充实才好。比如，毛泽东的研究多年来无论在史料的增加上和研究者认识的提高上，都有新的进展，如果能再版，当然要改写。如果能再版，也有的代表需要补充一些史料，比如王尽美。2009年9月，中共党史出版社出版了济南师范学校编的《王尽美遗著与研究文集》，收录了二十七篇王尽美的遗著和大量回忆、研究的文章、著作。该书的出版，对重新写王尽美传肯定有帮助。书的编者要我写序，我没有研究过，勉强说了些话。在序中，我提供了王尽美的原名、笔名十一个，即王瑞俊、灼斋、烬美、烬梅、王济美、拙斋、梅、锐进、烬煤、勺斋、尽美，因为这个集子的编者对王尽美的笔名有的没有掌握。《中共一大代表丛书》共十三本，由许多研究者分别写的：《毛泽东》蒋建农著，《王尽美》丁龙嘉、张业赏著，《李汉俊》田子渝著，《李达》宋镜明著，《张国焘》张树军著，《周佛海》蔡德金著，《何叔衡》杨青著，《邓恩铭》张业赏、丁龙嘉著，《陈公博》李珂著，《董必武》李东朗、雷国珍著，《刘仁静》刘成立著，《包惠僧》方城著，《陈潭秋》陈乃宣著。

我写的《唯物史观与中共党史学》，是1995年湖南出版社出版的。全书分五小节，即解放和发展生产力与党史学、社会现代化与党史学、社会进化和变革与党史学、社会意识与党史学、个人和群众与党史学。前边有个导论，后边有个结语。在导论中，我强调：“本书不是研究历史哲学问题，而是研究唯物史观的基本原理如何贯彻到党史学领域之中，或者说在党史研究中怎样贯彻唯物史观的基本原理。”我认为任何人文社会科学都应该以马克思主义的唯物史观为指导，但每个学科又有自己的独立理论，历史学科也应如此。不过，历史学科的对象是整个社会，而不是社会的某一个部分，所以表述历史理论的内容离不开唯物史观的最基本的原理，因为唯物史观是关于社会发展一般规律的科学。所以，我说：“看来，马克思主义历史理论应该分层次。它既有哲学层次的内容，又有低于哲学层次的内容。也就是说，既包括提出社会发展一般规律的唯物史观，又包括低于这一层次的关于历史过程一般规律的理论。后者，

1995年，《唯物史观与中共党史学》出版座谈会合影

主要是解决历史过程的阶段性、发展趋向以及评价历史事件、人物、群体的原则等等问题。”“马克思主义历史理论的研究方法也应该分层次，既有方法论，又有具体研究方法。”建立中共历史学理论，也应该如此。

关于这本书，我在来年的《中共党史研究》第二期上发表了一篇文章，题目是《关于〈唯物史观与中共党史学〉》。文中写了几点：为什么要写这本书，为什么书写成现在这样子，对这本书应该怎样评价。关于“为什么要写这本书”，我说了两点，一是因为有的学者研究问题不承认有指导思想，更不承认要用马克思主义唯物史观指导；一是因为党史学界长期以来很少有人注意系统研究怎样把唯物史观的基本原理贯彻到党史学领域中去。随后，我强调：“用唯物史观指导党史研究，需要建立起一种中介理论体系。否则，就无法应用。这种中介理论要成体系，需要系统地反映唯物史观基本原理在中共党史研究中的应用，而不是仅反映某一原理，也不是仅反映中共党史某一方面的应用。这种中介理论要有可操作性，亦即可以列出条目，具体而不是抽象地说明唯物史观的基本原理如何在中共党史研究中应用。特别要避免把这种中共理论艰涩化，避免使用费解的语言或难懂的概念，否则别人无法运用，也就失去意义。这种中介理论要有时代性，亦即反映时代特色，有助于中共党史研究为社会主义现代化建设服务。这种中介理论要与实际密切结合，反映中共党史研究中的主要的、根本性的问题，否则就不能发挥实际作用。总之，建立中介理论体系难度很大，既要准确把握唯物史观的基本原理，又要充分掌握中共党史研究的实际，把两者紧密结合起来。”

关于“为什么书写成现在这个样子”，我说形成书的内容和结构，是同我对唯物史观的核心的理解有关。我认为，马克思主义唯物史观的内容很多，但最核心的部分是：社会存在决定社会意识、社会基本结构及其运行机制。至于唯物史观的其他原理都是由此派生的。所以，在探讨如何运用唯物史观指导中共历史研究的问题时，主要应该从其核心原理来考察。随后，我在文章中说明书的结构和内容，是怎样从唯物史观核心原理出发探讨中共历史研究中的问题的。因为有的学者提出书中没有单列出阶级斗争理论，是一种遗漏。对此，我在文章中强调阶级斗争理论是派生理论故尔没有单列，但不等于说没有这方面内容，而是分散在有关部分里进行分析。此外，在文章中，我还进一步分析了社会革命发生、发展的根源、社会现代化与社会制度的关系、社会现代化与社会革命的关系等问题，表明自己的观点。

关于"对这本书应该怎样评价"，我说"专门讲唯物史观的基本原理与中共党史学的关系，我的书算是第一本，朋友们说的开创性，指的就是这个意思"。接着，我分析这本书对党史研究者的考察中共历史过程中诸多问题的作用。现在看来，这本书出版了十多年了，所举实例有的已显得陈旧，但基本理论问题的分析还是有用的。在文章中，我说书的主要缺点是没有能够提出一个完整的中介理论体系，而且论证不充分，范例的典型也差。同年的3月，我应郭德宏之约，到中央党校党史教研部办的一个班上讲了一次。内容都是我的文章和书中有的，没更多新东西，只是对中介理论体系作了新的概括。后来，我又进行了修改。目前初步定下来中介理论的结构是：一、以近现代社会史为基础，以解放和发展生产力、实现社会现代化为主线；二、以社会进化为基础，以社会变革为动力；三、以群体作用为基础，以个人社会作用为契机；四、以社会心理为基础，以社会意识形态为导向；五、以历史辩证法为基础，以中国传统治史方法和现代自然科学、人文社会科学研究方法之精华为辅佐。

在这几年写的文章中，值得提到的还有好几篇。比如，1995年发表的《共产党员要有现代化意识》和《抗日战争与中国社会现代化》。两文的特点，都是观点比较新。前文开头就提出："共产党员要有现代化意识，是时代的要求，是中国社会主义现代事业对领导党成员的要求。"现代化事业需要现代化政党来领导。在近代中国，称得上是现代化政党的先是孙中山领导的中国国民党。这个党发动辛亥革命推翻了统治中国几千年的封建专制制度后，开始涣散，逐渐失去了革命性，于是，第二个现代化政党中国共产党应运而生，并以解放和发展生产力，改变中国落后贫穷面貌，建立社会主义和共产主义社会，实现社会现代化为己任。经过几十年的努力奋斗，终于使中国社会面貌发生巨大变化，走上了现代化建设的道路。社会主义现代化事业的发展，不仅要求现代化政党领导层具有现代化意识，而且要求全体党员具有现代化意识。文中指出，所谓现代化意识，最核心就是开放性、进取性、创新性。开放性即面向世界，面向未来；进取性即努力向前，不断进步，有所作为；创新性即解放思想，勇于开拓，立于时代前沿。有了现代化意识，才可能引出现代化思想，也才能在实践上做出符合社会现代化要求的贡献。文中强调："要求每个共产党员具有现代化意识同多年来党对自己党员高品位的要求是一致的。""现代化意识的树立，要以这些优秀品质做基础。"文中还分析了要求共产党员树立现代化意识的有利和不利条件。文中最后指出："广大共产党员的现代化意识日益增强，就会在各个部门、各个领域中立于时代前沿，带领群众改革创新，不断前进。这样，中国共产党领导的社会主义现代化事业定会蒸蒸日上。"这篇文章论述的观点比较新，因而难于被所有人同意，但随着时间的推移，很多人也逐渐认同。在社会主义现代化建设中，现代化意识毫无疑问应该成为衡量共产党员党性的标准。

《抗日战争与中国社会现代化》一文的写作，是为了纪念抗日战争胜利五十周年。我不愿意参加纪念会，能不参加就不参加，只是发表一篇文章以示纪念。这篇文章的观点之所以比较新，是因为它换了角度去观察抗日战争。一般认为由于日本军国主义侵占中国领土，掠夺中国资源、财产，残杀中国老百姓，给中国带来的都是灾难，而很少想到它和中国的社会现代化有什么关系。我写这篇文章时，就想到抗战八年恐怕不能说白过了。当然，如果没有日军侵略，中国社会发展会更好些，但事实上确有日军侵略，那就应该考虑在这种情况下中国社会现代化的进程到底积累起来什么有利因素。这样一想，我决定从三个方面去考察。第一个方面是说"全民族独立意识的形成”。文中写了这样一段话：“正是在八年的战火中，在日本帝国主义的野蛮欺凌下，在民族危亡的严峻现实面前，中国人民有先有后地觉醒，使民族独立意识在绝大多数人的心中扎根，逐渐成为全民族的共同意识。”“抗日战争中形成的全民族的独立意识，在胜利后起了重要的作用。腐败了的国民党投靠美帝国主义，使中华民族面临新的危机，而具有强烈民族独立意识的中国人民不愿再做外国侵略者的附庸，于是他们抛弃了国民党，选择了维护民族独立和自由的共产党，实现了变被动社会现代化为主动社会现代化的愿望。”第二个方面是说“中国共产党的成熟、强大，人民政治选择方向的开始转变”。在抗日战争中，中国共产党逐渐在理论上、政治上成熟，并不断在军事力量上发展壮大。与此同时，人民政治选择方向开始转变，就是说开始把共产党纳入政治选择的范围。第三个方面是说“政治、经济、文化现代化因素的积累”。社会现代化因素不是一蹴而就的，而是随着时间推移慢慢积累起来的。抗日战争前已有所积累，而在抗日战争的特殊条件下这种积累仍在继续，并有了新的积累方式。这种积累，为后来的社会主义现代化建设奠定了基础。这篇文章的发表，引起了研究抗日战争学者的重视，随后出现了从同一角度研究抗日战争的成果。

另外，1995年写的文章中，还有一篇也值得说一说，就是给侯且岸的《当代美国的“显学”》写的序。文中对外国学者研究中国问题提出几点建议：“第一，要以可靠的真实的材料为依据，不要靠道听途说，不要捕风捉影，不要相信一些以赚钱为目的书中所提供的‘秘闻’”；“第二，对材料的使用不能采取实用主义态度，特别不要对已有材料视而不见”；“第三，不要忽视或看不起中国学者的研究成果，特别是中国领导的讲话、著作”；“第四，要研究中国问题，一定要了解中国的语言、习俗、生活方式、思维方式，不然用外国人理解问题的方式、习惯得出结论，不但不符合实际，而且会出笑话”。我接触过许多外国学者，有不少人治学很严谨，但由于没有把中国的事情弄透，很容易出问题。我讲的都是大实话，不是看不起外国学者，而是提醒他们多加注意。其实，反过来也一样，中国学者研究别国问题，也往往弄不透人家的事情，同样会出漏洞。

1997年我发表的文章中，值得说的有《中共党史学诠释》、《邓小平与中华民族复兴》、《论社会革命与社会现代化》、《〈世界现代化进程中的中国社会主义〉序》、《〈中国的内战〉中译本序》。所以写这几篇文都有些原因，或者说是有感而发。《中共党史学诠释》从内容上说并没有什么新意，很像写个词条。自从我提出中共党史学这个概念之后，我发现很多人没有弄明白什么是中共党史学。有人甚至写信问我"中共党史"与"中共党史学"有什么区别？全国哲学社会科学规划办公布的1996年度课题指南，在许多党史党建课题中单列个"中共党史学研究"，说明他们也没有弄明白什么是中共党史学。针对这种情况，我在文中说："所谓'学'，就是独立的学科。中国共产党历史，是客观的不以人的意志为转移的历史进程，而中共党史学则是研究这一历史进程的学科，因此，凡是研究这一历史进程的课题，不管从什么角度、什么层次，都属于中共党史学的范围。"在说明中共党史学的基础上，文中又进一步说明对中国共产党历史的研究内容可分为两大类，即中共领导的革命和建设史的研究、中共自身建设史的研究。而这两大类研究所构成的研究体系包括：通史类、断代史类、专史类、地区史类、行业史类、人物志类、研究性回忆类、基础理论类等。

《邓小平与中华民族复兴》是在邓小平去世之后写的，是寄托哀思性的文章。文中，论述了邓小平的两大历史性贡献，即总结新中国成立以来的历史经验，纠正"文化大革命"的错误，坚持科学地认识和评价毛泽东的历史地位和毛泽东思想的科学体系；创立和发展了建设有中国特色社会主义理论，成功地开辟了在改革开放中实现社会主义现代化的新道路。文中强调邓小平的两大历史性贡献，体现着解放思想、实事求是精神。

写《论社会革命与社会现代化》是因为学术界有把二者对立起来的说

法，比如说孙中山搞辛亥革命反而使社会现代化进程推迟。我不同意诸如此类的说法，认为二者关系密切，不能对立起来，前者是后者实现过程中不可缺少的必经阶段。我指出："生产力的发展要求社会革命的干预，而社会现代化的实现过程又需要解放和发展生产力，于是就在社会革命的社会现代化之间，以解放和发展生产力为桥梁，形成这样一种关系：只有打破旧的生产关系，使生产力得到解放，才能发展生产力，才能实现社会现代化；而要解放生产力，必须进行社会革命。"我认为把这样关系称之为包含关系更恰当，贴切，因为这样说"可以给人以一体化的认识，有利于提示社会革命与社会现代化之间的内在联系。社会革命和社会现代化是一个大过程，而不是两个过程的相加，这就在认识上避免产生把社会革命和社会现代化对立起来的误解"。文中在说明社会革命和社会现代化关系的基础上，特意强调后人在思考过去的历史时，要理性地、科学地对待，不能不顾历史的真实而胡思乱想。所以，一定要注意"尊重前人"、"尊重历史"，而且要"讲立场"。这篇文章写出来后，我觉得还是比较有分量的，把道理说得很透彻。随后，在给《世界现代化进程中的中国社会主义》写的序里，我针对因有人借现代化宣传西化以否定革命，致使有的学者避开现代化命题的想法，指出"这是不必要的，因为社会主义现代化不是资本主义的专利，而是人类历史发展的一种趋势"。作为马克思主义的学者，当然应该理直气壮地研究社会现代化问题。

给《中国的内战》中译本写序，是中国青年出版社编辑潘平找我干的事。我与这位国外学者不认识，看了书稿之后，觉得书写得很不错，就答应作序。在这篇序中，我说这位外国学者不是主要从军事斗争角度分析国共两党胜负的问题，而是用大量材料说明国民党是怎样把群众抛开的，共产党是怎样把群众吸引到自己周围的，论证很有说服力。我觉得这位学者的思路是正确的，国共两党较量最后结局受多种因素影响，而人心向背具有决定性作用。序中称赞这位学者说："一个外国学者研究中国现代史上的问题，能够做到这个份儿上，实在不容易。"这是我读后的心里话，不是客气话，确实佩服这位教授的钻研精神和克服困难的本领。

回想起来，1995年这一年的上半年比较忙，除了有三个博士生毕业，要看他们的论文之外，每个月都要外出办事。开学后不久，为了落实1994年与河北人民出版社商定的出几本有关李大钊的书，3月中旬，我和王世儒一起去了石家庄，住在河北教育出版社安排的宾馆。随后，在出版社开了会，我的学生，当时省出版局副局长杨汝戢也参加了，一起商定出三本有关李大钊的书：李大钊全集、李大钊传、李大钊研究论文集。在当时的情况下，河北教育出版社答应出这样三本书，不要一分钱，相当不容易了。这事办妥了，我和王世儒非常高兴。回到北京后不久，开中国李大钊研究会理事会，我向大家说了情况，不想有的理事提出李大钊的著作要在人民出版社出版，不要放在地方出版社，至于经费可以向中央申请。这一意见提出后，有的理事表示支持。结果，让我觉得很难办，怎么向河北教育出版社交代。过了些天，张惠芝又来信催，我只好实话实说，弄得张惠芝及出版社很不高兴。此前，他们已将出版计划上报，并且上边也批下来。所以，他们决定仍要出李大钊全集，而且想让我主编。我觉得不太合适，只答应当顾问。后来，出版社让河北社科院历史所编，朱文通当主编。

到4月初，我又到西安，在陕西师大讲学，讲什么记不得了。在那里，见到辅仁大学上学时同学李巨芳，还有辅仁大学别的系的几个同学，只记得有一个女同学是当时学生会的文娱部的头，叫什么名字也想不起来了。就是她非让我参加舞蹈队，使我受了一阵罪。几个人一起聊大天，说起许多过去在辅仁大学读书的事，既高兴，又感慨。人在年轻时，很多事是美好的，但往往不知道珍惜。时光一晃过去几十年，再见面人都老了。真是见一面少一面。果然，这次见面后不久，李巨芳就因病去世了。

回北京后，4月初为了安排下半年在武汉开学位点会，我又去了武汉大学，住在珞珈山庄。这年的学位点会是学生的会，我出了个主意，把讨论问题改成研究生写论文，从中挑选出一部分文章，以文章决定学生入会，并请导师参加。会上，再挑选一些学生进行演讲比赛，评出一、二、三等奖。这样，可以促进学生科研，对各校培养研究生有利。在武汉，我与几个学校分别交换了意见，还在那里讲了课。我走的当天，武大宋镜明、中央财大毛磊、刘继增，华中工大李绍曾、徐晓林都来送我。接着，他们一起商量，找出几条意见，由宋镜明在4月18日写信告诉我。他们议出的几条意见是：第一，10月下旬在中南财大开，参加者不超过百人；第二，增加发起单位，以便筹办经费，因要给学生出版论文集，且学生不能收会务费，故花销较大；第三，要我向国务院学位办打招呼。我看了老宋的信，即回信表示同意。

1995年，陶德麟的来信

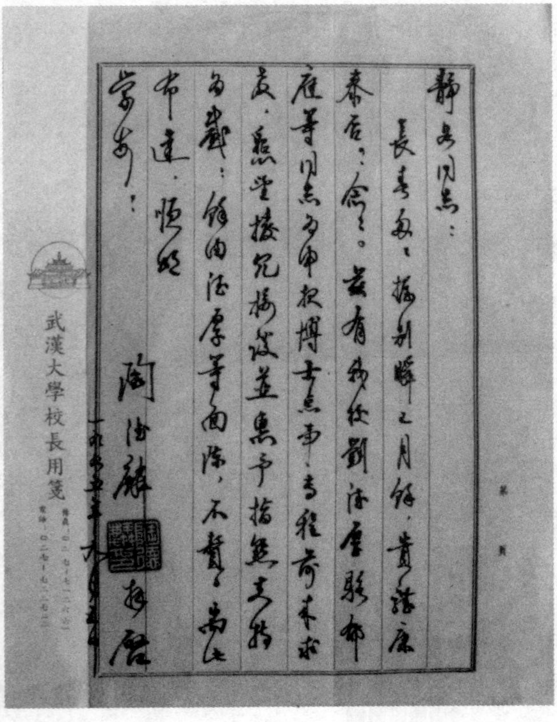
武漢大學校長用箋

陶德麟

本来5月和6月有学生答辩出不去，可湖南师大要我去参加他们学校的答辩，只好先让我的学生答辩，然后6月初赶到长沙。答辩完，回京做点自己的事。到7月下旬，又去长春开教育部的会，记不住是开什么会，也记不起都谁参加了会，但从陶德麟9月5日给我来信说“长春匆匆握别瞬已月余”得知，我们是一起在长春开会的。在长春，我去了东北师大见到郑德荣、李鸿文等几位朋友，一起座谈，正是暑假期间，所以没有给学生讲课。

因为1995年底或1996年底要开

评学位点的会，这一阵子有很多学校派人到我家里来说他们的情况，让我看他们准备上交的材料。陶德麟写信来就是介绍武汉大学的刘德厚、骆郁庭来找我。另外，还有谭双泉介绍湖南师大黄百炼、徐树绩写信介绍韩玉贵和李爱华来谈申请学位点事。这期间，还有一些学校的头头脑脑为这个事来我家。我的态度是热情接待，积极提出修改申请表意见，但从不保证什么。因为到学科组开会的时候，也不是我说什么就算什么，而是大家投票决定，学位办还下有通过指标限制、地域平衡限制等条件，不是那么简单的事。

这年10月31日至11月2日，党史学位点研究生的会在中南财经大学准时召开。前边说了这次研究生会改成以文入会，而且要进行演讲比赛、评奖，所以事前的准备工作比较繁重些，毛磊为首的中南财经大学的党史教师很负责，很认真。参加这次会的教师六十人，学生六十五人。开会时，参加比赛的学生有的很紧张，有的很能讲，学生、老师们听了觉得有启发，学生考虑怎样学习效果好，老师考虑怎样把学生带得更好。比赛时，几位评委最辛苦，为了评选结果的公正，他们都认真听、认真记，结束后认真讨论。总的来看，还是比较公平的，大家都很满意。这次的评委有：毛磊、王树荫、王海琳、王章维、刘继增、陈明显、李绍曾、宋镜明、范小方、梁琴、谭双泉。这次会也有令人不愉快的小插曲，参加会的人到食堂去吃饭，大家坐下来以后，一看桌子上只有菜而没有筷子，都觉得很奇怪。一问，才知道，因为人没到齐，不能给筷子，怕有人来蹭饭。虽说是小事，但使人很不高兴，我开过不知道多少个会，从未遇到这样事。我把负责办会的老师叫来，说这不像话，看不起开会的人，一定要改。我说了以后，就改了。

1996年1月，学位办在郑州开各科学位点审批会。政治学组的评委江流、许征帆、赵耀等都参加了。至于评审的内容，已记不清了。我们这个组，为了评谁不评谁常争论不休，甚至有时还会吵起来，但吵归吵，争归争，完事彼此都很友好。评审期间，见到我的老学生冯玉珍，一起叙叙旧，照了相很开心。她在郑州大学当教授，已有二十多年没见过。这次郑州大学思政系的硕士点通过，他们很满意，冯玉珍在会后写信给我表示感谢。这年5月，我参加了中央党校博士生导师评审会。自从这两年国务院学位委员会学科组不再集中评博导后，就由各有博士点的单位自批博导，但要外审或请校外专家参加评审。中央党校每次评博导，都要找外边的人。这次都评了谁，记不得了，只记得有赵云献。因为事先他给我来过信，讲了他一些情况。确实，他的成果比较多，而且理论性比较强，按公平原则，我支持了他。

也是这样5月，我得知好友王学启得病住院，说是胃癌。我觉得很怪，这位老兄平日很注意锻炼，身体相当棒，怎么会突然病重。我想，还是因为与从1989年以来他心情不好有关。由于他在

1996年，在郑州开学位点审批会

政治风波中积极参加游行，弄得政治风波后在杭州大学处境非常尴尬。另外，他二儿子不知犯什么事被关在狱中，花了不少钱打点，也没解决什么问题。还有，他在此期间发表一篇文章，讲中共诞生不是马克思列宁主义与中国工人运动相结合的产物，结果遭到学术界一些人的批评，这也使他心里不高兴。其实，想写一篇文章讨论一下这个问题，是我的主意。因为我觉得这个结论证据不足，值得研究。后来，学启起草了一篇文章给我看，我觉得道理讲得不充分，暂时不要发。但我因为忙，也没来得及改。谁想，学启就把它发表了。总之，这一切，都使学启心情不好，也许因此积累成疾。随后，我知道，不是胃癌而是肝癌晚期。5月30日，我写信给学启，让他安心治疗，不要多想。6月5日，学启在回信中说："阅后眼泪潸然而下，衷心感谢您在我病重时刻的问候，这比什么都重要。"说起他的遭遇则很悲观："1996年，对我来说是个大灾年。""我晚年不太幸，连续受两打击。一是小儿子出了事，与此相连，又出了更大的事。苍天对我太残酷，太不公平。"我看了信之后，心里很难过。信中还说了一些赞扬我的话，希望我"继续带领全国党史界把党史教学与研究推向前进"。赞扬我的话说得太过了，实不敢当，希望我的话，十多年了，我虽然没有做得很好，但一直尽力为之，没有辜负老友的愿望。除了给学启写信安慰他之外，我还写信给他的学生，当时系里的头头余逊达，要他想尽一切办法照顾他的老师，要在经济上支持。7月4日，他给我回信，告知学启的病情，并具体说明学校、系里在经济上怎样支持。另外，还说了学启两个儿子的事，认为"关键是王老师自己要能够想得开"。学启病经过化疗，动手术，受了不少罪，但由于手术中未能把胆管中的癌细胞清除掉，还是没有能治好，终于带着烦心事未了的情绪而走了。他的去世，是党史界的一大损失，我非常想念他。

1995年在中南财大开会时，决定1996年学位点会在上海同济大学开。为此，同济大学的唐培吉、孙其明做了很多准备工作。他们两位都是我的老朋友，多年经常交往。当时，唐培吉还当着上海党史学会的会长。他的著述甚多，在上海党史界很有影响。这次会是学位点导师的会，虽然已到11月上旬，但上海的天气还没有冷，很舒适。参加这次会的共五十二人，中央党校的王渔、南京大学的马洪武、山东师大的徐树绩等几个老家伙都来了，但主要是三四十岁的人，我的学生王跃、王炳林、侯且岸、朱志敏等也参加了会。会上，大家讨论了研究生培养工作，发言很踊跃。开了两天会，第三天大家一起去了东方明珠电视塔参观。该塔位于黄浦江畔，浦东新区陆家嘴前端，塔高四百六十八米，由塔座、下球体、上球体、太空舱等大小不同的钢制球体组成。到了那里，大家分别在进门的大厅里照相，然后坐电梯上去参观。顶层是个旋转厅，视野辽阔，看到整个上海，很好玩。在餐厅，大家一起喝茶、吃点心，非常高兴。开会期间，我除参加会之外，还被安排到几处去讲，有上海空军政治学院、上海党史学会、上海师大。在上海师大，我和我老伴一起，专门看望了郑灿辉的夫人。另外，我的学生张继顺当时任复旦大学党委副书记，管学生工作，她要我为学生讲一次。讲什么记不得了，只记得场面很大，足有一千多人。张继顺前些年已调到华东师大当党委书记，现已到届退下来。她是个女强人，有主见，办事认真负责，不保守，善于创新，工作很出色。在上海期间，孙其明还请我和我老伴去锦江饭店吃饭，周琪生、卞杏英等许多人都去了。锦江饭店是上海的老字号，很多名人都在这里吃过饭。现在饭店内的装潢很有气派，既传统又现代。所以去那里吃，记得孙其明说他儿媳妇在那里工作，有优惠，大家吃得很高兴。

上海开完会，我和我老伴一起去了杭州，主要想去看望一下王学启的夫人。到她家，感觉她的情绪还好，身体也可以。她是个医生，应该很会调理自己。当然，老伴去世了，儿子出了问题，也够难为她的。我们带了些东西，表示慰问。在杭州见到我的学生高力克、丁晓强和他爱人小翁，他们都很好。去晓强家时，小翁还专门做了一桌子菜招待我们。晓强夫妇那时还没有孩子，但已经为孩子准备一间屋，可见要孩子心切。他们住的地方也不错，窗户外边就是一条河，打开窗户可以看得很远，空气也新鲜。

记得在这年10月份，我的学生曹屯裕约我去宁波，所以11月17日又从杭州去了宁波。曹屯裕原为宁波城市职业技术学院校长，后该学院与宁波大学合并，他担任宁波大学副校长，现已退休。在学术上，他以研究毛泽东和毛泽东思想为主，著有《探索者的足迹》。我和我的老伴在宁波住在市内的一所宾馆内，做了什么已记不清，好像没有给学院讲课。过两天，曹屯裕陪我们一起去了奉化市的溪口镇蒋介石的故乡。溪口镇是一个古老的小镇，四周青山环抱，风景非常幽美。蒋家的故居，包括丰镐房、玉泰盐铺、小洋房。"丰镐房"是蒋家的祖宅，面临剡溪，为一幢两层小楼，有房十余间，前庭左右有花园。"玉泰盐铺"在其右不到五百米处，蒋介石出生于此。"小洋房"是两层西式楼房，1937年蒋经国从苏联留学回来曾居住于此。我们去参观时是坐三轮车到蒋家的，车夫一路向我讲蒋介石的情况，曹屯裕说你别讲了，这是专家，非常了解蒋介石。其实，我没有专门研究过蒋介石，只是在研究中共历史过程中总要碰到这个人物，但了解很肤浅。蒋介石是近代中国历史上重要的政治人物，应该下功夫研究。学术界已经出了不少研究蒋介石的专著，各有自己的见解。我没有研究，说不上什么，只想说对蒋介石这个人的分析，不要因为长期敌对就从小骂到死，也不能由于当前与在台湾执政的国民党的关系就尽量说好话。其实，任何一个人，活一辈子，不可能一件好事都没做过，也不可能办的都是好事。历史就是历史，要按照历史的本来面目去分析。当然，这并不是那么容易的事，因为总会受到史料的制约，或者缺，或者不准确，甚至是假的，使用起来相当费事，有的需要考证，有的需要辨伪。尤其是回忆性的史料，主客观因素的制约很大。就拿人的记忆来说，有人记忆好，有人记忆差，加上主观认识，写出来的文字未必都准确。我就怎么也想不起来，从宁波我和我老伴到底去了什么地方，问我的学生也都说不清楚。我只记得坐的这趟车时间还挺长，车上条件也很不好。所以，只好说回到了北京，我就是记忆差的人。

回到北京以后，12月下旬，徐树绩来信告知许庆朴的教授职称省教委已经批下来了。年初，老徐来信说庆朴想申报教授，恐怕有麻烦，希望我写封推荐信。我说，你们山东师大的领导我又不认识，信可以写，但不会有什么用处。到10月下旬，老徐来信，说庆朴的职称学校已通过，然后向省教委申报。信中说："多亏了你的信，起了很大的作用，特对你表示感谢。"其实，主要是庆朴自己已有不少研究成果，他在教学和科研上都很下功夫，特别好钻研。也许我的推荐信起了点替他吹牛的作用，总算帮了忙。

1996年，还有一件生活中的大事，又搬了一次家。头一年学校房产处告知要给国务院学位委员会直接审批的前三批博导分房子，师大院里有一部分四间的房，师大对面胡同里有十二套四间的房。房管处组织大家到师大对面的新明胡同看房，这部分房的地基本来是属于中直机关的，据说因为有关系，就给了师大一个楼的地基。但这块地基，师大一直没钱盖房，直到1990年中直机关要规划这个小区才盖起来，叫新风南里十一楼。这栋楼一共五个门，一门及三门、四门、五门都分别卖给邮电部、教育部，师大只留了二门。当时，大家到了这里，看起来还是很荒凉的，因为有的楼还没盖好，地上堆的杂物很多。在师大院里住惯了的一些老师，觉得住出来很不方便。有人问到什么地方订牛奶，有人问到什么地方买报纸，还有问其他问题的。总之，想住出来的只有几家。怎么分，是个问题。因为都不是一个学科的，不好说谁学问大，只能按年龄分，除当任的校长陆善镇一家给了点优待之外，其余谁年龄大谁先挑。结果，我的年龄最小，只能最后挑。当时，人们的观念是二、三、四层最好，一层或四层以上都不好，挑完之后就剩下一层或者五、六层，我要了一层。一般说，一层的缺点是潮，可我们这个楼的一层下面有半地下和全地下两层，一点也不潮。另外，随着年龄的增长，一层的优越性就显露出来了，不用费劲爬楼，特别手中拿着东西更省劲。1995年的当年并没有搬过来，只是装修了一下，到1996年4月10日才搬过来。由于从三间搬到四间，由原来一个小厅搬到一个大厅，觉得宽敞多了，一家都很高兴。记得刚搬来不久，有一天我找不到老伴了，几间屋来回找才找到，说明屋子大了。但慢慢住惯了就没有这种感觉了，加上东西越来越多，显得很乱。刚搬来时，我的学生都说这回像样了，过了些年，他们的家已比我家像样多了。从结婚到现在，已经搬了七次家了。开始住在师大，一年后搬到我老伴的外交部幼儿园，在北新桥方家胡同，后院一间小屋，住了好几年，大概是1961年，搬到豫王坟与别人合住一套。1963年，从外交部东郊幼儿园搬到海淀外交部西郊幼儿园，住在筒子楼。到“文化大革命”结束后，从筒子楼搬到院内的平房。住了一段时间，因修马路平房被拆搬到双榆树的过渡房，变成了小三间一套。1986年，终于搬进北师大校内的宿舍楼，是个大些的三间，也有了电话，算个像点样的家。这次搬到新风南里十一楼，恐怕是最后一次了。

1997年初，由于不久要开会评申请社会科学基金的材料，我不断接到托情的来信或申报材料，有湖南师大的、中央党史研究室的、河南省委党校的、天津师大的等好多学校。值得一提的是我的老师何兹全写来一便条，也是推荐一份申报材料。老先生是北师大历史学院的教授，长期研究魏晋南北朝的全国著名专家，发表和出版过很多研究成果，自成一家。他虽年近百岁，身体还很好，思维清晰。我没有上过他的课，因为他在北师大教书，我在辅仁大学当学生，两校合并后不久我即调出，但多年来我一直以老师相称。在便条中，他自称“弟”，我看后非常感动。这是老先生们的自谦的表现，也是中华民族传统文明的反映，在旧社会朋友之间，即使年岁大的给年岁小些的写信也总是自称“弟”。过了百岁生日，他去世了。

这年的3月，郭德宏让我去中央党校办的党史班讲一次，我当然不能推辞。那天，讲什么不记得了，只记得吃饭时见到广东省委党校的马星光，她也是来这个班听课的。20世纪80年代初期，她曾写信给我，要考硕士。我给她回了信表示欢迎，但她没有来考。与她多年没联系了，见面后她表示很遗憾没有成为我的学生。我说以后多联系吧，后边还会说到她的情况。4月底，我和朱成甲、刘桂生、吴家林、马模贞、古平等被邀参观纪念李大钊就义七十周年展览，并与其他参观的同志一起座谈，但我记不得在会上说了些什么。

这年10月初，北京市委党校组织参加评职称的外校老师去平谷游览。我和老伴带着小外孙女窦豆一起去的，当时她才五岁，很讨人喜欢。在平谷，大家一起去了京东大峡谷，玩得很高兴。回来的路上，过顺义城时，窦豆以为是到了北京。她还小，看到有高楼、大街就以为是离家不远了。这说明到20世纪末，北京远郊区县的城镇已经建设得不错，现在应该更好。

1997年的学位点会，是10月底在北师大召开的。这一年是学生的会，事先评论文做了一些准备工作。参加会的学生有五十人，老师和有关部门的领导人共五十四人，其中有中央文献研究室金冲及、鲁振祥，中央党史研究室王琪、郑谦、陈威、王朝美、北京党史研究室吴家林，当代中国研究所程中原，国务院学位办顾海良、孙冶钢，中央党校金春明，人民大学郑抗生、陈明显、王

1997年，纪念李大钊就义七十周年展览暨学术研讨会合影

顺生，北京市委党校吴玉瑶、侯且岸、李燕奇，北京大学丁则勤、关海庭，湖南师大谭献民，上海师大卞杏英，山东师大许庆朴，福建师大高伯文，华南师大陈金龙，西南交大何云庵，安徽师大王先俊，南京师大王跃以及武汉大学、杭州大学、河南大学、华中理工大学、哈尔滨师大、南京政治学院、同济大学、西安政治学院、天津师大、湘潭大学、内蒙古师大、陕西师大、华东师大等校的教师。这次会学生的部分论文，登在北京市委党校《新视野》增刊上，我写了个简短的《〈新视野〉1997年增刊说明》。这次会，又出现了点小的不愉快。我这个人最讨厌开会按“官”大小排座位，所以会上不设标签。老金先来了，他的“官”最大，是中央文献研究室常务副主任。可他是我的老朋友，他妹妹金再及一度与我同在北师大马列所工作，当然不把他当“官”。我说你随便坐，他坐在长桌的左边。随后中央党史研究室来了位副主任，当时我与他不熟，让他坐我边上。他一看老金坐在长桌左边上，就要与他换。我说老金爱坐哪就坐哪儿没事，这大概已经让他有点不自在。我这个党史学位点的会，是讨论培养学生的会，不是党史内容方面的研讨会。把顾海良约来，就因为当时他是国务院学位办主任，当然应该由他先讲。顾讲话比较长，那位副主任不耐烦了，没等顾讲完就说有事先走了，大概觉得我这里太不懂规矩。有人告诉我，开会时来的领导人对开会的内容不感兴趣，甚至不知道开什么会，一上主席台先注意坐在什么地方，不知道这话是不是真的。我开会既无主席台，又无座位标签，属于没规矩之人。

1995年到1997年，我招了两个硕士生，张均兵和黄迎风，都是女的。有人说我不招女生，其实并无此偏见，我的第一个硕士生姜庆明就是女的。到2010年我招的女硕士生、博士生、访问学者、博士后已有三十二人，当然比男的少，问题是来报考的，来联系的，男的就比女的多。这三年招的博士生，共五个：丁俊萍、任昌柱、刘义生、李立志、王炳林。另外，还有胡松、时广东、沙友林、齐卫平四个访问学者。黄迎风毕业到中学教书，后又去北京党史研究室，现为办公室副主任。她与爱人王天星生的小女儿王湘非常可爱，今年八岁，上小学二年级。前边提到过丁俊萍，她是武汉大学的党史教师，认识她的时候已当上副教授，而且是武大校党委委员、政治与行政学院副院长。1995年她来考博，英语不及格，正好那年的考生都不及格，而她专业分数高，就给她申请破格。入学以后不久，正好我去武汉开会，想带她回家看看。她去找英语老师请假，老师有点不愿意，说你一定要请假，可能会耽误学习，容易不及格。结果，到期末考试时，小丁真没及格，还得补修。这事是我的疏忽，如果我去找英语老师请假大概总要给点面子，不至于故意为难小丁。入学前，她已有一些研究成果，但比较分散，什么内容都有。我对她说，这样不行，一定要给自己确定一个研究方向，集中研究一些问题。入学后，她集中研究中共及领导人的解放和发展生产力方面的问题。后来，她的博士论文《中国共产党解放和发展生产力思想研究》出版后，获得教育部哲学社会科学一等奖，这是非常不容易的。小丁现在不仅是湖北省党史学科的领军人物，而且在整个党史界也有相当的地位，2009年还被教育部评为名师。丁俊萍和她爱人吴北阳的女儿吴默闻是个非常懂事的孩子，从小就爱读书，学习成绩优秀，长大后在武汉大学哲学系读本科、硕士，现正读博士，相信她会有大出息。任昌柱是韩国人，中文说得非常好，毕业后在韩国待一段又回到济南，先在济南大学工作，后又自己办了一个公司，叫"仁昌教育咨询有限公司"。昌柱爱人洪芝联也是韩国人，中国话也说得好。他们有一儿一女，女儿瑞珍上小学，儿子建皓在幼儿园。刘义生毕业后没有搞专业，回到济南，在省法院工作，听说最近又要调到新的岗位。义生的爱人王霞在山东大学医学部教书，他们的女儿刘小菲还小，刚上中学。李立志原来是王学启的硕士生，很老实，性格内向，学习刻苦，肯于钻研。考上博士以后，致力于社会史方面的研究，所写毕业论文《1949年至1956年中国社会演变》得到党史界前辈的称赞，后来出版时改称《变迁与重建》。毕业后，丁俊萍本想把他弄到武汉大学，但他没去，仍回到杭州，在浙江大学教书。他的教学很受学生欢迎，这非常不容易，因为公共思想政治理论课常常不被学生重视。他讲课在准备上下的功夫大，而且对学生可能存在的问题分析透彻，所以上课时讲得既清楚，又有针对性。用学生的话说，李老师的课都是爆满，因为他讲课有激情，思路清晰，内容丰富。2009年立志被浙大评为优秀德育教师。也是这一年，在芜湖开党史学位点会时，他去了，我和我老伴还说他胖了些。不幸，到12月25日他被查出晚期肝癌，入医院治疗。住院前，立志上了最后一堂课，说了一番感人的话，有的学生都哭了。立志住院期间，学生在网上发帖祈福，竟有两千多人回应。到医院看望立志的不仅有学校领导、老师，还有许多学生。我和我的学生们得到消息后，为帮助解决立志在经济上的困难，大家凑了些钱，并派人送去。医院虽努力救治，但终未成功，2010年5月6日立志去世。他只有四十二岁，走得太早了。可怜他的女儿李志娟上中学，爱人张娟工资不高，日后的生活困难重重，真令人担忧。2010年11月15日，我到上海开会，下火车时遂即由丁晓强开车去杭州，看望李立志爱人和女儿。王炳林在北师大跟着吴序光读完硕士学位之后就留校任教，教学效果好，研究成果也不少。1997年跟我读博后，我觉得他的理论性成果少，就让他改变了一下路子，加强理论方面的研究。他毕业论文是研究邓小平理论与中共历史学的关系，得到石仲泉等评委的称赞，誉为优

1995年，李立志考博前给我的信，放于此留个念想儿

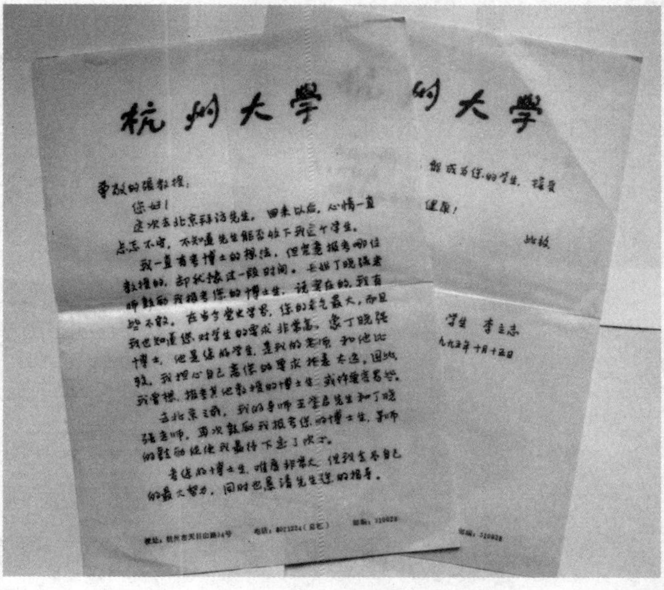
杭州大学

尊敬的张教授：

您好！

这次去北京拜访先生，回来以后，心情一直忐忑不安，不知道先生能否收下我这个学生。

我一直有考博士的想法，但究竟报考哪位教授的，却犹豫过一段时间。去年丁晓强老师鼓励我报考您的博士生，说实在的，我有些不敢。在当今党史学界，您的名气最大，而且我也知道您对学生的要求非常高。丁晓强博士，他是您的学生，是我的老师，和他比较，我担心自己离您的要求相差太远，因此，我曾想报考其他教授的博士生，或许稳当些。

去北京之前，我的导师王学启先生和丁晓强老师，再次鼓励我报考您的博士生，导师的鼓励终使我最后下定了决心。

当您的博士生，难度非常大，但我会尽自己的最大努力，同时也恳请先生您的指导。

地址：杭州市天目山路34号　电话：8071224（总机）　邮编：310028

杭州大学

能成为您的学生。祝您

健康！

此致

学生　李立志

一九九五年十月十五日

邮编：310028

秀。随后,《邓小平理论与中共党史学》出版,引起党史界和其他学科的注意,被国务院学位委员会学科组评为百篇优秀博士论文。炳林在教学方面也有建树,获得过"精品一课"等荣誉。同时,他的工作能力也很强,留校不久即到北师大党委当了宣传部副部长,后来又当了部长、党委常委,现在是党委副书记。经过多年努力,炳林不仅在党史界成为中年学者里的佼佼者,而且也得到教育系统的重用。炳林和他爱人相洋生的女儿王一培非常优秀,在北师大二附中毕业时被保送到北大,在北大毕业后准备到美国去学计算机专业。

几位访问学者都很好,肯钻研。他们回到原来学校后,在教学和科研方面分别有不同成就,职称也都解决了,有的还担任了行政工作。其中,齐卫平在学术上的成就更大些。他是从华东师大来我这里当访问学者,当时已是副教授。在我这里,他主要是研究五四时期的一些问题。回到华东师大后,除教学和培养研究外,他的研究面逐渐扩大,发表了很多篇文章,出版了专著,成果累累。卫平这个人很聪明,而且肯钻研,在学术研究上不惜力,虽然当着系主任工作很忙,只要有时间就思索问题,加上写东西快,所以研究成果不断。由于他的努力,现在成为上海党史界的领军人物,担任上海党史学会的副会长。他对我帮助很大,常让他起草文章,我们合作发表了很多篇,应该感谢他。卫平爱人徐黎敏是个文静又聪明的人,工作很好,现已退休。他们的孩子齐勐飞已长大,正在美国读书。

分阶段论

1998年到2000年,全国形势在平稳中发展。虽然发生过严重自然灾害,国际环境也有令中国人民愤怒的事件出现,但总体并未影响大局。这几年的大事主要有:第一,1998年3月5日至19日,第九届全国人大第一次会议在北京召开,会议选举江泽民为国家主席、中央军委主席,李鹏为人大常委会委员长,胡锦涛为国家副主席。根据江泽民提议,投票通过朱镕基为国务院总理。第二，1998年3月4日、4月29日，江泽民在全国政协九届一次会议上和考察北京大学工作时强调，创新是一个民族进步的灵魂，是一个民族兴旺发达的不竭动力。不创新，一个民族难以发展，难以屹立于世界民族之林。第三，中共中央发出《关于在县级以上党政领导班子、领导干部中深入开展以“讲学习、讲政治、讲正气”为主要内容的党性学风教育的意见》，要求在两年内集中时间进行“三讲”教育，并同对于干部的深入考察、考核结合起来。第四，1999年5月8日，北京时间上午10时，以美国为首的北约组织用导弹袭击中国驻南斯拉夫联盟共和国大使馆，使馆遭到严重破坏，新华社记者邵云环、《光明日报》记者许杏虎及妻子朱颖死亡，二十多人受伤。当日，中国政府发表严正声明，提出强烈抗议。10日，胡锦涛代表中共中央、中国政府和中国人民发表电视讲话 除对遇难者表示深切哀悼，对烈士家属和受伤人员表示亲切慰问外，并严厉谴责美国和北约罪行，支持和保护中国人民一切合法抗议活动。第五，同年12月19日午夜至20日凌晨，中葡两国政府举行澳门政权交接仪式。江泽民、朱镕基等参加，并由江泽民正式宣告中国政府对澳门恢复行使主权。随后，澳门行政区政府成立，行政长官何厚华等宣誓就职。第六，2000年2月21日至25日，江泽民在广东考察工作期间，完整地提出了“三个代表”重要思想：中国共产党代表着中国先进社会生产力的发展要求，代表着中国先进文化的前进方向，代表着中国最广大人民的根本利益。同年5月8日至15日，江泽民在江苏、浙江、上海考察时，进一步阐述“三个代表”重要思想，说它是立党之本、执政之基、力量之源。

全国平稳发展局势，为党史研究的健康发展提供了良好的氛围。由于1998年3月5日是周恩来百年诞辰纪念日，所以这一年中央文献研究室出版了由金冲及主编的《周恩来传1949—1976》、修订出版了《周恩来传1898—1949》。同时力平主编的《周恩来年谱（1898—1949）》的修订本也由中央文献出版社出版发行。这一年，还出版了金冲及主编的《刘少奇传》（上、下）。此外，1998年也出版了其他有关中共历史研究的著作，如刘明逵主编的《中国工人运动史》、郭德宏主编的《中国共产党风云书系》、余伯流的《井冈山革命根据地全史》、定宜庄的《中国知青史——初澜（1953—1968）》、晋夫的《"文革"前十年的中国》等。1999年10月1日是中华人民共和国建国五十周年纪念日，这一天首都在天安门广场举行庆祝大会，江泽民代表中共中央和中央政府检阅三军部队。随后的群众游行和晚间的联欢会以及次日的游园活动，几十万人沉浸在欢乐之中。因此，党史界在这一年里出版了有关研究新中国五十年历史的专著，如《辉煌50年——共和国档案》、《中华人民共和国国史丛书》、《新中国统一战线50年》、《中华人民共和国五十年回顾与思考》等。这一年，人物传记方面的书也出了不少，如任建树的《陈独秀大传》、唐纯良的《李立三全传》、朱玉的《李先念传》等。另外，还出版了其他方面的书，如高化民的《三代领导集体与统一战线》、周全华的《"文化大革命"中的教育革命》、张注洪的《国外中国近现代史研究述评》等。而这一年最重要的是由人民出版社出版了《李大钊文集》的注释本。这是我多年来提倡的，总算搞出来，很不容易。同时，河北教育出版社出版了《李大钊全集》。2000年出版的有关中共历史研究方面的书也不少，如沈庆林的《中国抗战时期的国际援助》、张树军的《延安整风实录》、廖盖隆等主编的《中华人民共和国编年史》、刘国新主编的《共和国里程碑丛书》、郭铁枪主编的《台湾中共党史、中国现代史研究述评》等。以上所述只是举例而言，实际与中共历史内容有关的出版的书、发表的文章还很多。

这三年，我只主编了两套书和一本教材。一套书名叫《图文共和国史记》，是当代中国出版社1999年出版的。这套书是由我的编外弟子蒋建农组织的，我的学生及编外弟子不少人参加了撰稿。蒋建农在中央文献研究室、《求实》等单位工作过，现又调入中央党史研究室工作。他活动能力和研究能力都很强，编写过《毛泽东著作版本编年纪事》、《毛泽东全书》等大部头的资料书，也发表过一些有见解的文章。他在中央党史研究室是做行政工作的，忙得很，暂时没时间搞业务。我当《图文共和国史记》主编，虽看过稿件清样，但主要是挂名，并没有出力。当主编，大概有三种情况：挂名、看一部分稿子、从设计全书结构到负责稿子修改再到最后定稿。有的学者拒绝当挂名主编，我并不完全拒绝，因为我有个总的原则是要支持自己学生和知根底的青年学者，因为他们需要这样的支持。当然，如果碰到有些专“跑学问”的人，是会受骗的，所以当挂名主编一定要为自己熟悉的人当。像蒋建农，我对他太了解了，自然应该支持。另一套名叫《中国共产党通志》，是1999年中央文献出版社出版的，由我的学生于风政、王玉祥操持，我只是挂个名。后一部教材是接受教育部社政司给的任务，为成人高等教育编的《毛泽东思想概论》。这部教材的框架设计很清晰，分为六章，即在说明毛泽东思想与马克思主义中国化的基础上，列出“新民主主义革命理论”、“新民主主义社会理论”、“社会主义改造理论”、“社会主义建设理论”、“毛泽东思想的精髓”，分别予以论述。总的看来，这部教材写得还是清楚的，容易被读者接受。1999年7月由高教出版社出版，2004年2月又出了修订版。另外，1999年还由武汉出版社出版了《国共关系与中国社会现代化》。在这本书的“后记”中，我说：“我主持写的这本书，纯属自投罗网。本来，王功安、毛磊二位主编的丛书中没有这个题目，是我提出应该写，结果就落在我的头上。先是由丁三青、李红写了初稿，我一看不怎么行，但也懒得改，就把它推给王、毛二位。但他们不肯让我溜号，坚持要我改，并提出修改意见。我只好找了我的学生杨世文统稿，成了现在这个样子。说实在的，这是个难题。因为一方面国共关系合作、破裂、敌对的局面变化很大、很复杂，另一方面双方所致力的社会现代化又属于完全不同的两种类型。而社会现代化的积累过程，无论选择哪种类型，即使在中国根本不可能实现的资本主义社会现代化，也都对这个过程的发展产生一定的作用。要把这种情况说清楚确实很难，所以我觉得这本书没有写好。”

这三年中，我发表文章不少，首先要说明的是我关于马克思主义在中国传播分阶段的想法。我在学习了中共十五大的文件之后，受到一些启发，随即写了《中共十五大与党史学科发展》。在文章中，我说：“党的十五大把马克思主义同中国实际相结合的过程，分为毛泽东思想、邓小平理论两个阶段，这既增加了党史研究的内容，又使原有的内容得到适当的调整。”“既然分阶段，对党史研究来说，就不仅要考虑马克思主义同中国实际相结合，即马克思主义中国化的过程，而且要考虑在此之前与马克思主义在中国发展的状况，因为党史研究的范围包括着马克思主义同中国实际结合以前的历史。对此，我以为，马克思主义在中国的发展，经历了两个大的阶段，即引进阶段、同中国实际结合阶段。后一个大阶段又分为两个阶段，即主要由毛泽东创立的以新民主主义理论为核心的毛泽东思想阶段；主要由邓小平创立的以建设有中国特色社会主义理论为核心的邓小平理论阶段。”当时，我写这段话时，确实费了点心思。我想到，这样个提法能不能被学术界接受呢？想来想去，觉得这样分是有道理的。因为马克思主义传入中国之后并不是立即就与中国实际结合起来了，且不说李大钊接受马克思主义之前学术界对马克思学说的零散介绍，就是李大钊接受马克思主义之后，虽然李大钊和其他先进分子已有应该结合的初步想法，但真正结合起来总要有个过程。所以，说马克思主义同中国实际结合起来之前，有个尚未结合的阶段是符合历史实际的，这个阶段叫什么，我觉得叫“引进阶段”比较恰当。

由于在中共十五大报告中再次强调对社会主义初级阶段的认识，并把社会主义初级阶段的特征概括为九条，不仅比中共十三大报告中多了四条，而且更明确、具体。报告中还提出什么是在社会主义初级阶段里中国特色社会主义经济、政治和文化，怎样建设这样的经济、政治和文化，较之中共十三大在认识上前进了一大步。据此，我在文章中提出，要以社会主义初级阶段具有的主要矛盾、基本特征作为社会主义时期党史研究的根据和标准。这就是要求：“对从50年代中期进入社会主义初级阶段到现在以致将来相当长的历史发展过程中的大事件和重要历史人物，用社会主义初级阶段的主要矛盾、基本特征、基本路线和纲领去衡量其地位、作用和价值。”是不是由于过去不认识，就不应该用现在认识到的程度去衡量没有认识到之前的历史呢？不对，因为社会主义初级阶段的主要矛盾、基本特征在进入社会主义初级阶段开始就客观存在着。所以，不管人们认识不认识，都要以此为衡量标准。中共十五大报告中说得好：“十一届三中全会前我们在建设社会主义中出现失败的根本原因之一，就在于提出的一些任务和政策超越了社会主义初级阶段。”其实，民主革命时期也不是一开始而是后来才认识到其性质是半殖民地半封建社会中的新民主主义革命，可我们在研究中总要以此标准去衡量中共领导提出的任务和政策。当然，社会主义初级阶段的基本路线和纲领不是早已客观存在的，而是认识到社会主义初级阶段之后由中共领导集体制定的，属于主观性的东西，只能用之于中共十一届三中全会之后。我想，以社会主义初级阶段主要矛盾、基本特征为标准研究1956年到1978年的历史，肯定会有新的进展。关于标准问题不仅我提出来，而且龚育之在生前也提出过，可至今还没有人在这方面下功夫研究出新成果。

根据中共十五大报告提出要“着眼于马克思主义理论的运用，着眼于对实际问题的理论思考”，我在文中再次强调“党史研究要重视理论的运用与思考”。这是我从20世纪80年代初一再说明的想法，因为我觉得党史界的学者中不少人忽视理论方面的学习和运用。在文中，我说：“理论指导不是空泛的，而是具体的，不是挂名的，而是实在的。它不仅在史料搜集、整理、使用方面起作用，更重要的是在研究范围、角度、层次以及观点、立论、分析等方面起作用。”文中还根据中共十五大贯穿的解放思想、实事求是总的精神，提出“解放思想、实事求是精神，是党史学科繁荣发展的根本”。

随后，我又写了《关于马克思主义在中国发展阶段的思考》，对两个大阶段和第二个大阶段中的两个阶段作了一些分析。其中，关于毛泽东思想部分涉及马克思主义中国化问题，我在过去认识的基础上又进一步提出：马克思主义中国化“就是马克思主义同中国实际相结合的理论体系”。它要求：“第一，立足于中国实际。不能机械地照搬马克思主义的个别词句、个别结论和外国经验，而应该运用马克思主义观点和方法具体地研究中国的历史和现状，具体地分析和解决中国的实际问题。第二，体现民族特性。应该使马克思主义在中国获得民族的表现形式，同中国优秀的民族文化相结合，具有中国风格和中国气派。第三，有新的理论创造。不能停留在马克思主义现成结论上，而应该不断总结实际工作中的经验，使之理论化，从而得出在马克思主义书本上没有的新结论、新观点。第四，由于马克思主义总是随着时代的变化而发展，所以，同时代特征相结合就成为马克思主义中国化的题中之意。”在分析了不同阶段的内容之后，我在文中提出：“既然分阶段，那就不仅要研究毛泽东思想是何时形成的，怎样发展的，而且要研究毛泽东思想这个阶段是何时结束的，在什么条件下结束；要研究在这个阶段结束之前有没有停滞的小阶段；要研究毛泽东思想阶段和邓小平理论阶段之间是完全相接的，还是中间有空白阶段。”另外，文中在分析马克思主义、毛泽东思想、邓小平理论一脉相承的基础上，特别针对当时还有些人不承认邓小平理论的情况，引用了毛泽东讲过的一段话：“世界上的事情，就这样怪，碰了钉子摸摸头，但是过后又忘了。你们看，从前有些人不承认一二·九运动，不过根据‘五四’的经验，说不定哪一天，他们也将不能不承认‘一二·九’”。“因为世界是向前进的，要向后倒退是不成的”。过去有些人不承认毛泽东思想，后来都承认了，一段时间有些人不承认邓小平理论，我甚至亲耳听到一些粗鲁的话，可后来也都不得不承认了。

接下来，由于《关于马克思主义在中国发展阶段的思考》没有充分说明引进阶段的一些特点，就把自己的一些想法告诉齐卫平，要他帮我起草一篇文章专讲引进阶段。在他写的初稿基础上，我修改后以两人名义发表了《论马克思主义在中国发展的引进阶段》。文中对引进阶段作了如下叙述式的概括：“第一，它是从把马克思主义当做改造中国社会的理论介绍进来，到确定高举马克思主义旗帜的过程。”“第二，它是从初识马克思主义到掌握马克思主义基本原理的过程。”“第三，它是从初步掌握马克思主义基本原理，到试图解决中国实际问题但未能达到同中国实际相结合的过程。”在谈到引进阶段接受马克思主义的先进知识分子掌握马克思主义达到什么程度时，文中说，在十月革命前报刊已有一些对马克思主义的介绍，引进阶段的介绍并未超过前人，但他们却在以下几个方面做出了贡献：“第一，在前人鳞爪碎片介绍的基础上，集中汇成一个较完整的体系，使人们对马克思主义认识在宏观上有了整体概念。第二，从阐介体系出发，更为详细地介绍了各构成部分的观点，使人们对马克思主义内容的掌握更具体更清晰。第三，注意到阐明马克思主义各部分之间的联系，使人们对马克思主义核心思想的各个部分的认识不再是孤立的。第四，通过对反马克思主义思潮的斗争，使人们对改良主义、基尔特社会主义、无政府主义、第二国际修正主义与马克思主义的区别有了一定的认识。这说明，引进阶段中先进知识分子对马克思主义的认识，比前人跃进了一大步。”但是，在引进阶段，由于先进知识分子对马克思主义的认识是初步的，加上能够看到有关书籍不多以及在文字、词句、语言上的障碍，出现理解方面的偏差和错误，也难于避免。文中指出这方面的问题主要有三个方面：“第一，在把共产主义当作理想社会制度确定为奋斗目标时，并未真正搞清楚马克思的科学社会主义与空想社会主义的差异。”“第二，在关于社会主义涵义的认识上，对马克思主义本质精神缺乏正确领会和把握，忽视了对社会主义解放和发展生产力内容的注意。”“第三，在社会主义的模式选择上，由于厌恶资本主义的情感，对私有制的看法偏向绝对化，潜伏下机械、僵化思维定势的根苗。”

1998年到2000年，除了论述有关马克思主义在中国发展过程分阶段问题之外，发表的文章中值得说的还有另外几篇。一篇是1999年为纪念五四运动八十周年写的，题目是《“五四”与中国社会现代化》。文中就这种关系，说了七个方面，是根据我在《唯物史观与中共党史学》书中提出的观点扩充的。这七个方面是：“第一，五四运动乃至五四时期，广大群众的爱国热情达到前所未有的高度，使爱国主义精神得到升华。”这跟社会现代化有什么关系呢？一个国家要实现社会现代化，必须以民族独立为前提，而民族独立又要靠整个民族的力量凝聚在一起来争取和保卫。爱国主义有着巨大的凝聚力，是中华民族争取民族独立，实现社会现代化的重要精神支柱。”“第二，五四运动是以实现资本主义现代化为目标的旧民主主义革命和实现社会主义现代化为目标的新民主主义革命中介。”“第三，五四时期找到了指导中国实现社会现代化的新的有效的理论武器。”“第四，五四时期为领导中国实现社会现代化的政党中国共产党的诞生，做了各方面的准备。”“第五，五四时期提出的民主与科学两大口号，为中国社会现代化提供了重要的思想基础。”“第六，五四时期为中国变被动社会现代化为主动社会现代化和社会主义现代化建设培养了大批人才，特别是各个领域的带头人。”“第七，五四时期倡导的现代化意识，为中国社会现代化的实现开辟了广阔的前景。”总之，“在中国，20世纪一切具有现代化意义的事物和新的人，都自‘五四’始”。这篇文章发表后，引起学术界的关注，不仅被转载，而且还得了奖。我早先提出的观点，有人不赞成，这时又得到了支持，说明一种新的说法被共识很不容易。与这篇文章有关的是《前线》编辑刘莹对我的采访，她整理出的访问结果题目叫《继承‘五四’光荣传统全力实现中国社会现代化》。有些内容与前文差不多，不再重复，其中有一个问题值得说一下。刘莹问我有学者认为五四新文化运动全盘否定中国传统文化，对这种说法怎么看？我说：“新文化运动中确实有些人说过很激烈的话，比如钱玄同，但不是主流。”“从新文化运动的主流来看，它不是否定一切的。李大钊从来没有否定一切，陈独秀也有许多不否定一切的言论。”“‘打倒孔家店’的说法现在找不到根据，胡适只是在《吴虞文录》的序言中讲过吴虞是只手打孔家店的老英雄。”“打倒孔家店”是后人做出来的，“并不是五四时期提出的口号”。” 讲‘五四’要把所有传统的东西都抛弃，一不是事实，二从新文化运动的倡导者来看，他们接受西方学说，都是从中国传统文化的基础上去接受的，从来没有真正抛弃过传统的东西”。最近看到2010年第4期《新视野》上一篇文章，是王东、纳雪沙写的《“打倒孔家店”是五四运动的口号吗？》，我觉得很好，把事情说清楚了。

研究五四时期的历史，必须认真读当时的报刊，一要读全，二要读懂，切记不要读一些别人写的专著或文章的说法就拿来用，可能会造成人云亦云的后果。“打倒孔家店”这件事，在20世纪40年代，连很严谨的一些学者也没弄清楚，在自己文章中照抄这句话。

1999年发表的《毛泽东思想科学体系与毛泽东思想概论》和《正确理解毛泽东思想的两个问题》，2000年发表的《对“毛泽东思想概论”教材的分析和研究》和《关于高校〈毛泽东思想概论〉教材编写中的若干问题》，都是当时为高校开设毛泽东思想概论课而写的。这几篇文章的内容，是我在1992年发表的《关于“毛泽东思想概论”的若干思考》一文的展开。文中对什么是毛泽东思想、毛泽东思想科学体系和毛泽东思想研究体系的区别、毛泽东思想科学体系的核心理论和核心精神、为什么毛泽东思想科学体系中不包括错误的思想和观点、什么是毛泽东思想概论以及如何编写“毛概”教材等问题，都作了说明和分析。今天看来，道理讲得还比较充分。比如，关于为什么毛泽东思想科学体系中不包括错误思想和观点这个20世纪80年代就存在的老问题，由于我写文章时还听到青年学生中有此疑问，不得不再说一说。在文中我说要弄清楚这个问题需要从三个方面考虑：第一，要懂得“毛泽东思想是由什么样的必不可少的因素构成的”。这就是“马克思主义基本原理”、“中国实际”、“二者结合起来”三条，缺一条就不是毛泽东思想。第二，要懂得“毛泽东思想的定义已规定不包含其错误”。就是说，毛泽东思想是经过实践证明了的正确的理论原则和经验总结，显然其中不包括任何错误的东西。第三，要懂得“以毛泽东的名字命名的思想，并不是个人的思想”。就是说，它是经过实践检验的集体智慧的结晶。所以，无论是毛泽东的不正确理论、观点，还是其他领导人的不正确的思想、观点，都不能纳入到毛泽东思想之内。我自认为，这样说，还是比较清楚的。

这几年，有关李大钊研究方面发过四篇文章，即《李大钊与马克思主义旗帜在中国的树立》、《〈李大钊人格风范〉序》、《究竟是谁改的》、《关于新编〈李大钊文集〉和〈李大钊全集〉》。《李大钊与马克思主义旗帜在中国的树立》是我让朱志敏起草的，我修改后以两人名义发表。文章讲树立旗帜的问题，还是贯彻中共十五大的精神，也可以说是对“引进阶段”的进一步分析。文中说：“引进阶段最显著的成果，是马克思主义旗帜在中国的树立。所以，引进阶段也可以称作马克思主义旗帜在中国树立的阶段。”在文中，我重新强调要努力研究李大钊与同时代历史人物、历史事件以及各类团体的关系。在《关于新编〈李大钊文集〉和〈李大钊全集〉》中，说明两种版本集子的由来、特点以及对促进李大钊研究的作用。文中谈到这两本集子的问题时，我说由于我对两个集子的编辑工作很少过问，因此对于两个集子出现的问题，我是有责任的。说这话反映了我当时处境很不好办，前边已经说到过出版两个集子的原因，使我偏向谁都不好，只能采取少过问的办法。写《究竟是谁改的》这篇小文，是因为1998年我去乐亭县大黑坨村李大钊故居发现一本《东西文化及其哲学》，其中载有李大钊的《东西文明根本之异点》，上边有几处改动。该书是从李大钊学生谷云青处征集来的，谷说李大钊改的。复印下来后，我和彭明、朱成甲、吴家林、侯且岸、谢荫明一起讨论，也没弄出个结果，只好写成疑问性的文章，供研究者参考。

这几年发表的与中共历史学科建设有关的文章，是我和我的博士生张勇合写的《创新与中共党史研究》、我和我的访问学者王先俊合写的《中共党史学与20世纪》。前一篇文章，提出了“中国共产党的历史，是一部创新的历史”的命题，并以实例作了分析。在此基础上，提出要在理论和方法、研究角度、研究领域以及研究手段上创新。　文中强调：人类历史是一部不断创新的历史。“创新意味着进步，离开创新，人类社会就会停滞。从钻木取火到电脑的广泛应用，人类正是在不断创新中为自己开辟着广阔的美好的前景。”后一篇文章，在概要叙述20世纪中共历史研究成果的基础上，重新强调党史研究需要现代化、科学化和社会化。党史研究现代化指研究目的、内容、方法和手段，都要符合社会主义现代化发展方向和需求，党史研究科学化指的是研究内容要正确反映历史的真实面貌；党史研究社会化指的是要面向社会，更好地发挥党史学的社会功能，为社会服务。

这三年的学位点会议，是分别在南京、四川省都江堰、广东省顺德开的。1998年10月，在南京师范大学开的会，有北京师范大学、中国人民大学、南京大学、国防大学、电子科技大学、华东师范大学、南京师范大学。南京解放军政治学院等三十几所高等学校党史教师，共四十多人。由于这一年是导师会，主要讨论的还是研究生培养问题。这次会，我老伴与我同去，王跃特意安排她单吃，由侯且岸、齐卫平陪着。丁俊萍这一年刚毕业，王跃没有安排她陪师母，她知道后很不

1998年，在南京师范大学开学位点会合影

高兴。我这些学生挺有意思，都像孩子一样。学生与老师的感情不一般，到现在，我的学生们还都惦念着我。在外地的学生到北京，都要到家里来，也没什么事，就是看看，说会儿话。2010年夏天，我教过的老学生刘岱从天津来北京办事，特意来家里看我，还送给我一本他编的村志。当一辈子老师，总有学生想着，这也是一种生活的幸福。这次在南京市，除了参加学位点的会之外，还到南大、南京政院去讲课、座谈。在南京政院座谈中，我介绍了党史学科发展情况以及国家社科基金项目申请的问题。至于南京的名胜古迹这次就没有再去，因为以前都去过了。

1999年的党史学科学位点学生的会是在四

1999年，在都江堰学位点会主席台

川都江堰市开的，因为我的学生侯雄飞当时是市委书记，支持学术活动理所当然。20世纪90年代中期以前开这种会都要各个学校凑钱，1996年开始在同济大学开就不为钱作难了，因为各高校都开始比以前有钱了。这次在都江堰开，有侯雄飞掏钱，办得非常好。参加这次会的学生五十多人，每个学生有一个老师陪着，总共一百多人。会由都江堰市委主办，西南交通大学和电子科技大学协办。后两个学校主要是审查学生的论文，评出入会者。另外由于火车不通都江堰，参加会的人先到成都报到，再由两个学校负责把参加会的人送到都江堰市。我和老伴到成都后，住在西安交大，侯雄飞开车来接我。不巧，在路上，车被撞了一下，人虽没怎样，但书记被撞了总是个事。都

1999年，与老伴在都江堰

江堰公安局赶快来人接侯雄飞的车，然后一起到成都。把我和老伴接到，警车开道，一路畅通，再未出事。这次还真险，为了接我们，万一侯雄飞被撞伤，我太对不起他了。

学生们来参加会，不但不能收会务费，而且吃、住都要便宜。学生们到都江堰开会地点之后，由服务人员分别领去住所。进了楼，门开了，有的学生不敢进去，因为是三星级宾馆的标准间，不知要多少钱，怕花钱太多。服务人员告诉学生只要十元钱一天，吃饭不花钱，这才敢住下。学生们觉得开会的条件很好，大家很高兴。我看到学生们高兴，心里甜滋滋的。我办学位点的会，特别是学生的会，就是让我们的后代学子见见世面、锻炼能力、交点朋友，高高兴兴地参加学术会议。为了这次会，我又募捐了很多书，准备发给参加演讲比赛的学生。这些书都堆放在开会的主席台桌上，看起来很有声势。参加演讲比赛的学生都很努力，准备充分，但也有人显得比较紧张，这也难免。总之，会开得很不错。开会期间，侯雄飞还组织了一次别开生面的文艺晚会。晚会上穿插着按当地少数民族风俗娶媳妇的游戏，由两个人向不同方向拉一件东西，谁赢了就可以娶一美少女当“媳妇”。王跃挺身而出参加游戏，结果输了，“媳妇”没娶上。另外，参加会议的人集体去青城山玩。我没去，我老伴去了，我的学生保护着，半道鞋还掉了，又去捡鞋，人老了就这样。

从都江堰回到成都后，我和老伴仍住在西南交大。期间，何云庵开车送我和老伴去成都飞机厂宿舍看我姐姐和姐夫周之鸿。我姐姐结婚后就和姐夫一起去了山西，因我姐夫是民航留守人员，解放后一直在飞机制造厂工作，当时这个厂在太原，后来他们又调到成都。2009年，我姐夫去世后，我姐姐身体一直很不好，多次住院。我姐姐年轻时就爱玩，能歌善舞，演话剧、唱京戏，是个活泼开朗的人。上大学一年级时，她与一个话剧团一起演戏，这个话剧团是中共地下党的外围组织。此事反映到她上的学校，校长徐悲鸿在一次同我父亲吃饭时说，一定要让你女儿别跟这个团混在一起，会出事。不久，我姐姐就结婚了，与这个团没有联系了，不然也许成了革命者。到老了，她还在厂子里教人跳舞。我们多年未见面，到了成都当然应该去看看，与我姐姐、姐夫以及他们的孩子们一起吃个饭。说起何云庵，他并不是我的学生，但与我关系一直很好，与我的学生们，如王跃、齐卫平等关系也非常密切。他工作一直很忙，多年担任学校党委副书记职务，任劳任怨，认真负责。在繁忙的工作中也没有丢掉专业，他的《苏俄共产国际与中国革命1919—1923》专著，反映出科研能力相当强。他爱人刘湘豫也在西南交大工作。他们的孩子何慎之已长大，在成都地铁工作。

从成都，我和老伴一起由侯雄飞派的秘书陪着去了重庆的码头，然后我和老伴由丁俊萍陪着坐船顺流而下。一路之上，风景优美，到丰都县时，船停下来，天还没亮。我们随大家一起下船，往上走 因为天未亮，街上很少人，十分冷清，显得阴森森的，不愧是"阎王爷"待的地方。过一会儿天亮了，看到街上有学生上学，买早点的铺子也开了。我们去了卖票的地方，大概就是"阎王殿"，转了一会儿，也没去看"阎王"和"小鬼"待的地方，就回到了船上。人生活在社会上有很多不满意的地方，或遇到过贪官，或遇到过强盗以及一些不公平的事，就把未来的幸福寄托在死后，说"阎王爷"主持公道，把在世上做坏事的人都打下地狱，永远不能托生。这完全是那些善良的人们一种空想，其实人死后就什么也没有了。我们到长江三峡东口宜昌市下船，华中师大的郭圣福在此等候，接我们到宾馆住下。第二天，我们去参观三峡大坝，很是壮观，来往船只过闸门时的情景挺有看头。下午坐车到武汉后，先住华中师大，后住武大，主要任务是给研究生上课。

2000年党史学位点会议的教师会是在广东顺德开的，由广东省委党校主办。参加这次会的有北京师范大学、中国人民大学、中共中央党校、北京市委党校、黑龙江省委党校、东北师范大学、国防大学、南京大学、北京大学、华中师范大学、华东师范大学、扬州大学等四十几所学校的党史党建教师五十多人。我和老伴先到广州，住在广东省委党校很高的楼上，从屋内窗户往外看很开阔。住在那儿等大家一起去顺德市，没什么事，我们就去大街转，因为学校在城里，街上还挺热闹，买东西很方便，记得我们还买了点小吃食。第二天，我们和参加会的人一起到了顺德，住在市委党校。开会时，除开幕式上热闹一番之外，实质性的仍然是相互交流培养研究生经验的老话题。会议期间，省委党校组织大家去参观孙中山的家乡。参观完了，到一个步行街，在北头下车，让大家买完东西到南头上车，结果郭德宏走丢了。他下车时没听清楚，买完东西，一个人又奔了北头下车的地方，一看没车就抓瞎了，不知怎么回去。大家回到顺德之后，发现郭德宏不见了，都很着急。办会的人忙着去找，幸好很快找到了，怎么找到的已不记得，好像是打车回来的，算是有惊无险。

开完会，关志钢接我和老伴，还有王跃和我的访问学者史艺军去了深圳，住在格兰云天大酒店。王京生带他爱人和孩子一起来酒店陪我们吃饭，随后他安排我们去小梅沙住。那里是平房，院子很大，南面靠海，我老伴爱看海，每天去海边坐着。这次在深圳，我们分别到我的学生王京生、旷昕、关志钢各自家里看看，他们住的都是复式结构的房。看到我的几个学生生活得很不错，家庭和美，心里很高兴。王跃、史艺军从小梅沙就先走了，没再跟着我们。王跃挺有意思，总以大师兄自居，看我带小史一起来，就说小史太幸运了，刚来先生门下，就被带出来玩。小史也不服软，两人贫说一番，引人发笑。关志钢把我们送回广州的中途，路过珠海，坐车转了一圈，留下的印象是人少，空气好。到了广州，住在华南师大。除了在那里讲了一次课之外，由陈金龙陪着我们去了肇庆。在那里，我的老学生，当时任肇庆市文化局局长的陈文端陪我们去看了几个寺庙，又去了一个很大的公园，走了相当长的路。我老伴坐着人抬的滑竿，我一直走着，也没觉得特累，现在再走那样长的路就不行了。另外，在一个吃饭的地方，见到我1999年的访问学者黄肖芬和她爱人，没想到这是最后一次见面，过了两年她生肝癌去世了。她得病时，给我打了个电话，哭着对我说她生病了，我安慰一番。不久听到她去世的消息，我心里很难受，年纪不大，怎么一下就没有了。说起陈金龙，多年来给我留下很好的印象。他不是我的学生，毕业于湖南师大，工作在华南师大。他非常勤奋，一心投在事业上，学术研究成果很多，不仅研究中共历史，还研究孙中山，涉及面很广。金龙是个既稳重、随和而又聪明的人，学术界有很多人都愿和他交往。从肇庆，我们又回到广州，改住在广东省委党校别墅式的平房里，也很舒服。我的学生马星光陪我们去了广州市内一个很不错的公园，我们坐在那儿看地上的鸟儿，很好玩。前边提到过马星光，说她要考我的硕士但没考，再见到她时，就拿她当学生对待。马星光原来在广州中医药大学工作，后调到广东省委党校。她工作努力，教学效果很好，也有不少科研成果。她当过一段党史党建部主任，后来又当上了校委委员，并兼一所分校的党委书记。这次出去的时间比较长，回到北京都过了11月中旬。

与老伴在广州市一个公园看鸟儿

前边说到1999年编成人教育本的《毛泽东思想概论》教材的事，中间还出了点麻烦。社政司的人找人审稿，也不知道是谁，提了些没道理的意见。我心里明白，就对社政司说个别意见可以改，但整个框架没法改，可以另请高明人士来编。当时的社政司司长顾海良派副司长徐维凡到我家，还带来一瓶酒，表示仍由我主持编写，按我的意见办。这事就算定了，后来顺利出版。我真不明白，有这样一种人，总那么自以为是，别人都不对，只有他自己对。其实，地球上活着或死去的人，一辈子做事，处理各种关系，总有做对的，也有做错了的，永远做对的人是不存在的。

1999年10月，先在唐山后在北京大学举行了纪念李大钊诞辰一百一十周年全国学术讨论会。参加会的有廖盖隆、任建树、方行、王学珍、丁守和、刘桂生、贾芝、朱成甲、彭明、谭双泉、王世儒、张寄谦、王朝美、韩一德、马模贞、萧超然、吕明灼、吴家林、荣天琳、朱乔森、郝斌、古平等九十余人。由于出了注释本《李大钊文集》和《李大钊全集》，所以这次开会大家都很兴奋，觉得为进一步研究打下基础。这次会议的最后，我讲了李大钊研究中应该注意的问题，以及两个集子出来后如何进一步深化研究。同年12月，又在北京市委党校举办了陈独秀诞辰一百二十周年的学术讨论会。这次会开得也很好，大家畅所欲言。关于陈独秀，我认为他是中共历史上的一个重要人物，非常值得研究。对于评价陈独秀，现在学术界中认为他一直都不好的人已经不多了，不好说一个都没有，但总归是极少数，可也有少数人认为陈什么都好，没有任何错误。我认为，对陈独秀像对任何历史人物一样，要实事求是分析，优点就是优点，缺点就是缺点，贡献就是贡献，错误就是错误。我多次强调，研究历史人物，最忌的就是偏爱或偏恨。

这一年12月25日，张湛彬让韩钢带来一封信。信中说："韩钢去您处，托他捎去一万元，用于资助学生用。您这样关怀后学，我们理应全力支持！点点心意，有点不好意思。"我看到信很感动，湛彬不是我的学生，能够这样做真不简单。湛彬原来在中央党史研究室工作，1989年夏出了点事，本来也没什么大事，对年轻人应该宽容，但却挨了整，被迫离开中央党史研究室。他没办法，去了深圳做买卖，回到北京干书商，专出党史方面的书。他是聪明人，上进心很强，为了继续搞学术，读了博士，改学经济，最后落到国家行政学院当教授、博导，还担任经济学教研部副主任，写出了许多专著。对年轻人要帮助、要爱护，不可一棍子打死。

2000年10月去广州之前，我还到武汉大学参加了"刘少奇与中国社会主义"学术研讨会。我对刘少奇的思想一直很关注，也发表过一些文章，认为他是中共领导层中出色的理论家，对马克思主义中国化的历史进程有很大贡献，应该深入研究。至于我在会上说了什么，已经不记得了。这次会很短，开完后赶快回京，接着就与老伴一起去了广州。

这三年，我收的博士生共十名、硕士生一名、访问学者九名。1998年的博士生是程美东、张勇，访问学者是郐凤琳、唐朝晖、王先俊。1999年的博士生是师吉金、吴汉全、杨帆、周志强，访问学者是余三乐、丁如剑、张为波、黄肖芬。2000年的硕士生是马荣久，博士生是李颖、石国亮、韩保卫、袁金辉，访问学者是史艺军、刘华清。张勇是中南财经政法大学毛磊的硕士生，人很精明，

2000年，开会前在贵宾室

是个研究学术的材料，有发展前途。在我这儿读博期间，大概是三年级上学期，他的做买卖的同学拉他去公司干事，这样就打乱了他从教的想法。毕业时，他让我出主意，是从商还是从教。我说这要看你自己选择，觉得做什么好，愿意做什么，就干什么。结果，他选择从商，我表示支持。之后，一直到现在，虽然中间有一些变化，但始终都没有离开商界。他总想自己干，2010年上半年他来我家，这个愿望尚未能实现。但到10月，他终于与朋友合伙一起干。在广州康妮雅商贸发展有限公司里不仅有张勇的股份，而且由他担任总经理，说明他有管理能力。他的小日子也过得很不错，爱人夏莹在家看着小儿子瀚哲，女儿伊睿上小学，真是非常幸福。与张勇同年入学的程美东，原是陕西师范大学张广信的硕士，毕业那年考我的博士没考上，分配到北京工作。到1999年又考才考上。作为在职生跟我读了三年。他人很聪明，性格活泼，好交朋友，在学术上也肯于下功夫钻研，出版过一些专著，如《现代化之路》等，在党史学界有一定地位。近年，他从中国政法大学调到北京大学马克思主义学院工作。美东的爱人靳建芳也常与美东一起来我家，我和我老伴跟她很熟。每次他们来都带着小女儿程小东，现在孩子已经长大，在上中学。这一年来做访问学者的王先俊，是安徽师大教党史的副教授。访学期间，他连续在《中共党史研究》、《党的文献》上发表文章，确有水平。当时，我知道他的小儿子很喜好军舰之类的东西，我就把军事院校送来的一个军舰模型让他带回家给他儿子。王先俊回学校后升为教授，做学校的教务工作，后来当了副校长。先俊干了几年副校长之后，近期又调到皖南医学院当党委书记。他开始不想去，后来组织上说去了还可以在安师大做教学工作才答应接新的职务。其实，到医学院当领导认识许多医生，对先俊和他爱人曾小莉、孩子王亚玄都有好处。

1999年入学的师吉金，原在北师大政治学与国际关系学院读过硕士，毕业后在渤海大学工作，后又跟我读博士。他是个老实人，做事很踏实，肯于动脑子钻研，不偷懒。现在也是教授、硕士生导师，辽宁省思想政治理论课学科带头人。他发表过很多文章，出版过几部专著，如《马克思主义中国化科学体系研究》等。他很不幸，已经上了小学六年级的儿子突然因低血糖过世。有一年暑假，他儿子上的小学要学生在楼道里值班，孩子很认真，值班中间，老师指使孩子外出买东西，为了快点回来，就跑着去，天很热，孩子出大汗，结果站在楼道中就昏倒了，别人发现后已经晚了。就这样，挺大的一个儿子没了，吉金夫妇伤心至极。那时吉金还没毕业，他爱人就来北京不肯回去见到自己的住房。后来，他们想调动工作，离开熟悉的环境，但未能办成。幸好，随着时间的推移，两人情绪稳定了，又生了一个儿子，已经上小学了，这也是在生活上的安慰。人活一辈子，什么伤心的事情都可能碰上，只能面对现实，继续活下去。与师吉金一起入学的吴汉全，是我早已认识的年轻人。他发表过不少研究李大钊的文章，参加过李大钊的学术讨论会，我就与他认识了。考上博士后，我对他说，你研究李大钊已经很多年，可以继续研究，不过一定要有新意，要提高理论水平，改变研究思路，拓展研究领域，在研究深度上下功夫。这样，经过商量，决定做李大钊与中国现代学术方面的研究。他很刻苦，肯于钻研，写出来的毕业论文确有一定水平，经过答辩会，根据评委们的意见，修改成专著《李大钊与中国现代学术》，由河北教育出版社出版，在学界产生很大影响。他毕业后回到徐州师范大学任教，虽继续发表文章、出版专著，也升了教授，但一直受人排挤，弄得心情很不好。前些年，他一直想离开徐州师大，最后调到南京审计学院，既做教学工作，又做行政工作，总算是有了个稳定的没人欺负的工作，心情大大舒畅。近年来，又有许多研究成果，如《中国马克思主义学术史概论》、《李大钊与中国社会现代化新道路》等。汉全爱人王中平在南京审计学院研究生处工作，他们的孩子吴志伟正在读高中。杨帆、周志强都是很老实的人，做事非常认真，学习也非常努力刻苦。毕业后，杨帆去外交学院，在那里教书至今。他有个美好的小家庭，爱人张雯梦，孩子杨小凡。他们的宝贝还小，只有六岁，仍在幼儿园，2012年暑假后应该上小学了。原来在辽宁师大工作的周志强毕业后去了北师大珠海分校，已是教授。周志强除教书外，先做教务工作，后又当招办主任，在科研方面主要探讨农业问题，著有《中国共产党与中国农业发展道路》。周志强总想让我去珠海转转，有一天喝醉了酒，打电话给我，说了一番醉话，中心意思只有一个，就是叫我一定去珠海。弄得我心里发酸，我的学生喝醉了还想着我。周志强的爱人叫陈京平，他们爱情的结晶周荦大学毕业后已工作。

这一年的访问学者余三乐在北京市委党校国际合作交流部工作，除处理日常事务之外，对利玛窦很有研究。因为利玛窦的墓在市委党校院内，常有国内外各方面人士来参观，这项接待工作主要由余三乐负责。开始时只是一般介绍利玛窦的情况，日子长了，他就钻进去，成为研究利玛窦的专家。他出版过《徐光启与利玛窦》、《从利玛窦到汤若望——晚明的耶稣会传教士》等专著，发表过《论利玛窦对中西文化交流的贡献及其历史地位》、《北京应设利玛窦博物馆》等三十余篇文章，并获得过北京市哲学社会科学优秀成果奖和意大利政府"总统仁惠之星"二级勋章。利玛窦是意大利人，生于1552年。1582年来华，先在澳门后在肇庆传播天主教，经多次周折，才于1601年初入住北京，1605年年中，利玛窦在顺承门即今之宣武门附近买到一处大宅，修建礼拜堂。这样，天主教才在中国站住脚，打开正式传教的局面。利玛窦来中国的目的除传教外，还要为他的国家了解中国的情况。为此他努力学习中文，了解中国民俗，以传播西方科学技术为手段接近中国官员和知识阶层。这样，也就产生了客观效果，促进了中西科学文化的交流。利玛窦介绍和翻译了当时西方科学技术在数学、天文学、地理学等方面的成果，多次办展览并送给官员、学者西洋纸、西洋画、地球仪、三棱镜、千里镜等物件，这些都是中国人尚不了解的内容和实物。利玛窦在中西科学文化交流方面所起的桥梁作用，自然应该载入史册。余三乐对利玛窦的研究并向国内外参观者讲解，对加强当前中外文化交流很有好处。余三乐已退休，但还常去党校国际合作交流部，有时来了参观者赶上部里无人接待，他仍像以往在职时一样负责接待，这种精神值得赞扬。

2000年入学的李颖，原是国防大学肖甡的硕士生，毕业后分到中央党史研究室第一研究部工作，主要研究中共早期历史、共产国际和中国革命关系问题。我和李颖在她入学前就认识，多次开会碰到，知道她很勤奋，对研究问题有浓厚兴趣。入学后，我希望她能重点研究陈独秀，并发挥她原来特别熟悉的研究共产国际的基础知识，这样就确定毕业论文题目为陈独秀与共产国际。经过努力，她不仅在俄国发现了陈独秀在共产国际的讲话，而且在许多关键问题上都提出自己的见解，在答辩时得到石仲泉、郭德宏、吴家林、肖甡、张树军的赞扬，评为优秀论文。李颖很不容易，上学期间生了个小宝贝，起名田礼悦。有了孩子，当然要带来很多困难。但她很坚强，在她爱人田承军和父母的帮助下，只延长了一年，就把论文完成。记得她的宝贝儿子出生不久，我和老伴还特意到她家去看孩子。学习期间，李颖什么也没耽误，不仅生了孩子，完成论文，而且还提了职称。中央党史研究室提职称很不容易，有人报几次还提不上，李颖第一次申请就通过了。记得那次评职称会上，报副研究员的有好几个，但预定的职称数不够分，只能有人评不上。李颖述职讲得非常好，评完后龚育之说他自己之前确定不了投谁赞成票，一听李颖讲，决定投她的。提了副研究员之后几年，由于她成果很多，又顺利通过了研究员。我说她，你太顺了，一定要有思想准备，不定什么时候会碰到不顺的事。果然，刚提了研究员就碰到中央党史研究室改制，变成参照公务员，虽然还评职称，只是为了对学术界。与李颖一起提职称的人都转了副局级，她仍是处级，过了四年才转为副局级巡视员。

石国亮是个活跃而又聪明的人，活动能力强，做学问很能钻研。他毕业后分到高教出版社工作，同时又跟袁贵仁做博士后。后来，他去了教育部社政司一段时间，又到中国青年政治学院教书。在那里，改了行，专门研究青年问题，到处作报告，出版了专著。从他说话的口气上，这一段工作很得意。不知为什么，突然间出了问题，在中青院无法继续待，又跑到首都师范大学教书。我劝他，无论在什么单位工作，一定要低调，省得惹麻烦。袁金辉、韩保卫毕业后，没有再搞专业，分别在国家行政学院、中共朝阳区委组织部做行政、党委工作。他们两个人做工作非常踏实，认真负责，在毕业后将近十年的工作中做出了显著的贡献，得到各自单位领导的重用。如袁金辉在国家行政学院做研究生工作期间，竟然把八年来该校未能弄到的学位授予权申请下来。这当然不是他一个人的功劳，但与他一贯工作努力分不开。他们两人各自有一个美好的家庭，保卫的爱人胡育红在中关村电子城管委会工作，孩子韩嘉澍正在读高中；金辉的爱人刘琳娜在北京教育学院当教师，他们的孩子袁浩然很小，在上幼儿园。

访问学者史艺军是辽宁师大的教授，担任政治学与行政学院院长，工作很忙，但仍很努力从事科研，发表过《李大钊与中国法制现代化》等文章，出版过《城市现代化与中国共产党执政能力建设研究》专著。艺军的女儿寇羽飞已经长大，准备在辽宁师大读书。另一个访问学者刘华清是中共湖南省委党校教授，曾担任过多年的党史部主任，现为校学术委员会委员。华清著述甚多，曾发表过一百多篇文章，出版过《走向世界新中国对外开放的历程》、《湘籍无产阶级革命家群体成长道路研究》等专著。

第八章

安度晚年

发挥余热

进入21世纪，中国社会继续向前发展。从2001年到2011年这十年中，大事很多，概括说来，有以下几个方面：第一，2001年7月1日，江泽民在庆祝中国共产党成立八十周年的大会上发表讲话，全面阐述“三个代表”重要思想的科学内涵。2011年7月1日，胡锦涛在庆祝中国共产党成立九十周年大会上发表讲话，在总结九十年历史的基础上，指出发展的成就是：“开辟了中国特色社会主义道路，形成了中国特色社会主义理论体系，确立了中国特色社会主义制度”，并重申“办好中国的事，关键在党”，为此必须“不断提高党的建设科学化水平”。第二，2002年11月8日至14日，中共十六大举行，江泽民作《全面建设小康社会，开创中国特色社会主义事业新局面》的报告。大会通过修正党章的决议，把“三个代表”重要思想确立为党的指导思想。15日，十六届一中全会选举出政治局常委，胡锦涛为总书记，江泽民为中央军委主席。随后，在第二年的人大会议上，选举胡锦涛为国家主席，江泽民为国家军委主席，吴邦国为人大常委会委员长，并决定温家宝为国务院总理。到2004年9月和2005年3月，江泽民先后辞去中共中央和国家军委主席，由胡锦涛担任。第三，2003年春，发生非典型肺炎重大疫情，在中共中央、国务院领导下，全国人民共同努力防治，到是年7月得以结束。第四，2003年8月，胡锦涛在江西视察工作时，明确使用“科学发展观”这一概念。在10月的中共十六届三中全会上通过《关于完善社会主义经济体制若干问题的决定》，提出坚持以人为本，树立全面、协调、可持续的发展观和“五个统筹”思想，明确了完善社会主义市场经济体制的目标和主要任务。胡锦涛在会上讲话，明确阐述科学发展观。第五，2004年11月7日，中共中央发出《关于在全党开展以实践“三个代表”重要思想为主要内容的保持共产党员先进性教育活动的意见》。次年1月14日，胡锦涛在中共中央举行的新时期保持共产党员先进性专题报告会上发表讲话，强调先进性是马克思主义政党的根本特征，是政党的生命所系、力量所在。保持先进性是党自身建设的根本任务。这次教育活动到2006年6月基本结束。第六，2006年10月8日至11日，中共十六届六中全会召开，通过《关于构建社会主义和谐社会若干重大问题的决定》，强调要按照民主法治、公平正义、诚信友爱、充满活力、安定有序、人与自然和谐相处的总原则，以解决人民群众最关心、最直接、最现实的利益问题为重点，着力发展社会事业、促进社会公平正义、建设和谐文化、完善社会管理、增强社会创造活力；要促进政党关系、民族关系、宗教关系、阶层关系、海内外同胞关系的和谐，巩固全国各民族人民大团结，巩固海内外中华儿女的大团结。第七，2007年10月15日至21日，中共十七大举行。胡锦涛作《高举中国特色社会主义伟大旗帜，为夺取全面建设小康社会新胜利而奋斗》的报告。大会通过修正党章决议，把科学发展观写入党章。22日，十七届一中全会选举政治局常委，胡锦涛为中央委员会总书记、军委主席。第八，2008年5月12日，四川汶川发生里氏八级地震，造成六万九千二百二十七人遇难，一万七千九百二十三人失踪。2010年4月14日，青海玉树发生里氏7.1级地震，造成二千六百九十八人遇难，二百七十人失踪。两次地震在中共中央、国务院、中央军委领导下，全国各族人民团结一致，夺取了抗震救灾斗争的重大胜利。灾后重建工作随之全面展开。第九，2008年8月8日至24日、9月6日至17日，北京成功举办第二十九届奥运会、第十三届残奥会。2010年5月1日至10月31日，上海成功举办世界博览会。2011年8月12日至23日，深圳成功举办世界大学生运动会。第十，2008年9月中旬，由美国次贷危机引发的国际金融危机爆发，中共中央、国务院决定实行积极的财政政策和适度宽松的货币政策。11月5日，国务院召开常务会议，确定进一步扩大内需促进经济平稳较快增长的十项措施，制订了两年投资四万亿元人民币的计划。第十一，2009年10月1日，首都举行庆祝中华人民共和国成立六十周年的阅兵仪式和群众游行。第十二，2011年7月1日，在人民大会堂召开庆祝中国共产党成立九十周年大会，胡锦涛讲话。他强调经过90年的奋斗、创造、积累，党和人民必须倍加珍惜、长期坚持、不断发展的成就是：开辟了中国特色社会主义道路，形成了中国特色社会主义理论体系，确立了中国特色社会主义制度。第十三，2011年10月10日，首都各界隆重纪念辛亥革命一百周年，胡锦涛发表讲话。他说："辛亥革命推翻了清王朝统治，结束了统治中国几千年的君主专制制度，传播了民主共和的理念，以巨大的震撼力和深刻的影响力推动了近代中国社会变革。虽然由于历史进程和社会条件的制约，辛亥革命没有改变旧中国半殖民地半封建社会性质，没有改变中国人民的悲惨境遇，没有完成实现民族独立、人民解放的历史任务，但它开创了完全意义上的近代民族民主革命，极大推动了中华民族的思想解放，打开了中国进步潮流的闸门，为中华民族发展进步探索了道路。"第十四，2011年10月18日，中共召开十七届六中全会，通过《中共中央关于深化文化体制改革推动社会主义文化大发展大繁荣若干重大问题的决定》。会议全面分析形势和任务，认真总结我国文化改革发展的丰富实践和宝贵经验，研究和深化文化体制改革、推动社会主义文化大发展大繁荣、进一步兴起社会主义文化建设新高潮，对夺取全面建设小康社会新胜利，开创中国特色社会主义事业新局面，实现中华民族伟大复兴具有重大而深远的意义。第十五，到2010年底，中共党员总数为八千零二十六万九千名，基层组织三百八十九万二千个，其中基层党委一十八万七千个，总支部二十四万二千个，支部三百四十六万三千个。

总之，这十年中，虽然国内多次发生重大自然灾害，世界经济危机的影响不容低估，但中国社会整体是平稳向上发展的。在这样的形势下，党史研究也取得很大成绩。概括说，有以下几个方面：

（一）基础研究得到深化。这首先体现在党史资料的大量出版上。诸多重要材料的公开披露或结集出版，给党史研究者带来了福音，为专题研究的深化创造了条件。在文献方面，如《毛泽东著作专题摘编》、《建国以来周恩来文稿》、《建国以来刘少奇文稿》、《江泽民文选》等，收录了一些尚未公开出版的领导人文稿，为深化党史人物研究提供了便利；《毛泽东思想年编（1921—1975）》、《邓小平思想年编（1975—1997）》、《邓小平年谱（1975—1997）》、《叶剑英年谱（1897—1986）》、《杨尚昆年谱（1907—1998）》等的编辑，以及《十五大以来重要文献选编》、《十六大以来重要文献选编》、《十七大以来重要文献选编》的整理，为相应的政策、思想等方面的研究提供了清晰线索。在档案方面，如《建党以来重要文献选编（1921—1949）》、《共产国际、联共（布）与中国革命档案资料丛书》（13—17卷）等。后者的出版，相当引人注目。它收录了自1931年9月至1937年7月的有关档案文件411份，绝大部分为首次发表。在史料方面，如张宪文主编的《南京大屠杀史料集》，达55卷之多，视角独特、资料翔实；《日本掠夺华北强制劳工档案史料集》、《侵华日军南京大屠杀日志》等史料的整理，为抗日战争史研究的深化进一步夯实了基础。

基础研究得到深化也体现为辅助学科的充实。如张注洪的《中国近现代史史料学述论》、周一平的《中共党史文献学》、王炳林的《邓小平理论与中共党史学》、杜玉芳的《胡乔木与中共党史研究》、王文滋的《胡绳晚年学术思想研究》等著作，都在不同方面对党史史料学、党史学史、党史研究中介理论等子系统的成熟产生了影响。

基础研究的深化还体现在一批代表性著述的面世。回顾21世纪的党史著述，许多作品都有鲜明的思想性和学术性。不能不提及的是《中国共产党历史》第一卷、第二卷的出版，此书集思广益、屡经修改，充分吸收了党史研究的新成果，对1921年至1949年、1949年至1978年的党史发展过程进行了重新审视和评判，对以往党史著作的不少结论进行了修正，实事求是色彩更为浓厚。除了这一里程碑式的党史著作，其他著述也不同程度地深化了党史基础性研究。这些著述或是为某些纪念日而作，或是老题的精耕细作，或是全新领域的开拓，都很值得关注。如《中国共产党辉煌九十年》，全景式描述了党的九十年历程，以大量史料为基础，实事求是评价了历史人物和历史事件；萧一平和郭德宏主编的《中国抗日战争全史》，全面阐述了中国共产党在抗日战争中的中流砥柱作用，又客观呈现了国民党军队在正面战场的艰苦抗战；金冲及所著《转折年代——中国的一九四七年》，以1947年的历史转折说明了人心向背的重要性；张静如和王炳林主编的《十一届三中全会以来中国共产党思想史》，系统梳理了三十年来中共思想的发展史；王树荫主编的《中国共产党思想政治教育史》、柳建辉和曹普主编的《中国共产党的执政历程》，从不同角度总结了党的历史。又如，中共历次重要会议始终是党史工作者的考察重点，对于中共一大的闭幕日期、六大的与会人数和历史功绩、七大的主要贡献、八大的民主会风和几个"悬案"、十一届三中全会与真理标准问题大讨论等，都有相关著述产生。再如，党史人物一直是党史考察中备受关注的焦点，这些年来，人们对陈独秀、李大钊、毛泽东、周恩来、刘少奇、邓小平等领袖人物的历史贡献和主要思想进一步作了归纳，如郭德宏的《陈独秀的历史地位应进一步肯定》、侯且岸的《关于"问题与主义"之公案的历史还原》等，都是较有启发性的篇章。

（二）多种角度广泛运用。21世纪以来，从社会史和现代化角度进行研究，在学术研究中兴盛一时。从社会史角度进行考察方面，一些中青年学者取得了骄人的成绩。如王义祥著《当代中国社会变迁》、张高陵著《中国共产党与中国社会工作》、高冬梅著《新中国成立初期中国共产党社会救助思想和实践研究》等，这些成果或是进行全面考察，呈现中国社会的变迁和发展；或是从某一侧面重点切入，凸显中共社会工作的实践和影响，大大拓宽了党史研究的范围。从现代化角度考察也在党史研究中得到较大范围的推广，不少学位点设立了中国共产党与中国社会现代化的研究方向，各种研究成果更是不胜枚举。如李安增著《中国共产党现代化理论研究》、孙谦著《中国现代化发展动力论》、陈勤等著《中国现代化史纲》、齐卫平著《中国共产党与文化现代化》等，都无一例外地以中国现代化的历史进程为序，描绘了中国共产党的行动和方略在此过程中的突出建树和促进作用。不仅如此，党史学界对于个案研究、实证研究的青睐也颇值得人们回味。如王友明的《解放区土地改革研究：1941—1948——以山东莒南县为个案》、王荣梅的《海淀区人民公社化运动的特点》等，使党史研究更加生动、具体。可以说党史研究中多种角度的广泛应用，极大改观了中共历史研究的现状。

（三）理论和现实结合紧密。下面一些专题的探索，都体现了研究者的时代感在增强：

1. 关于改革开放史的研究。著作方面，如汤应武撰写了《改革开放30年重大决策纪实》，柳斌杰和李东生主编了《强国之路——纪念改革开放30周年重点书系》，任贵祥撰写了《海外华侨华人与中国改革开放》等；文章方面，有沈宝祥的《真理标准问题讨论的深远意义和主要经验》、冷溶的《江泽民领导下的中国——十年回顾和新世纪展望》、孙大力的《关于新时期对外开放决策的几个特点》、杨凤城的《改革开放以来六次党代会报告关于文化建设的理论演进与创新》等。这些著述涉及了政治、经济、文化等方面，大多从纵向着眼，明晰了1978年转折的巨大意义，勾勒了中共对中国特色社会主义道路的成功探索，总结了社会主义现代化建设中的有益经验。

2. 关于马克思主义中国化的研究。21世纪以来，马克思主义中国化研究取得了突破性的成果。如著作方面，有龚育之和石仲泉主编的《马克思主义中国化研究：马克思主义中国化的历史进程与基本经验》、郑谦主编的《延伸与准备：新中国成立后马克思主义中国化的曲折发展（1949—1978）》等。文章方面，有邢贲思的《马克思主义中国化的光辉历史》、鲁振祥的《"马克思主义中国化"解读史中若干问题考察》等。这些研究对于理解马克思主义中国化不同成果之间的一脉相承，对于总结马克思主义中国化伟大历程的基本经验都很有裨益。

3. 关于"三农"问题的研究。相关著述，如王立胜著《中国农村现代化社会基础研究》、罗平汉著《中国共产党农村调查史》、张新华编《新中国探索"三农"问题的历史经验》等，都对社会主义新农村建设、对农村现代化道路的探索很有现实意义。

4. 关于香港澳门问题的研究。香港、澳门在党史研究中基本算是一个全新的领域，在香港、澳门各自回归十周年的时候，研究者就此发表了一些具有独到见解的文章。例如，齐鹏飞的《江泽民与香港回归》、宗道一的《邓小平与中英香港问题的谈判》、孙代尧的《"一国两制"之"澳门模式"刍议》等，就香港、澳门问题的解决、"一国两制"的实践、回归后的建设成就、繁荣与稳定的经验借鉴等，进行了极有现实意义的探索。

5. 关于党的先进性建设研究。以中共开展先进性建设等活动为契机，学界也掀起了研究党建的高潮。与以往相比，党建研究的力量不再主要局限在党校等部门，高校对党建的研究成果比较丰硕，如王炳林主编的《执政党建设研究丛书》等，"跟踪研究法"在其中得到了广泛应用；权威党史研究机构在党建研究中起到了引领作用，许多论述都很有深度，如石仲泉发表的《关于优秀企业主入党问题的调查》、李忠杰撰写的《加强党的执政能力建设：一个重大的课题》等文章，个中观点都可圈可点。

6. 关于和谐社会研究。这方面的著作甚多，如吴家庆著《和谐社会视域下的中国政治》，辛逸撰《中国共产党与社会主义和谐社会建设》等。关于和谐社会的论文也不少，如中国社科院课题组的《努力构建社会主义和谐社会》、李君如的《和谐社会问题研究笔记八篇》、俞可平的《和谐社会面面观》等。研究者从不同角度对中共的重要思想和战略方针进行了解读和论证，资政的学科功效演绎得淋漓尽致。

（四）党史学界内外互动增强。近十年中，党史研究成果包含了不同群体和个人的心血，多股力量的凝结，造成了党史学界内外良性互动的态势。

中共领导人的著述为党史研究贡献了重要材料。纵观十年间党史研究的进展，不难发现，许多领导人及时记录了自己从政的经历、见闻或思想。如谷牧著《谷牧回忆录》、江泽民著《论中国信息技术产业发展》、李岚清著《突围——国门初开的岁月》、李鹏著《市场与调控——李鹏经济日记》、朱镕基著《朱镕基答记者问》等。作为党和国家政治生活中的推动者，他们的一言一行都对党史进程有着莫大的影响，也因身份的特殊而对某些具体的党史过程有着更为清晰的感知，与他们行动和想法有关的文字之参考价值也就可想而知。

民间力量的重要性在党史研究中开始凸显。如胡友松口述的《我与李宗仁极不寻常的最后三年》、王文正口述的《我所亲历的胡风案：法官王文正口述》、张大中著《我经历的北平地下党》、刘小萌的《中国知青口述史》等。虽说由于主客观因素的影响，个人回忆的可信度不如文献、档案，但能在不同方面为历史的框架添加一些必要的血肉。

国外学者的成果也可以在党史研究中有所借鉴。21世纪以来，一些学者放眼世界，将许多较有影响的国外著作介绍到国内，国际交流进行得有声有色。一些国外学者的代表性著作值得一读，如石川祯浩的《中国共产党成立史》、费德林的《毛泽东与斯大林、赫鲁晓夫交往录》、库恩的《他改变了中国：江泽民传》等。非本土研究者在史料的获得方面不如中国学者，某些结论可能过于武断，但是他们的研究视野和方法也有其独特之处，只要具备批判性的眼光，这些著作仍不失其阅读价值。

对于党史学界来说，特别值得提及的大事，是中共中央发布有关党史的文件并召开了党史工作会议。2010年6月19日，中共中央印发《关于加强和改进新形势下党史工作的意见》，深刻阐述党史工作的意义，明确确定新形势下党史工作的指导思想、基本要求和主要任务，对加强党对党史工作的领导、提高党史工作科学化水平提出新要求。7月21日，中共中央召开全国党史工作会议，胡锦涛会见参加会议的全体同志，并一起照相。习近平在会上发表讲话，在阐述党史工作的意义、党史教育的作用基础上，特别强调努力提高党史工作科学化水平。他要求坚持以科学理论指导党史工作，坚持以科学方法推动党史工作，坚持以科学标准检验党史工作。据查，中国共产党成立以来，无论是新中国成立前还是新中国成立后，中共中央没有主持召开过党史工作会议。自有了中共中央党史研究室之后，多年来召开全国党史工作会议都是由中央党史研究室主持的。所以，由中共中央主持召开全国党史工作会议，是中国共产党成立以来的首次。能够开这样一次会而且还由中共中央发了文件很不容易，为此中央党史研究室做了很多工作。当然，也是国内外形势的需要。这次会议的召开，对于党史研究、教育、宣传工作有很大的推动作用。

在这次会议召开之前7月14日下午3时，我参加了在中南海的一个会议室内习近平召开的征求意见会。参加会的十几个人，除我之外，有欧阳淞、李景田、滕文生、孙英、冷溶、逄先知、魏礼群、李慎明、龙新民、梁柱、沙健孙、何毅亭、郑必坚，大家都提了些意见。我在会上根据7月11日的征求意见稿，提了六条意见，其中三条是讲摆正学科位置、增设党史专业、人才培养与对口分配问题。

这十年，在平稳向上发展的总形势下，我仍努力卖老力气从事研究，总共发表过长短文章一百几十篇。这些文章大体来说可分七类：一类是给学生或其他学者的专著写的序，以及我主编的书所写自序。在序中，我除介绍作者以及书的特点外，一般都要提出我的看法。比如，给我的学生吴汉全著《李大钊与中国现代学术》写的序就提出三条想法。第一，对李大钊的学术思想既要按不同学术领域分开去做，又要在此基础上进行综合研究。第二，从构建中国现代马克思主义学术体系来说，李大钊在各学术领域的贡献都具有开创性。但具体到各学术领域里，李大钊的贡献则有大有小，必须进行具体分析。第三，在研究李大钊对各学术领域的贡献时，也要指出其不足之处乃至个别错误观点，这才能真正具有说服力，因为任何人的观点不可能都是对的。又如，为我和王炳林主编的《十一届三中全会以来中国共产党思想史》写的序，提出什么是中共思想史的问题。我说："中国共产党思想史应该包括什么内容？我在1991年出版的由我主编的《中国共产党思想史》的导论中是这样说的：'中国共产党思想是中共中央关于中国革命和建设的指导思想。'然后，我又分析指出它包括中国共产党已经形成理论体系的正确指导思想，尚未形成理论体系的正确指导思想，'左'的和右的错误指导思想。根据这个说法，中国共产党思想史就是中共中央的指导思想史。现在看来，这样说，似乎窄了些。当然，中共中央的指导思想是中国共产党思想史的主体，这是因为它影响着全局，决定着发展方向。但是，如果仅限于考察主线，那就把事物的复杂性简单化了。中共中央的正确思想并不是凭空而来的，它一方面来自马克思主义的理论武装，另一方面来自实际的要求。这实际既包括国情、现实状况，也包括全党的思想认识。也就是说，中共中央正确指导思想的形成，不仅是用马克思主义研究国情和实际状况的结果，而且也要以全党的思想认识为基础。后者又分为两部分：一是党内诸多思想家的思想、观点、主张；一是普通党员群体的思想认识。这样，中国共产党思想史应该包括三个方面的内容：中共中央的指导思想发展的历史过程；党内思想家们的思想、观点、主张发展的历史进程；普通党员群体的思想认识发展的历史过程。"

一类是关于党史学科建设的文章。《中共历史学应提升为一级学科》、《精英史观与民众史观两个都讲全》、《个体的独特作用和群体的合力作用》、《创建共产党就是为让老百姓过好日子》、《中共历史是想方设法让老百姓过好日子的历史》、《〈中国共产党辉煌90年〉导论》、《"三个代表"

重要思想与中共党史学》、《把"三个代表"重要思想作为中共历史研究的内容》、《求真务实与中共历史研究》、《科学发展观与中共历史研究》、《中共历史研究与构建社会主义和谐社会》、《中共历史研究断想十则》、《中共历史学怎样研究文化》、《中共历史学是一门历史科学》、《中共历史研究与民俗》、《引证与注释》、《关于中共历史研究的基本知识》、《再说科学发展观与中共历史研究》、《慎用回忆录》、《改革开放与中共历史学的新发展》、《在创新中发展，在平稳中前进》等，都属于这一类。比如，《中共历史学应提升为一级学科》是根据我在习近平征求意见会上的发言稿改写的，发在2010年8月16日《北京日报》上。我在文中说："目前，在国务院学位委员会制定的学科目录中，党史是放在政治学下面的二级学科位置，这是因为在当年制定目录时，党史正作为高校政治理论课的一种，所以就把它与科学社会主义一起放在政治学下面。后来，高校政治理论课停开了党史，学科目录也未改动。如果说党史作为政治理论课的时候，放在政治学下面还说得过去，那么在不开党史课之后仍然放在政治学下面就不合适了。中共历史学就其学科性质来说不属于政治学，而属于历史学。按学科分类来说，中共历史学应该放在历史学的中国历史学下面的中国近现代史内，而且要放在中国近现代政党史下面。这样，只能排在四级学科的位置上。所以，放在历史学里也不合适，它与以执政党历史为研究对象的学科地位不相符。看来，最为合适的办法，是把中共历史学提升为一级学科。这样做，对加强中共历史学科建设十分有利。"

在党史学界，有不少学者倡导写党史应该包括民众的作用，这是很对的。与大家的倡导相呼应，我也写了《精英史观和民众史观两个都讲全》、《个体的独特作用和群体的合力作用》。文中，我明确提出，写中共历史一定要写精英，特别是中共中央领导集体和个别领导人的思想及活动要突出写。与此同时，也一定要写群众的作用，因为"中共中央领导层的一切决策，都是靠着共产党员群体和社会各领域不同群体贯彻执行，才能推动社会前进的"。研究社会群体的作用，不要去突出某个群体中个人的作用，而要强调群体的合力作用。"这种作用是在群体的相互影响、相互协调、相互支撑、相互补充也包括削减的过程中形成的，不同的群体在不同的历史阶段起着大小不同的作用。"研究群体的合力作用不是一件容易的事，不仅要以掌握大量史料为依据，而且要从多角度、多层次进行分析，然后再综合研究。"比如，某一群体的整体心理状态，该群体中个体与个体之间的关系，该群体的经济基础、政治倾向、文化素质，该群体的社会地位和任务，该群体的一般的和特殊的贡献，该群体与其他群体的关系，等等，都要认真、仔细考察。"文中，我还对如何在通史型中共历史著作中写入群体作用，提出一些办法。在我的文集的"评文纪事"中曾感慨地说："老说人民群众创造历史，怎么写古代的和现代的历史书上没有人民群众什么事呢？仆人越来越多（比'文化大革命'前多了，是好事），主人干什么去了？真是怪事。"

由于中共中央以及各省市党委都非常重视民生和社会管理问题，也由于我在2011年上学期申请下了有关民生问题的教育部重大课题，所以在组织研究队伍的同时，我在多种场合强调民生问题的重要性，并且发表了《创建共产党就是为让中国老百姓过好日子》、《中共历史是想方设法让老百姓过好日子的历史》等文章。在文章中，我说为什么1921年建立了中国共产党，因为"当时的先进知识分子深感中国老百姓过的日子很不好，所以就摸索出马克思主义这一真理，以此为指导建立共产党，想方设法救国救民，让老百姓过上无忧无虑的、舒舒服服的好日子"。老百姓的日子过得如何是历代政治局势稳定或危机的根源，一旦老百姓的日子过不下去了，别的政治势力就会借机煽动老百姓造反，危机就会出现。共产党管理的社会，道理是一样的。"文化大革命"造成的局面就很危险，幸亏中共及时纠正错误，坚持改革开放，大力发展社会生产力，想方设法让老百姓过好日子。现在虽然仍有许多问题有待解决，但整个局势是平稳的。文中强调："忘记了不断提高老百姓生活水平，就不是真正的共产党员，就不配做共产党的干部。"同时，我还在文章中指出，中共历史研究从来很少反映老百姓在革命时期局部执政地区特别是新中国成立后的生活状况，有多少提高，还存在些什么问题。即使有时反映一点，也是抽象的话，这是不应该的。既然建党的目的就是为让老百姓过好日子，为什么在我们的党史著作中只是偶尔抽象反映一下。我认为，民生问题应该是党史研究的重点，望同行们多加注意。

在《中共历史研究断想十则》、《中共历史学是一门历史科学》、《注释与引证》、《慎用回忆录》、《〈中国共产党辉煌90年〉导论》等文章中，说的都是学科建设的最基本的问题，包括学科性质、研究体系、指导理论、研究方法、写作规范等诸多方面。这些问题在20世纪80年代和90年代我多次讲到，但不断重申、强调仍很重要。比如，搞历史研究一定要依据一手材料是我多次讲过的，在上述文章中再次强调。我说："不能用二手材料是很有道理的，因为很可能出错。不要说碰到一个缺乏学术道德的人，故意删改材料，谁照抄谁会跟着犯错，就是在正常情况下，人们使用材料也可能出现漏字、错字，甚或理解错误，那么再抄者也会跟着出错。"又如，写文章要让别人看懂的道理是我多次说过的，在上述文章中再次强调。我说："写东西是为别人看的，所以写出的文字一定要让别人看得懂，否则，再好的内容也没用。当然，看懂看不懂是分层次的，给小学生看与给大学生看不一样。但即使给文化程度高的人看，也应该通俗易懂，把问题说明白，层次清楚，符合逻辑，使别人看着不费劲。"再如，搞研究要熟悉学术史，也是我常说的，上述文章中又强调。我说："为了搞好研究，研究者应该熟悉中共历史研究的学术史，也就是研究史，在历史学界称为史学史。中共历史学史是研究中共历史学发展的学问。"熟悉它的作用之一，是可以"全面继承前人的研究成果，借鉴其治学经验，循其途径尽快地使中共历史研究进入学术前沿。如果不了解前人已经做了什么，做的程度如何，有什么得，有什么失，还有什么事没有做，什么事需要改做，那么，后来的研究者就可能重复前人的劳动，原地踏步，或者该改做的也不去改做，就必然使研究难以向前发展"。

上面列举的《"三个代表"重要思想与中共历史研究》、《科学发展观与中共历史研究》等几篇文章，都是说理论怎样具体指导中共历史研究的。比如，《再说科学发展观与中共历史研究》一文，说的就是科学发展观不是只管新中国成立后的历史，民主革命的历史一样可以管。

一类是关于党建方面的文章。我本来没有研究过党建问题，2005年成立了个高校党建研究中心，随后就写了一些党建方面的文章，如《谈谈高校党建的几个理念问题》、《发挥多学科功能　创新党建理论》、《加强高等院校党的执政能力建设的方法和任务》、《保持共产党员的先进性》、《中共先进性的一点思考》、《邓小平关于高校党的建设的思想》、《论加强中国共产党的心理建设》、《编写高校中共党建史的启示》、《改革开放30年看党的建设》等。加强党的心理建设，是个新的问题，我认为它在中共党的建设中有很重要的意义。"世界上任何一个政党，都有一个心理建设问题。这是因为政党是由人组成的，不管是政党的领导层、中层或基层干部，还是一般党员群众，都有个心态是否正常的问题。如果党员个人或群体心态不正常或心理承受力差，在政党的决策中，在认识和处理问题中，在人际交往中，差错就难以避免。"文中对心理建设和思想建设的区别，对党员群体心理和个体心理特点，对如何掌握党内心理状态以及加强心理建设的方法，都作了详细的分析。但是，我认为说起来容易，做起来难，特别是对领导层个人心理了解和治疗就更难。比如，晚年毛泽东就有心理问题，可谁敢告诉他呢？谁能给他治疗呢？他连生理上的病都说不能全听医生的，更不会承认自己心理上有病。所以，对于中共领导层只能提醒他们注意自我调节心态。编写高校党建史是我提倡的，正好我的博士生周良书选毕业题，就让他下工夫弄这个题。我考虑，编写民主革命时期高校党建史应该注意以下几个方面：第一，高校是中共创建的摇篮。第二，中共创建和大革命时期，中共中央主要领导干部来源于高校。第三，大革命后期和十年内战期间，中共出现全国性错误的中央主要负责人多是有高校经历的。第四，虽然十年内战时期，高校党建一度处于停滞状态，但党的创建和大革命时期入党的很多有高校经历的党员在革命中起着重要的作用。第五，在危机关头挽救了党，挽救了红军，挽救了中国革命的遵义会议上，关键性的三位人物张闻天、王稼祥、秦邦宪，都有高校经历。第六，扭转白区工作低迷局面的一二·九运动，是以高校党的建设的发展为基础的。第七，一二·九运动前后为中国革命的各条战线准备了大量有高学历的党员干部。第八，在民主革命时期，有高学历的共产党员是宣传和坚持马克思主义，把马克思主义中国化的骨干力量。"以上诸点情况，说明民主革命时期高校中共的自身建设的重要性，它在一定程度上左右着中国共产党前进的方向。"

一类是中共历史人物研究的文章。如《读懂李大钊》、《关于〈李大钊致吴弱男〉》、《"南陈北李"开创近现代学术观》、《李大钊临刑前没有发表演说》、《论李大钊的宽容精神》、《从〈守常文集〉到〈李大钊全集〉》、《李大钊倡导的'求真态度'和'与时俱进'》、《李大钊与五四时期中国文化的前进方向》、《散论陈独秀》、《五四时期陶孟和的政治观和教育观》、《任弼时和中国革命的几个基本问题》、《毛泽东——创新精神的倡导者和实践家》、《毛泽东思想的创新之路：科学精神与现实启示》、《毛泽东思想与中国先进文化的前进方向》、《毛泽东的统筹兼顾思想》、《坚持实事求是的思想路线》、《一二·九运动与谷景生》、《严谨治学与时俱进的马克思主义学者》、《何干之对中共历史学科建设的贡献》等。其中，《从〈守常文集〉到〈李大钊全集〉》不是什么研究，只是记录了从《守常文集》到《李大钊全集》形成的过程，并把对收集和考订李大钊遗著的有功之人的名字记下，告知后来的研究者。这里也把名字再记下来，他们是：李乐光、蔡尚思、周建人、方行、袁谦、朱乔森、黄真、张仲豪、杨芹、李美瑞、李玉贞、韩一德、朱成甲、刘桂生、吴家林、朱文通、彭明、吴美华、王世儒、姚维斗、侯且岸、谭双泉、马模贞、朱志敏、吴汉全、李权兴、董宝瑞、杜全忠、刘荆山、徐兴信、何宗禹、葛辛垦、宫振兴、杜士林、刘建国、杨天石、季华、刘瑾桂、杨纪元、阎稚新、吕明灼、肖裕生、杨树升、廖英、钱自强、姜庆明、李善雨、刘民山、杜蒸民、张彦、许全兴、谢荫明、金淑琴、古平、王小梅、裴赞芬、王东宾、刘建军、高冬梅、安丽、杨琥、王宪明、尚小明、李立志、张步洲、刘苏、张惠芝、迈斯纳、后藤延子、斋藤道彦，等等。这个名单可能很不全，而且是想起谁来就写谁，也无先后。《严谨治学与时俱进的马克思主义学者》是一次怀念胡绳同志座谈会上的发言。文中，除了讲到我和胡绳认识的过程以及与他接触中的印象外，还讲到一段时间有人批判他的事。我说："读了《胡绳全书》，我认为，胡绳同志是坚信马克思主义、坚信社会主义、坚信共产主义的。这是毫不含糊的。说胡绳同志否定马克思主义，反对社会主义，我绝不相信，也绝不赞同。正如有的同志所说，经典著作也不可能句句话是经典（何况胡绳同志从未把自己的文章视为经典）。他有的文章、观点，人们完全可以不赞成，但要说其中有否定马克思主义、社会主义，鼓吹资本主义的内容，以我的水平，实在看不出来。"文章最后说："总之，坚持马克思主义，坚信社会主义，又不保守僵化，我认为这是胡绳同志在政治上、学术上的一大特色。"《一二·九运动与谷景生》是应谷景生夫人范承秀老太太之邀写的，因为她对一些党史书上，特别是中央党史研究室的《中国共产党历史》第一卷上不写一二·九运动时谷景生是中共北平临时工委书记有意见。我本来不认识谷老太太，是我的同学华海峰找我，让我帮忙写篇文章。说实在的，我没有研究过一二·九运动，写这方面文章太费事。去了两次谷老太太家，谈过后总觉得虽然费点劲，但还是帮这忙为好。文章的前边先讲了一二·九运动四个方面的意义，自认为讲得还比较全。其中一条讲到居住在国统区大城市中的老百姓对中共的公信力的增强，还引用了1937年4月的一项调查说明，这在过去是很少讲到的。另外一条讲到为抗日战争、解放战争以至新中国建设培养了大量有较高知识水平、政治水平和领导能力的干部，列举出很多人，如谷景生、彭涛、周小舟、孙世实、许立群、刘导生、蒋南翔、黄敬、林枫、姚依林、郭明秋、宋黎、李昌、孙敬文、邹鲁风、黄华、于刚、梁寒冰、聂真、徐冰、杨述、方铭等。关于谷景生，我列举了许多党史书有的提到，有的没提到，并分析了原因。没有提到的党史书，主要是因为没有看到有关材料。其实，周小舟的回忆材料说得很清楚，谷景生本人的回忆也讲得明明白白，再有，由中央组织部、中央党史研究室、中央档案馆编的《中国共产党组织史资料》第二卷所列1935年11月北平临时工委书记是谷峰，即谷景生。文中，我特别说道："中央党史研究室著的《中国共产党历史》第一卷，没有把一二·九运动中党的领导人写准确，只是他们在收集材料时没有做到位，而没有其他原因。"可是，2011年出的修订本仍未改，实在不应该。谷景生生前说得好："凡共产党人，观赏者眼中的尖顶、美花、天才、豪杰，安于成为建筑者和栽培者手中的一块石材和一撮泥土。"谷景生和所有参加一二·九运动的共产党员和非共产党员都不是为了载入史册，而是为了把"灾难的中国"变成"可爱的中国"。《关于〈李大钊致吴弱男〉》是新发现的李大钊的一封信，但信中有一些疑点需要研究，以确定这封信的真伪。把它公开发表，目的是请研究者思考。

一类是研究不同历史时期的文章，如《五四时代是创新的时代》、《深化五四时期历史研究》、《"五四"散论》、《五四时期选择马克思主义是对的》、《重读〈秦钟〉所想到的》、《重读〈新潮〉》、《读〈少年中国〉文章中精彩段落引出的想法》、《"上上之役"研究的"上上之策"》、《抗战文化与中国先进文化的前进方向》、《关于西柏坡时期的两个观点》、《"三个代表"重要思想是马克思主义方法论和世界观》、《总结过去，展望未来的精彩篇章》等。在《五四时期选择马克思主义是对的》一文中，我讲了三个方面的理由：第一，李大钊、陈独秀等先进知识分子选择马克思主义，并不妨碍别人选择别的主义。事实上，当时信仰马克思主义的是极少数，多数人信仰别的主义，尤以信仰民主主义的人为多，就是在整个民主革命时期的进步报刊上，也以民主主义的宣传为主。第二，民主主义在中国的传播早于马克思主义，它对提高人们的思想觉悟有很大作用。但是它始终没有能找到拯救中国危亡之路。而马克思主义被先进知识分子接受以后，立即提出符合中国实际的结论，使人们认识到只有推翻帝国主义和封建势力的统治，中国才能富强，人民才能解放。第三，在中国革命和建设过程中，中国共产党确实犯过不少错误，但不是因为当初选择了马克思主义，而是违背了马克思主义，违背了马克思主义与中国实际结合的原则。《关于西柏坡时期的两个观点》中，我提出的两个观点是：西柏坡时期是近代中国社会的重要转折点；探索、创新是西柏坡精神的核心。关于转折点，我说：在民主革命阶段，“曾经出现过多次转折期，但都是量变过程中的部分质变。只有到了西柏坡时期，才构成根本性质变的临界点。具体说，西柏坡时期既是被动社会现代化的终点，又是主动社会现代化的起点；既是乡村包围城市的终点，又是由乡村到城市并由城市领导乡村的起点”。

一类是研究马克思主义中国化的文章，如《关于“中国化”》、《马克思主义中国化历史进程的两大理论体系》、《关于马克思主义中国化问题的几点想法》、《马克思主义中国化与毛泽东思想》、《马克思主义中国化最新成果和毛泽东思想》、《关于马克思主义中国化研究学科建设的一点想法》等。写《关于“中国化”》一文，是因为看了一些有关马克思主义中国化的文章，总觉得“中国化”这个概念早就有，所以就查了一些史料，发现它是“五四”以来非常流行的用语。文中列举了一些实例，然后说：“在1938年10月毛泽东提出‘马克思主义中国化’之前，亦即20世纪二三十年代，‘中国化’这个词是非常流行的。不管人们从什么角度都可以随口说出来，就像今天大家常说‘以人为本’、‘和谐社会’似的。”由此可以得出这样的看法：“毛泽东提出‘马克思主义中国化’不仅是中共成立后多年探索和思考的产物，而且也是受‘五四’以来思想界、学术界引进外国学说应该‘中国化’思路影响的结果。”《关于马克思主义中国化问题的几点想法》中，提出马克思主义中国化历史进程有暂时性中断的想法。我说，龚育之生前提出马克思主义中国化历史进程中第一次飞跃到第二次飞跃之间，可以称作前者的延伸和后者的准备时期。我觉得龚的说法有道理，但细想起来，这个时期是不是出现过暂时性中断。比如，“文化大革命”十年里，按照《关于建国以来党的若干历史问题的决议》的说法，这期间党的指导思想不是毛泽东思想，当然也就不是中国化的马克思主义，它既脱离马克思主义，又脱离中国实际。"尽管在这十年中，也有一些次要论点并没有违背毛泽东思想，而占主体的指导思想却不是毛泽东思想，这就意味着马克思主义中国化历史进程中断了十年。"这种暂时中断的现象在民主革命时期也出现过，那就是土地革命战争时期"左"倾错误统治中共中央的年代。"如果这种说法能够成立，值得研究的问题很多。比如，这种中断有没有什么规律、不同阶段的暂时性中断有什么共性和各自的特点、暂时性中断期间中共中央指导理论的性质，等等。"

一类是评价当代党史学界友人的贡献，如《论龚育之对中共历史研究的贡献》、《彦奇与中国政党史研究》、《推陈出新的前进足迹》、《邵维正对中共历史的研究》、《历史与理论相结合的可喜尝试》、《彭明与五四运动史研究》等。这些文章是对健在的和已去世的老朋友们的学术评价，内容大部分是肯定，也提出一些不同看法，对已去世的朋友都表示了发自内心的怀念。

此外，还有一些文章无法归类，如《从华氏一家看革命家庭对中国革命的贡献》、《19世纪80后和90后的精英们》等。

这十年里，我还主编了一部分书。2002年，出版了《中国共产党通史》六卷本；2004年，出版了《中国现代社会史》上下册；2007年，出版了《中国共产党全国代表大会丛书》六卷本；2008年，出版了《改革开放以来中国共产党思想史》；2009年，出版了《中华人民共和国发展史》六卷本、《高校党建研究丛书》六卷本；2011年，出版了《中国共产党辉煌90年》十卷本、《中国共产党九十年历程》十卷本、《青少年学习中共党史丛书》二十册、《中国当代社会史》五卷本、《中共党史专题研究》（研究生教材）。这些书都是组织不同的研究人员、教师编写的，有的书我写了序或导论，也有的序是学生起草的、我作了一些改动。在我写的《中国共产党辉煌90年》的导论中，重申学科性质、研究体系、指导理论、研究方法，并概括这套书的编写原则、特点及不足。关于书的不足，我说："本书确有不足之处，这里不想说诸如由于众多作者分卷编写而造成的写作习惯差异之类的毛病，只想指出两个明显的缺陷：一个是前面分析过的写中共历史应该写党员群体和社会各领域不同群体的作用，但本书在这方面却极少反映和分析。当然，这不能完全怨本书作者，因为党史界对这方面研究的很不够，且收集材料有很大困难。另一个是本书对中国共产党怎样努力改善老百姓生活以及老百姓在不同历史阶段生活得到改善的实际情况，反映和分析得极少。这是不应该的。在中国，20世纪20年代组建中国共产党，就是因为当时的一部分先进知识分子深感中国老百姓过的日子太不好，所以就摸索出马克思主义这一真理，以此为指导建立了中国共产党，想方设法救国救民，让老百姓过上无忧无虑的、舒舒服服的好日子。中共建立后，无论是民主革命时期，还是社会主义时期，都一直想着这件事，让老百姓过上好日子。写中共历史理应对此浓墨反映。当然，这也不能完全怨本书作者，因为以往对民生问题认识不够，且研究成果和资料积累都较薄弱。提出这两个缺陷，希望本书作者和党史界同仁们引起注意，加强研究，以补不足。”这套书因为是我主编，所以作者的稿子我都看过，而且提出一些修改意见。但是，《中国共产党九十年历程》虽然列上我的名字叫总编审，而我却一点印象也没有到底是谁跟我说过。这书的主编是张树军和柳建辉，我问树军有这么档子事没有，他说您可能忘了，出版社确实联系过。我又问吉林人民出版社，得到的回答是跟您学生说了。此事弄得我莫名其妙，也许真是我忘了。既然中间有自己学生的事，也就不追究了。可气的是，出了书之后，出版社很多日子也不给我寄书，紧催才把书寄来，真不像话。要用名字撑门面，可连书都不主动寄，没这样办事的。当然，这部书稿我一个字也没见到过，只是见到书之后才看到。这是一部专题性的书，总的说内容比较详细，对读者会有帮助。但由于作者人数相当多，互相缺乏联系，分卷主编下的工夫不够，专题之间多次出现重复叙述，这不能不说是一种缺陷。另外，书的每卷都各有一个标题，其中第九卷标题为“初级阶段”，讲的是打倒“四人帮”之后到1995年的历史，这样标是不对的。诚然，这段时间里，中国共产党认识到社会主义只是处于初级阶段，但中国社会进入初级阶段是在1956年社会主义制度建立的时候。认识在后，客观实际在前并不奇怪。中共领导的革命是新民主主义革命，可认识到这一点是在十九年之后，总不能不承认以前不是新民主主义革命。把打倒"四人帮"到1995年标上个"初级阶段"，既给人印象1956年以后没有进入社会主义初级阶段，又给人印象1995年以后不是"初级阶段"。显然，这种标法是错误的。谁让我忘了要用我的名字，所以就没有要求看书稿，出现了这样的错误我应该自责。

由于年纪越来越老，自己写大文章已不大可能，只能写点小块的，大点的文章都是我出主意学生起草，我再作些修改。至于大部头的就完全是由我牵头，组织我的学生和编外弟子来写。当然，小块的则由自己动手写，从2006年我与《党史研究与教学》约定给我设个专栏，每篇短文约三千字之内。这样的短文已坚持至今，只要有精力，准备继续写下去。

从教五八

2011年8月22日上午，学校党委书记刘川生、副校长史培军来我家里，宣布我退休。我当即表示没意见，按学校规定教授六十一岁退休，我已七十八岁，拖了十七年就不错了，也该让位了。我说，在我还能做事的时候，该做的照样做，手中的学生继续带好，课题继续完成，学术界的事继续做，个人文章继续写。我从1953年2月7日在北师大工作至2011年8月22日退休，已经从教五十八年六个月零十五天。退休不退休对我来说，没有什么变化。除了在职时的一些岗位补贴没有了之外，我该干什么还干什么，何况少点钱不算什么，按赵本山演的小品叫"不差钱"。

到2013年1月3日，我整八十岁，所以学生们计划在2012年12月给我过生日。2003年我七十岁时就办过一次，那时正值从教五十年、入党五十年，正好三个整数。那次的会是在2月11日上下午分别开的，上午是祝我从教五十年的会，下午是祝我七十岁生日。从照片上看，参加上午会的除北师大党委书记陈文博、副书记、副校长郑师渠外，学术界有龚育之、彭明、丁守和、许征帆、张汉清、赵曜、卢先福、李传华、冷溶、张注洪、王仲青、刘桂生、马模贞、鲁振祥、黄小同、闻立树、姜华宣、王顺生、徐鸿武、陈明显、周承恩、关海庭、谢荫明、姚桓、张兆民、肖甡、李燕奇、王学敏、曲庆彪、柳建辉、荣国章、吴家林以及校内的王桧林、瞿林东、周鸿、刘志强、王章维、吴序光等五十多人。此外，学校各单位负责人以及二百多学生。会上，除学校领导表示祝贺外，龚育之、彭明、丁守和以及辽宁师大校长曲庆彪等都发言歌功颂德一番。曲庆彪不是我的学生，是郑德荣的博士。他毕业后到辽宁师大工作，当过校长，现在是党委书记。庆彪不仅工作很出色，而且抽出时间搞研究，培养硕士、博士，真不容易。庆彪与我关系很

2003年，从教五十周年座谈会

好，我这里有活动他也常来参加。他总说是我学生，2011年开会时，我宣布庆彪就是我学生。老龚、老彭、老丁都已不在世了，只好心里感谢他们。石仲泉因在外地，没参加会，他还特意发表了一篇文章祝贺。参加下午在同春园开的会都是我的学生和编外弟子共一百多人。能记得的有：王跃、姜庆明、于风政、王树荫、史艺军、朱志敏、周志强、李颖、韩钢、蒋建农、张树军、李声笑、姜秀花、张均兵、李松林、侯雄飞、王炳林、温乐群、张占斌、王先俊、高立克、吴汉全、蔡丽、谭献民、刘义生、韩昱、陈金龙、庞松、王京生、李丹阳、师吉金、阿明布和、刘诚、杨世文、杨冠琼、王学勤、夏潮、张广群、侯且岸、谢春涛、张福记、鲜于浩、薛钰、张琦、陈答才、朱赤、方增泉、何云庵、时广东、杨帆、沙友林、袁金辉、石国亮、韩保卫、孙秀民、赵朝峰、李强、王玉祥、丁俊萍、程美东、乌尼日等。下午的会很热闹，学生们纷纷上台讲话，我的在美国的大女婿杨小东和上小学的外孙女窦豆也上台说了一番。那天屋子里张灯结彩，三层高的大蛋糕摆在台子边上，很有气氛，大家都很高兴。在会上，我表示感谢大家的祝贺，并希望大家在自己的工作岗位上作出优异成绩。

特别应该感谢的是王跃，为了办好这一天的会，他特意来当访问学者，在北京的时间大约有半年多，为这一天的会做多方面准备。除了开会之外，他还组织出版了《张静如学术与教育思想研究》，分别由我的朋友和学生写了文章。当然，为了出版这本书，也得到学校和学院领导的支持。

这十年，我在市内和外地的活动逐渐减少，因为到七十岁以后，除中国李大钊研究会副会长外，国务院学位委员会学科组成员、国家社科基金评审组成员、中国中共党史学会副会长、北京中共党史学会会长、北京李大钊学社社长以及北京社科联领导职务等都陆续退下来。当然，学术性活动仍不算少，但能推就推，以减少外出。不过，带学生的事也占去不少时间，这个任务推不掉。回顾过去自己担任过的工作，还都是很认真去做，不偷懒，不受贿，在不违背原则的前提下帮助朋友，支持青年。

这十年里，我主持的学位点会一直没断，仍然是一年导师会，一年学生会。2001年10月的研究生会，在首都师大召开的，由王树荫负责组织。因为首师大领导希望教育部能来人，我就让当时的副部长袁贵仁和文科处处长孙治刚来参加开幕式，并一起照了相。由于这一年的通讯录找不到了，没法知道来了多少老师和学生。

2002年11月的导师会是在辽宁师大开的，由史艺军负责组织。参加这次会的有五十一所高校、党校、军校的七十五位教师，会上除讨论了学科建设之外，辽师大还组织大家参观了大连这座美丽的城市和开阔眼界的大海，并去了旅顺口。

2003年11月的学生会是在湖南科技大学开的，由刘建武负责组织。参加会的学生四十九人，同学生一起来的教师五十五人，总共一百零四人。

2001年，在首都师大开学位点会合影

照例从学生中选出一部分人，进行演讲比赛，评出一、二、三等奖。

2004年10月的导师会是在扬州大学开的，由刘诚负责组织。参加会的有四十九所高校、党校、军校、社科院的七十三位教师。这次会的内容除讨论学科建设方面的问题之外，增加了学术专题的研讨，同时把李忠杰找来，让他讲一讲。他们中央党史研究室没有学位点，所以对学位点的事从来不关心，也没参加过这样的会，这事我后边会讲到。扬州有个瘦西湖很好玩，会上组织去了一趟，大家都很高兴。

2005年10月学生会是在天津师大开的，由翟昌民组织。这次会我没有参加，因为那一年犯了腰椎间盘突出起不来床，这事后边还会说到。从通讯录中看到，参加这次会的学生有六十九人，随着学生来的教师有五十人。

2006年11月的导师会是在武汉理工大学开的，由邱观建负责组织。参加会的高校、党校共五十所，教师七十二位。据会议清单记载：柳建辉、杨凤城、田克勤、刘诚、丁俊萍、王章维、谭献民、史艺军、李良明、齐卫平、陈金龙、侯且岸、陈答才、徐庆朴、丁晓强以及《中共党史研究》的任贵祥都在大会上发言。

2007年11月的学生会是在北师大召开的。由于全国党史博士点增加了一些，这一年的学生会改为由每个点出一位博士生进行演讲比赛，硕士生仍以文章入会。这一年的会，没有请教育部、中宣部的人参加，除因为在北师大开不能不请师大党委书记参加之外，坐在台上的都是党史界的元老彭明、刘炼、王淇、何东。一是因为大家难得聚一聚，二是因为学生和有的老师都没见过这些爷爷、奶奶辈的元老，此举算是这次会的一个特色。参加这次的学生有六十三人，随学生来的教师有五十五人。

2008年7月的教师会是在内蒙古集宁师范学院专科学校开的，由内蒙古师范大学阿明布和负责组织。这次会所以在内蒙古开，是因为王炳林到内蒙古集宁市挂职，有许多方便之处，而许多教师又很少去过内蒙古。本来我都准备好去开会，不巧就在要去的前几天我到菜市场买东西，回来走到院子里有几个人跟我打招呼，脚下不知是什么东西绊了一下，摔了一个跟头，脸上出了血。老伴叫了120急救车，送到二炮总医院。照了个CT，没有发现骨折，只是皮肉伤，输了消炎液，下午就回到家。虽然没大事，但脸部受伤，形象不好，我决定不去内蒙古开会。参加会的教师共六十人，研讨了什么学术问题和学科建设问题，以及到什么地方参观我就不知道了。

2009年11月的学生会是在安徽师大开的，由王先俊负责组织。参加会的学生有五十二人，随着学生来的教师六十三人。王先俊当时是安徽师大的副校长，既管后勤又管教学，所以办起会一切都很方便。我虽然参加了会，但形象很不好，眼睛出了毛病，去时蒙着眼，到安

2007年，与彭明、刘炼、王淇合影

徽师大后还由王先俊陪着到校医院看了一下，把眼罩去掉，但眼睛还有些肿。由此想到，天津、内蒙古都没去了，这次又这个样子，看来是应该退下来了。当然，坚持那么多年学位点会议这个有利于党史学科建设、有利于青年学生相互交流的平台，还应该继续下云，我退下来了由谁挑头是个问题。

2010年10月的导师会是在上海华东师大开的，由齐卫平组织。这次会所以在上海开，是因为那年在上海办世博会，而老师们都想借此机会参观世博会。所以，这次导师会真来了不少人，不算华东师大的，共有一百一十三人。我在会上宣布准备成立一个组，我当顾问，坚持把学位点会继续办下去，这件事在2011年北师大的会上组成。这次会主要是讨论中共中央召开全国党史工作会议提出的问题，李忠杰传达了中央党史研究室根据全国党史工作会议精神要做的事情。我也讲了从高校的角度，应该在什么方面作努力。我的学生、华东师大党委书记张继顺在开会的头天晚上请我吃饭，在座的都是参加会的我的学生，师生欢聚一堂，很是开心。因为想看世博会，我老伴和二女儿张兰也去了上海，母女俩去了两趟世博会，还去南京路、黄浦江边游玩，很开心。

2011年6月的学生会是在北师大开的，由王炳林负责组织。这次会所以要提前到6月开，是因为要与庆祝中共诞生九十周年理论研讨会合在一起。参加这次会的学生有一百一十一人，随学生来的教师共六十四人。这次会上除了博士生进行演讲比赛、教师讨论了有关学科建设方面的问题之外，在第一天上午的大会上有几位教师就党史研究中的一些问题讲了自己的看法。另外，会上还颁发了以我的名字命名的全国党史党建优秀论文奖，关于这个奖项的由来和进行情况，后边再专门说。这次会组成了学位点会议工作组，王炳林为组长，成员有人民大学杨凤城、中央党校谢春涛、武汉大学丁俊萍、华东师大齐卫平、南京师大王跃、中央党史研究室任贵祥。

党史学位点会议开了二十多年，对党史学科的发展确实起了一定促进

2011年，看望参加北京师范大学学位点会议的学生

2011年，在北京师范大学开学位点会合影

2000年，与启功、黄祖洽、北师大党委书记陈文博、校长钟秉林合影

作用。对学生来说，这个平台的存在，在相互交流学习和研究经验、广交朋友、走入社会后相互帮助等方面，都很有好处。另外，出去走走，对青年人身心健康也有益处。对导师来说，这个平台的存在，可以交流培养学生经验，了解各自研究情况，得知上级领导部门有关信息以及党史学科建设存在的问题。一年一度，老朋友见面聊聊天，叙叙旧，也是很开心的事。新加入这个队伍的导师，借此机会，既可广交朋友，又能认识老一辈学者。

这十年里，能够记起来的事分年头写在下边：2001年9月由河北教育出版社出版了《静如文存》，分上、下两卷，共收一百零七篇文章，责任编辑是张惠芝。2006年12月由海天出版社出版了《张静如文集》四卷本，共收一百九十三篇文章，责任编辑是该社社长我的学生旷昕和年轻编辑张小娟。2009年9月，由海天出版社出版了《张静如文集》续一，共收七十九篇文章。由于旷昕已离开海天出版社，张小娟就成了责任编辑。这几次出书之后，都热闹一番，我的学生、朋友发表文章替我吹嘘，非常感谢他们。

2001年我得了个北京市师德先进个人奖，同时得这个奖的还有我们学校核科学学院的黄祖洽。改革开放以前，我这个人从未得过什么奖，改革开放后却得了不少奖。其实我也没有什么突出表现，大概是因为把奖给我这个老家伙不容易有意见，也是一种平衡的做法。

2002年9月中共中央党史研究室把十一年前出版的《中国共产党历史》上卷重新修订出版，名称改为《中国共产党历史》第一卷。我去参加座谈会，发了言，并把发言写成文章发在《中共党史研究》第6期上，题目是《成功的修订》。对于这种捧场的会，我不愿意参加，但对这本书还是比较注意的，认真看了，觉得它确实又下了很大工夫。事实上，它出版后在党史界引起学者的关注，比起十一年前那本有相当大的进步。当然，它的出版并不意味党史民主革命部分的研究可以告一段落，因为还有很多问题需要进一步研究，不可懈怠。在发言中，我顺便提出关于中国共产党历史简称的问题。我说："中国共产党历史简称'中共党史'不科学，因为简称中'中共'复原之后在全称中就多了一个'党'字"，变成了"中国共产党党史"，显然不对了。"我认为，'中国共产党历史'是学名，它应该简称为'中共历史'，至于'中共党史'可以说是俗称或口头语。所以，我建议，日常说话仍可用'中共党史'，因为已经说习惯了，很难改，在正式文字中还是用'中共历史'为好。"我的这个说法，已经有不少青年学者认同了，他们在公开发表的文章中已经用了"中共历史"字样。这种事，只能慢慢来。

同年，在当时北师大马列所的支持下，在我的学生们帮助下，建立了

"张静如党史党建优秀论文奖"。刚开始的时候，只有五十多万，挂在北师大，每两年评一次，每次评出一等奖一名，二等奖两名，三等奖三名，奖金分别为一万、五千、三千。从2003年到2011年，已评了五次。一开始，我就定下来我的学生不评。先是有个外请的评委会，除我之外，记得有彭明、石仲泉、郭德宏、王顺生、蔡长水。评了两届之后，开起评委会不是这人有事就是那人有事总不齐。后来彭明去世，有的人身体不好，干脆让师大老师弄。前两届没有评出一等奖，后三届的一等奖分别是鲁振祥、郭德宏、朱成甲。中间有捐款，总数到六十多万，到2011年，又有人捐款，总数达到一百万。由于钱多，利息就多了，所以第

2005年，"第二届张静如党史党建优秀论文奖"颁奖会

五届评出一等奖一名，二等奖三名，三等奖五名。这个奖项，在党史界至今还是唯一的。获得一等奖的三个人说过朱成甲，也提到过鲁振祥、郭德宏，但未说过他们的情况。郭德宏与我认识很久，他在中央党史研究室主持《中共党史研究》时我们经常联系，后来他到中央党校工作也时有来往，是知心的好朋友。德宏在党史界是知名学者，担任着中国现代史学会会长。他思维敏捷，好钻研问题，做学问踏实，从不说空话，研究成果有很高学术价值。他发表过近三百篇文章，如《论民众史观》等，专著也很多，如《中国近现代农民土地问题研究》、《王明传》等。德宏是山东大汉，显得人很结实，确实原来没什么大病，可是前几年出现心脏问题，需要做支架，这当然是

2006年，与郭德宏合影

个问题，但也没有什么，因为做支架人多得很。去做支架的时候却出了麻烦，把心血管中的杂质赶到肾小血管里，据说是千分之一的可能。不想他倒霉赶上了，造成肾功能衰竭，一下子人就垮下来。还好，开始不适应，现在知道如何对待，希望他尽量少做事，把身体保养好。鲁振祥从河北调到北师大历史系我们就熟悉，经常一起合作搞研究。后来他调到中央文献研究室，有一次开会我开玩笑说，多日未见，一不留神老鲁混成正局级了。振祥是个做事做学问非常认真的人，肯下工夫不惜力，善于钻研，善于发现问题。他主持的《党的文献》在学术界有很大影响，在协助龚育之主编的《马克思主义中国化研究——历史进程和基本经验》一书中起了重要作用。他自己

2007年，与鲁振祥合影

发表过很多高质量的文章，促进了党史学科的发展。振祥的身体本来还不错，只是有时大便中有血，误以为是痔疮，后来一做肠镜，发现是癌。手术动得还可以，过了一段时间发生转移，受了大罪。病中，老鲁表现很坚强，稍好还开会、写文章，但最终没有能坚持下来。2010年10月我去上海开会前，他又住院了，我去看他。走时，他老伴送我，哭着说老鲁可能不行了，我安慰了一阵。等我回来，老鲁已于10月25日去世。当时，我去了他家，同他老伴说了会儿话，安慰安慰。可惜，以后再也联系不上他老伴了，也没法再去看看。

2003年12月，石仲泉约我去安庆师范学院开"毛泽东与马克思主义在中国的发展"学术研讨会，并答应我在这次会上发第一届"张静如全国党史党建优秀论文奖"。会上的情况，我不记得了，我在会上说什么也不记得。只记得在安庆与安庆陈独秀研究会的同志一起交谈了一次，谈的内容中可能涉及唐宝林在陈研会办的内部刊物上说到我和龚育之。很巧，不久陈研会被撤掉了，唐宝林就赖上了我，硬说我坏了他的事，把陈研会弄掉。其实，前边说过，陈研会是我顶风办起来的，后转入中国文化学会，我也一直支持，怎么会把它弄掉，而且我也没有这样本事。我对他办的内部刊物有些意见，但与撤会不是一码事。老唐不仅背地说我坏话，而且或散发材料或在网上攻击我、骂我。有一次，我与龚育之一起开会，在等电梯时，老龚问我是怎么回事，我说这事跟我没关系，老唐误会了，硬说是我告的状。老龚说不能是我，我根本不会干这种事。老唐攻击我，我没理他，因为是朋友，认识多年。他是中国社科院的研究员，已退休，多年从事陈独秀研究，在陈研会工作中有很大贡献。过去我们常通电话，从他攻击我之后再未见面，也未打过电话。大概因为我没有理他，过了些日子，他大概明白了，没有再折腾。其实如果我到法院告他，他准败诉，但因为是老朋友，不能这样干。

2004年4月，成立了北京师范大学政治学与国际关系学院高校党建研究中心。为什么要成立这个中心呢？2003年12月，我摔了个跟头，把脚骨折了，躺在床上就想到，“中共党史”学位点包括党史党建两个学科，有这个点的学校，不应该只搞党史不搞党建。高校搞党建缺乏与党校搞党建的同等条件，但高校如果搞高校党建则比党校有优势。所以，我就想在北师大成立个高校党建研究中心。这个中心得到教育部、北京市委教育工委、北师大党委以及中国党建研究会的支持。中心成立会上，袁贵仁、郑科扬、卢先福、蔡长水、姚桓、宋贵伦、张文启以及师大党委书记陈文博都发言表示希望中心能不断得到发展。中心成立后，外聘了许多研究员，有蔡长水、卢先福、丁俊萍、齐卫平、王跃、王先俊、石国亮、史艺军、王树荫、陈金龙、师吉金、丁晓强、夏新等。同时，在《学校党建与思想教育》这个刊物上，开了一个“高校党建”专栏。

这年4月28日，为了纪念任弼时诞辰一百周年，中央文献研究室开了个任弼时生平和思想研讨会，我参加了，并在会上发了言。同时，应中央文献研究室之约，写了一篇文章，题目是《任弼时与中国革命的几个基本问题》，发在《党的文献》2004年第3期上。文章从“革命要以中国化的马克思主义为指导”、“革命的领导党要坚持实事求是的原则”、“革命的目的是解放和发展生产力”、“革命胜利的关键是争取中间势力”四个方面进行分析和论证，自己觉得说清楚了。

这一年的5月，在中央党校开了朱乔森的追思会。乔森去世后，他的夫人白老师和儿女整理了他的遗著，选出了一部分，编成《朱乔森文稿》。编好后白老师要我写个序，然后由中央党校出版社于2004年4月出版。白老师来取我写的序时，我问她书出版后要不要开个会，她说这种事她不好张罗。我说，由我来办，随后与中央党校党史教研部和全国李大钊研究会一起开个会，共同商量这个事。所以，5月就开了会。参加的除我之外有朱成甲、吴家林、侯且岸、古平、王世儒、谢荫明、朱志敏、柳建辉、谢春涛，以及乔森在中央党校的朋友，当时中央党校的副校长李君如也参加了。大家纷纷发言，深切缅怀乔森的品格和生前在学术上的贡献。最后，白老师对大家发言表示感谢。

这年的8月，在上海市委党校举行了"邓小平与中国特色社会主义的由来和发展"研讨会。我参加了这个会，但不记得发过什么言。由于外孙女放暑假，所以我老伴带着她也去了。因为我开会不能陪她们，只能俩人自己出去玩，到处跑，玩得很不错。那时晓强还在上海市委党校工作，而且他家住在学校里，有他和他爱人小翁的照顾，我们过得很踏实。

这年的10月，我去李大钊家乡乐亭县参加纪念李大钊诞辰一百一十五周年学术研讨会。在会上，我照例在总结中说了今后研究要努力发掘史科，深入探讨有关问题等一些话。

不记得这一年的几月，我在中央党史研究室召开的讨论中共十六届四中全会通过的《关于加强党的执政能力建设的决定》的座谈会上，就加强党的执政能力问题发了言。这个发言发在《中共党史研究》上，接着又充实一下内容，写成《总结历史经验，加强党的执政能力建设》，登在第二年年初同心出版社出的《党的执政能力建设理论与实践》一书内。文章中说："总结历史经验，以利未来的发展，是人类在长期生活中慢慢体验出来的非常有实际意义的道理，弄清楚以往成功的经验和失败的教训，就可以在未来的发展中使成功的经验得到发扬，避免重犯错误。"随后，文章中举出中共在局部地区执政、中国古代执政、国民党执政、苏联执政等几个例子，说明总结历史经验的作用。

2005年初，在北师大开了我主编的2004年12月由湖南出版社出版的《中国现代社会史》座谈会。参加会的有石仲泉、鲁振祥、张树军、侯且岸、杨凤城、朱成甲、肖甡、姜华宣、程美东、韩钢、庞松、吴家林、杨世文、朱志敏、朱燕丽、王炳林、姜威、孙秀民、赵朝峰等。《光明日报》作了报道，郭德宏在《北京日报》发表了评论。研究社会史需要下很大工夫，查阅很多史料。在这方面，本书下的工夫还很不够。像刘明逵主编的《中国工人阶级和中国工人运动》这部大型资料书就没有用上；李文海主编的《民国时期社会调查丛编》这部资料书也没有用上。可见，这方面的研究，还有很多事情要做。

这年6月，北师大要宣传校训，希望我写篇文章。我遂即写出《努力实践"学为人师，行为世范"》，发在6月8日《光明日报》上。没想到，6月30日晨，题写校训的启功因病去世。学校里组织了连续一周的悼念活动，我也于7月4日去灵堂吊唁，并参加座谈会，发了言。当日在会上发言的，先后有童庆炳、刘伯里、黄济、黄会林、王宁、李修生、顾明远、瞿林东、郭预衡、刘家和、林崇德、周桂钿、刘仁珪。我与启功接触不多，因为不搞同一学科。但是，由于我们有点亲戚关系，所以还是有一些交往。启功是我舅丈奚啸伯的表侄，称呼我岳父关松房为三叔，看来亲戚关系还不算远。听我岳父说，启功年轻时就参加1925年由溥雪斋、溥心畬发起的"松风画社"。启功跟前辈学画非常勤奋，后来对已去世的先辈也非常怀念。有一天，他见到我说："听说三叔去世了，怎么也不告诉我一声。"我说："当时没有通知任何人。"他说："我跟三叔关系密切，应该告诉我一下。"启功这个人很诙谐，有一次在评职称会上，启功和我挨着坐，听到会上对外语要求很严，就对我说："我不会外语，教授是混的，你怎么样？"我说："跟你一样，也是混过来的。"有时别人去他家，就会看到门上贴个条："启功去八宝山了。"启功一生贡献很大，他的去世是北师大的一大损失，也是学术界的一大损失。

吊唁启功的前一天7月3日，我在中央党史研究室办的干部培训班上课。这样的培训班每年办一两次或两三次，已办了许多年，对省市党史研究室来学习的确有一定效果。我去讲过多次，每次所讲都属于中共历史研究ABC。讲课后的第二天还是第三天记不清了，我参加了中国中共党史学会的换届会。我虽下台鞠躬，但也应该露一面。龚育之、李传华也都下台了，孙英当了会长，组成新一届领导机构，王顺生当了代表高校的副会长。到2010年换届时，王炳林当了代表高校的副会长。与2005年中国中共党史学会换届的同时，北京中共党史学会也改放在北京党史研究室，我不再担任会长，改为顾问，谢荫明当了会长。

还是在这年7月里的10日至13日，我又参加了中央党史研究室主持的抗战胜利六十周年全国学术讨论会论文评审工作，鲁振祥、郭德宏、张树军、何理、盖军等也参加了。这种评审，既看选题是否符合会议要求，也要看论文水平，当然也有一定的照顾，比如不同地区。

8月，我老伴的外甥关增和他爱人小青带着孩子从美国回来。到我家来玩时，我带他们去了焦庄户看抗日战争时期的地道。这种地道在平原地带多得很，对掩护群众和革命力量、打击日本军队起了很大作用。在那里，孩子们玩得非常高兴。

这年9月10日，北师大按照中共中央要求开始进行保持共产党员先进性教育活动。为了配合这次学习，我在北师大校报上发表了《保持共产党员的先进性》。文中开头说："共产党员的先进性，是历史范畴。就是说，对共产党员的先进性要求，因时代的不同、历史阶段的不同有所不同。就眼前来说，中国正处于全面建设小康社会，加快推进社会主义现代化的新的发展阶段。在这个阶段，我以为共产党员的先进性标准应该是：以马克思主义中国化为核心，具有进取、奉献、和谐、创新、开放的现代化理念的，代表社会发展前进方向的优秀品质。"文中对这一概括，分别作了说明。另外，文中还强调进行先进性教育要分层次，对不同领域的、不同年龄的党员要结合他们的实际情况提出不同要求，不要千篇一律，不搞形式主义，努力做到实事求是。比如，有的中央机构在开始先进性教育后就给年纪大的老同志打电话说："您把身体养好就是先进了，不一定勉强来开会。"一句体贴的话，让老同志感到党的温暖。文章发表后，在北师大校园内产生了一定影响，很多同志赞同我的说法。本来还想在这次教育活动中多做点事，没想到只讲了一次关于"三个代表"重要思想就犯了腰椎病，躺在床上起不来。直到11月上旬才下了地。

11月26日、27日两天，在北师大召开了高校党建理论与实践研讨会。参加研讨会的有：渤海大学、山西师范大学、河南财经学院、武汉大学、中国人民大学、山东师范大学、中国政法大学、中国青年政治学院、华东师范大学、辽宁师范大学、首都师范大学、郑州大学、扬州大学、天津师范大学、南京师范大学、浙江林学院、北京邮电大学、郑州航空工业管理学院、湖北黄冈师范学院、洛阳师范学院、燕山大学、河南教育学院、武汉工程大学、荆州职业技术学院等高等院校的党务工作者和专家、教授。参加会议的还有中组部组织局副局长杨晋京、教育部社政司副司长徐维凡。中国青年报、中国教育报、人民出版社、党建读物出版社也派人参加。

2005年，在焦庄户抗日战争时期的地道中

会议是由北京师大高校党建研究中心、《学校党建与思想教育》杂志社共同举办的。北师大党委书记刘川生致词表示欢迎，并预祝会议开好。杨晋京、徐维凡相继就高校党建问题说了他们的一些看法。在会上，我说了三点意见：一是关于高校党建研究对象和学科性质；二是关于学科建设；三是关于存在问题。我认为，高校党建研究的对象是高校党建的历史和现实。所以，它应该包括两方面内容，一个是高校党建史，一个是高校党建理论和实践。前者是人文科学，是历史学科；后者是社会科学，是应用学科。对高校党建进行学科支持是非常必要的，因此，如何加强高校党建研究的学科建设应该认真

2005年，在高校党建理论与实践研讨会上

思考。

2006年除了前边说到的写文章和开学位点会之外，实在想不起来我还做了什么事，只好空着。2007年也想不起来做了什么事，唯一记得是这年1月中旬，北京社科联开常委会，至于会上都研究什么问题也不记得了。到2008年的上半年，由于上边要求有条件的高等院校必须成立马克思主义学院，所以北师大不得不进行实际操作。其实，早在两年前北师大就成立了马克思主义学院，但未成为实体。这一回，上边催得很紧，只好办。当时，决定向社会公开招聘。对此事我有不同意见。北师大在全国所处地位，拔尖的人才不会来，次点的北师大又看不上。出

2007年，北京社科联第四届九次常委会集体合影

了广告之后，确有人报。其中，外地一个大学的教师报名参加，正巧那个大学有我的学生，向我介绍了这位教师的情况。另外，这位教师的大学同学，也向我介绍了对他的印象。我知道了这些事，就在会上向评委们说了，当然也就没选上这位教师。公开招聘没结果，只好从校内找。最后，由现在的副校长韩震找到经济学院副院长白暴力来当马克思主义学院院长。不知道为什么，他来了之后始终没有理顺，许多教师很有意见，反映到学校领导也不知为什么拖着不解决。个别教师把情况告到中组部，才得到解决，白暴力辞职，由王炳林兼院长。王炳林很不容易，又当学校党委副书记，又当院长，忙得很。这期间曾找过熟悉的学者来当院长，但都没能弄成，直

与王树荫在一起

到2011年才从首都师大挖来王树荫当院长。树荫不是我的学生，毕业于人民大学党史系。他先是研究中共历史，后来专门研究思想政治教育史。他的研究成果甚多，如《中国共产党思想政治教育史纲1919—1949》、《中国共产党思想政治教育史纲1949—2009》。树荫与我联系密切，关系很好。他有一个和谐的家庭，爱人郑弥做医务工作，男孩王泊涵、女孩王中书，都已长大。由于无后顾之忧，树荫一心扑在工作上，希望他能把学院的工作做得出色。

这一年年初，我曾参加《中共党史研究》创刊二十年的座谈会，并发了言。在发言中，除歌功颂德一番之外，我批评了中央党史研究室和高校党史研究者联系太差的缺点。中央党史研究室多年的毛病就是只唯上唯中央文件，其实应该从实际出发，不要只是上边规定什么任务就做什么，而应该考虑怎样搞好学科建设。高校的党史研究队伍是一支不可忽视的力量，要搞好学科建设，不能丢掉高校这一块。

2009年3月中旬，我应丁俊萍之约到武汉大学参加由武大和中央党史研究室合办的"中国特色社会主义与当代中国发展论坛"。会上规定让我发言，真不记得说了什么。这次会正是武汉大学樱花盛开的季节，丁俊萍拿相机给我和我老伴照了很多相。武汉大学的前身是湖广总督张之洞于1893年创办的自强学堂，后数易校名，到1928年7月才正式定名为国立武汉大学。现在的武汉大学是2000年由武汉大学与原武汉水利电力大学、武汉测绘科技大学、湖北医科大学组建而成的。

从武汉大学回京后，参加了当代北京史研究会第三届理事会。这次会是个换届会，我原来一直是这个会的顾问，这一届继续当，好在这种闲职没什么事。参加会碰上几位老朋友，聊聊天也是好事，汪家璆、段柄仁都是多年未见了。

这年的教师节，我又得了个全国优秀教师，9月10日在北京会议中心开会，教育部和北京市委的领导要来参加，参加会的人好像有八百几十人。会前要照相，大家都到院子里按规定站好，虽为9月但太阳晒着还是挺热的，我还算有个座，大部分人都站着。左等右等头儿们也不来，我就站起来问照相的人，谁管事，大伙儿等这么半天，不像话。从队伍中出来个人，好像认识我，叫我张老师，说这就去催，结果全场鼓掌。等一会儿，头儿们来了才照了相。这回也不知得罪了谁，老头倒是什么也不怕了，如果谁因此不高兴，那也太没修养。

这年10月29日至31日，在北大举行纪念李大钊诞辰一百二十周年学术研讨会。参加这次会的除研究李大钊的学者、李大钊的家属之外，还有几位外国朋友。从会议印的名单看，他们是：日本信州大学教授后藤延子、俄罗斯国家社会政治历史档案馆副馆长瓦列里·尼古拉那维奇·舍佩廖夫、釜山大学教育学院伦理教育系教授韩兴植、牧园大学校人文大学史学科教授都重万。在31日的会上，我作了总结性的发言。会后，我把这个发言整理成一篇文章，题目是《李大钊诞辰一百二十周年纪念：可喜可贺　继续努力》，发在《北京党史》上。我发言历来没有稿子，随便说，想起来什么就说什么。可喜可贺讲了三点：一是说有青年人参加会可喜；二是说老年人仍在奋斗；三是说中年

2009年，全国优秀教师证书

学者都是骨干。继续努力也讲了三点：一是说挖掘史料；二是说提高研究质量；三是说加强国内外学术交流。最后说："以上说的基本上都是老话，缺乏新意，但有时老话也要经常说说，以提醒人们注意。"

2010年3月30日至4月1日，我参加了马克思主义理论研究和建设工程教育部第二批高校哲学社会科学重点编写教材评审工作。这次会议要评审的教材很多，有思想政治教育学原理、中国共产党思想政治教育史、中国革命史、国际政治经济学概论、国际政治学、国际组织、行政管理学、地方政府与政治、国际关系史、外交学导论、当代中国外交、社会政策概论、中国社会思想史、外国社会思想史、农

2009年，纪念李大钊诞辰120周年学术研讨会合影

村社会学、城市社会学、人类学概论、人口学概论、社会心理学概论、中国新闻传播史、西方传播学理论评析、新闻评论、新闻采访与写作、新闻编辑、广告学概论、艺术学概论、中国美术史、中国音乐史、中国戏曲史、中国电影史、中国舞蹈史，共三十二种。北师大申请了十一项，不知都谁得到。我主持的是中国革命史教材评审组，这个组里有北京大学仝华、中山大学邱捷、云南民族大学张建国。由于申请这个教材的共有二十所高校，其中我的学生六人，与我关系密切的七人，而重点大学有北大、人大、清华、师大、武大、中山、南开及中央党校。这种情况在听完各校汇报之后，使几个评委非常为难。最后采取几个学校合作的办法，记得有人大、北师大、中央党校、中大、武大，由王顺生当首席专家。

这年8月，我参加了由北京党史研究室组织的纪念中共早期组织成立九十周年学术研讨会。参加这次会的，除北京党史研究室的研究人员外，有上海市委党史研究室、中共一大会址纪念馆、湖北省委党史研究室、山东省委党史研究室、广东省委党史研究室、湖南省委党史研究室、青岛市委党史研究室、济南市委党史研究室、武汉市委党史研究室、广州市委党史研究室、甘肃省委党史研究室、西藏自治区党委党史研究室的研究人员。中央党史研究室、中央党校、北京市委党校、北京市社科联研究人员以及入选论文作者，也参加了会。在开幕式上，我讲了话，但讲什么记不清了，只记得夸了李忠杰的发言，说明他已进入角色。李忠杰本行是研究科社的，到了中央党史研究室当副主任逼他改行。隔行如隔山，当然要有个过程。我听他讲得很到位，觉得很不容易，因为讲得是中共早期组织问题，如果讲社会主义时期问题，他的老本行容易派上用场，可讲中共早期组织问题，就要下大工夫，所以就夸他，不是捧场，而是心里话。

这年11月，我参加申报教育部重大课题的答辩会。评委有李忠杰、王顺生、姚桓、刘景泉、柳建辉，参加答辩的共四家。我代表申请组先说了几句话，然后由王炳林向评委讲述我们的计划并答辩评委提出的问题。最后，我又说了几句，就算完事了。结果，我们中标了，应该感谢评委。说实在的，我只知道要申请这个关于民生问题的课题，具体都是炳林、秀民、朝峰、良书他们几个人弄的。12月6日，教育部社会科学司正式批下来。第二年上半年作了开题报告，也通过了，算是正式启动。由于准备2011年6月庆祝中国共产党成立九十周年的大型会议，上半年除个别人做了一些有关课题的工作外，整体上尚未开始。接着学校放暑假，也没法开会，到9月初，才召开了各子课题会，先由参加一个子课题的北京市委社工委书记宋贵伦讲了关于社会管理问题，说得很好、很到位，然后由我和朝峰提出下一步做法和要求。这样，课题的研究才真正开始。

这年12月上旬，我去师大珠海分校参加全国高校思想政治理论课教学方法研讨会暨高校“中国近现代史纲要”教学经验交流会。说实在的，这次去珠海并不是专为参加这个会，而是我在珠海的几个学生多次希望我去一趟。同时，我的老伴也愿意顺便到澳门、香港去看看。正好，在那里要办这样一次会，也算有个名堂。参加这次会的人还真不少，连珠海分校的老师有一百三十人，其中有不少是借机会去澳门、香港看看。会上，我随便讲了一下，也没参加研讨，就和我老伴在学生陪同下去了澳门、香港。这么多年，我没去过珠海分校，这次给我的印象是“大而无内”。所谓“无内”是建筑少，空气不错，但显得空旷；作为提高教学质量基础的科研能力整体较差。另外，我也想到，现在全国许多大学由于扩招就要扩校，城里没地方就向城外远处搬，结果造成大学生在被培养过程中脱离社会，这非常不利于学生尤其文科学生的成长。话说回来，去澳门是周志强和于风政的爱人小贾陪着。前边说过对澳门的印象，这里就不说了。由于周志强也不知道停车的地方离入境处有多远，所以就在停车的地方都下来了，然后走了很远才到入境处，总算事先托了人很快就进去了。先是坐出租车，可到了一处步行街，一步一步走了相当长的路才到吃饭的地方。这一来，我老伴本来就有毛病的腿受不了。从南方回来后，大约有半年的时间腿疼不能出门，到夏天因腰扭了买了个红外线灯，照了几天腰好了后发现腿也有好转。去澳门回珠海，休息了一天又去香港。为去香港先到深圳，市委宣传部办公室安排好了宾馆，然后由京生招待我和我老伴还有几个学生吃饭，师生在一起边吃饭边聊也是乐趣。不过在饭桌上京生好像有点拘谨，当时我想这小子在我面前还拿着劲。可到第三天送我去广州时，在宾馆中只有我和我老伴，京生又变成非常随便的样子，像个孩子，问我为什么读《新青年》时让他看上面的广告。我一想，在公开场合有秘书、有办公室工作人员在，他的地位不能太随便，这是可以理解的。第二天，京生派车由关志钢和她爱人小史陪我和我老伴去香港，走马看花总算去了一趟。第三天去广州，几个在广州的学生又聚了一次，然后回京。这一次出去时间较长，有半个多月，到家已是12月下旬。

2010年，与老伴在澳门

2011年8月之前相当忙，一是有三个博士生和一个硕士生毕业，要

给他们看毕业论文稿；二是要催促我们在头两年定下的完成"中国共产党辉煌九十年"任务的初稿，一旦来了稿就要看，提意见修改。全书十卷，每本三十万字以上到四十万字，审起来很费劲；三是为庆祝中国共产党成立九十周年接受来访，特别是采访，什么问题都有，多少要做点准备，一档子接一档子，弄得我很累，都想快点过去"七一"。可是，过了"七一"还有余波，只能继续应付。8月的一次录像，让说学习型政党问题，电视台里提的问题使我很为难，因为有些问题提得不对头。比如他们问为什么说马克思主义是最先进、最科学的理论，为什么全世界都关注马克思主义。这样提问题不对，因为只有信仰马克思主义的人才会说它是最先进、最科学的理论，至于说全世界都关注马克思主义更不对了，世界上大多数人并不关注马克思主义，而且也不关注什么别的主义，他们关注的是自己的工作和生活。真正关注马克思主义的只有两种人，一种是信仰马克思主义的人，一种是反对马克思主义的人。我这样说，访问的小伙子还不服气，说这是学者的说法。我说，是不是你

2010年，与老伴在香港

搞宣传就可以胡说。后来，我不知道这次采访用没用，不过对我来说没有关系。

这年2月20日，我参加了重庆早期共产主义组织问题研讨会。这个会是重庆党史研究室在北京召开的，由重庆市委宣传部常务副部长兼党史研究室主任周勇主持。参加会的有中央党史研究室、中央文献室、中央党校、中央档案馆、北京党史研究室的专家，以及有关报刊的负责人。参加会的还有几个老头子，除我之外，有张注洪、邵维正、朱成甲、吴家林、肖甡。会上，几个老头子先发言，讲得都很好，有肯定重庆早期共产主义组织确实存在的，也有提出疑问的。同时，大家还出主意，提出进一步深入研究的思路和方法。我对这个问题没有研究，所以在发言中主要是表示支持研究，并说这是重庆党史研究室责无旁贷的任务。关于重庆共产主义组织的档案材料只有一件，即保存在共产国际档案中的《四川省重庆共产主义组织的报告》。1958年，几份关于中共一大的俄文材料被译成中文，我是在1960年看到的，抄下来存入我管的史料柜中，但未作深入研究。"文化大革命"后，这几件材料都已公开出版，其中关于北京、广州的报告在学术界已确认是中共一大的文件，而由于中共一大没有四川方面的代表参加，所以重庆的报告就一直存疑下来。从20世纪80年代至今，党史界的一些学者以《四川省重庆共产主义组织的报告》为依据，对报告的起草人、起草该文的时间、给谁写的报告、该组织的性质、为什么该组织没有派代表参加中共一大等问题，作了有益的探索。2011年7月，在重庆又召开了会议，继续深挖有关这个组织的材料，学者们积极发表不同的观点。我没有参加这个会，只听参加会议的人说了一些情况，总的来说虽有一些新线索，但进展不太大，仍需要继续下工夫。另外，中共党史研究室对中共一大的几个俄文材料又重新译了一下，个别的地方有不准确之处，但并无大的差异。

这年5月6日，我和龙新民一起主编的《青少年学习中共党史丛书》举行了出版首发会议。这套书原来是想在我主编的一套未出版的党史专题基础上改造，但弄起来比较麻烦，只好另搭班子写。龙新民本想由中央党史研究室负责弄这套书，但在室委开会时未达成一致意见，只好仍由我主编。后来，龙新民找到教育部和团中央都表示支持，中央党史研究室主任欧阳淞也同意搞，这样就由龙新民负责弄起来。写通俗读物是件很不容易的事，经过中央党史研究室部分研究人员和北京市高校部分教师的共同努力，写出来的稿子还不错。随后又多次修改，终于成型出版。在会上，我也发了言，主要讲青少年为什么要学中共历史。这个会开完后，出了点麻烦。印这套书时用的照片中办有意见让重新报，等批下来再印耽误了很长时间。虽然拖了，总算印好出来正式发行。我跟社科联要了五箱分送给我毕业的中学、我外孙女上的初中和高中学校，受到他们的欢迎。9月1日，我的母校大同中学（二十四中）开学典礼，我去了一下，在很有气派的大操场的主席台上讲了话，见到母校的许多小同学和老师非常高兴。

这年6月30日，我到京西宾馆参加中宣部组织的庆祝中国共产党成立九十周年理论研讨会。参加会的人第二天上午要去人民大会堂听胡锦涛的报告，去的人都要穿正装，即穿西服、打领带。这对我来说是个麻烦事，因为我根本没有西服，只好不去。但我对这做法有意见，人只要穿着衣服就是文明的，为什么一定要把西服称为正装，实在没道理。不去听更好，坐在宾馆里看电视比去人民大会堂听得更清楚，也舒服。胡锦涛的报告很好，很有启发。

这年的暑假里总算事少些，开学以后，由于我主编的党史研究生的教材出来了，当然要造点影响，所以就开了个会，外边请了几个人参加。这本教材还是有一些特点的，在每个历史时期中设立了四个部分：基本线索；主要代表人物及其著述和活动；重点、疑点问题解析；拓展阅读和研究文献。研究生的学习与本科生不同，只是历史过程的描述和分析不够，需要设一些更有启发性的内容。我写了教材的前言，讲了中共党史的学科性质和研究方法，都是一些老话，并无新意。

2011年是辛亥革命一百周年，研究近代史的学者陆续在报刊上发表文章以示纪念，中央也开了会，胡锦涛讲了话。我不是研究近代史的，但总觉得应该写篇文章。我考虑研究近代史的学者的文章多是以辛亥革命为主说到中国共产党，研究党史的人则应该以中国共产党为主说到辛亥革命。随即出了个题目：中国共产党与辛亥革命，考虑了几个观点，让赵朝峰起草。到11月中旬，文章写好了，我改了几处，发给《新视野》。本来，这中间答应10月中旬去辽宁师大参加他们举行的纪念辛亥革命的会，一切都准备好，来回票也买了，而且告诉史艺军你师母爱看海，小史说住的地方就在海边。不巧，到去的头一天我老伴突然生病，当然没法去了。这事真有点对不起小史，没能给她去撑腰。

这年11月底，胡华的女婿刘涓迅来电话，说12月16日是他岳父九十周年诞辰纪念日，印了一些书，等印出来先给我送来。12月初，我接到人大党史系的通知，16日在人大开胡华的纪念会。开会前两天，胡华大女儿胡宁和刘涓迅来我家，我们一起聊了两个钟头。从他们夫妇说的事情中，我了解到很多情况。我早就主张要把胡华一生的著作整理出来，这对后学者有很大帮助。胡华去世十周年时，只印了一本量不大的文集，当时我就觉得很不够。这次知道2012年要出六卷本胡华文集，开会前已经出来的有《胡华画传》、《胡华诗抄》、《追思史学家胡华》、《革命史家胡华》。很好，这就对了。史学家遗著，传流后世，大有裨益。同时，我也了解到，出这些书很难，虽然胡华的学生们帮了些忙，但主要还是胡华后人到处拉赞助。现在出学术书很难，在市场经济条件下，在绝大部分出版社转企后，不得不只认钱不认人，畅销书赚钱，学术著作买的人少，加上网络发达，搞学术的人挣钱少，能在网上查到的不会买书。据我所知，不少出版社很有钱，还是能拿出一部分钱支持出版学术著作的，但能拉赞助就拉赞助，能挤对作者就挤对作者，以少花钱为准则。当然，出版社有出版社的难处，是不是钱多的出版社能多出点血，多支持学术著作出版，促进学术发展，功德无量。

这十年，我又招收了许多弟子，有硕士、博士、博士后，还有国内访问学者。先说硕士：2001年入学的袁红是个女孩子，非常老实，肯用功，要求上进，学习成绩优秀。她担任党支部书记，工作踏实、负责、认真。毕业后，她到潞河中学教书，由于工作努力，有水平，有成绩，提升做校办主任，并成为校领导的后备干部。她的爱人曹万涛，在医药公司工作，也是很老实的人。他们结婚后，有了小宝贝曹袁梦。先是双方父母来北京照顾小孩，但因他们长期居住武汉，对北京的生活不习惯，就把小孩带走。袁红时常想念小宝贝，又考虑孩子不能长期缺母爱，遂决定辞职回武汉。这个决定有些冒险，万一回去找不到工作又考不上博士，那麻烦可大了。嘿，袁红"运气"还不错，考华中师大过了线，虽排名稍后，总算被录取上了，而且导师是省委秘书长，毕业后找工作总会容易些。由于袁红回武汉，可小曹仍在北京工作，为了孩子夫妇两地分居。暂时还可以，希望小曹能在武汉找到工作。

2002年入学的王继凯是个男孩子，学习很努力，善于思考问题，工作能力也很强。继凯毕业时，一方面考上我的博士，一方面中央党史研究室同意要他。他问我怎么办？我说不是我不愿意录取你，但现在找工作不容易，我觉得还是先有了工作，有饭吃，再读博也不晚，去党史研究室为好。他去了之后，工作很努力，学问也有很大长进，发表过许多文章，现在正跟着石仲泉读博。2006年，他在家乡教体育的爱人邵红艳也来到北京。小邵是个长跑运动员，在省里得过奖，身体很结实，到北京后又在北师大体育系读硕士，业务有很大提高。读完硕士暂时找不到工作，先在北师大二附中当没有编制的体育教员，受到学生的欢迎。后来成为师大三附中的正式教师，接着又设法转到北师大二附中初中部三帆中学教体育。他们的孩子也早已转入北京上学，一家三口生活得很好。

2003年入学的女孩子成青是个老实人，很聪明，学习也很努力，成绩优秀。她毕业时已不好找工作，通过一定关系到怀柔区委党校教书，工作、生活都很安定。结婚后不久怀孕，正巧他爱人出国，她很想出去，但因怀孕办不成手续。一直等孩子生下来，而且稍微大些，又重新办好出国手续，辞了职，才带孩子一起去。过了些日子，她从国外给我打电话，说一切都很好，我才放心。

2004年入学的女孩子侯静聪明又活跃，报考硕士之前就打电话问毕业分配难不难，得知还可以后才报考。当时的回答并不是骗人，因为那时的工作尚不那么难找，但她没想到等毕业时，情况已发生变化。她考虑因为爱人李水金分到首师大工作，自己也只能留在北京，所以就报了暂时没有编制的中学支教工作。过了两年转为正式编制，她现在是朝阳区东方培新中学教政治课的教师。他们夫妇有个可爱的小宝贝，名叫李淼鑫，已上幼儿园，生活很美好。

2005年入学的吴自涛是个男孩子，学习很努力，读书期间就去北师大珠海分校实习，干得很不错，毕业后留在那里的保卫处，过了一段时间改做学生工作。他做事认真、负责，工作成绩还挺不错。他交了个女朋友，在北师大读博士，而自己只是硕士毕业，觉得有压力，就考中山大学的博士，本来已过线可以被取上，但"运气"不好，碰上个闹事不讲理的考生，导师陈金龙怕惹麻烦没有收，只好下次再说。听说，读博士的事已解决。

2006年入学的两人，一个男孩子李海鹏，一个女孩子纪雪艳。这两个孩子学习都很努力，毕业后经过一些曲折也找到比较稳定的工作。海鹏毕业时找了几个地方都没成功，最后落在国土资源部下边的地质研究所做办公室工作。做了一段时间总想回来再读书，我说你慢慢适应就好了。其实他的工作挺不错，只是不能再搞专业，但书并没白读，它是做好工作的基础。另外，海鹏找对象也有两三次未成，现在找到一个给出版物绘画的女朋友，叫李冰，是很阳光很聪明的女孩，目前在公安部的新星出版社工作，俩人关系挺好，希望他们喜结良缘。海鹏在校期间，经常陪我到三院看病，谢谢他对我的照顾。雪艳毕业后在济南的太平人寿山东分公司工作，不久就与丁军国结婚，2012年1月生了个宝贝，是个女孩子。

2007年入学的女孩子，叫朱晔文，小名丁丁。她是我20世纪90年代初的访问学者朱赤的女儿，小时候见到她就对她说长大了当我的研究生。当时只是随便一说，没想到会应验了。她考取后，因为杨世文与朱赤关系很好，所以朱赤就让杨世文收她，我知道后说不行，孩子小时候我就答应她了，现在必须当我的学生。晔文是聪明、活跃的孩子，喜好文艺，好像在研究生会中当文艺委员，常听她说组织一些什么文艺活动。毕业后去了英国谢菲尔德大学主攻国际政治。听她父亲朱赤和母亲石兰新说，丁丁在国外生活、学习都挺好，经常通过视频与家里联系。丁丁大了，完全可以处理好碰到的问题，难不住她。

2008年入学的范永森是个老实的男孩子，做事认真，学习也努力。快毕业时找工作费了很大劲，留北京没有可能性，幸好碰到大庆市来招聘。他报了名，被人家看上了，中间想回山东找工作，结果也没考上。我说大庆市也不错，而且人家也答应给一些优惠，还是去吧。现在永森在中共大庆市委下属的大同区委做纪检工作，由于刚去了半年，仍处于慢慢熟悉的状态。我想，他一定会把工作做得出色。永森还没有找到女朋友，别着急，总会有女孩走到他的身边。永森在校期间，接替海鹏陪我去医院的工作，谢谢他。

2009年入学的牛利坡是个老实、做事认真的男孩子，学习努力，肯钻研。他本来想提前毕业，所以二年级下学期开始找工作。先是到潞河中学面试，人家让他签约，他不想去了，后又被北师大珠海分校接收，但他妈妈说太远不让去。这样，提前毕业的事就吹了。上三年级时，先是写出毕业论文初稿，接着到处找工作，在几个地方实习后，到2011年底与北京劳动保障职业学院签了约。我觉得挺好，说是在学校党委工作，以后还可以兼点政治课。利坡尚未毕业就已被这所高职学校拉去工作，由于他工作能力强，又做事认真、努力，已成为该学院的骨干。他原来交了个女朋友，我也见过，觉得挺不错，不料想半截吹了。我劝他一定要想开，这个女孩不要你，凭你的条件不用愁，定会有女孩向你走来。

2010年和2011年入学的王洪妮、李翠都是辽师大本科毕业的女孩子，学习基础还是不错的，入学后学习都很努力。我让洪妮起草一篇文章，除了有些提法需要斟酌外，整个文章很通顺。我修改后已给了《中共党史研究》。两个人性格不同，洪妮是外向型的，用她自己的话说叫“话唠”，爱说爱笑，李翠则比较内向。她们还处于读书、研究的阶段，希望她们作出好成绩。洪妮接替利坡照顾我去医院，在这方面女孩子更细心，谢谢她。

再说博士：2001年入学的共三人：孙秀民、方增泉、彭自成。秀民在跟我学习之前从事了十余年的教学、科研、编辑以及管理工作，学科知识宽厚，基础理论扎实，有不少研究成果。我的这个学生是个沉稳的人，做事踏实、认真、责任心强，做学问也肯下工夫，不畏艰难，努力钻研。入学后，他主要研究党的建设和政治学方面的问题，所写毕业论文得到答辩委员们的好评，经过修改，出版了《中国共产党执政机制的构筑与完善》的专著。秀民毕业后留校工作，曾担任政治学与国际关系学院副院长，为学院的各项工作，特别是创收方面做出了贡献。成立马克思主义学院之后，秀民被挤掉了副院长职务。我倒觉得挺好，省出时间多搞点学问，多照顾自己的家。秀民每天开车送他爱人张丽萍到地铁站，送儿子孙睿去学校，下午再接回家，多温馨。秀民爱人在民航工作，做事认真、负责，为人善良、纯朴，勤俭持家。他们的宝贝儿子小时候好玩，现在学习很努力，2012年考大学，已被北京印刷学院录取。多年来，秀民帮我做了很多事，应该感谢他。方增泉是在职读博士学位的，在北师大校办工作。增泉做事责任心强，非常敬业，又很有能力。校办的工作很忙，入学后他挤出时间努力学习，深入钻研，成绩优秀。当时，他主要研究中国近代大学在社会现代化中的作用问题，所写论文得到答辩委员们赞扬，毕业后出版了《中国近代大学与社会现代化》的专著。增泉毕业后，又从校办转到党委宣传部当部长，工作很有成绩。他的爱人张均兵是我在2004年收取的博士生，也研究教育史方面的问题，出版了《国民政府大学训育（1927—1949年）》的专著。她毕业后在教育部考试中心工作，我觉得也挺好。他们有个女儿叫方新悦，是个美丽聪明的孩子。

每年在京学生聚会时，他们都带新悦去，所以我年年能见到她。2001年入学的另一个博士彭自成，毕业后先在北京印刷学院党委宣传部工作，后来改为北京绿色印刷包装产业技术研究院，担任印刷包装产业发展战略研究所所长。2011年他来我家时，说对这个工作很满意，能发挥作用。他爱人李育红在海淀水务局工作，由于她身体弱，所以暂时没有要孩子。

2002年入学的博士生有两个，一个是赵朝峰，一个是李强。朝峰原为曲阜师大历史系的教师，入学前就有一些研究成果，入学后主攻《灾荒史》，毕业论文是《灾荒与中国共产党救治对策》。朝峰毕业后留在北师大工作，现在是院分党委副书记，并分管院里的财务工作。王树荫来院里工作后，问我能不能把管财务的事给朝峰加上，因为给别人不放心。我说朝峰够忙的了，再加这个事负担太重。商量一番，可一时又找不到合适的人，只好先这样。我说朝峰忙，除了在分党委管学生工作及其他杂事，还因为家里也有困难。他爱人宋艳丽本来是曲阜师大历史系的副教授，朝峰留北师大后当然要想办法调到北京来。那时，正巧北京社科联还没参公，很顺利进入北京社科联工作。这工作有时忙，有时不太忙，总的来说属正常运转，照顾家没问题。可根据北京市委规定，干部都要下去挂职，轮到小宋只能服从。其实，挂职是客，也不分配具体任务，虽不忙，但每天都要去上班，这样照顾家就落在朝峰一人身上。他们的孩子赵亘还上小学，2012年才被三帆中学录取，是个很聪明的孩子，学习也挺好，但究竟是孩子，需要有人照顾，所以朝峰负担很重。不过，朝峰很要强，又有能力，任务重却安排有序，而且在专业方面也没放松，这些年发表了不少研究成果，如《论1956年苏东政局对中国政治的影响》、《解放战争时期中共灾荒救治工作述评》。朝峰帮我做了很多事，应该感谢他。李强入学后主要研究李大钊，为了完成毕业论文他下了很大工夫。李强是个老实人，做事很认真，毕业后分到市教工委，由于工作努力，有成绩，提为副处长。目前正在西城区教委挂职，有不少收获，对提高工作水平帮助很大。

2003年入学的博士生是张春丽、苑晓杰、贾江华。张春丽原来跟朱志敏读硕士，研究高一涵。党史界对这个历史人物的专门研究不多，春丽的研究引起学界的注意。硕士毕业后，她回原校工作一段又来读博士，研究新民主主义文化问题，毕业后到中国青年政治学院工作。她先在科研处，后到教研室教书，教学效果很好，很受学生欢迎。苑晓杰是辽宁师大的教师，入学后研究行政改革问题，毕业论文《经济全球化与中国行政改革》在2007年正式出版。晓杰毕业后仍回辽宁师大工作，当了一段政治与行政学院院长，现在又调到学校教务处当处长。晓杰是个既聪明又有才能的人，不但学问搞得好，而且实际工作也搞得很有成效。晓杰有个美好的家庭，爱人刘雅君，儿子苑博。贾江华是华北电力大学的教师，入学后主要研究国际问题。毕业后不久，出版了《当代中国国际战略之演变》。前几年，他被他们学院派往埃及孔子学院担任中方院长，工作了一年，很有成绩。他有一个美好的家庭，爱人李云芬，女儿贾梓瑗。

2004年入学的共五人：张均兵、傅颐、周良书、王冠中、尚九宾。傅颐是中央党史研究室的研究人员，由于工作忙，身体也不好，虽然早定下研究的问题，但一直拖下来，直到第七年才答辩毕业。她的毕业论文的题目是《20世纪60年代中国高等教育调整之研究》，得到答辩委员的肯定，评为优秀。对于傅颐来说，2011年是不错的一年，既完成学业，又评上了中央党史研究室的研究员。周良书是安徽师大的教师，为了考博坚持三年，到第三次才被录取，真不容易，说明他很有毅力。入学后，正赶上我这里成立高校党建研究中心不久，我就给他出主意，研究高校党建史。这个历史过程没人研究，出了成果就是首创，很有意义。在下工夫搜集大量史料的基础上，终于完成民主革命部分，已出了专著《中共高校党建史（1921—1949）》，社会主义时期部分也写出初稿。良书读完博士又进博士后站，出站后留在北师大，边搞研究边教课，讲课很受学生欢迎。他申请教授职称，已被通过。他爱人李燕，是北师大历史系古代史博士生，毕业后没找到工作，我收为博士后，先对付过两年再说。这期间，她怀孕生了个小宝贝，取名周启桢。经过多方努力，北京教育学院已接纳她为教师。王冠中在我们学院读完硕士以后就跟着我读博士，研究的问题偏重于政治学方面。他非常用工，肯于钻研，理论基础扎实，知识比较丰富。毕业后到首都师大政法学院工作，教政治学，有不少研究成果。他参与我主编的《中国当代社会史》、《中共党史专题研究》。冠中毕业后与李吉光结了婚，组成美好家庭，有一个可爱的宝贝，取名王家欢。冠中在校期间，常陪我去医院看病，谢谢他。尚九宾毕业后到北京教育学院社科系工作，该校职称名额少，到现在副教授职称还没有轮上。九宾是个做事认真的人，不辞辛苦，除了教公共政治理论课之外，还担任这个学院下的人文学院院长助理。他和他爱人崔琴有个小宝贝叫尚亚兰。孩子生下来总爱闹病，对父母来说是很麻烦的事，只能精心照顾，长大一些就会慢慢好起来。

2005年入学的韩强是山东省委党校校报编辑，主攻中共党建。读博期间，发表了四十多篇文章，出版了专著，在党建界有一定名气，得到一些老学者的肯定。毕业后，他仍回原校，教授职称也解决了。他一直想到北京工作，本来可以留在北师大，可当时客观条件难以办到，只好先回山东。回去以后还出了趟国，并下去挂职一段时间，这些经历都是有用的，也增长了知识。经过努力，加上韩昱、王学勤的帮助，他终于到北京联合大学当了社科部主任，学校给了房，爱人张玉香也借调到人民银行总行，女儿韩帅上了北京八十中，一切顺利。韩强的科研能力和工作能力都很强，要不怎么叫"强"呢？他调来，对联合大学很有好处。与韩强一起入学的朱家梅，是中央财经大学的教政治理论课的教师。她入学后不久就怀孕了，不敢对我说。其实，这有什么呢。她年纪大了，以前没怀上，现在怀上了是好事。先把孩子生下来，再完成学业，心里更踏实。我知道后告诉她，好好保养，平平安安把孩子生下来。他爱人汪永宏，在此期间一直照顾她，使她安心生下一个宝贝，取名汪鑫。孩子生下来后，家梅一边照顾孩子，一边收集资料准备完成论文。她研究胡乔木，是个比较难的事，下了不少工夫，总算完成了，有一定质量。

2006年入学的共三人：冯留建、马长虹、李向勇。从河南商丘师范学院考来的冯留建入学后专门研究公民问题，下了很大工夫，论文通过后不久即出版了专著。为了能从商丘走出来，博士毕业后又进了博士后站，经过努力，终于调入了北师大。不过，他爱人班红娟调入的事尚未解决，好在他们的女儿冯亚楠已长大，在华东师大读书，不然孩子小就麻烦了。马长虹是人民出版社的编辑，已工作多年。入学后，小马专门研究五四时期的历史，下的工夫不小，写出了较有质量的论文。毕业后，他一边编书，一边研究，发表了一些文章，其中《从细节读真切的历史》受到学术界的重视。他和他爱人王静的孩子马天授还小，家务事比较多，两人忙完外边又忙家里，虽说很劳累，也是乐趣，这就是生活。李向勇原来在北师大珠海分校工作，为了读博，辞了职，这是个冒险行为，因为毕业后再找工作很难。入学后，学习非常努力，主攻高校党建史，但与周良书不同，是从横向角度研究。毕业后，工作确实难找，幸亏他的硕士导师丁俊萍帮忙，去了武汉大学。同时，他爱人王小静也从北师大历史系毕业，在找不到工作的情况下跟向勇一起去武大，进了博士后站。到武汉后一段时间工作已找到，但由于怀孕生了宝宝李明哲，暂时还不能接工作，2012年上班大概没问题。

2007年入学的有三人：秦宏伟、李林、欧阳奇。秦宏伟是深圳核电站的干部，基础理论掌握较弱一些，入学后学习还是非常努力的，但因为没有脱产，工作比较忙，只能利用业余时间学习。幸好，有他爱人廖莹照顾孩子秦艺嘉，操持家务，支持他把学业完成。李林是中央党史研究室的研究人员，聪明又能干，文字工夫很到位。由于他的文字能力强，室领导很欣赏，从研究部调到办公厅做文字工作。我想，他一定会出色完成任务，不过有空的话还不要把专业丢掉，多发点文章，提高自己的水平十分必要。李林有个美好的家庭，爱人罗燕燕，生了小女儿取名李罗蔓，小日子过得很不错。由于工作忙，李林的毕业论文尚未完成，希望抓紧时间做，不然过了期限就麻烦了。欧阳奇硕士毕业于湖南师大，是谭双泉的学生，专业基础学得较扎实。入学考试时，对龚育之、彭明党史研究方面的贡献基本上能说清楚，这就很不容易。她入学后，我与她商量主要研究党史学家和党史著作评论。她在学期间读了很多书，发表了一些文章，水平相应提高不少。毕业时求职遇到了麻烦，几个地方都要她云面试，其中中央党校党史教研部在面试之后让她体检，并告知不要再去别的单位，这本来已基本上定了，可这时突然出现了匿名告状信，说欧阳奇在湖南师大时怎么不好，还说发表的文章中有抄袭。我听到后立即给湖南师大打电话，谭双泉的儿子谭献民说没有这样事，他可以写证明。中央党校来人调查，找到院分党委和我，我说匿名信这东西不能信，这孩子跟我三年从未发现什么问题，而且问了湖南师大也没有问题。这件事过去没多久就要签约了，又来了匿名信，信中对中央党校党史教研部进人的事非常了解，而且说我与教研部的主任柳建辉早有约定要收这个学生。建辉不是我的学生，但与我认识多年，系忘年之交。我了解，建辉办事很有原则，不会因为与我有交就降低标准收学生，而且我只是作为导师向他介绍了我的学生，并未要求一定收下。在中央党校收到这封匿名信之后，突然有人冒深圳海天出版社某编辑之名给欧阳奇打电话，说认识我，目的是让欧阳奇放松警惕，然后说你的导师跟柳建辉很熟，有没有打电话托他。打电话的人忘记在欧阳奇的手机上留下了电话号码，他还不晓得我知道这个电话号码以后，一查就知道是中央党校一位副校长（故隐其名）的秘书（故隐其名）打来的，更不知道他冒充的人我认识，一打电话就知道没这回事。这位秘书显然是在受指使下打的电话，指使者的目的是什么，不晓得，但手段实不高明。欧阳奇去党校工作的事，最后告吹了。只好暂时到清华大学入博士后站。好在她有个好老公葛凤龙，家里有房子，吃住不愁，先对付着吧。这期间，欧阳奇怀了孕，按预产期生下一个小宝贝，取名葛心怡，这也是收获。过了休息阶段，她又去求职，有的地方重视有留学经历的，其实“海归”太多了已经不值钱，干什么还那么重视，没出过国有学问的人比出过国没学问的人要好得多。也有的地方原来对她说有可能要，现在却说生孩子耽误事，我真想问问说这种话的人从什么地方生出来的，难道与孙悟空一样是石头里蹦出来的。欧阳奇本想回师大，但我这里也不顺利，最后算是人民大学马克思主义学院接纳了她。

2008年入学的邵亚丽原来是北师大马列所的教师，曾经考上我的博士生，但当时她正办出国，结果没上学，去了澳大利亚。虽然她已在国外定居，但总想弄个博士学位，所以又来读。她是非常要强的人，在国内就常发表文章，专业水平很不错。她的博士论文写出来后，我觉得确有一定质量，所以就过了关，拿到了学位。与她同时入学的杨娜是海南大学的教师，聪明又活泼。由于海南大学不让她全脱产，所以只有第一年在北师大学习，其余两年都在学校边教学边写毕业论文。还不错，经过努力，她终于两方面都没耽误，既教了课又写出有质量的论文。毕业后不久，杨娜评上了副教授，确是可喜之事。不过，她的爱人陈尼卡是部队医院的医生，顾家的时间较少，一段曾在北京301医院进修，现在又到外地进修。他们的孩子陈施尧还小，幸亏有老人帮助，但杨娜也要分心不少。

2009年入学的王珂、王峰都是2012年夏毕业，王珂原来是学教育的，所以博士论文写的是中共高等教育观的演变，而王峰受我倡导研究群体在历史上作用的影响，博士论文写的是《社会变迁中民众行为角色及作用研究》。王珂毕业后打算回河南，去郑州的河南中医药大学教政治理论课。她的爱人现在美国读书，回国后也去河南。王峰在寒假已与梁欣一同回河南老家结婚，毕业后的工作已定下去北京联合大学教书。作为导师，我希望他们的生活越过越好。王峰也经常陪我去医院，因为有时别的学生有事，只好让他去，谢谢他。

2010年和2011年入学的郭理、亢飞要到2013年和2014年毕业，他们在学期间参与我的关于民生问题的研究，尚未出成果。郭理是安徽师大的教师，爱人牛菲也在安徽师大工作，他们还没有小孩。郭理毕业后仍回安徽师大，不用发愁找工作。亢飞是个很文静的人，话不多，光埋头读书不行，要接触社会，提高工作能力。她的男朋友孔旭东，来过我家，小伙子不错，挺精神。两人在一起，要互相帮助，互相了解，为以后生活在一起打下好的基础。

从2006年到现在有七人进博士后站，他们是贾可卿、张世飞、周良书、陈东琼、李燕、刘建伟、刘洪森。张世飞原来在北京党史研究室工作，为编写北京党史做了很多事情，自己在业务水平上也有很大提高，但由于北京党史研究室是参公单位不评职称，他心里总不平衡，想转到高校工作。博士后出站了却心愿，中央财大接收了他。由于他包括党史和党建的科研成果很多，不久就被评为副教授，现正争取破格提教授，不知是否能行？他的孩子张晨熹还小，所以他和他爱人吴伟芳的负担较重，天天送孩子就是个事。陈东琼是中国农业大学人文学院的教师，本来2010年就应该出站，但因为去国外一年到2011年才写成出站报告。他刚到国外的时候吃饭很不习惯，对付了两个月，实在不行了，就与别人搭伴坐车去买一周的生活用品，自己做饭吃，生活才比较安定。他出去那一年孩子陈简才四岁，一切负担都落在他爱人王征身上，也真不容易。贾可卿是2006年入站的，当时在中央党校社科部，出站后转到社科院工作。他工作认真，学习努力，肯于钻研，著述甚多，如《人民共和国的雏形》、《分配正义论纲》等。他的儿子贾末名还很小，这让他和他爱人廖琳负担很重，但培养好孩子是父母的责任，累些既应该也有乐趣。刘洪森于2011年入站，原为曲阜师大的教师，入站前虽已向原校辞职，但因合同未到期不肯放档案，这还是个麻烦事。洪森是为参加我主持的民生问题研究工作而来的，主要负责1949年到1976年这一段的研究，尚未出成果。洪森的爱人王晴是山东大学经济学研究生，读书期间在北京的一家公司实习，毕业后就在这家公司正式工作了。2010年入站的刘建伟是西安电子科技大学人文学院的教师，由于他教学工作忙，加上北京没有住处，只来过三次。他的爱人禹海霞在山东大学读博士。

2001年到2008年收的国内访问学者有：华中师范大学的蔡丽、温州大学的牟德刚、华东师范大学的韩钢、中共河南省委党校的张深溪、湖南文理学院的佘慧芬、广西民族大学的李建光、赣南师范学院的张美琴。另外，我的博士生王跃、苑晓杰又来做了一年访问学者。韩钢在北师大马列所读完研究生之后就到中央党史研究室做研究工作，过了一段时间转到中央党校党史教研部，前两年又去了华东师大历史系。他爱人张华在中纪委工作住在北京的家，女儿韩蓉在华东师大读中文，这样一家三口两人在上海，一人在北京，虽说韩钢可以两头跑，但总不是个事。要解决，又涉及党校的房子，实在麻烦。都是五十多岁的人了，两口子住在一起互相照顾，对身体有好处。韩钢思想敏捷，思考问题很有深度，做学问既认真又不断创新，并且总愿意处在比较自由的环境中写作，所以去了华东师大比较满意。韩钢著述甚多，如他参与的《中华人民共和国专题史稿》、《"新民主主义社会论"的历史命运》等。蔡丽一直在华中师大担任教师工作，教学效果很好，受学生欢迎。除了教书外坚持搞研究，她参加写的《中国共产党社会主义认识史》、《马克思主义在中国初期传播史》都是很有质量的专著。不仅如此，在此期间她还拿到了博士

2011年，与我的学生们

学位、圆了她多年的梦。其他几位访问学者，因为联系不多，就不说了。

这一节里我提到的是2001年到2011年我的学生，加上前边提到过的，从1982年到2011年这二十九年，我总共收了硕士、博士、博士后、国内外访问学者一百三十六人，另外经常与我联系的党史学界的中青年学者还有几十人，他们在学术上、生活上都帮助过我，而且我从他们言行中也学到不少好的思想、作风，这里表示发自内心的谢意。我喜欢与青年在一起，因为他们有朝气，是向上的，是阳光的，也是我汲取营养的来源。

年老多病

前边说过，我小时候经常闹病，长大了虽说比小时候强，但也不是像其他青年人显得那么壮实，个子小，人又瘦，脸发黄，给人身体不好的感觉。到20世纪60年代初，碰上经济困难，得了营养不良肝肿大；"文化大革命"中两次下放农村，一次烧锅炉，努着劲干活，这些都会对身体有一定损害。所以，到我五十岁以后，慢慢地发生身体上的变化，人胖了，各种各样的病都找上门来，使得我的朋友们、学生们无论是打电话还是见面，第一句话就问最近身体如何，我的回答也总是一句话："凑合。"

前边说过，20世纪60年代住北医三院时做了肝穿之后，血压就不再是低压八十，高压一百二十，而是偏高一些。那时因为年轻，所以没什么反应。到80年代初就不行了，犯了一次病，头晕得很，高压达到一百六十。从此，我就成了原发性高血压病人。开始的时候，我也跟许多高血压的五十多岁的人一样，高了就吃一段降压药，下来了就不吃了。这不对，因为血压这东西高上去之后，特别是相当高之后，很不容易下来。到90年代，我明白了这个道理，变成每天坚持吃药，使血压平稳，以防止血压突然升高。这时，我吃的降压药是"降压0号"，后来医生说此药对肾不好，2004年4月，改吃"蒙诺"。到2005年1月之前血压还是正常的，但这时又犯了一个不应有的错误，由于觉得血压还可以，所以在2005年1月28日之前一周把"蒙诺"

改成半片，而且这一周里没量血压，到28日早晨突然头晕，高压达二百，低压一百，2月4日住进北医三院。这种患者自主改变药量绝对不应该，而且又是在冬天人体血压易高的情况下。我犯了错误不应该，北医三院随之也犯错误更不应该。住院后，照例要做各种检查，结果做肾核素扫描说两肾都坏了，说是肾性高血压。治疗十八天，血压下去些，头还晕就让出院了。我在北师大校医院与大夫商量之后，用血栓通、脑复康输液，几天头晕就好了，血压也正常了，后边会说到北医三院判断为什么是错误的。

此后，改吃对肾无害的"络活喜（但下肢易肿）"，春秋两季每天一片，夏季半片，冬季一片半，而且绝对坚持每天量血压。这样，夏季低压七十以下，高压一百二十左右；春秋季低压八十以下，高压一百三十左右；冬季低压八十左右，高压一般在一百四十以下，个别时候超过一点。总的来说，还算正常，当然是在每天吃药的情况下。写到这儿，我打开血压计量了一下，高压一百三十四，低压七十四，时间是2010年11月22日下午四点，早晨吃了一片药，下午半片还没吃。说到量血压，我因为量了很多年，也积累了一些经验：第一，血压计一定要用立柱式的，不要用电子的，因为后者有时有误差。医院的大夫都是用立柱式的，就是这个道理。有人以为用立柱式血压计要别人量，其实不用，自己完全可以，而且很容易就学会。有的大夫主张病人在家自量不要用立柱式血压计，因为量时有技术问题不易掌握。我认为，这种说法不对，这点小技术一学就会，没什么难处。第二，我用血压计每年换一个，因为天天用，总会有点小毛病。有一次出点问题，一问修理要用六十多元，而买个新的才九十多元（现在涨到一百多元），修理不如买新的，所以我就一年换一个，从不再出毛病。第三，量血压时，要连续多量几次，每次都不一样，取一个高、低压的平均值，然后用本子记下来（我已记录了将近九年）。记录每天的血压有好处，从中可以找出一定的规律。第四，量血压时，座位与放血压计的桌子要平行，否则量出来的血压肯定不准。第五，量血压之前，我都在椅子上做一会儿腹式呼吸（吸气鼓肚子，呼气瘪肚子）数次，以便平静下来。此外，我在量血压的过程中，也有一些事弄不明白。有的报纸上说，左右手血压量出来不一样，我多次试验确有差异，但相差不太多。我问了大夫，有的说没多大差别，有的说有一些差别，甚至还互相争论起来，弄得我也不知道该听谁的。理论上是右边高，左边低，但人体有差异，有的人是左边高，也有的人两边一样或差异不大，这就需要自量者掌握。我量血压时，还发现量一遍后喝两口水就下来两格，问几个大夫都说不出为什么，可我试了多次都这样，挺奇怪。再有，也是报纸上说的，量血压前不要抽烟。可我试了多次，并没发现有什么影响。虽然我做腹式呼吸为了平静，但我不明白，因为人除了睡觉时平静之外，工作、走路、开会、说话、做饭等都是在不平静中度过的，量血压时平静一下，结果把假象说成准确，不是自己骗自己吗？再有，报上说，量血压一定要放在上臂，不要放在手腕，否则量出来不准，因为离大动脉远就会不准。不知道这种说法是理论上的观点，还是实践上的结论。我试了不下百次，结果都一样，而且放在手腕上，听起来更清楚，又有不用脱衣服的好处。还有，我量血压时，先看低压，再量高压。从高压数往下走，到低压时总比先量的低压高两三格。我量血压很多年了，每天坚持，这种情况一直存在。我不明白怎么回事，问了几个大夫，也说不清，因为他们从来没这样量过。如果让天天量血压的人在一起议论一番，准会有许多不同的体验。我的这些体验也许是个体差异所致，只能算是一种参考。不过量血压确是一门很复杂的学问，需要深入研究。懂医的大夫只给不同病人量血压不行，要自己给自己量，日子长了肯定会写出科学的量血压的论文。

1995年10月因头晕去北医三院检查，发现脑腔隙梗塞造成供血不足而头晕，此后年年有头晕现象。后来又发现颈动脉多发粥样硬化斑块形成，也是造成供血不足的原因。多年来，就靠吃药或输液医治头晕。说到输液，我输过很多种药，只有血栓通加脑复康对我最管事。输液用的药和吃的药一样，因人而异，某种药对我管事，对别人未必管事。比如，我吃"血塞通胶囊"觉得有用，介绍给别人，说吃过不管事。所以，输液时每个人用的药并不都一样。我每次输液都在我家门口德外社区医院布点的小门诊部，因为我住的地方离学校还有一段路，所以不去校医院输液。我很喜欢输液时与一起输液的人聊天，这可以了解社会上的许多情况，了解老百姓的不满、困难和需求。老太太或夸儿子、女儿，或抱怨儿媳、儿子、女儿，听起来挺有意思。不同的人对社会现象的不同角度的不同见解，也很受启发。后来，报纸上老讲输液中存在的问题，意思是能不输就不输。2008年初，北医三院大夫张晖给我调整了药，到2011年底没有发生过时间长的头晕，所以这四年没有再输液。有时出现一两天的头晕，吃两天"西比灵"就好了（这药的副作用大，不能常吃）。除了吃药之外，我每天坚持吸氧和用同仁堂"一泡舒"泡脚。说起同仁堂的"一泡舒"，我用了多年，也不知有没有用，每天泡泡脚总有好处。可是，同仁堂的"一泡舒"总断药，据说是他们内部的问题。断了药，我就在校医院按"一泡舒"提示的药味开药继续泡。后来有了，可到2010年冬天又没了，我只好换成同仁堂的降血压的"足道"泡脚，效果还可以。用这个药泡脚，我冬天只吃一片"络活喜"就可以使高压保持在一百三十多。这个药介绍给朋友，用了并不管事。我也知道外出走走有好处，但我的事情至今很多，只能靠外出买菜或其他东西转一转。对于自己的病，我心里很清楚，中风的可能性不小，只能多加小心，该吃药就吃药，该休息就休息，该上医院就上医院，对付着活下去，尽可能对社会继续做点事。

2004年4月在师大校医院做体检，我的肌酐稍高，做肾核素扫描，发现左肾功能受损，随即停食豆制品，并服百令胶囊以保肾。肾功能不好，可以少吃动物蛋白，却不能吃植物蛋白，因为后者不好吸收，对肾不利。上边说过2005年住北医三院时做肾核素扫描反映两肾均不好，这年3月21日到北大医院看特需门诊，因为该院肾内科在全国很有名气。检查结果认为北医三院做的肾核素扫描可能是错的，因为其他检查均不支持此项检查。同时，北大医院有的大夫还估计可能是肾动脉狭窄，这个估计后来证明是对的。4月初，刘磊、刘增儒、许建涛几位青年朋友来我家，知道了我的情况后就帮我去301医院肾内科问问，因为这个医院的肾内科也是全国有名的。该院内科主任的意见，认为北医三院肾核素扫描结果不准确，未考虑患者左肾位置低下。7月18日，到301医院住院，20日做肾动脉造影，显示左肾动脉限性狭窄百分之五十，因不够百分之七十以上，故不做支架。出院后，每年检查肾功能至今，均在指标最高点上下波动，身体上也没有相应的症状出现。有的大夫说，这种状况可能是天生的，只是一种估计，但无法证明。

前面说过，我年轻时下乡、烧锅炉拼命干活，可能受些伤，到2004年在北医三院骨科查出腰椎间盘突出，但没有明显症状。到2005年5月1日突然腿肚子疼，过几天就好了，24日下午又坏了，不能走路，随即采用平躺办法，上下午各两小时。到6月5日没事了，可以外出。没想到，9月24日下午又疼起来，左边腿肚子、屁股、大脚趾都疼，不但走不了路，而且翻身也不行，当然大小便只能在床上。去医院很费事，正好在我们学院当兼职教授的国家行政学院的马庆钰的哥哥马庆军是北医三院骨科副主任，把他请到家里来看病。他看片子后，问了情况。我说我的腰一点都不疼，只是腿肚子、屁股、大脚趾疼。他说，腰椎间盘突出不一定腰疼，腰疼不一定是腰椎间盘突出，而我的这种情况正是典型的腰椎间盘突出。我问他怎么办？他说，一个办法是动手术，如果不愿动，用第二个办法，平躺七八周就好了，没有什么药吃，只坚持吃“弥可保”（甲钴胺片）即维生素B_{12}以营养神经。我同意躺着，果然到第七周能下地，又过了几天完全好了。这中间，马庆军来看过我，完全好之后他又来，随便聊聊，告诉我以后注意事项。由于下不了地，本来要在天津师大召开的学位点会，当然没法去。开会前，我给与会老师和学生写了一封信，带去在会上宣读。信中说：“我非常想念你们。在病床上，想象着会议的盛况，恨不能一下子飞了过去。我身在异地，心却在你们当中。”信中对这次会议的开法提了几条意见。我这个病，虽然有时左边腿肚子、屁股、大脚趾还疼（贴点膏药就好了，并坚持吃“弥可保”），没有再出现下不了床的症状。2011年有时左边也出现腿肚子、屁股疼的症状，而且腰发酸。这个病确实不好治疗，只能对付着，注意保养。关于这个病，马庆军告诉我要多躺着少坐着，躺着、立着、走着都比坐着好，并给我讲了一些道理。但实际上，下不了床时只能躺着，不是下不了床的时候，坐着比躺着、立着、走着都好。有时，睡醒觉刚下地就疼，坐一会儿就不疼了，再走也不疼。我想，可能理论上是坐着不好，而每个人则不同，这也是共性和个性的差异。说到马庆军，我原以为他弟弟与我很熟，所以到家里来看病，而且很客气，很认真，后来才知道不完全是这样。过了几年，从马庆钰那里知道他哥哥得了肝癌，但很坚强，一边治病，一边工作，继续为病人服务，是个认真负责的医生。2010年7月27日，庆军去世。他祖籍山东，1954年12月出生，1993年毕业于北京医科大学获骨科博士学位，是北医三院骨科专家党耕町的学生。他生前已是主任医师、教授、博导，培养了一些博士、硕士，发表过五十余篇论文，参与编著《脊椎创伤外科学》、《实用骨科学》等。马庆军去世后，北医三院领导号召全体医务人员学习他的敬业精神。前边说到，我本来不认识马庆军，而是因为他弟弟马庆钰的介绍。庆钰因他们学校没有学位点才到北师大来兼职带博士生。2011年国家行政学院批了博硕士学位点，庆钰就在自己学校带博士了，同时又在公共管理学部当副主任，工作虽很忙，但仍坚持研究问题，著述甚多。他还常常与他爱人程玥（中央财经大学教授）一起来看我，关心我的身体，非常感谢他们。

眼睛不好也是老年人容易出现的毛病，我也难于避免。2003年之后，总觉得视力不佳，看东西模糊。到2006年，右眼几乎什么也看不见。7月经马庆军介绍，找到眼科主任马志中看我眼睛有什么问题，说两眼都有白内障，住院动掉就好了。他说他可以给我动，但动这个手术最好的大夫是王薇。随后，我住了院，王薇又检查一下说左眼稍轻，可先动右眼。在手术台上，只用了不到二十分钟时间就动完了。出院后，视力很好，但经过几年现在左眼又不太好，我准备再把左眼做掉。我体会，白内障这种病还是早点动手术好，可以提高生活质量，再说这个手术很简单，没什么可怕的。

我的胃年轻时就有毛病，一吃多了不消化总倒流，冲到嗓子，很难受，尤其是睡觉前更难受。但年轻时不在乎，也不懂是什么毛病，过去了拉倒。

2008年3月，在北医三院做了胃镜，发现胃食管反流性病，还有浅表性胃炎和轻度萎缩性胃炎。说起做胃镜，很多人都怕，因为从嗓子进管子太难受。我在20世纪60年代初住院时做过，那真叫难受，从嗓子下去时容易恶心。当时，有个老太太也做，咽不下去，大夫在旁边还说别害怕，容易下去，结果没做成。我还好，虽然难受，还是做成了。这次再做胃镜，发现先喝点麻药水，嗓子麻了，加上管子比以前软多了，很容易下去，没有什么难受的感觉。看来，检查的办法一定要不断改进，也是要“以人为本”。胃镜做完了，找大夫看了，说反流有药治，但容易复发，必须坚持吃，至于两种胃炎都很轻，问题不大。随后，大夫开了药，商品名叫“耐信”，即“埃索美拉唑镁肠溶片”。这药真不错，我吃了一个星期就好了。随后改成两天一片。吃了两个星期，变成每星期两片或一片，很少再犯。有时犯了，吃一片“耐信”就没事了。

我年轻时乙状结肠就有毛病，有时疼，而且疼痛之后大便不正常。20世纪六七十年代做过两次乙状结肠镜，说是乙状结肠痉挛，也没有什么好的办法治。所以，到老了当然要注意大便的变化，注意是否仍有乙状结肠疼痛的感觉。记得20世纪90年代以来，没有再出现痉挛的现象。2007年5月，发现大便变细，就去消化科看，大夫说做个全肠镜检查一下。结果结肠镜检查报告说，在乙状结肠和直肠部可见数十个小息肉，随即钳净。因为肠子里息肉多，不能不注意，决定每年检查一次。2003年10月检查，又见数十个息肉。2009年8月检查，除小息肉外，有一块较大点的，遂后电切，化验结果为管状腺瘤，它与息肉不同，可以癌变。2010年1月再做肠镜，见多枚息肉钳掉。取下的息肉经化验其中有一枚是腺瘤。2011年11月做肠镜，又有两枚腺瘤。只好年年做，以防变化。在北医三院内镜室做肠镜，除了事先不吃东西、喝药和大量温水造点罪，做的时候打气肚子胀痛之外，最令人不快的是操作大夫的服务态度太差，说话很生硬，完全是命令式的，而且病人问什么也不理，问多了就一句话：“外边等着。”几个给我做的男大夫都这样，就不说他们的名字了，三院管理部门真应该教育教育。当然，也有好样的，比如张静大夫就很和气，不是因为她与我的名字差一个字，而是人好，服务态度好，值得赞扬。

除了这些大的毛病之外，小的毛病，今这儿不舒服，明儿那儿难受，总不断。比如，有一年手上长了个瘊子，到学校医院用激光弄掉，但不久又长出来。这时又犯了肩周炎，用手指在肩上抹"扶他林"以缓解疼痛。不久，肩周炎痊愈，手上的瘊子也没了。我问了几个大夫，都说不可能。打电话给生产厂家，他们也说不可能。这事至今也没得到答案，"扶他林"到底能不能治瘊子？再如，我的脚后跟冬天常裂口，虽不是什么大毛病，但很疼。我老伴的同学告诉她，用塑料薄膜放在脚后跟上绝对管用，不单没有裂口，而且脚后跟像脸蛋儿一样软。别说，这个办法真不错，效果很好。另外，有些症状查来查去，没什么结果，只好不再管它。比如，2008年10月，自觉锁骨淋巴处不舒服，去北医三院看外科，大夫说摸不到什么，可做彩超看看。结果，不舒服的地方淋巴倒不大，双侧腋下和双侧腹股沟均有多发轻度肿大淋巴结，但结构正常。这种情况使我不能不进一步检查，遂去血液科查血，结果正常。我还不放心，11月初又去人民医院血液科看病，因为这个医院的血液科比较有名。大夫看了检查结果，也说没问题。他觉得我过于谨慎，我想谨慎一点没什么不好。再如，我年轻时就常咳嗽，检查后说是慢性咽炎造成的。舌头根那儿总爱痒，一痒就咳嗽，有时很厉害，20世纪90年代中有一次因为低头咳嗽而晕倒。到老了，总觉得是问题，想查个究竟，遂去北医三院的呼吸科、耳鼻喉科看。我对大夫说，别人好像都是冷了容易咳嗽，我是热了容易咳嗽，所以冬天反倒比夏天轻。做了多项检查都正常，结果得到一个说法叫"热过敏"，也不知是真是假。

现在，一般职工都是一年体检一次，这比"文化大革命"前好多了。我从2005年开始，不再参加北师大组织的体检，包括给我们这些所谓知名学者组织的体检，因为这种体检都是一年一次，而且项目不全。比如，有脑血管病的人，就要检查颈动脉，要检查同型半胱氨酸是否正常。可一般体检都不做这些方面的检查。我的办法是大部分项目一年两次，肠镜一年一次，胃镜一年一次，这样能够及时发现可能出现的病。果然，2011年11月做彩超检查时，发现以前检查的胰腺可能不准，随即做核磁共振，结果不是囊肿而是腺瘤。这就麻烦了，好在尚未癌变，但不能大意，坚持半年做一次核磁共振。我的这些检查都在北医三院做，有可疑之处，也会到别的医院再做，以便对比。所有检查结果，我全留着，从2005年至今的检查单子都齐全，查起来清清楚楚，从中可以看出身体变化的规律。

年纪大了，除了自己该做的事尽力去做之外，特别应该注意自己身体的状况，多加保重。我的体会是：

第一，生活要有规律。该做事时做事，该休息时休息。我这个人小时候就爱睡觉，一般说到老了觉少，我却没有少。所以除晚上睡觉外，中午一定要睡至少一个半小时，雷打不动。我年轻时每天晚上都做事，老了晚上不再做事，只看电视，大约十点半结束，然后准备睡觉。每个人的情况不一样，要根据自己情况安排，但一定要有规律。吃饭也要有规律，每天三顿饭按时吃，而且不要吃得太饱，尤其晚饭更要少吃，俗话说："少吃一口舒服一宿。"光吃素也不行，荤素搭配，合理膳食。人老了，不宜做剧烈运动，可以根据自己情况适当活动。我年轻时爱打球，老了打不动了，只能靠遛遛弯。因为事多，我遛弯主要是买菜、到北师大开会或去校医院拿药，基本上每天总要出去一趟，这也是一种规律。有的老人碰到高兴事，或遇节日，或来亲友，容易兴奋，遂之或多吃喝，或少睡觉，都不好，容易出事。我碰到这类事，仍和平日一样，不多吃，不少睡，平平安安度过。另外，在心情上掌握一定规律也很重要，不生气，不发愁，不着急，高高兴兴过日子。我因为仍在工作，带学生、开会、作报告、写文章各样事非常多，这中间不乏难于处理的事，可愁、可急、可气之处难免，对此我都以平常心对待，明儿的事明儿再说，从不着急，当时发生麻烦事，泰然处之。

第二，要懂点中西医知识。年纪大了爱生病，如同生活中使用的东西老化一样，很难避免。所以，人到老了就要服老，不能跟青年人比。人生病就是人体这部机器出毛病了，必须尽快修理，小毛病不修理会变成大毛病。

修理人体机器就要找医生，因为医生是专修理人体机器的。懂点中西医知识，有很多好处。有点不碍事的小毛病，可以自己处理。比如，老人容易到处痒痒，特别是在冬天，洗澡之后更容易痒。这个小毛病吃一些"防风通圣丸"，很快就好了。有研究说，这种不能常吃，但身上痒吃一个星期没什么关系。去医院看病时，自己懂点医学知识，可以在主诉自己病情时把话说清楚，特别是在检查项目上能明确提出自己的要求。但要注意说这些事的时候，一定要用商量的请教的口气，因为有的大夫很讨厌病人懂得医学知识。当然，如果是负责任的大夫，就应该耐心听病人主诉。对于病人来说，大夫是专家，而病人即使懂点也是皮毛，但病人有自己的感受，老病号还有自己的经验，所以大夫要重视病人的意见，否则很容易出现诊断错误。至于懂点中西医知识并不难，看看书就可以了。当然这里还有个不同文化水平的问题，不认字的不能要求，文化程度低的可以看简单的知识，文化程度高的可以看复杂一点的知识。不过，骗人的书不要看，骗人的"养生之道"千万不要信。

第三，去医院看病自己心里有谱。现在医院里有普通门诊、专家门诊，前者好挂号，后者难挂号，因为有相当不少人不管什么病只挂专家号。其实，这是不对的，尤其是第一次看病更没有挂专家号的必要。比如，第一次因肝区痛感而看病，挂普通号和挂专家号是一样的，都要验血和做彩超，等有了结果再考虑怎样治疗，如果需要找专家看可以挂专家号。说到专家又分为主任医师和副主任医师，我看病一般不找主任医师，而找三十五岁以上到四十五岁以下的副主任医师。这是有道理的，但不好说，说明白容易引起误会，就不说了。现在针对看病难的问题，北京市卫生局采取了一些办法，也许会有效。但关键是患者要明白，不做不必要的自找困难的事。

因为常去医院，总会与大夫打交道，有必要说说他们的情况。前面已经说的不再说，只说没有介绍过的。我常去的医院有三个，一个是北师大校医院，一个是北医三院，还有一个是社区医院。北师大校医院在我上学时就有，是个医务室，搬到现在校舍后盖了个两层楼，内、外、妇、儿、牙、耳鼻喉、中医各科都有，另设有102门诊。从院长到管理人员，从医生到护士对来医院看病、办事的北师大老师、学生以及行政人员态度都很和善，服务质量也不错。我看病主要是102门诊和中医科，偶尔也去过别的科。在中医科是孙晓春给我看病，早在1997年她刚到北师大校医院102门诊工作时我就认识她。不过那时与她不熟，因为我去102门诊主要是找我前边提到的王效增看病。后来，王效增年纪大了退休，就慢慢与孙晓春熟悉了。据我所知，她生于1962年，是河北人。1978年她在河北医学院中医系读书，毕业后到丰润县中医院工作，1986年又到陕西中医学院攻读硕士学位。毕业后，她分到北京护国寺中医院工作，一干就是七年。到1997年底，她转到了北师大校医院工作。按说，护国寺中医院曾是北京中医药

2012年，孙晓春为我诊脉

大学附属医院，而且这所医院在北京是有一定名气的，为什么晓春要转到北师大校医院工作呢？我猜想如果她当了北师大的职工，孩子就可以上附属小学读书。在北师大校医院开始时晓春先在102门诊看病，过了几年后才转到本行看中医门诊。晓春是个老实人，申请副高职称时，也不像有的人到处活动。还真不错，她被评为副主任医师。她对待病人很耐心、很细心、很和善、不着急，反映出作为医务工作者对病人的爱心，所以很多想看中医的患者都愿意找她，每次我去找她时总会看到门外有很多人等着。她不仅服务态度好，而且医术也高明。她既有深厚的中医功底，又有许多临床经验，而且在西医学方面也有一定造诣。我看到，她每次给别人看病，都要认真地给病人诊脉、看舌苔，仔细听病人主诉，然后告诉病人造成疾病的原因，并嘱咐病人应该怎样吃药和注意些什么。她看病时，只要病人不嫌麻烦煎药，就开方子，以便取得更好疗效。因为在她看来，中医特别重视个体病因、病程、体质及其他诸多因素的区别，不能千篇一律，而中成药的缺点则在于只重共性而忽略个性。晓春的观点，完全符合马克思主义的辩证法，是科学的。当然，如果病人要求吃成药，她也不勉强，但尽量选择丸药，少用胶囊、口服液之类，因为“大丸子”最能体现众多中药综合一起的本质。有的病人不明白，为什么北师大校医院的中成药多为“大丸子”，抱怨吃起来不方便，其实是有道理的。为了提高自己的医术水平，晓春下工夫针对某些疾病如何治疗进行研究，在学习前人经验的基础上，形成自己的治疗特色。如用理气通阳法治疗冠心病心绞痛、用平肝降逆法治疗中风急性期、用通肺活血法治疗慢性呼吸系统疾病、用增液汤改为茶服方法治疗老年便秘等，均取得好的效果。不仅如此，她还把自己的许多研究成果公开发表，如《老年慢性腹泻的中成药疗法》、《水浸黄连治疗胃火上逆型呃逆、嗳气30例》等。同时，她积极参加各种学术活动，提交论文并多次得到奖励。在日常工作中，晓春对校医院领导分配的任务，从不拒绝，也无怨言，尽自己所能把工作做好。在与同事相处中，她主动关心和帮助别人，从而也得到别人的关心和帮助，形成良好的和谐关系。我与晓春的关系，除了病人和医生的关系之外，还有一层更为密切的关系。我的外孙女窦豆从小想学中医，晓春的儿子孟炀与窦豆是同学，我又与晓春特别熟，这样她就成了窦豆的启蒙老师。一带就是好几年，为窦豆打下良好的基础，所以我从内心里非常感谢晓春。

因为我到校医院看病、拿药都到102门诊，同在那里应诊的一位男医生和两位女医生也非常熟悉。男医生名叫郭强，1968年生，1992年他从华北煤炭医学院毕业后，一直在北京从事医务工作，2004年转到北师大校医院，现任内科主任，是副主任医师。女医生一位名叫王姝梅，1964年生，是山东人。1988年她从山东医科大学毕业后在北京从事医务工作，1998年调入北师大校医院，是副主任医师。另一位名叫张丽慧，1966年生，是河北人。她于1989年从河北中医学院毕业后，就在石家庄从事医务工作，1999年到北师大校医院工作，现为副主任医师。这几位在医术上不仅有扎实的基础和丰富的经验，而且还各有专长。郭强、王姝梅在脑血管、心血管疾病方面有研究，因为郭强在北京急救中心工作过，而王姝梅还专门到阜外医院心内科进修过。张丽慧的专长则是偏重于中医方面的研究，所以在102门诊看病时常给病人用中成药治病。这几位除每天应诊外，还抽时间或撰写文章公开发表，或参加市级、国家级课题研究工作。如郭强毕业后发表过二十几篇文章，而且多刊登在核心期刊上；张丽慧不仅发表《试论中医康复学的形成和发展》、《补气养阴法治疗老年口干症临症体会》等二十几篇文章，而且还参加《实用中药医疗手册》等专业书的编写。我在多次接触和从旁观察中，了解到这几位医生都十分敬业，工作认真负责，对待病人很耐心，也很细心，态度和蔼，得到病人的好评。

虽然从20世纪50年代末就同北医三院打交道，看过病，住过院，但每个月去看病、拿药、检查则是2008年以后。北医三院是1958年建立的，属于当时北京医学院（后来改为北京医科大学）的一个附属医院，现在归为北京大学医学部。北医三院定为北京市的三甲医院，每日来看病的人很多，挂号十分困难，加上门诊楼是1958年盖的，厅很小，排队挂号、交费、取药人挨人，非常拥挤。好像在三甲医院中，北医三院在这方面的条件最差。我还好，因为是在北医三院的102门诊挂号，人要少得多，但每次看病也要早晨七点之前到，排二十几人。102门诊是心脏科的医生应诊，挂其他科可以，看病还要到别的科去按号排队，交费、取药则与其他病人同等待遇。到2012年初，经过几年的奋斗，三院终于盖好了新的门诊楼。这回总算改善了，医生、护士、病人都不用再人挤人，大家心情也好多了。过去那种环境真是没病也能得上病。当然，去三院看病的还是太多，据统计每天约有一万五千人看门诊，不可能达到很宽松的程度。到三甲医院看病，除非原来就认识的医生外，要想和医生混熟了很不容易，因为医生每天接触病人很多，不容易记住。当然，只要每次看病都找准一个医生，日子长了也能熟了。这样有好处，医生比较了解病人的情况，用药、检查的针对性就强了。因为我主要是血压高、脑血管病，所以就到北医三院的神经内科看病。2008年初，按照我前边说的原则只找副主任医师看，结果碰上了张晖。我第一次接触这位女医生就给我留下好的印象，因为她耐心听我主诉病情。说实在的，我最讨厌碰上那种不耐心听病人说话的医生。张晖不是这种医生，所以我决定就找她看病。日子长了，就跟她很熟，她也对我的病情很了解。既然我决定长期找张晖看病，就想从旁了解一下她的情况。我通过卫生部、北京大学医学部研究生院、北医三院神经内科以及《北医三院专家录》得知，张晖是个积极要求上进的人，1996年9月至1999年7月在北京医科大学研究生院神经病学专业读博期间，学习努力，肯于钻研，尊重导师，与同学相处和谐。张晖毕业后，遂即分配到三院神经内科工作，无论是在门诊，还是在病房，都勤勤恳恳，认真负责，从不懈怠。我去看病在等着叫的时候，问过找她看病的病人，都夸她说话和气，问得仔细，交代清楚，治疗效果也很好。这方面，我有直接的体会，特别是在疗效上，前边说过自她给我调药之后，已有好几年没有输液了。张晖对我帮助非常大，谢谢她。据《北医三院专家录》中论载，张晖生于1969年，江苏镇江人，主要研究方向是脑血管病、痴呆。作为副主任医师的张晖，除了在病房、门诊工作外，仍然不断钻研医术，努力提高自己。她发表过《高同型半胱氨酸与脑卒中关系研究的进展》、《扎来普隆治疗失眠症的疗效及安全性：随机双盲对照研究》等多篇论文，出版过《癌症晚期疼痛》、《中西医结合神经病学》、《哈里森内科学》等著作。据我所知，她有一个美好的家庭，宝贝儿子孙屹飞在中关村二小上学，这是一所相当不错的学校，现在考上八一中学，是特长生，孩子将来肯定有出息。我查了一下，在北医三院神经内科的十四名副主任医师中，张晖的年龄居中，还是很有发展前途，希望她能继续努力，在神经内科学领域内取得更大成绩。由于我每年都要做肠镜、胃镜，所以与消化科接触较多，见到过的大夫服务态度都很好，耐心听病人主诉。我虽然与这些大夫没有像张晖那样熟，但也应该把名字记下来。一位男大夫黄永辉，两位女大夫，一位是袁作辉，一位是前面提

2012年，张晖问我病情

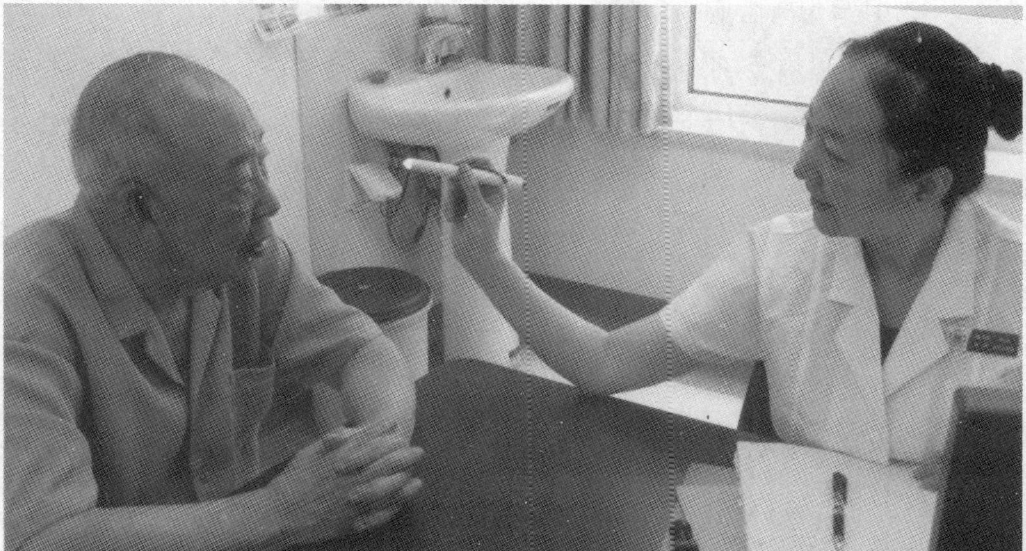

到的张静。有一次我去开胃镜的单子，张静开了之后，我让我的学生去约时间。过了一会儿，张静又出来找我，说把单子上写上化验血的结果，省得我做胃镜时再带着化验单。事情虽然小，体现了医生对病人的关心。

前边说过我去的医院还有社区中心医院的派出机构，我们常称为门口的小医院，正式名称为“德新社区卫生服务站”。这个医院确实不大，只有西医和中医两科，有个打针的屋子，有个挂号交费、拿药的窗口。我与小医院本来没有关系，只是图近，前些年输液就去，不输液就不去。由于去得次数多了，就和几位护士混得特别熟。其中一位名叫孙桂华，我认识她比较早，是在20世纪90年代小医院刚刚建立的时候。那时，这个小医院就设在我住的小区门口的两间屋里，后来才搬到现在稍大的地方。孙桂华原来在大医院当过护士，不知是不是因为路远才调到德外医院（社区中心医院的前身）工作。她当护士多年，又在大医院干过，见过世面，很有经验。在小医院，她的主要工作是打针、输液，还有一些杂事。我输液多次，她给我扎的时候，从来都是一针见血。我的血管虽不属于最难找的，但也比较不容易找，说明她的技术很高超。她的服务态度也很好，待人和气、热情，与常去小医院的病人都特别熟悉，一边给人输液一边拉家常。前些年，她生病了，休息相当长时间才上班。由于生病，也由于年纪大些了，身体不太好，医院领导照顾她，这些年都安排比较轻的工作。现在已不在小医院，调到社区中心医院。多年来，我麻烦她不少事，十分感谢她。她知道我和我老伴爱喝豆汁、吃麻豆腐，经常买来送给我们。小医院里别的护士我也很熟，一位叫李芳，原来在社区中心当护士长，据说得罪了领导，被派到小医院待了几年，现在离开了这里，到别的医院工作。与她一起工作的杜振英，也在小医院多年。李芳比较稳重，小杜性格开朗，爱说爱笑。与她们接触，没有不愉快的感觉。她们都很热情，服务态度好，对病人耐心、细心，技术高超。她们对我和我的老伴帮助很大。比如我老伴要在小医院找中医抄药方，都是小杜帮忙，而且还把抓好的中药送到家里；打电话问她点事，她立即到家里来。有两次我家的制氧机有点毛病，找她来弄，一下就好了。她说自己是专家，我说没错，我只能写文章，不会弄制氧机。有一次，我老伴在二炮总医院化验，她帮助取回来，而且说我就是您闺女，有什么事就说话。李芳离开医院后，又来了别的护士。现在仍然是三个护士，除小杜外，还有贺敬和吕琏。原来不认识小贺和小吕，接触了几次，很和蔼、热情、耐心，负责。这个小医院的护士、大夫都帮了我们很大的忙，应该表示感谢。

我这本回忆的书写到2011年，2012年的事本不应再记，但我在校对底稿时，已是2012年，有两件事不得不记。一件事是突然在3月4日这一天的上午我跌了一个跟头，把小手指弄骨折了。打上石膏托以后，写不了字，一下了弄了两个月，到五月三日才“解放”。虽然手还没恢复到常态，但总可以写字改稿了。人老了，稍不注意，就会造成

2012年，陈福文看我的手

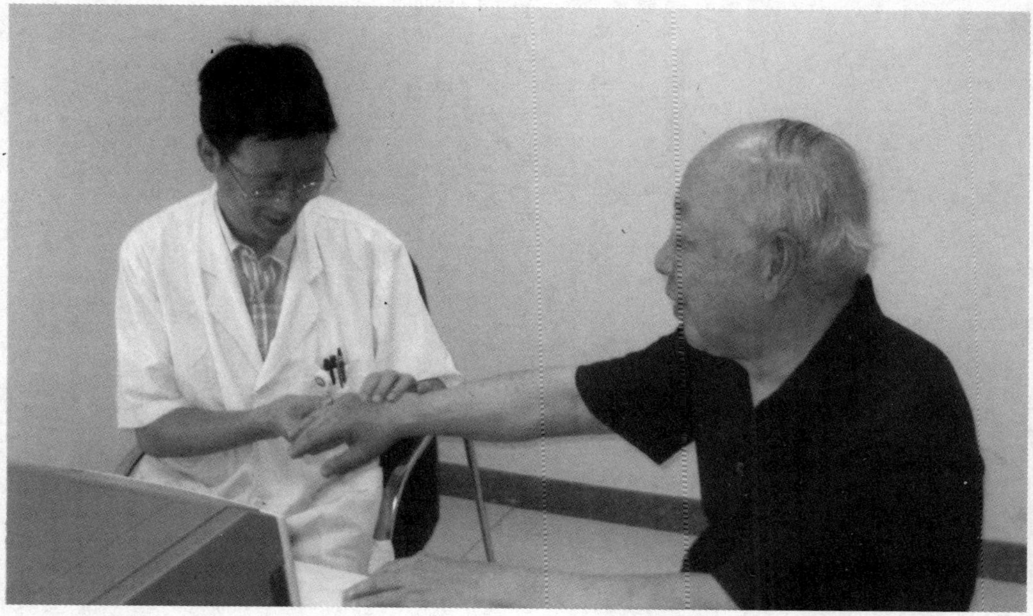

祸害，以后千万要注意。因为，骨折，当然要去医院处理。这次没有去北医三院，而是去了二炮总医院急诊科。这个医院也是三级甲等，虽隶属军队，但也面向社会，其特点是硬件设备很先进。由于外地患者多不了解这个医院，所以人不是很多，不像北医三院等三甲医院那么拥挤。该医院的服务态度总体上很好，比如我在骨科挂了副主任医师陈福文的号，见面后觉得他很文静、和蔼、负责任，诊断病情非常准确。有一次，电脑出了问题，开出方子无法交钱，他不怕麻烦，既跑到交钱处说明，又联系修电脑，没办法只能找另一位医生开方子，谢谢他。多次找他看手，就很熟悉了。当然，也有个别医生，不知什么原因，态度不好，不耐心听病人说。对病人要耐心、细心、负责，因为有病的人心情不好需要帮助、照顾、体贴；病人对医生也要理解，因为医生也是人，也会有烦心事。人人都能换位思考，才能达到和谐相处。另一件事是六月二十六日在三院眼科把我左眼的白内障动掉，给我动手术的医生叫李炳震，效果不错。这个医生看病很负责任、耐心、交代清楚。谢谢他对我的帮助。

中直小区

前边说过，经过多次折腾，1996年4月终于落户到了西城区德外新风南里十一楼。这个小区不大，只有七栋六层楼，属中直机关管，院内有一座六层楼是北师大的，但只有一个门没卖。住在这楼里除我住一层之外，还有王永潮、黄济、张厚粲、孙永生（已故）、严士健、王策三、陆善镇、尹承烈、王桧林（已故）、薛绍白、郭志刚各家分住在二层以上。他们都是北师大的教授、博士生导师，在各自的研究领域中作出了很大贡献。王永潮生于1927年，湖北人，是研究细胞生物学的专家，著有《细胞生物学》等。黄济生于1921年，山东人，曾任国务院学位委员会教育学评议组成员、全国教育学研究会副理事长。他长期从事教育基本理论、教育哲学、教育美学等方面研究，著述甚多，如《教育哲学通论》、《当代教育百科》、《教育学》等。张厚粲生于1927年，河北人，全国政协委员、国务院参事、中国心理学会理事、国际心理科学联盟副主席。她于1982年首次将认知心理学引入国内，在"汉字识字"、"认知方式"、"PDP模型"等研究领域均取得显著成就。她的研究成果很多，如《心理与教育统计学》、《实验心理学》、《行为主义与心理学》等。孙永生生于1929年，河北人，是研究数学的专家，曾任《数学季刊》、《数学研究》编委以及国家教委首届高等学校数学与力学教学指导委员会成员等职务。2006年3月22日，孙永生患病逝世。严士健生于1929年，湖北人，长期从事代数、数论、概率论、数学教育等方面的研究，成果甚多，曾任国务院学位委员会数学评议组成员、中国数学学会概率统计学理事长等职务。王策三生于1928年，安徽人，是研究教育学的专家，著有《教学论稿》、《教育论集》、《教育认识论》等多部研究成果。陆善镇生于1939年，浙江人，是研究数学的专家，曾任北师大校长，现任北师大校务委员会副主任、国务院学位委员会数学评议组成员。陆善镇的主要研究方向是调和分析，获得国家自然科学奖和教委科技进步奖。郭志刚生于1933年，河北人，曾任国务院学位委员会文学评议组成员。他有很多著述，如《中国现代小说论稿》、《中国现代文学史论》、《孙犁创作散论》等。尹承烈生于1930年，是研究化学的专家。薛绍白生于1934年，是研究生物学的专家。我的师兄王桧林，前边已经介绍过，这里就不再说了。我们十二家住在一个门里，十分和谐。

我们这个小区，前门在新明胡同东头路北，后门在新风街东头路南。前门对过是公安局的宿舍，曾经为德外第二监狱。这个监狱存在的年头很长，清朝时叫"顺天府习艺所"，民国二年改称"宛平监狱"，国民党统治时期也是监狱。新中国成立后仍为监狱，是关政治犯的，国民党被俘的军、政、警、特的头脑，共产党内"清洗"的大人物如饶漱石、潘汉年等都在这里关过。到"文化大革命"时期，这所监狱才搬走。这个监狱还挺有名气，与抗日直接有关。1937年初，北平沦陷之前，流亡在北平的东北抗日义勇军成员赵同、高鹏、纪亭榭等，秘密筹建抗日武装。七七事变后，他们在中共北方局所属东北工作特别委员会（简称“东特”）的支持下，于7月22日在昌平北羊城村关帝庙前空地上正式成立抗日军。后因二十九军驻南口部队听信诬报向其发动攻击而溃散，“东特”获悉后即派共产党员、民先队员和进步青年重整这支队伍，不久聚集七十多人。8月22日，在日军尚未稳定的情况下，队伍准备到城的近处设法夺取枪支。半路碰到给德外监狱送菜的人，得知监狱内有枪支，且守卫人员很少，遂决定袭击。到监狱大门口，让送菜人叫门，说“洋二大爷来了”。“洋二大爷”指的是日军，队伍中有会日语的东北流亡学生，随口说上几句，守卫人员也听不懂，以为真是日军，赶快开门，队伍立即冲进去，营救了被关押的共产党员和进步群众，一般犯人也被放出，缴获捷克式机枪、步枪、手枪等一批枪支弹药。劫狱后，队伍拉到铁狮子坟的树林空地上（现北师大）召开会议，告知愿参加的跟着走，不愿参加的可以回家。奇袭德外监狱的消息传开后，极大鼓舞了北平同胞的抗日热情。城里的学生、知识分子、乡下的农民，踊跃投奔抗日军。当地流散的国民党二十九军和冀东保安队的士兵，也纷纷归附。于是，抗日军壮大到一千多人。9月5日，抗日军在北平西北郊区三星庄村召开大会，正式打出“国民抗日军”的旗子，并向战士颁发了红、蓝两色袖标。国民抗日军人称“红蓝箍”，在平郊立下赫赫战功。这支部队后改为晋察冀军区一分区第三团，成为当地八路军的主力部队①。

我住的地方不仅有名，而且这个小区还是不错的。它闹中取静，院外较乱，人杂车多，但院里非常安静。楼间距离较宽，有很多大树和绿地，管理者虽也称物业，但实际上是原来中直的后勤部门。他们在管理上的好处是比较规矩，不像有的小区物业老出事。当然，同业主间的小矛盾总会有，不过没有激化，总体还是和谐的。

小区里原来有个收发室，管理者叫王万超，河南洛阳人，1958年生，来小区已有很多年了。他为人耿直、随和，做事认真、负责、细心，肯动脑子。这院里订报刊的人很多，弄乱了会有意见。他一方面作出详细的表格贴在

① 根据中共北京市委党史研究室著：《中国共产党北京历史》第一卷改写。

墙上，填上订阅人姓名和分类期刊名，每来一期遂即填写，订户拿走后划圈；另一方面熟悉订阅人每户家庭人口组成，以便掌握每天谁家报纸已拿走，谁家报纸没拿。由于他的细心，多年来小区订阅的报刊分发工作基本上没有出现差错。他在老家时，教过民办小学，喜好书法，写得一手好字。他常和院内喜好书法者交流心得，切磋书法艺术。这院里，凡是需要写字的事，如写大标语之类都由他承担，得到院内住户的好评。他非常聪明，好动手制作、修理、改装一些小的器具，什么电灯、电扇、自行车、鞋子等，都敢弄，而且会弄好。我去拿报时，常看见他手里不闲着，弄这弄那，完全成为一种爱好。院里很多人得到他无私的帮助，有事就去找他帮忙，他都尽力去做。他有个美好的家庭，爱人聂淑芳在食堂工作，儿子王博在邮局，女儿王菲在超市。王博是个不错的小伙子，人很老实，做事像他爸爸，很认真负责。这一家人与我家关系很好，给我们很多帮助，光是他家蒸的好吃的面食就没少吃，我生病住院时王万超还专门到医院看我。对他们一家，我应该表示感谢。这个收发室现在已经撤销，报纸、期刊、信件改由邮局的邮递员或小红帽放到各家的信箱里。王万超也到物业办公室工作，处理各种事务。邮局的邮递员是位女士，名叫张莉。她做事认真负责，而且工作很熟练。有一天我看到她向邮箱里投晚报，动作非常快，真是行行出状元。

小区里有个维修组，一共四个人，名字叫陈敬全、谭泽义、孔祥勇、刘雪龙（孔、刘两个人后来相继去了别的单位）。现在维修组除老陈、老谭之外，又来了何彬，一共三个人。他们担负着小区内七栋楼和院内各项维修业务，不仅如此，有不少不属于维修的杂事也由他们去做，诸如挂个宣传用的条幅、节日挂灯之类。他们工作认真、负责，又非常热心。他们每天都很忙，没有节假日（轮休），不管早上还是晚上，只要住户家里有事来找，马上去帮助解决。陈敬全是电工，技术过硬，平日好钻研。他的小屋里，放着很多旧电器，总看见他坐在桌子旁边在鼓捣，什么东西经他手一弄，就成为有用的东西。谭泽义是水暖工，在我这个外行人看来很麻烦的事，他却手到“病”除，不费吹灰之力。在我们的工人中，有不少非常聪明的人，他们虽然没有上过很多年的学，但在实践中摸索出某一行当或几个行当的规律，成为行家里手，甚至有发明创造，这样的人，非常值得尊敬。我这个人特笨，除了买菜做饭之外，生活中许多活都不会做，所以就得请维修组几位帮忙，确实他们帮我们家解决了许多问题。有的活本来不属于维修组份内的活，老陈、老谭、老何都给我弄好，我真应该感谢他们。很高兴，看到他们都有一个美好的家庭，老陈的爱人冯英在别处做事，他们有一个小孙子已经上学；老谭的爱人杨桂兰在院内看管自行车，他们的小孙子还小，已经会叫人，非常可爱；老何的爱人李雪艳，很巧她在我师兄欧阳中石家当保洁员。现老何调到我们小区对面中直一号院，又来了一位还不熟悉。

小区里有管绿化的，有管打扫卫生的，还有一个由保安人员组成的警卫班，他们做事都很负责，总是把自己该做的事做得很到位，院子里经常可以见到他们的身影。比如，小区院里显得比较干净、苍蝇、蚊子极少，这都是管打扫卫生的几位工人的功劳。小区里还有个水站，管送各种牌子的饮用水。开始在我们院里，后来搬到中直一号院。水站是夫妇俩人办的，男的叫刘志林，女的叫姚凤梅，服务态度非常好。我与他们夫妇很熟，夏天常送给我小瓶矿泉水，谢谢他们了。他们的儿子在北京工作，新近结的婚，女儿在外地读书。原来小区里还有一个竹林餐厅。这个只有两层小楼的餐厅，既供物业干部、工人、保安人员用饭，也为院内住户用餐服务。如果家里懒得做饭，打个电话，服务员就把饭菜送到家里，很是方便。谁家来了客人，引到竹林，虽非盛宴，也还过得去。不知什么原因，这个餐厅关了好几年了，先是装修，弄好之后，变成了物业干部、工人、保安人员专用食堂，不再对小区内的住户开放。我认为，如果能恢复过去供应住户用餐，还是挺方便的。

这个小区最方便的事是离菜市场特近，出了小区后门只要两分钟就到。那里不仅有个品种繁多、价格便宜的菜市场，还有中型的物美超市，而且院内有卖馒头、花卷、烙饼、炸糕、麻团等主食的摊铺，有修鞋、修锁的，有药店；有卖日用品杂货的，有卖衣服、鞋帽的，去一趟什么都解决了。据我所知，附近离菜市场稍远的人也去那里买东西。北师大就有不少教职工去，为什么不在北师大院里买，他们说是菜市场的东西比北师大院里的便宜，而且菜种多，又新鲜。由于离菜市场近，还惹来一些麻烦。小区南门外前边说的"监狱"院的住户，为了少走路，就从我们院南门进北门出到菜市场。为了院内的安全，有一段时间采用出入证制度，结果不仅没有制止住穿行的人，而且给住院内的人找来很大麻烦，后来就不再用了。有一天，因为有人穿行而吵嘴，而且发生肢体接触，弄得大家都很不愉快。不知道是谁，把这件事弄到了《晨报》上。记者听信片面之词，说中直小区内的人群殴穿行之人。这个院里人不干了，就在《北京青年报》上从另个角度反映这件事。《晨报》不愿意道歉，就发表了一篇夸奖这个小区管理很好的报导，算是个了结。由于怕出事，小区把南门关闭一段时间，后来又开了。现在，穿行之人照穿行，也没人再管了。这种事，本可不必较真儿，都是邻居，给点方便也没什么。

由于离菜市场很近，我和我老伴也常去那里买东西。去的次数多了，慢慢就同一些卖东西的人熟悉起来。比如，那里有个九洲通大药房，两位售货员一位王燕生，一位付玲（女），他们夫妇俩服务态度很好，对顾客和气、耐心，顾客有问题一一解答，大家都很满意。2011年国庆节后，这家药房换了人。我本来去医院拿药可以全额报销，为什么还常去买药。因为北医三院和北师大校医院看病每次只开五种药，可我每天吃的药又不光是这五种，去第二趟很麻烦，又没时间，便宜的药就到药房买。另外，我也常去我家东口外的永安堂买药，前边说过买泡脚的中药就在这儿买的。因为常去就彼此熟悉了，问他们几位售货员的名字，他们不愿告诉，大概不知我是干什么的，能够理解。他们几位服务态度都很好，应该表扬。又如，一家卖面条的，夫妇俩都姓林，女的林敏，男的林瑞武。他们很不容易，家在南方，到北京租房住，做点小买卖，供孩子上学。他们有三个孩子，有的在上中学，有的上大学了，都要花钱。为了多挣些钱，每天早晨三点半就到菜市场做准备工作，春节也不回去，真是可怜天下父母心。这样情况有很多，我认识的卖菜的、卖水果的、卖肉的，孩子有大小，家庭情况也不完全相同，反正都是为养家糊口而劳累着。比如，卖猪肉的付本金、邢翠芳，卖煎饼的姚红羽、董爽两对夫妇，都是起早贪黑干活。姚红羽和董爽更不容易，因为刚生了个女儿（取名妮可），又要照顾孩子，又要努力干活维持新增加的生活消费。卖牛街年糕、豆汁等食品的刘巧鹏也要起早贪黑干活，一站就是一天，真够劳累的。她服务态度好，买东西的顾客很多。写到这儿，我想说，一个社会，没有谁都不行，每行每业都起着推进社会的作用。住在北京的老百姓，无论是北京人，还是外地人，都应该感谢这些辛辛苦苦的劳动者，他们给我们的生活带来很多的方便。我想说，老百姓为了生活，都很不容易。如果共产党忘记不断提高老百姓生活水平，就是不够格的社会管理者。

我们这个小区里有个理发室，女老板黄占巧很多年前带着弟弟、妹妹到北京来闯荡。因为有手艺，就在这个院里租了房子，开了个理发室。后来，他弟弟到别处去开理发馆。占巧的妹妹占红先帮姐姐，后来做别的事情，现在又去了美国。这个理发室对院里的住户来说非常方便，不出院就解决了理发的事。而且占巧的服务态度特别好，对人和气，笑容满面，做活细致，认真负责，去理发的都很满意。占巧的小女儿黄璟然是个聪明、可爱的孩子，招人喜欢，而且很懂事，现在已上小学，将来一定会有出息。

这院里还有个收废品的地方，是由一对夫妇操持的，男的叫付兆坤，女的叫李秀英。他们到小区来收废品已经很多年，先是在小区门口，后来就进到院里存车场的一个角里。小区院里各家的废品，全由他们收购，大家与他们夫妇都很熟悉。他们夫妇租了院里的房子住，有一个美好的家，儿子打工，小孩子上学。2011年春节前后，李秀英因干活累出了颈椎病，治疗和休息后虽有好转，但已经不能再干累活。近些日子，儿子上班，她不得不又干起来，在一个城市里，收废品的行业起着很大作用，是绝对不可缺少的。2008年奥运会前北京市政府有关部门决定奥运会期间停止收废品，这个说法一传出来，老百姓非常有意见，因为两个月不收，家家的废品不能处理，不是个小事。后来，市里有关部门收回了这个决定。可见，收废品这个行业多么重要，没它真不行。这不，到了2011年初春节前，外地在北京收废品的人都要回家了，有的家想把废品卖掉打扫卫生，但发现废品没人收了。2011年1月31日的《北京晚报》发表了记者的报导《路上清静了，日子纠结了》，其中写道，有人说"别看平时不觉得收废品的有多重要，过节需要的时候没有真着急"。我们党不要只注意大的方面事，对小事也要注意。不要因为小事惹老百姓不高兴，否则小事积累多了，共产党的公信力就会下降。

由于我和老伴年纪都老了，有些事自己干不动了，所以就请了小时工。干过活的小时工不少，已记不住她们的名字了。时间最长的一位小时工叫王贵蓉，她是个性格外向的人，干事挺麻利。她一天干好多家，跑来跑去，也真不容易。她和爱人杜华尧生了三个孩子：杜娟、杜晓燕、杜超。两个女孩都在北京打工，男孩在上大学，一家生活过得还不错。现在小王因去她爱人那里打工，已不在我家。新找来的小时工李淑华，也是个很能干活、不怕吃苦的人，做事很细致，厨房、厕所都弄得很干净。为生活也很不容易，她每天下午还要去物美大卖场工作。小时工们对我们帮助很大，谢谢她们。

院里照例有居委会：主任陈立，副主任常志毅，下设服务站。居委会的工作是在党支部领导下进行的。书记陈立，副书记芦艳春，组委常志毅，宣委王万超，这是一个很精干的班子。居委会的工作是辛苦的，也是复杂的，要协调各方面的关系，要组织许多有益的活动，真是不容易。他们几位以及下边的工作人员都很认真负责，工作做得很有成效。

这院的住户，多数是中直机关的，如中宣部、中组部、中央档案馆、中央统战部、中央编译局。也有不是中直机关的，如教育部、邮电部、北师大、北京大学医学学部，还有一部分回迁的住户。总的来说，住户的素质都不错，大家相处是和谐的。白天院内的中青年人都去上班，孩子上学，剩下的多是老头、老太太，也有一部分下岗的中年人，有的在院内活动腰腿，有的出去买东西，有的带隔辈人晒太阳，也有遛狗的，整个生活非常有序。住在这样一个安详的小区里，人们的生活是幸福的。不过这个院很大的缺点是太阳照射面积太小，因为边上有高楼。老人、小孩晒太阳都挤在一个角上。我常说，这是个“贵阳”小院。因为已搬来十几年，同院里的许多人也就比较熟了。有的认识了，一开始没有问姓名，熟了就不好意思再问了。当然最熟的还是过去就认识的现在又住在一个院里的朋友，比如中央档案馆的曹雁行，我们常在院里碰到一起聊会儿天。他是老的档案工作方面的专家，对档案特别熟悉，工作期间，作出许多有益的贡献。他退休后，不再做什么事。前些年，他身体好时，到处去转，在院里认识很多人，特别是与院内的小孩更熟，在孩子们的眼里是一位慈善、和蔼的老爷爷。这两年，他身体差了一些，有时还出来，但比过去少多了，尤其是冬天。

什么事都不可能十全十美，这个小区在管理方面也还有些问题。比如，因为小区管理者是中直机关后勤的底子，以往办事的传统不是一下子能改变的，所以在管理上民主作风、服务意识显得差一些。在上面待惯的人，连自己也不觉得有一股劲，比如中办的年轻工作人员有事打电话通知我时，总是命令口气，一句客气话不会说。就我看到的和听到的该解决的事也还有一些，但我不想说，只举个已经解决的事做个例子。这个小区盖楼的时候，是20世纪80年代后期。当时，自家汽车还不多，所以铺地砖下边未放水泥，后来车多了，就把路上的砖压得不平了，不少老人摔过跟头。前边说过2008年7月，我也因不小心摔了一次，脸肿了，嘴唇也破了，叫了120急救车，送到医院急救。我这一摔，促进物业赶紧打报告给中直机关，要了一百多万元把小区道路、绿化地、屋顶都修了一番，院里显得比过去更加整齐了。其实，路早就该修，当然，亡羊补牢也算好事。希望小区管理者多听取群众意见，把该做的事做好。

家人纪事

前边已说过的家人就不说了，要说的是没说过的或没有说完的。

先说我老伴。前边说了我老伴的家庭情况，说了我们恋爱、结婚的事，现在要说的是她怎样从事幼儿教育工作。1954年9月，她被分配到外交部幼儿园后，终于实现了想当幼儿园老师的愿望，成为名副其实的“孩子王”。因为她是北师大学前教育专业毕业的，所以当了没多久的教养员就当上了保教干事。她本来就是个做事认真、负责、任劳任怨的人，加上打心眼里爱孩子，整天想着怎样让孩子们吃、睡、玩得好，怎样让孩子长知识。所以，她在工作中，不断研究幼儿心理，研究对幼儿的教育方法。比如，那个时候为了节约支出，也为了有利于孩子们的成长，她与同事一起利用现有材料自制许多适合孩子的玩具。她带孩子们玩的时候，还想出各种不同的玩法，让孩子们玩得非常高兴、愉快，用她同事的话说叫“会玩”。外交部幼儿园有一个突出的问题是许多孩子的家长长驻国外，他们非常关心自己孩子在幼儿园里的情况：吃得怎样，玩得如何，长没长高、高兴不高兴，生没生病，等等。所以，各班老师经常以书信方式向国外家长们汇报他们孩子的学习和生活情况。从现在仍保留着以小四班教养员关崇峻名义写给宫达非夫妇告知他们孩子海燕情况的信中可以看到这样的描述：海燕“顶壮的”，体重16.6公斤；“会独立洗脸”，“会洗衣服”，“很仔细”；上课时能认真“听老师讲”，“顺利完成作业”；“会唱

2010年，老伴获得的荣誉证书

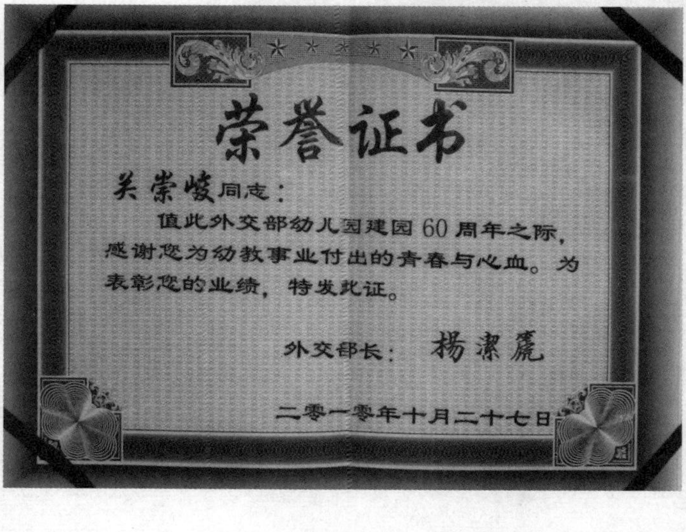

几个新歌”，“会了几个新操”；“很懂道理”，“爱小朋友”，“尊敬大人”。所以“老师和孩子们都喜欢”海燕。这样一封信寄出去以后，当然会使家长放心，增加了他们努力搞好外交工作的力量。从1954年到1986年，我老伴在外交部幼儿园工作了三十二年，不管是做教养员还是后来当保教主任、副园长、园长、党支部书记，都尽力完成任务，埋头苦干，从不懈怠。即使“文化大革命”中被批判，分到班上当保育员，有时连续值了白班值夜班，也坚持把工作做好。所以，她多次得到奖励。

我老伴离休后，先在一个幼儿园里帮忙。不久，因为几个北京儿童玩具协会的理事分别到一些特教学校搞玩具试验，我老伴去了海淀培智学校。有一次，我还跟我老伴去了一次，看到很多弱智儿童的状态，觉得孩子们既可爱又可怜，做这种工作功德无量。

《专家家教热线》书照

我老伴离休后，有了更多的时间能够为幼儿教育事业作贡献。她除了发表文章如《我们是如何培养青年教师的》等探讨有关幼儿教育工作的问题，还和一些幼儿教育学界的朋友共同编写书籍，如《玩具——孩子们的好伙伴》、《玩具伴孩子健康成长》、《专家家教热线3~6岁》等。这些书的主编钱玲娟，原为北京市托幼办主任，离休后继续为幼教事业的发展出力。老太太现已九十多岁，仍然经常打报告向市委提出建议，真是不容易。在她的带领下，我老伴和刘承兰、吕爽、汤绍琪、郑慧英等不顾已是耄耋之年，下工夫收集材料，认真分析，出色完成编写任务。我老伴写的"五—六岁儿童适龄玩具"在描述这个年龄段儿童的特点的基础上，得出结论说："五—六岁儿童生理、心理的发展，使他们对外界事物认识的要求大大增加，对事物发展的曲折性、复杂性、竞争性感兴趣。这就使他们好奇、好问、好学，有一种积极上进的精神。为促进儿童的心理和生理进一步发展，应该准备适合的玩具，使他们在玩玩具的过程中，满足其求知欲望，提高语言能力，以及观察、想象，特别是思维能力和创造能力的发展。"在我这个外行看来，这段分析还是比较准确。我想她们编写的书，对于家庭教育、幼儿园教育是有帮助的。

老伴过生日

我老伴年轻时身体就比较弱，加上多年努力工作，到老就来了病。她年轻时心脏就有毛病，老了成为冠心病患者，不过控制血压，尽量不劳累，还算维持得不错。另外，肺部、气管都有毛病，痰多爱咳嗽，总得咳出来，也是烦心事。最主要的是她的腿不好，骨质增生，走多路总疼。她本来是个很爱出去看风景的人，可跟我出去几次都走路多，回家以后几个月不能出门。看到她受罪的样子，我心里很不好受，但也没法代替她。看到、听到我们有的朋友家里人生病的困难状态，或过早去世而悲痛的状态，我和我老伴常互相鼓励说，知足吧，我们活得还算可以。我和我老伴结婚快六十年了，期间虽也有时顶两句嘴，彼此有点不愉快，但从未吵过架，一直和谐相处。多年来，她给了我很多照顾，特别是我生病卧床时，更是忙前忙后，谢谢我的好老伴。

前边曾提到我老伴的哥哥关崇炘，原是外贸部的干部，退休后与他的老伴北大口腔医院退休教授朱延馨一起长期居住在美国，与他们的儿子、儿媳、孙子在一起。他们虽已都老了，但身体还算不错。

大女儿张萍小时候

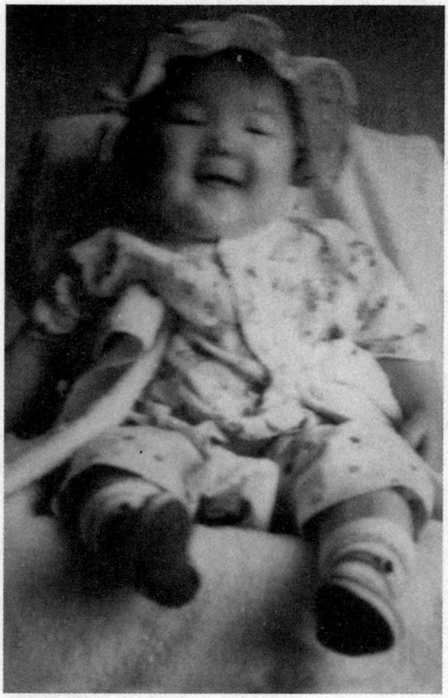

前边说过，我和我老伴生了两个女儿，一个张萍（1958年1月生），一个张兰（1966年6月生）。前边也说过小萍小时候住在姥姥家，性格内向，长大身体不好，没参加高考，当了护士。关于她身体不好，是事实，因为得了哮喘病，但是不是就不能参加高考？对这个情况作出的决定，我一直心里不安。孩子的功课在班上是拔尖的，准备考试不会太费劲，也不见得就会犯病。当时刚恢复高考，虽然已入护校，但还是应该让她去考试，万一在准备期间犯了病，也可以放弃，再谋出路。如果当时考上了，也许后来的发展会不一样。当然，世界上没有卖后悔药的，后悔是没有用的，只不过是把心里话说说而已。小萍在北医三院办的护校毕业后就留在三院当职业病科的护士，由于她办事认真、负责、勤快、细心，与同事相处和谐，对病人态度亲切，得到领导的赞赏和喜爱。后来，她又调到科研处工作。三院的科研处既管各科的科研规划等方面的事，又管研究生培养工作。所以，小萍与各科主任和研究生特别熟。那时候，我去三院看病很方便。1989年初，她因爱人在美国读书就带着四岁的女儿音音去了美国，至今已在美国住了二十多年。一开始在美国生活很艰苦，打拼多年之后生活才慢慢好起来，也加入了美国国籍。前些年因为女儿大学毕业后在华盛顿工作，她就一直住在那儿。期间她做过很多事，特别值得提到的是在一所双语学校的工作。由于中国自改革开放以来，国际地位日益提高，许多国家想同中国打交道，所以学汉语成为时髦的事。中国话不是那么容易学的，不得不从娃娃抓起，办双语学校十分必要。小萍在这所双语学校工作很出色，不但受到领导的赞扬，而且由于她像对待自己孩子一样，和蔼、亲切，在玩的过程中教孩子学汉语，也得到孩子们和家长的喜爱。为了方便教师教课，让孩子们尽快掌握汉语，她下了很大工夫为学校编写了适用的双语教材。我这个大女儿自小爱好文学，长大以后文字能力很强。2000年开始业余文学创

大女儿张萍年轻时

作，先后在《世界日报》、《世界周刊》上发表五十多篇文章，接着又出版了《中国护士在美国》、《晨夕碎笔》。前一本是我的编外弟子在出版总署工作的王宝庆帮助出版的；后一本是我的学生李声笑帮助出版的，谢谢他们。《中国护士在美国》一书的最后一段话这样说："我想，在这个世界上，对于追求者而言，是不存在失败的。只要人们努力奋斗，快乐生活，即使是实现不了最初的梦想，总会得到一些其他的东西，作为对一个执著者的回报。所以，如果你现在是一个正在为梦想奋斗的人，千万不要停下你的脚步，意外的惊喜，或许明天就会降临。"是的，人的一生不可能什么事情都那么如意，但只要不停下脚步，总会有收获的。希望小萍按照自己所说的话继续努力奋斗下去，意外的惊喜就会来临。当我这本书印出来后，一个可爱的宝宝即将降临，小萍就要当姥姥了，这当然是大喜事。

外孙女音音高中毕业时

说到小萍当姥姥，自然要说我和我老伴的外孙女音音。这个聪明、伶俐、活泼的女孩是1984年10月出生的，小时候就体现出认识新鲜事物的敏感性。记得刚会说话不久，听到楼道里有人说事，回到家里就学出来。去美国后上了幼儿园，由于音音自幼好学，加上思维敏捷，很快学会了美国话，融入到了美国小孩的圈子里。音音在小学、初中时学习非常努力、勤奋，曾多次参加各种比赛得了奖。到上高中以后，虽然课业繁重，但由于基础扎实，学习方法对头，仍能应付自如，不断取得好成绩。到高中毕业时，四年平均成绩在全年级六百多名毕业生中名列第一。由于她出类拔萃，田纳西州孟菲斯市媒体高度重视，在其大幅照片下介绍她求学的事迹。同时，音音还接受了当地电视台的采访。2003年5月6日，音音就读的高中在市内万人体育场举行了毕业典礼。在一首美妙动人的毕业生进行曲中，一队身着白色毕业服、头戴白色毕业方帽的莘莘学子列队而出，而走在六百名毕业生最前面的是我们的外孙女音音。典礼上，音音走上主席台，代表毕业生致辞，台下学生们高呼"安妮"（音音在美国的名字）。我的大女儿坐在台下热泪盈眶，心潮起伏，为女儿的成长而自慰。那一天，姥姥也从国内赶去，参加了这个感人的场面，为有这样的外孙女而骄傲。音音毕业后，被位于费城的名校宾夕法尼亚大学接收，并获得高额奖学金。在大学，音音主攻方向是心理学，这对后来她从事学校教育工作有很大益处。在读书期间，音音挤出时间做义工和打工，并把打工挣来的钱通过"国际儿童救助组织"捐给联系上讲西班牙语的小女孩诺娜上学。这个小女孩在给音音的一封信中说："我以我的全部的爱来感谢你为我所做的一切，并祝你和你的父母好！"寥寥数语，表达了孩子真诚的心，这是对音音善举的最宝贵的回报。音音独立生活能力非常强，还在她上中学的时候，随她妈妈回中国，到香港她妈妈病了。按说人生地不熟的情况下，自己妈妈病了会不知所措，可音音一点没有慌张，把她妈妈送到医院治疗。后来，我让我的学生王京生去香港把她们接到深圳。音音住在宾馆，每天除到医院看她妈妈之外，自己也敢到各处去转，还替她妈妈买东西。在一个生地方，对一个十几岁孩子来说，真不容易。音音以优异成绩读完大学又考取了研究生，但没有去上学，而先到学校去教书，在实践中提高自己。同时，她与中学时同学、一个很优秀的美国男孩Zhou结了婚，组成美好的小家庭。教书几年后，音音到加拿大读硕士，改学动漫，毕业找到新的工作。音音和Zhou来北京多次，玩得很好，我和我老伴见到两个孩子很高兴，尽力安排他们的生活。2011年11月，小萍带两个孩子回来，虽然时间很短，但很愉快。在小姨和小姨夫请吃饭的那天，Zhou还学会了打麻将牌，玩个没够。音音怀了孕，不但对小萍是喜事，对我和我老伴也是喜事，没想到我们就要当太老爷和太姥姥了。

我和我老伴的二女儿张兰出生的日子，按迷信的说法是六六大顺，可实际上却与造成全国性灾难的"文化大革命"同时降临。兰兰与她姐姐性格完全不同，是个外向型的女孩，聪明、随和、开朗、不拘谨、大大咧咧、无忧无虑。由于生不逢时，兰兰上小学时处于"读书无用"的氛围之中，老师无心认真负责教，孩子们年幼不懂得好好学，加上她们班主任总换人，所以基础没打

外孙女音音和Zhou

好，这就影响兰兰后来的学习成绩。幸好，“文化大革命”在兰兰小学毕业前结束了。所以她上初中时学校恢复常态。当时，她喜欢打垒球，还被选入区代表队，但家里、学校都不同意，也只好作罢。高中毕业后，兰兰没考上大学，只能读电大。她边读书边打工，在海淀中学图书馆、北大图书馆、新华社国内部资料室做事，增长了实际工作能力。最终兰兰去了北京市委党校（北京行政学院），不知为什么，从此“命运”好转，一切都顺起来，也许是“六六大顺”起了作用。到党校后她先在科研处工作，接着又到图书馆、校办，最后去了国际合作交流部。她开头算合同工，党校行政走参公制后转为公务员，而且入了党，取得了党校研究生班毕业资格，当上副主任，成为党校的中层干部。兰兰虽然大大咧咧，但工作却很认真、负责，不偷懒，不辞辛苦，待人和气，服务到位，所以得到领导和同事们的肯定。比如，她有一段时间弄学校的网页设计就很成功，给全校的信息交流创造了有利条件，这也反映出她动手能力很强。又如，她在国际合作交流部工作，与许多国家大使馆、与一些旅行社弄得很熟，在接待国外访问团中热情服务，使他们很满意，这也反映出她交往能力很强。兰兰业余兴趣十分广泛，唱歌、跳舞、摄影、打羽毛球等，在党校是个出名的活跃人物。党校开表演节目的联欢会上，她经常担当主持人。由于兰

二女儿张兰小时候

兰在国际合作交流部担任领导工作，而做好这项工作要有一定的外语水平，但她的外语基础不太扎实，所以还在努力加强这方面的学习，并已取得较好效果。兰兰不仅工作顺利，而且找到了疼爱她的老公。还在我们住双榆树的时候，当地派出所的窦万里就看上了兰兰，不久俩人谈起了恋爱。我和我老伴觉得万里是个老实的孩子，就没有阻拦他们交往。到1990年10月，他们结了婚。万里1983年毕业于北京人民警察学校，分配到海淀公安分局双榆树派出所工作，先当民警，后升为副所长，1987年入党。1992年，实行警衔制，万里从一级升到三级警督。1998年，他又调到海淀分局预审处工作，干了很多年，很有成绩。在此期间，他为提高工作水平，在市委党校的研究生班就读，取得毕业资格。警察工作做起来很不容易，既辛苦又烦琐，既紧张又要细心、耐心，而且有一定的危险性，加上中国人口太多，警力、财力都不足，更是难上加难。万里多次给我讲过追捕犯罪嫌疑人、到全国各地调查的过程以及审讯技巧，听起来很有意思，又觉得真够费劲的。

二女儿张兰和二女婿窦万里

兰兰和万里的小女儿窦豆是1992年4月出生的，前边说过她来到这个世界时正赶上她姥姥摔腿，所以先由她奶奶照顾一段时间才到了我家。记得她躺在床上时，我就不停地同她说话，虽然她什么也

不会听懂，但眼睛总看着我，而且有时会动动小腿，不知道是不是起着存储作用。长大以后，就看出来这个孩子很聪明、开朗、热情，有主见、有抱负、不惧生，关心人，思维敏捷。刚上小学不久，见到我的学生王学勤的女儿贝贝当北师大实验小学的少先队大队长，窦豆就决心向贝贝姐姐学习，果然到高年级也当上了大队长，而且成为市三好学生。小学毕业时，由于她不是北师大教职工第二代而是第三代，所以不能上三帆中学（当时第二代也只给四十个名额）。为了能上三帆中学，窦豆就凭市三好资格多次自己去三帆中学招生办送材料，以致招生办的李老师说让你爸妈来一趟，结果当然被录取了。窦豆上初中后，

与窦豆“打仗”

很快入了团，并担任团支部书记、学生会副主席，同时当了三帆中学文学社社长，出版了社刊《临风》。为了办好文学社，她给当时任人大副委员长的许嘉璐写信求教。老许并不知道她是我的外孙女，竟然给她回了信鼓励一番，并提出一些建设性意见，反映了他对年轻人的热情支持。也许是受我重视中医药的影响，窦豆从初三上学期就下定决心学中医，为振兴祖国传统医学作贡献。2006年底，她开始拜前边提到过的北师大校医院中医科副主任医师孙晓春为师，用业余时间学了《中医基础理论》、《方剂学》、《中医诊断学》等大学教材，并在北师大中药房跟随王药剂师认识中药。到上高中时，又师从我的中学同学原护国寺中医医院妇科主任医学世家出身的李澍苍（即前边提到过的李平生），不仅增长了许多医学知识和临证经验，而且认识到临床病症的复杂性和书本知识的局限性。直到现在，窦豆跟着老头子学习也没断，坚持每星期日上午去门诊部随诊。窦豆在中考结束后，由于看到当时有取消中医的说法，为了要反驳这种观点，她利用暑假时间在北师大对本科生、研究生进行了调查。结果，在843份有效问卷中，只有21份主张废除中医，充分说明中医药事业有着广泛的群众基础。这份调查报告发在《中国中医药报》时，编者按予以肯定，并把窦豆称为"小中医迷"，希望出现更多的窦豆。上北师大二附中后，窦豆在努力学习各门课程和中医的同时，仍然抽出时间积极投入为同学服务的工作，担任团支部书记和校学生会主席团成员。为了展示本班的学习成绩，在她的主持下由甘肃人民出版社出版了《七迹——北京师范大学二附中2010届7班文集》。由于她学习和工作成绩优秀，被发展为中共党员，并获得北京市优秀学生称号。同时，她与两位同学一起，下很大工夫通过调查完成《高中生眼睛保健办法的探索与研究》课题，获得北京市青少年科技创新大赛一等奖。窦豆获得北京市优秀学生称号，也就获得了保送上大学的资格。本来学校想推荐她报考北大自主招生，但她拒绝了，说要学中医，北大没有中医（当时没有）。这件事不知道怎么就传出去了，报社、电视台纷纷来访。《中国中医药报》以《窦豆：不去北大，想学中医》为题报导了窦豆的故事；《京华时报》的标题是《高分女生两次放弃北大只为学中医》。电视台采访后，把录像在公交车的屏幕上、在火车站的屏幕上播放。为什么当时媒体对这件事大感兴趣呢，我想它说明一个道理，上大学选学校当然重要，因为关系到毕业找工作，但从个人的发展来看，选自己喜爱的专业比选学校更重要。看到窦豆学中医的决心，四大名医萧龙友的孙女萧承琮在报上发了文章，表示赞扬和支持。2010年9月，窦豆到中医药大学报到，走上了她要走的路。由于基础扎实，特别由于她有浓厚兴趣和钻研精神，入学至今专业知识有很大提高，而且她所上教改班规定入学后即跟老师出门诊，增长了实践经验。由于她学习成绩优秀，还获得了

2010年，《中国中医药报》报道

“可持续”成虫草开发关键词… 2版
三方合力托起尿毒症患者生命希望… 3版
瘰痛病在厥阴太阴… 4版
浅谈南川玄参产业发展… 5版
桑拿天当心热伤风… 6版
马骏：长寿，饮食调摄是关键… 7版

今日看点 KANDIAN

CHINA NEWS OF TRADITIONAL CHINESE MEDICINE

中国中医药报

国家中医药管理局主管　CNTCM　中国中医药报社主办

2010年6月24日　庚寅年五月十三　星期四　总第3339期　统一刊号CN11－0153　邮发代号1－140　网址：www.cntcm.com.cn　电子邮箱：cntcm@263.net.cn

北京师范大学第二附属中学高三学生窦豆，成绩优秀，当学校将北京大学自主招生考试资格交给她时，她放弃了，而是选择了北京中医药大学。她说，她热爱中医，想学中医，愿做根深叶茂中医大树上的一片新叶——

窦豆：不去北大，想学中医

本报记者　徐雪莉

编者按：当前，中医药发展形势很好，其价值正被越来越多的人认识，也吸引了越来越多的年轻人投身中医药事业。近年来，中医药院校招生火爆就是例证。事业要发展，人才是根本。窦豆的故事是一个缩影，从她坚定的信念和年轻的身影中，我们已然看到中医药事业辉煌的前景。

北大没有中医系

“很多人问我，为什么不去北大。我也知道北大好，但北大没有中医系啊，我要学中医，就不能去北大。”

初二结束时我知道自己定下来了

“小时候，我的理想是做一名饭店经理，像麦当劳那样把饭店开遍全世界。但到初二结束时，我决定要做一名中医大夫，我知道自己定下来了。”

店计划之中。从研究食疗开始，书柜中一本本中医书籍激起了她的兴趣。

在姥爷的鼓励下，她购买了自己的第一本“医书”——《家庭常用按摩穴位图解》，小小的她常常盯着穴位图出神。之后，《一百天学中医基础》、《医学三字经》、《时方歌括》、《中医古籍经典解读》这些书都成了她的好伙伴。博大精深的中医理论深深地吸引着她，到初二结束时，她确定了自己的志向——做一名中医大夫。

就算把我赶出去，我也会再来

“第一次去见李爷爷，他根本不理我，我就悄悄坐在一边，埋头抄写，把他说的话全记下来。其实来之前我就想好了，就算把我轰出去，我也会再来。我就先擦擦桌子、叫叫号、倒倒茶水，慢慢学呗。”

经过一段时间的学习接触，现在，周围的医生护士开始喊他们“爷孙俩”了。遇到患者询问“这个小姑娘是您的徒弟吧？”李澍苍开始笑着点头。

最初，窦豆负责给病人叫号，记录李澍苍与患者的对话，慢慢地，按李澍苍的要求背会《濒湖脉学》七言诀后，窦豆也给病人号脉，主要记录李澍苍口述的诊断和处方，是个像模像样的“小大夫”了。

李大宁：中医……要优化建设……

全国首个中医……培训基地落户……

国家奖学金。上二年级时，她与两位同学代表本班参加学校基本功大赛，在与众多三四年级参赛组的较量中夺得了冠军。入学以后，她延续了中学时代为同学服务的精神，抽出时间做社会工作，担任团支部书记、党支部副书记和校团委的工作，并被中医药大学党委评为优秀共产党员。经过不断努力，相信窦豆会成为一位优秀的中医医生。

前边说到过我姐姐张慧如的情况，这里只是说她现在年纪大了，身体很不好，常住院治疗，希望她多保重。我的弟弟张绍如前边也说过一些事，他在铁道部桥梁厂退休后很会保养，所以现在数他身体好。我的妹妹张敏如和妹夫周华荫都是北京师范学校的毕业生，分别在康乐里小学、宣武区教育局工作。他们工作都很认真、负责，和学生、同事的关系都很好，得到学生、同事和领导的好评。他们也早已退休，在家颐养天年。他们两人都好动，常一起或分别参加一些社会活动。我妹夫喜好收藏一些瓶瓶罐罐之类的小玩意及字画等，手也非常巧，我小时住家的模型就是他做的。

结语：

人生感悟

活了将近八十岁，这一辈子差不多快活完了。一个人活一辈子不容易，尤其是活明白了不容易。当然，人完全活明白不可能，因为社会太大，一个人不可能涉及各个领域，即使碰上事也不可能都弄明白，只能说相对活明白。如果根本上没活明白，那就白活了。我自己觉得，这一辈子还算不错，明白得相对多一些，特别经过“文化大革命”，经过改革开放至今，明白的事越来越多。下面写几条对社会、人生的想法，不分先后主次，各条之间亦无联系：

第一，我认为，人类社会有两大基本矛盾：一个是人的生理、心理需要的个体性和人的生存的社会性的矛盾；一个是少数人管理社会与多数人被管理的矛盾。这两大基本矛盾交织在一起，就构成人类社会的多种复杂的矛盾。这两大基本矛盾寓于人类社会发展的始终，无法彻底解决，除非人类毁灭。聪明的人类，特别到近现代，想出多种办法，试图解决这两大基本矛盾，诸如民主、自由、代表绝大多数人利益、制度、法律、道德规范之类。其结果，只是缓解，而不能彻底解决。比如，无论怎样民主，也不能改变由少数人管理社会的事实。既然改变不了，就难于避免出现违反民主的现象。又如，无论怎样约束，也无法改变由于少数人生理、心理需要，利用管理者权力之便，多占社会财富的现象。既然改变不了，权力的腐蚀作用就会使少数人抵御不了。所以，谁也不要吹牛，说能彻底解决这两大基本矛盾。善良的、负责任的、有智慧的管理者应该努力想办法解决两大基本矛盾派生出来的具体的各类社会矛盾，推进社会的进步，使被管理者的生活越来越美好。人生在社会上，当然希望自己所处的社会能够健康发展，但理想归理想，现实归现实，现实总有使人不满意的地方。就拿当代中国社会来说，作为管理者的中国共产党正在努力建设中国特色的社会主义社会，成绩是主要的。确实，人们睁眼一看，还有许多不如人意的地方。如何对待？有些人对现实总是不满，在他们看来，过去总是好的，现在都不好，整天牢骚满腹，说些不好听的话，甚至骂娘。这就不好了，自己活得比较累，心情不愉快，对身体没好处。正确的态度应该承认社会矛盾是复杂的，不那么容易解决，只要管理者积极设法解决，社会发展就会健康，就会快速前进。而这里也包括着每个人的勤勤恳恳工作，毫不懈怠，努力向前。

第二，人的一生应该有一种信仰，作为精神支撑。我从小虽然处在传统家庭信佛、信鬼神的环境中，但因为它不浓，所以什么也不信。可以说，在新中国成立前，就是没有任何信仰的。新中国成立后接触到马克思主义，并在弄清基本道理的基础上接受了马克思主义。在历经磨难之后，我没有动摇过，仍然笃信马克思主义。我认为，中国共产党在历史上，特别是"文化大革命"所犯错误，不是以马克思主义为指导所致，而是背离了马克思主义，背离了马克思主义与中国实际的结合。不管是外国的学说，还是中国古代的学说，要用它就必须与中国现实实际相结合。马克思主义是科学的，但如果它不与中国实际相结合，用起来一样会失误。中国实际或者叫国情（传统的与现实的）不得了，违反了它就给你点颜色看。中国共产党成立后，不甚懂得中国国情，特别有一段时间“左”倾领导人完全不顾国情，差点把革命断送。毛泽东的高明之处，就在于深入研究国情，把马克思主义中国化，整出一套办法，使外国侵略者及其在中国的代理人一点辙都没有，不得不宣告失败而退出历史舞台。中国确立社会主义制度之后，又出现脱离中国国情的局面，以至闹出个“文化大革命”。临危之际，邓小平出来了，指明建设中国特色社会主义的道路，其高明之处也在于深懂国情，符合国情。可见国情这东西厉害。马克思主义运用到中国不仅要与实际相结合，而且要在实际的演变中发展。这就是说，随着实际的演变而创新。在创新过程中，马克思主义应该而且可以吸取各种学说之长以充实自己，这是因为马克思主义本质是开放的。现实社会中存在的各种学说的主张和办法，必然有好的地方，也有差的地方，有对的地方，也有不对的地方，即使整体上是不对的，但总有可取之处。所以，要去研究哪些是有用的，哪些是没用的，而且要明确在别处管用的，在中国也许管用，也许不管用。凡是有用的，就拿来用，不怕说三道四；凡是没用的，就不用，尽管有人把它说成一朵花。总之，虚心研究，明辨是非，有用吸收，没用扔掉，国情坐标，贵在坚持，人人努力，复兴在望。

第三，人活一辈子要有理想，作为自己追求的目标。树立理想要从实际出发，最基本的实际有两条：一是自身条件，符合自身条件才能做到；二是社会需要，只有能对社会有贡献才有意义，否则就是空想、幻想，甚至是妄想。有了理想，才能有努力方向，才有动力，才能克服前进中的一切困难。当然，在这个过程中，也许会碰到客观的无法克服的困难，那只能调整自己的理想，做别的方面的努力。不是这样的话，就应该按照原定的理想努力奋斗。我小时候由于老师的影响，立志当教师，上了中学后，立志当大学老师，而且一定要读历史，也许是客观条件上顺利，加上自身的努力，这个理想终于实现。感谢从小学到大学我的老师们对我的培养，感谢共产党对我的培养。

第四，研究社会科学，一定要关注社会，了解社会，懂得社会。“不食人间烟火”远离社会的人，肯定搞不好社会科学。如果是研究历史的学者，还要研究不同历史时期的社会。对于当代社会的关注和了解，要从多方面、多角度进行。就是说，既要了解社会经济、政治、文化，也要了解社会生活的其他方面；既要了解城市，也要了解农村。掌握社会实际情况，不仅要从报刊上、电视上、网上了解，而且要走出去，到实际生活各个角落去了解。比如，到超市买东西，就可以了解近期生活用品的价格；走到街上碰到老头、老太太们聊天，就可以听听他们在说什么。无论走到哪儿，嘴要勤、要甜，不耻下问，多请教。从社会实际了解知识，日积月累，肯定会对自己认识社会有很大益处。

第五，人活着确实不容易，一辈子不知道要碰上多少麻烦事、困难事、危险事、不顺心事、尴尬事、后悔事、别扭事，等等。这些事有经济方面的、政治方面的，也有文化方面的，涉及社会生活各个领域。总之，人活一辈子，要不断解决各种各样的复杂的矛盾。怎样对待？有人碰上事发愁，有人碰上事着急，有人碰上事不冷静。不碰上事是不可能，躲也躲不开，如果碰上就发愁、着急、不冷静，那就可能经常处于紧张状态，心情不愉快，时间长了会得病。所以，人一定要看得开，矛盾总会解决的，而且不要老往坏处想，即使真坏了，也没什么了不起。所以，遇上事，要沉住气，不烦恼，不慌张，积极想办法解决就是了。人的生活是一天一天过的，高兴是一天，不高兴也是一天；心情平稳是一天，愁来愁去也是一天。这方面，经过那么多事之后，我算弄明白了。所以，家里人、朋友、学生说我碰上事不着急、不烦恼、不激动，老是那么个劲，从容处理各类事，我说这是一种“道行”。

第六，社会上不乏溜须拍马之人，他们对自己的“上司”、“有用之人”极尽吹捧、颂扬之事，说些肉麻的话，这类人往往有其不可告人的政治的经济的目的。我一生未当过官，但一度为“有用之人”，听到的奉承话也不少，而且研究中共历史更知道党内外这类人确实不少。我觉得，正确的态度是听到之后不要犯晕，不要真以为自己就如何如何了。同时，要想到，说这种话的人是有目的的，所说的话不是发自内心的，而是假的，是讨你喜欢的。当然，碍于情面，不好制止，只当没听到，也就过去了。也有人说些好听话没有什么目的，这多是亲属、好友、学生，因为爱你、尊敬你说一些过头话。听到后，一笑了之，也不可信以为真。同样，社会上也有一些人爱说别人坏话。一般说，坏话总是在背地里说。当然，如果当面说，说对了，确是自己缺点，那就应该接受，说不对的，也要引以为戒。问题是专有人背地说你坏话，而且与事实不符，这常会引起人的不愉快。其实，也没什么了不起的。有人传过来坏话，不要去理会，只当没听到。要晓得，世上没有一个人背后不被人说，说好说坏，一律不去管它。爱听顺耳的话，不爱听难听的话，大概是世人之常情，在这方面如果能脱俗，思想就达到新的境界。我活了一辈子，不敢说完全脱俗，因为有些伟大人物也往往不能做到，但至少对好话坏话、顺耳的不顺耳的，能够"麻木不仁"了。

第七，活着就要与别人接触，就有个如何相处的问题。相处的过程，不一定都能达到和谐，总会出现一定的大小矛盾，这不打紧，关键是自己要有一种对别人的宽容态度。李大钊说过，既要有"容人并存的雅量"，又要有"自信独守的坚操"，这是不容易做到的。赞同、支持自己的，当然没问题，关键是对不赞同、不支持甚至反对自己的人，特别是对错怪、冤枉、打击过自己的人，能够容忍、原谅就太难了。但为人应该努力做到宽容别人，只有宽容才能和谐。与别人日常相处要宽容，做学问，特别在交流学问中也要宽容。不同的学术观点，不可避免要交锋，坚持自己观点并不为错，但一定要有"容人并存的雅量"，不要看到或听到别人的不同观点，就说三道四，表现出不能容忍的态度，更不能讲一些难听的挖苦人的话。在这方面，年纪大的学者要做榜样，为后学者创出更宽松的学术环境。宽容是一种美德，是一种好的修养。我年轻时，不懂得这个道理，常常不让人，特别是嘴上没有把门的，说些伤人的话。随着年龄增长，越来越觉得宽容的重要，逐渐树立起宽容观念。

第八，人活在世上，每时每刻都离不开对社会的依赖。由众多之人组成的社会，保障着每一个人的学习、工作、生活。人活一辈子，从社会上也就是从众人的付出所创造的物质和精神的财富中取得的东西相当多，难以一一计算清楚。都说生命是父母给的，其实每个父母能活下来也是社会保障的，所以归根结底是人类群居结成的社会给了每个个体以生存条件。既然生活条件是人类自己创造的，那么如果每个个体不付出自己的努力，不对社会做贡献，社会就积累不起财富，就无法保障人的生存。社会上确有那么一些人，"天桥把式光说不练"。他们不肯老老实实做事，能偷懒就偷懒，少干活还想多拿钱，甚至不择手段窃取社会财富。只索取不奉献的人，是极其卑鄙的人，是极其自私的人。一个人的生命是短暂的，而且能力有大小，如果能够奋发有为、脚踏实地尽力为社会做点事，一辈子就算没白活。我的能力不大，回过头看，虽然确有私心，希望从社会上得到更多，但也还是尽力做自己应该做的事，不怕吃苦，不吝付出。

第九，人在努力奉献的过程中，要想使这种奉献对社会更有用处，就应该解放思想，勇于开拓，立于时代前沿，善于接受新鲜观念和事物，大胆否定不符合时代潮流的陈旧观念，善于思考，积极提出新的想法和做法。这就是说，要有一种创新精神，或者说要与时俱进。创新不是一件容易的事，不是想创新就能创新。理论上的或者具体工作实践上的创新，是要经过艰苦的钻研，付出极大代价，才有可能完成。这个过程就包括着克服保守观念、习惯势力，冲破各种阻碍，而这也是相当困难的。不仅如此，创新并不是否定过去的一切，而是在原有的基础上提高，即需要对原有的理论、方法等一切招数了如指掌，弄懂怎样在继承的基础上前进，抛弃什么、改造什么，发扬什么，更新什么，这又是难上加难的。可见，创新说起来容易，做起来难。我在从事自己的教学和研究工作中，不是那么保守，比较喜欢能有新意。以往做过不少努力，贡献却不大。但我一直以创新精神鞭策自己。

第十，人活一辈子，不可能不说错话，不可能不办错事，因为任何人对客观世界的了解认识不可能都是全面的，不可能都是准确的。情况不明或不甚明了，甚至掌握的是相反的情况，下判断，作决定，出办法就难免失误。关键是对自己说错话，办错事，采取什么态度，是掩饰或强调客观，还是勇于承认自己的错误。有错就改，伤人就道歉，是正直的人应该做到的，也是容易得到别人原谅的。勇于承认自己错误，不会被别人看不起，反倒会受到别人尊重。我这一辈子，不知说过多少错话，办了多少错事，也伤了一些人，确实应该自责。尤其我公开发表过许多文章，其中虽然有对的观点，但错误也不少，对后学者起了误导作用。

第十一，人活一辈子，要有一个美好的、和谐的家庭。小的时候靠父母养活着，自己不能独立，但从小就应该懂事，不要任性，不要胡闹，不要闯祸，以免给家庭带来麻烦、不愉快。长大以

全家照

后，就要慢慢把小家立起来。要立家，先要谈恋爱，这种事一般在二十岁到三十岁之间进行。谈恋爱当然要花时间，但不要用太多时间耽误各自的事业。如果恋爱关系处理好，相互鼓励，就会各自产生动力，在事业上有大成就。结婚之后有了小家，夫妻要相互努力，相互帮助，相互恩爱，相互谅解，相互忍让，维系和谐，白头到老。一个家庭的维系除了夫妻之间的和美之外，还有三个方面是必须共同做到的事：一是各自在事业上努力工作，既是对社会的贡献，又是在得到社会回报之后成为生活的经济基础，俗称养家糊口；一是家务劳动，买菜做饭、打扫卫生之类，在这方面男人更应该严格要求自己，主动承担家务，不愿因而也就不会做家务的不是太合格的男人；二是生育并教育好子女，家庭教育对子女一生都有很大的作用，不可忽视。

第十二，人活着要有一个好的健康的身体，这是能活着并且活得时间长的基础。对此事，年轻时就要注意：一方面，不要太劳累、太勉强，该休息一定要休息，该放松要放松；另一方面，身体有不适，不要拖，及时治疗，而且要坚持每年检查一次身体，千万不要多年不参加体检。现代社会比古代社会由于各样社会条件的改善，人的寿命增长了很多，但现代社会中各类污染又比古代社会增多，所以，定期检查，及时治疗十分必要。我是过来人，年轻时也不注意检查身体，而且有小的不适，没有及时休息、及时治疗，所以到老了各种病就都表现出来。还算好，六十岁以后就明白了这个道理，开始注意身体的保养。希望现在的年轻人吸取老人的经验，早日认识到保养身体的重要性，以健康的身体为社会作贡献。

以上所说是我一生的体会，总之要唯物地、辩证地认识和解决问题，才能活得自在。一个爱喝豆汁的北京老头说的这些话，不见得都对，也未必都有用，写出来仅供参考。